郑大史学文库

汉魏史探微

高　凯◎著

中原出版传媒集团
大地传媒

大象出版社
·郑州·

图书在版编目(CIP)数据

汉魏史探微 / 高凯著.— 郑州 : 大象出版社,
2014. 9
ISBN 978-7-5347-8037-0

Ⅰ. ①汉…　Ⅱ. ①高…　Ⅲ. ①中国历史—研究—汉代
②中国历史—研究—魏晋南北朝时代　Ⅳ. ①K234. 07
②K235.07

中国版本图书馆 CIP 数据核字(2014)第 176547 号

郑大史学文库
汉魏史探微

出 版 人　王刘纯
责任编辑　杨天敬
责任校对　侯金芳
封面设计　高银燕
版式设计　张　帆

出版发行　大象出版社(郑州市开元路 16 号　邮政编码 450044)
发行科　0371-63863551　总编室　0371-65597936
网　　址　www.daxiang.cn
印　　刷　河南省瑞光印务股份有限公司
经　　销　各地新华书店经销
开　　本　787mm×1092mm　1/16
印　　张　18.25
字　　数　370 千字
版　　次　2014 年 12 月第 1 版　2014 年 12 月第 1 次印刷
定　　价　62.00 元

印厂地址　郑州市二环支路 35 号
邮政编码　450012　　　　电话　0371-63956290

本书的出版得到了郑州大学三期“211”重点学科建设项目“考古学与中原文化”及历史学重点学科经费的资助

总 序

郑州大学历史学科创建于1956年,1976年增设考古学及博物馆学专业。1981年中国古代史、专门史、世界史专业获得首批硕士学位授权点,1996年中国古代史专业获得博士学位授权点,2003年考古学及博物馆学专业获得博士学位授权点,并获得了历史学博士后流动站,2006年获历史学一级学科博士学位授予权。2007年,中国古代史专业被确定为国家重点(培育)学科。历史学为国家级特色专业,也是河南省一级重点学科。历史文化遗产保护研究中心、中原文化资源与发展研究中心为河南省普通高校人文社会科学重点研究基地。

50多年来,历史学科名师荟萃。嵇文甫、秦佩珩、荆三林、史苏苑、刘铭恕、张文彬、高敏、李民、戴可来等知名教授学者曾在此执教。目前,历史学科已形成年龄、职称、学历、学缘结构相对合理的学科及师资队伍。现有教授24人,副教授21人,讲师9人;具有博士学位者25人,多来自国内著名高校;有博士生导师15人,省特聘教授2人,"百千万人才工程一二层次入选者"1人,国务院政府津贴获得者2人,省管专家4人,省优秀中青年骨干教师12人。

近几年来,历史学科先后承担并完成的主要科研项目有:国家"十五""211"工程重点学科建设项目"中国古代文明与考古学""考古学与中原文化";国家"十五"重点科技攻关项目"中华文明探源"工程子课题"登封南洼遗址的发掘与研究";面向21世纪教育振兴计划中国古代史学科建设等。在研与完成国家社科基金项目十余项,横向科研项目15项,科研总经费达2000余万元。

经过50多年的积累和发展,历史学科已凝练成相对稳定并具有各自优势特色的研究方向。如在先秦思想史、秦汉史、人口史、魏晋南北朝史等领域取得了突出成就;在田野考古、陵寝考古、城市考古、科技考古、中原考古等方面形成了自己的特色;在三礼及郑注研究和整理、出土古文字整理与研究方面,有深厚学术积淀;在中国近代思想文化史、近代妇女史、港澳史等方面的研究颇具影响,同时与河南地方史研究相结合,显示出学科实力;在明清经济史、区域经济史、宋代民族史、移民经济文化等方面的研究,产生了较大的学术影响;在东南亚史尤其是越南史,以及犹太史、欧洲文化史方面,取得了不少高水平成果;在中原历史及古代文明、中原历史文化遗产、中原科技史等方面进行了较为系统的研究,为弘扬中原文化、推动河南省文化事业发展做出了自己的贡献。

目前,历史学院的基本定位是依托中原地区丰富的历史文化资源,充分发挥师资力量雄厚、科研成果丰硕、学科实力较强的优势，以培养厚基础、宽口径、高素质、创新型专业人才为目标，以本科教育为基础，积极发展研究生教育，努力把历史学院建设成为在全国有重要影响的学术研究型学院。办学思路是以教学工作为中心，以学科建设为龙头，以人才质量为生命，不断加强对学生综合能力和基本素质的培养，努力造就系统掌握专业理论知识，并适应现代化建设需要的高级专门人才。具体来讲，历史专业要大力弘扬中原文化，积极为河南省的“文化强省”建设和“中原经济区”战略提供智力支持。考古专业要充分利用河南文物大省的优势地位，积极开展田野考古实习与文化遗产的保护与研究工作，注重培养学生的实际工作能力。人文科学实验班（国学方向）在推行“2+2”培养模式上，积极构建文史哲交叉融合的一体化教育平台，强化学生的人文素质和综合能力。

为了实现历史学院又好又快地发展，我们必须抓住国家“千人计划”和河南省“百千万工程”的机遇，实施新一轮高层次人才引进计划。历史学院一贯认为：人才是学院兴盛的保障。一是尊重知识、尊重人才，尤其是要发挥老专家、老学者的传承与帮带作用。二是积极引进名校毕业的博士，改善人员梯次和年龄结构。三是注重人才成长与学科建设、科学研究的关系。四是平衡郑大人才固有传统和新兴学科人才群的关系，达到人才和谐、共同进步的最佳状态。

为了实现学术研究型学院的目标，我们必须切实提高教学水平和人才培养质量。历史学院一贯主张：专业建设需要突出专业的特色和优势。首先是加大教授为本科生授课的力度，突出专题研究教学内涵，引导学生对历史考古研究的学术兴趣。其次是突出实践教学环节，加大中原历史文化的教育特色以及国学教育的内容，搭建嵩阳书院的教学平台，达到厚基础、宽口径的学术探索目的。再次是培养一支优秀的中青年教师队伍，彰显教师个人的研究领域和水平，形成“黄金教学研究链条”。

为了实现各研究方向的可持续发展，必须倡导顶天立地抓科研，努力提高科研水平和成果转化能力。历史学院的一贯做法是：科学研究是立院根本。一是营建科学研究的人文氛围，建立科学研究的奖惩机制。二是加大重点学科的建设力度，出原创、出精品。三是充分发挥学科带头人的科研引导作用，努力承担国家、省部级项目以及社会服务工作。四是正确引导学生（本科及研究生）对科研对象、领域的选择，包括大学生的假期实践活动，也要贯穿科研意识和能力的培养。

“郑大史学文库”系列著作的出版，就是基于以上的历史积淀和现实考虑，一方面是展示郑州大学历史学院教师的学术研究成果，另一方面也是学者自己对学术研究的一个深层总结与回顾，在此基础上，选择和坚持更加明确的学术研究方向，瞄准学术前沿问题，开展更为深入的科研工作。

司马迁说过：“欲以究天人之际，通古今之变。”这是我们大家共同的追求。

是为序。

韩国河

2011年4月7日

目 录

社会史研究篇

人口地理与医学地理篇

社会史研究篇

略论汉代官营盐铁业的利和弊

一

早在战国时期,秦国就实行了官营盐铁手工业的制度。《华阳国志》卷3《蜀志》谓秦惠王时,营建成都城,在其“内城营广府舍,置盐铁市官并长丞,修整里阓,市张列肆”,专为盐铁业置“市官并长丞”,显然是为了经营管理盐铁手工业。不过,这时的管理范围是否涉及盐铁手工业生产与销售的全过程,因为史料有限,我们不能了解得很清楚。但从当时秦国十分重视封建国营手工业的情况看①,至少可以判断秦国已有了官营盐铁手工业的萌芽。又《史记》卷130《太史公自序》谓其祖先司马错于秦惠王时伐蜀,司马错的玄孙子司马昌“当始皇之时”,“为秦主铁官”,可见自秦至秦王朝,都存在盐铁官营制度,至少冶铁手工业是如此。

到了汉代,盐铁手工业由官府经营管理的制度曾一度有所放宽,以致出现了“纵民得鼓铸”②的状况。但是“纵民得鼓铸”的结果,导致了一系列社会问题,主要表现为若干富商大贾垄断了盐、铁的生产与销售,任意抬高物价,牟取暴利,“而不佐公家之急”③;有的还采铜

① 高敏:《云梦秦简初探》(增订本)的有关篇目,河南人民出版社,1981年。
② 《盐铁论·禁耕篇》。
③ 《汉书》卷24《食货志下》。

冶炼,"即山铸钱,富埒天子"①。更有的富商大贾收容流亡人口聚居一地,不仅直接影响农业生产,而且同地主阶级争夺劳动力,甚至给社会安定造成巨大的威胁。因此,早在西汉文帝时期,贾谊就出来反对私家采铜铸钱的做法,主张采铜冶铸应由国家经营。景帝时期,晁错又出来主张大力发展农业和提高粮食的价格,以吸引农民从事农业生产。到了汉武帝时期,由于连年对外用兵,国家财政变得异常困难,于是汉武帝就采用桑弘羊等人的建议,毅然决然地实行由官府生产与销售盐、铁等手工业的制度,史称"盐铁专卖"制度。

汉武帝时期实行的官营盐铁制度,把肇端于秦国时的为盐铁手工业设置专门官吏管理的制度推进到了一个新阶段,或者说使官营盐铁制度进一步系统化与制度化了。从此以后,始于秦国时期的盐官与铁官,遍布于西汉时期的全国各地。据《汉书·地理志》载,西汉时期盐官的设置多达三十六个,涉及二十七个郡国;铁官多达四十八个,涉及四十个郡国②,也有人根据《汉书》《后汉书》有关列传、《华阳国志》及《续汉书·郡国志》等,认为西汉盐官、铁官的设置数量尚需补充数例③;实则根据历代不断出土的汉代封泥中所反映出来的盐官、铁官情况,还远不止上述学者所提出的数量。④ 由此可见,西汉武帝时期确曾雷厉风行地实行了官营盐铁手工业的制度。

汉武帝的官营盐铁制度在盛极一时之后,立即遭到了各种非难。汉武帝死后,昭帝刚刚即位,非难盐铁官营的议论就甚嚣尘上。以霍光为后台的贤良、文学之士,公开反对桑弘羊等人的主张和已执行多年的官营盐铁制度。于是,在贤良、文学与桑弘羊之间,就形成了尖锐的对立与斗争,这便是历史上著名的"盐铁会议"。双方争论的情况与主要论点,后来由桓宽写成了《盐铁论》。

为什么盛极一时的官营盐铁制度,会在汉武帝死后立即遭到如此强烈的反对呢?桑弘羊是根据什么而力主实行官营盐铁制度的呢?贤良、文学等人又是根据什么而坚决反对实行官营盐铁制度的呢?本文正是企图探讨这些问题,并主要想从辩论双方的论点中,结合当时社会存在的问题,指出官营盐铁制度的利与弊。

二

官营盐铁制度的实行,对当时的封建国家有什么好处呢?直言之,有如下几个方面:

第一,有利于增加官府的经济收入,以解决封建国家的财政困难。

汉初经过高帝、惠帝、高后、文帝、景帝五代的休养生息政策的实行,"至武帝之

---

① 《汉书》卷24《食货志下》。

② 马非百:《桑弘羊传》,中州书画社,1981年10月。

③ 罗庆康:《汉代专卖制度研究》,中国文史出版社,1991年6月。

④ 高敏:《秦汉时期的官私手工业》,《南都学坛》,1991年第2期。

初，七十年间”，社会经济获得了恢复和发展，积累了丰厚的物质财富，出现了“人给家足，都鄙廪庾尽满，而府库余财。京师之钱累百巨万，贯朽而不可校。太仓之粟陈陈相因，充溢露积于外，腐败不可食，众庶街巷有马，阡陌之间成群，乘牸牝者摈而不得会聚”[①]的状况。汉武帝正是利用了这一物质基础，开展了“外事四夷，内兴功利”的运动，久而久之，造成了“役费并兴，而民去本”[②]的弊病，迫使汉武帝发出了“用度不足”[③]的哀叹。于是，汉武帝被迫采取了一系列开辟财源的措施，如增加口钱的征收量、新立“算缗钱”、算轺车、算车船、马口钱、六蓄税等税目[④]，甚至还“令民得买爵，及赎禁锢免减罪”[⑤]，每级爵卖价高达“十七万”[⑥]。然而，这些措施仍不能足以解决问题，从而旨在“笼天下盐铁，排富商大贾”[⑦]的官营盐铁的制度便应运而生了。其做法是，“募民自给费，因官器作煮盐，官与牢盆。……故私铸铁器、煮盐者，钛左趾，没入其器物”[⑧]。这样一来，便把富商大贾从盐、铁的生产领域与流通领域中赶了出来，使他们失去了牟取暴利的可能。事实证明，实行了盐铁官营制度一年以后，就取得了明显的成效。司马迁说：“一岁之中，太仓、甘泉仓满，边余谷诸均输帛五百万匹，民不益赋而天下用饶。”[⑨]这里的“一岁之中”，即汉武帝“元封元年”（前110），亦即桑弘羊开始任治粟都尉兼领大司农及代孔仅主管盐铁官营之事的那一年。至于后来，官营盐铁之事更取得了不小的成绩，正如《盐铁论·轻重篇》所说：“上大夫君与治粟都尉管领大农事，灸刺稽滞，开利百脉，是以万物流通，而为官富实，当此之时，四方征暴乱，车甲之费，克获之赏，以亿万计，皆赡大司农，此皆……盐铁之福也。”又云：“今大夫务修太公、桓管之术，总一盐铁，通山川之利而万物殖。是以县官用饶足，民不困乏；本末俱利，上下俱足。”这些成绩连极力反对官营盐铁的贤良、文学也无法否认。

第二，实行盐铁官营制度，使国家直接掌握了盐、铁等重要生产、生活资料，有利于更好地为整个国家的经济服务。

众所周知，盐是人人必需的生活食品；铁以及用铁制造的各种生产工具，特别是各种农具，是广大劳动人民所必需的生产资料。如果盐与铁这两种资源被私家所掌握、控制和利用，就势必把全国人民的生产、生活必需品都置于私家商贾的控制之下

---

① 《汉书》卷24《食货志上》。
② 《汉书》卷24《食货志上》。
③ 《汉书》卷6《武帝纪》。
④ 高敏：《秦汉赋税制度考释》，见《秦汉史论集》，中州古籍出版社，1982年。
⑤ 《汉书》卷24《食货志下》。
⑥ 《汉书》卷24《食货志下》。
⑦ 《汉书》卷59《张汤传》。
⑧ 《史记》卷30《平准书》。
⑨ 《史记》卷30《平准书》。

而任其盘剥。连封建统治者也懂得这样一个道理:凡属于关系国计民生的重要生活资料与生产资料,应当属于国家所有或官府所有。因而,有"铁器兵刃,天下之大用也,非众庶所宜事也"①的议论,又有"古者,名山大泽不以封,为天下之专利也。山之利,广泽之蓄,天地之藏也,皆宜属少府。陛下不私,以属大司农,以佐助百姓"②之说。正因为如此,桑弘羊认为:"盐铁之利,所以佐百姓之急,足军旅之费,务蓄积以备乏绝,所给甚众,有益于国,无害于人。"③汉代的盐铁官营制度的确立,正是以这一理论为基石的,因而在客观上和理论上是有利于封建国家对自然资源的利用和开发的,特别是有利于封建国家控制人们的生活、生产必需品的供应。至于封建统治者不可能真正做到这一点,则是另外一回事。

第三,实行官营盐铁制度,有利于封建国家统一利用与开发自然资源,可以避免私人控制盐、铁等自然资源所造成的资源浪费和破坏性开采。

众所周知,对自然资源的开发和利用,需要有较多的人力和资金,需要有周密的计划与部署,更需要有从全局着眼的长远安排。而所有这一切,都是任何私家商贾的力量所不能真正办到的。即使允许私家经营盐、铁等生产与销售,也会造成对自然资源的浪费,甚至还会引起私营者彼此之间的火并与争夺,从而影响和阻碍人们对自然资源的利用和开发。事实证明,在汉初"纵民得鼓铸"时期,立即带来了铸钱的肴杂而无用的弊病,虽然法律严禁这种不合规定的钱币铸造与流通,但屡禁不止,而且愈演愈烈,以致因此而犯罪者不可胜数,严重危及社会的安定,故贾谊极力反对"纵民得鼓铸"的做法,主张由官府采铜、冶炼和铸造钱币,认为这样可以带来"七福"。④ 这说明贾谊已经基本认识到由官府控制自然资源,有利于国家对自然资源的利用与开发的道理。官营商品的范围,虽然一度包括酒的生产与销售,但主要是针对盐和铁的。这种主要针对盐、铁资源实行官府生产与销售的做法,也反应出封建统治者对重要的自然资源必须由官府控制、开发和利用的思想。

第四,实行盐铁官营制度,打击了富商大贾,削弱了他们的经济实力,即杜绝了他们囤积盐、铁,哄抬物价、牟取暴利的不法行为,也使他们无法利用手中的巨额财富同新兴地主阶级进行争夺土地和劳动力的斗争,从而有利于新兴地主阶级的发展。

在实行盐铁官营制度之前,富商大贾们利用手中控制的盐、铁,同官府做各种形式的斗争。一是囤积居奇,抬高物价,牟取暴利;二是利用手中控制的盐、铁资源,故意给官府制造困难;三是收容流浪人口和亡命之徒,聚居于山泽之间,朋比为奸,扰乱社会治安;四是招诱弃农经商的农民,同时以资金大力购买土地,所谓"以末致财,

---

① 《盐铁论·复古篇》。
② 《盐铁论·复古篇》。
③ 《盐铁论·非鞅篇》。
④ 《汉书》卷24《食货志下》。

用本守之”[1]，与新兴地主阶级争夺土地与劳动力。这些情况可以从司马迁、班固等人的记载中获得说明，也可以从昭帝时御史大夫同贤良、文学的争论中获得充分证据。《史记》卷30《平准书》云：“富商大贾或蹛财役贫，转毂数百，废居居邑，封君皆低首仰给。冶铸煮盐，财或累万金，而不佐国家之急，黎民重困。于是天子与公卿议，更钱造币以赡用，而摧浮淫并兼之徒。”《汉书》卷59《张汤传》也说：“汤承上指，请造白金及五铢钱，笼天下盐铁，排富商大贾。”前者说明富商大贾们不仅存在“蹛财役贫”，而且还有意给官府制造困难，所谓“不佐国家之急”就是这个意思。汉代政治家晁错指出：贫苦农民，完纳赋税时，往往把农产品“半贾而卖，亡者取倍称之息”，最后只有“卖田宅、鬻子孙以偿债”。反之，掠夺农民土地的“商贾，大者积贮倍息，小者坐列贩卖，操其奇赢，日游都市，乘上之急，所卖必倍”，然后，“因其富厚，交通王侯，力过势吏，以利相倾”[2]，造成商人兼并农人的状况。御史大夫桑弘羊在同贤良、文学辩论时，讲得尤为清楚。他说：“往者豪强大家得管山海之利，采铁石鼓铸，煮海为盐。一家聚众或至数千余人，大抵尽收放流人民也，远去乡里，离坟墓，依倚大家。聚深山穷泽之中，成奸伪之业，遂朋党之权，其轻为非亦大矣。”[3]他把经营盐铁业的富商大贾们收容亡命之徒而为非作歹和破坏农业生产的情况揭露无遗。所以，他认为：“总一盐铁，非独为利入也，将以建本抑末，离朋党，禁淫侈，绝并兼之路也。”[4]由此可见，主张官营盐铁业的大臣也承认：其所以实行官营盐铁业的制度，由官府控制盐、铁的生产与销售，目的在于打击这些为非作歹的富商大贾，而不是单纯为了增加国家的财政收入。反之，如果不对盐铁实行官营，“则豪民擅其用而专其利”，就会发生“决市闾巷，高下在口吻，贵贱无常，端坐而民豪”的状况，这实际上是在“养强抑弱”，例如在“盐铁未笼”之时，出现了布衣出身的朐邴和诸侯王出身的吴王刘濞，他们都以经营盐、铁而致富，然后去收买民心，为奸作逆。特别是“吴王专山泽之饶，薄赋其民，赈赡穷乏，以成私威”，以致“私威积而逆节之心作”。故不实行盐铁官营制度，适足以“资暴强，遂其贪心，众邪群聚，私门成党，则强御日以不制，而并兼之徒奸形成也”[5]。在众多的小农弃农经商的情况下，势必使新兴地主阶级缺乏劳动人手；富商大贾大量购买土地，如汉武帝发动人民告缗时，官府没收的“民财以亿计，奴婢以千万数；田，大县数百顷，小县百余顷；宅亦如之。于是商贾中家以上，大率破”[6]，商贾拥有这么多的土地，足见他们在未遭到打击之前，是在同新兴地主阶级疯狂争夺土地的。因此，实行盐铁官营制度，大力打击富商大贾，特别是打击盐铁商人，实

---

① 《史记》卷129《货殖列传》。
② 《汉书》卷24《食货志上》。
③ 《盐铁论·复古篇》。
④ 《盐铁论·复古篇》。
⑤ 《盐铁论·禁耕篇》。
⑥ 《史记》卷30《平准书》。

有利于保障新兴地主阶级对劳动人民和土地的占有欲望,从而有利于地主阶级的发展。

第五,实行盐铁官营,有利于巩固封建的中央集权制度。

实行盐铁官营制度之后,富商大贾的势力受到了致命的打击,官府的财政收入也增加了,官府直接控制了盐、铁的生产与销售,其结果自然是封建国家的中央集权制度的物质基础加强了,这是十分明白的道理。事实表明:御史大夫桑弘羊等人确已认识到实行官营盐铁制度对于加强封建的中央集权制的好处。他认为:“越之具区,楚之云梦,宋之巨野、齐之孟诸,有国之富而霸王之资也。人君统而守之则强,不禁则亡。齐以其肠胃予人,家强而不制,枝大而折干,以专巨海之富而擅鱼盐之利也。势足以使众,恩足以恤下,是以齐国内倍而外附。权移于臣,政坠于家,公室卑而田铸宗强,转毂游海者盖三千乘,失之于本而末不可救。今山川海泽之原,非独云梦、孟诸也。鼓金煮盐其势必深居幽谷,而人民所罕至。奸猾交通山海之际,恐生大奸。”[①]故“大农盐铁丞咸阳、孔仅等上请:‘愿募民自给费,因县官器,煮盐予用,以杜浮伪之路。’由此观之,令意所禁微,有司之虑亦远矣”[②]。这就是说,桑弘羊等人已经认识到这样一个道理:春秋战国时期一些诸侯强国内部之所以发生君主的权力下降和公卿大夫的权力上升的情况,都是由于公卿大夫掌握了“山泽之利”,即自然资源的利用与开发的权力,因而使他们有条件收买人心、建立个人威信,而终于取代王权。由此可见,中央集权的牢固与否,同中央所能直接控制的社会经济命脉成正比。因此,他们之所以坚持要由官府直接控制盐、铁的生产与销售,实是出于加强中央集权的考虑,正所谓“有司之虑亦远矣”。

第六,实行盐铁官营制度,有利于清除当时社会存在的奴隶制残余。

在秦和西汉初期,由于时近春秋、战国时期,奴隶制残余因素仍相当严重。许多大盐铁商人,早在秦始皇实行“七科谪”制度时,就已经是大父母、父母有市籍及曾有市籍的商人。所谓有市籍的商人,就是在官府有专门的商人户籍的商人。这种专门性的户籍被称为“市籍”。除此之外,还有无市籍商人。对这两种商人,官府的政策是不同的。如秦代实行戍边制度时,有市籍商人及其父母、大父母都在与社会罪犯一起戍边之列。这种人共有七种,所以叫“七科谪”。到了汉代同样实行“七科谪”制度,而且还加了两条:“贾人有市籍及其家属,皆无得籍名田,以便农”[③],“市井子孙,亦不得为官吏”[④],二者合起来就“贾人皆不得名田、为吏”[⑤],而无市籍商人不在此限。由此可见,所谓有市籍商人就是秦代以来被列入另册的一些商人。再从秦时

---

① 《盐铁论·刺权篇》。

② 《盐铁论·刺权篇》。

③ 《史记》卷30《平准书》。

④ 《汉书》卷24《食货志下》。

⑤ 《汉书》卷11《哀帝纪》。

其父母、大父母都有市籍的商人这一点来看，显然表明了他们是从战国时期遗留下来的商人，有可能是拥有奴隶的奴隶主商人。事实证明，这些商人确实拥有大量的奴隶，替他们从事煮盐、冶铁等劳动。如秦代蜀地的卓氏，其祖先是赵国人，因冶铁致富，"秦破赵，迁卓氏"，"致之临邛"。到了汉代，卓氏家族还在"即铁山鼓铸"，"僮客八百人"①，同一事，《史记·货殖列传》谓卓氏"僮客千人"；齐地的刁间，役使"桀黠奴"，"使之逐鱼盐商贾之利"。由此可见，这些早在战国时期就从事煮盐、冶铁之业的大商人，大都是使用奴隶劳动的，自然就可以视之为奴隶主商人。正是这些商人，对秦王朝统一全国，推行封建制度颇为不满，所以，为了防止他们的反抗，秦始皇在灭亡六国的过程中，都强制迁徙他们到四川或南阳，像前述的卓氏，就被迁徙到了今天的四川；还有"用铁冶为业"的魏国孔氏，"秦伐魏"时，迁孔氏于南阳；而且给他们一个强迫迁徙的罪名——"不轨之民"，正如《史记·货殖列传》所云："秦末世，迁不轨之民于南阳。"这些既拥有奴隶，又是经营煮盐、冶铁业的大商人，被秦王朝称为"不轨之民"，可见他们对新兴的封建制度是不满的，甚至是反抗的。这就是说，秦和汉初统治者之所以格外严格地打击有市籍商人，禁止他们做官和不允许他们拥有私有土地，显然带有打击奴隶主商人的意图在内。② 至于汉武帝在打击富商大贾的过程中，没收了他们的大批奴隶的事实，除了同样说明盐铁商人多为奴隶拥有者之外，还说明实行盐铁官营制度，有清除奴隶制残余的目的。从"贾人有市籍及其家属，皆无得籍名田以便农"的话来看，确有打击盐铁商人而促进新兴地主阶级的土地占有的因素在内。在实行盐铁官营制度以后，从事煮盐、冶铁业者，多系由国家征发来的"卒徒工庸"，这从《盐铁论》的有关记载中可以看出，这也说明大量使用奴隶劳动的情况减少了，也有助于奴隶制残余的清除。

如上所云，汉代实行盐铁官营制度，不仅是时势所必需的，而且确有利于封建地主阶级中央集权制度的巩固与新兴地主阶级的发展。

三

尽管实行盐铁官营制度为汉代时势所必需，但在盐铁官营实行过程中，也产生了一些弊端，以致贤良、文学之士找到了反对此制度的借口。在贤良、文学之士看来，官营盐铁制度的实行有以下几个方面的弊病：

第一，实行盐铁官营制度以后，由官府制作的铁器往往呆重和规格一致，难以适合不同地区的农民使用。

实行盐铁官营制度后，由中央到地方都有管理与经营煮盐、冶铁和制作铁器的官吏，他们所生产的铁器，无疑规格、式样都是相同的。这样一来，适宜于甲地的铁器农具就不一定适应乙地使用。在同一地区，由于土壤的松疏程度不同，和土质上

① 《汉书》卷57《司马相如传上》。

② 高敏：《论汉代抑商政策的实质》，见《秦汉史论集》，中州古籍出版社，1982年。

的差别，所需要的铁器也就有所差别。总之，铁制农具的制作需要因地制宜，不能拘泥于一种式样和一个规格。但是，汉代由官府生产的铁器，往往呆重，式样单调，不合实用。正如贤良、文学所指出的："铁器者，农夫之死士也。死士用则仇雠灭，仇雠灭则田野辟，田野辟而五谷熟。……夫秦、楚、燕、齐，土力不同，刚柔异势，巨小之用，居句之宜，党殊俗易，各有所便。县官笼而一之，则铁器失其宜，而农夫失其便。器用不便，则农夫罢于野而草莱不辟。草莱不辟，则民困乏。"①贤良、文学之士还指出："农，天下之大业也；铁器，民之大用也。器用便利，则用力少而得多，农夫乐事劝功。用不具，则田畴荒，谷不殖，用力鲜，功自半。器便与不便，其功相什而倍也。县官鼓铸铁器，大抵多为大器，务应员程，不给民用。民用钝弊，割草不痛。是以农夫作剧，得获者少，百姓苦之矣。"②更说："今总其原，一其贾，器多坚䤵，善恶无所择。"③官府按统一规格生产的铁器，往往会有"铁器失其宜"和"器用不便"的情况发生，因而使不同地区的农民使用起来很不便利，即"农民失其便"和"不给民用"。这种"器用不便"的状况，就会使农业生产受到损失，导致农民的贫困化。贤良、文学所说的许多，不乏出于有意恶毒攻击之处，但此说是不无道理的，可视为官营盐铁的实行带来的一个弊端。

第二，盐、铁生产的布点不太合适，造成运费昂贵和劳动力使用上的浪费。

我们知道，煮盐所在之地，必须是有盐池的地方；冶铁之所在，尤其要靠近产铁矿和煤炭的地方。因此，煮盐与冶铁工场的部署不可能设置于交通便利的平原地区，只可能设在交通极不方便的深山岩穴之中。这样，生产出来的盐、铁要转运出来，势必有许多困难，因而增加盐、铁产品的运费，而转运的劳动强度也很大。劳动者要集中在荒林野地里劳动，生活和生产条件都极为恶劣，以致服役的"卒徒"都不愿去煮盐、冶铁，大都雇人代役；而雇人代役，每月需要出钱二千文，致使许多农民不堪其苦。这就是贤良、文学所说的："盐、冶之处，大傲皆依山川、近铁炭，其势咸远而作剧。郡中卒践更者，多不堪责取庸代。"④这也是当时官营盐铁业的弊端之一，但在当时交通落后的情况下，这是无法避免的。

第三，为了销售官府生产的盐、铁，官府采用分配任务购买的办法，给贫者造成诸多困难。

前面已经说明，官营盐铁制度实行后，官府生产的铁器多呆重、式样单调、不适用和铁器质量低等情况，因此，很容易造成官府铁器的积压。于是为了扩大销售量，以缓解产品积压带给官府盐、铁生产经营部门的压力，官府便采用强制的办法分配销售。对农民来说，就是按人口分配一定的铁器购买量，而且还需农民自己去深山

---

① 《盐铁论·禁耕篇》。

② 《盐铁论·水旱篇》。

③ 《盐铁论·水旱篇》。

④ 《盐铁论·禁耕篇》。

穷泽中运输,有的不得不雇人运输,往往因道路的艰难、遥远而使运费高昂,直接给盐、铁购买者和使用者带来灾难。这就是贤良、文学之士所说的:"县邑或以户口赋铁,而贱平其准。良家以道次发僦运盐铁,烦费,百姓病苦之。"①又说:"铁官卖器不售,或颇赋与民。"②这种现象的存在,自然给农民带来不便。其实这并不是官营盐铁制度造成的恶果,而是由于官吏管理、经营不善而出现的坏现象。

第四,销售盐、铁的市场布点不合理,具体负责管理与销售的官吏不负责任,以及"卒徒"生产的铁器不合标准等都给百姓带来了困难。

盐、铁生产出来之后,特别是铁制工具生产出来之后,必须在市场上出售。但是,在封建社会市场经济不发达的情况下,盐、铁的销售市场并不是所在皆有,农民往往需要"弃膏腴之日,远市田器",因而往往耽误农时;有时花费时日,远道专程去购买"田器",而主管销售的人往往不在,所谓"吏数不在,器难得"③,就是指这种情况而言的。加上官府的铁器质量不好,"今县官作铁器,多苦恶,用费不省,卒徒烦而力作不尽"④。就是这样的铁器,价格还很昂贵,经常出现"盐铁贾贵,百姓不便"的情况。对这种质劣价昂的铁器,农民又不能一次多买,因为多买的铁器会随存放时间加长而生锈,造成不必要的损失,这便是所谓"家人不能多储,多储则镇生"⑤。同时,官府为了解决卒徒"力作不尽"和"卒徒作不中呈"的矛盾,往往征发农民,"时命助之",因而"发征无限",以致"更繇以均剧",使"百姓疾苦之"。⑥ 所有这一切,都是官营盐铁后管理、经营不善而造成的弊病,并非官营盐铁制度带来的必然后果。

此外,贤良、文学之士还指责官营盐铁制度违背了儒家重义轻利的准则,不符合重农轻商的农本思想等,这些无疑都是从传统的儒家思想出发去责难桑弘羊的,自然是不足为信的和悖理的,不可据以作为盐铁官营制度的弊端。

如上所述,汉武帝时期其所以起用孔仅、咸阳及桑弘羊等人,大力推行官营盐铁制度,并非单纯为了解决财政困难问题,而主要是为了"尽笼天下盐铁"等关系到国家经济命脉的自然资源,把它从富商大贾手里夺过来,由官府控制、利用和开发,一方面把富商大贾从这些领域驱赶出去,即所谓"排富商大贾";另一方面,用以加强官府的经济实力,以"盐铁之利","佐百姓之急,足军旅之费",改变富商大贾们"乘时射利","蹛财役贫","乘上之急",兴风作浪和"不佐百姓之急"等恶劣状况,以达到加强中央集权制度的经济基础的目的。因此,汉代实行盐铁官营制度,既为当时时势所必需,也有利于巩固与发展新兴地主阶级政权,故有其必要性和合理性。正因

---

① 《盐铁论·禁耕篇》。
② 《盐铁论·水旱篇》。
③ 《盐铁论·水旱篇》。
④ 《盐铁论·水旱篇》。
⑤ 《盐铁论·水旱篇》。
⑥ 《盐铁论·水旱篇》。

为如此，昭帝时期虽然出现了贤良、文学等人反对盐铁官营的浪潮，但盐铁官营制度，“历宣、元、成、哀、平五世，亡所变改”，其中虽然在“元帝时，尝罢盐铁官”，但仅仅过了三年，又恢复了此制。① 东汉时期也实行了这一制度。后来的魏晋南北朝隋唐时期，虽无汉代一样的官营盐铁制度，而盐铁作为由封建国家直接控制和课税的制度一直在不同程度上实行着。足见由官府控制盐、铁等重要自然资源这一点，是有其合理性的。

至于汉代官营盐铁制度实行过程中所出现的弊端，大都是由于封建的管理经营制度不完善造成的，除铁器销售的价格太高和为了扩大销售量而采用的按户口摊派的做法同封建统治者不能从人民的利益出发来制定政策、法令有关外，其他如铁器的式样单调、质量低劣、不切实用和主管销售的下级官吏往往擅离职守造成购买人不便等，都是管理方面的问题，并不是官营盐铁制度固有的弊端。正因为如此，虽然贤良、文学极力攻击桑弘羊，使桑弘羊陷于被动和不利地位，且后来桑弘羊因参加谋反而被诛，但官营盐铁制度仍实行如故。由此可见，当时贤良、文学对桑弘羊的攻击，主要是出于地主阶级内部不同集团之间的政治斗争，而不是真正由于官营盐铁制度的本身。

（发表于《郑州大学学报》1992 年第 3 期）

---

① 《汉书》卷 24《食货志下》。

惊人相似的历史局面

——兼论秦、隋速亡及汉、唐长久兴盛的原因

在中国两千多年的封建王朝历史中，有许许多多相同或相似的历史片段存在着，其中秦汉、隋唐四个朝代的更替就是一个很好的例子。秦始皇结束六国分裂局面，“一海内之政，坏诸侯之城，销其兵铸以为钟簴，示不复用。元元黎民得免于战国，逢明天子，人人自以为更生”①，建立了第一个强大的中央集权的封建王朝——秦王朝。从结束战乱避免生灵涂炭的角度看，秦始皇统一全国，无疑是符合历史发展趋势和人民愿望的。但是，秦王朝仅仅存在了十五年的时间，到秦二世时便灭亡了；随之出现的汉王朝，却在继承秦制的基础上长久兴盛达四百年之久。又过了四百年的时间，中国历史上又出现了一个强大的中央集权的封建王朝——隋王朝，它结束了自东汉末年以来，中国历史上再一次出现的三国两晋南北朝南北对峙与分裂的局面。隋王朝的统一，无疑也是符合历史发展潮流和人民愿望的。然而，它也未能长期存在下去，同样是二世而亡了。随之出现的唐王朝，却在继承隋王朝政治制度的基础上长久兴盛达三百年之久。短命的秦王朝与长治久安的汉王朝，同样短命的隋王朝与长久兴盛的唐王朝，这两短两长，有着惊人的相似之处。那么，究竟是什么原因造成这种惊人相似的呢？虽然，许多史家都看到了这两短两长的历史现象，也都或多或少有所感触，但是，他们都没有集中地从中寻找其规律和探讨其原因。本文试图从这一角度做些探索工作，以求教

① 《汉书·严安传》，中华书局，1962年。

于大方。

一、秦、隋速亡的共同原因

秦王朝与隋王朝，都是直接被汹涌澎湃的农民战争所推翻的。因此，从引起秦末与隋末农民起义的原因入手而论秦、隋两王朝速亡的诸原因者不少，分析秦、隋两政权对农民阶级残酷的政治与经济压迫的文章比比皆是，大讲秦始皇、秦二世与隋炀帝暴虐无道的文章为数更多。这些方面的原因，无疑都与秦、隋两王朝的速亡有着密切的关系。本文不拟在这些方面重复，只想在这里指出一点，即秦王朝和隋王朝统一后，并没有能够把各自统一以前由于长期分裂而遗留下来的分裂割据因素真正清除殆尽，以致分裂割据的残余势力利用了农民阶级的阶级斗争，并加剧了这种斗争，使这两个新建立的王朝顿时处于四面楚歌之中而速亡。对于这一点，史家往往忽视之，故试略论之于下。

以秦王朝而言：秦始皇虽然"奋六世之余烈，振长策而御宇内，吞二周而亡诸侯，履至尊而制六合"①，"隳名城，杀豪俊，收天下之兵，聚之咸阳，销锋镝，铸以为金人十二，以弱天下之民"②，完成了灭亡六国、一统天下的大业，而且，他还把六国的王公贵族及富商大贾强制迁往巴蜀和南阳等荒凉的地区，以割断他们的各自同本地区的政治经济联系。但是，这些措施的实施，并没有阻止六国之后的伺机反抗。如楚人之后项梁和韩人之后张良就是很好的例子，楚人之后项梁，其"父即楚名将项燕者也。家世楚将，封于项，故姓项"③。他对楚国的灭亡和家世的败落强烈不满，故早在秦始皇统治时期，他便在楚国原统治地区联络反对秦王朝的力量，"每有大徭役及丧，项梁常为主办，阴以兵法部勒宾客子弟"④，为有朝一日的起兵做了各种准备。同样，韩人之后张良也不甘心韩国的灭亡，张良的先人曾"五世相韩"⑤，虽然他本人从未做过韩的官吏，但张良仍对秦王朝怀有刻骨之恨，史书载"良家僮三百人，弟死不葬，悉以家财求客刺秦王"⑥；以后他又在淮阳仓海君处结识了一个善使 120 斤铁锥的力士，趁"秦始皇东游至博浪沙中，良与客狙击秦始皇……"⑦，可见，六国之后在秦王朝统治时期时时刻刻都在伺机而动。所以当陈胜、吴广在大泽乡"斩木为兵，竿为旗"⑧之后，"诸郡县苦秦吏暴，皆杀其长吏，将以应(陈)胜。……当此时，楚兵

---

① 《史记·陈涉世家》，中华书局，1959 年。
② 《史记·陈涉世家》，中华书局，1959 年。
③ 《汉书·陈胜项籍传》。
④ 《汉书·陈胜项籍传》。
⑤ 《汉书·张良传》。
⑥ 《汉书·张良传》。
⑦ 《汉书·张良传》。
⑧ 《史记·陈涉世家》。

数千人为聚者不可胜数”①。六国之后伺机而起，在秦末农民战争中起了推波助澜的作用。他们中有的直接参与，有的则对起义者持支持态度。如齐国的富豪田儋迫不及待地称了齐王；楚地的项梁也不顾楚怀王之孙在为人牧羊而立他为楚王；“燕地贵人豪杰”思念“亦万乘之国”②的燕国，支持韩广称了燕王。另外，还有一些六国的旧官吏也多蠢蠢欲动，或者抱着不同的目的径直参与了农民起义，并在起义中起了一定的领导作用。如陈胜、吴广领导的农民起义军中的周文，就“尝为项燕军视日，事春申君，自言习兵，(陈)胜与之将军印，西击秦”③。以上所举的这些事例，表明六国之后在秦王朝时期或多或少都有反对秦王朝统治的举动，而且他们直接利用了农民起义的斗争形式，为六国的复兴做了努力。所以，六国之后的反抗都是在此之前的长期分裂割据局面所造成的潜在力量，秦统一后，并未能彻底铲除这些消极因素，以致他们有可能死灰复燃。这些因素的存在，不能不加剧秦王朝的速亡。

同样，隋王朝也是如此。因隋文帝杨坚初篡北周政权“群情不附……内有六王之谋，外致三方之乱，握强兵、居重镇者，皆周之旧臣”④，所以，才有“相州总管尉迟迥自以重臣宿将，志不能平，遂举兵东夏。赵、魏之士，从者若流，旬日之间，众至十余万”⑤。与此同时，“宇文胄以荥州，石愻以建州，席毗以沛郡，毗弟叉罗以兖衮州，皆应于迥。……雍州牧毕王贤及赵、陈等五王……因谋作乱。……广陵人杜乔生聚众反……郧州总管司马消难据州响应，淮南州县多同之……荆、郢群蛮乘衅作乱……上柱国王谦为益州总管……遂起巴蜀之众，以匡复为辞……进兵屯剑阁，陷始州”⑥。总之，从南到北、从东到西的广大地区，都有不同规模的叛乱发生，可见当时地方分裂势力之强大。虽然这些分裂势力的叛乱都被镇压了，但是，隋王朝正式建立后，各地的零星反抗仍时弱时强地发生，且一直贯穿隋王朝始终。尽管隋文帝在位期间极注意削弱地方分裂的实力，多次下诏禁止民间私造大刀、长矛；禁止江南造大船，规定凡三丈以上的大船，统统括入官府；同时，又规定九品以上外官，不得将父母及十五岁以上的子弟带往任所；州县佐吏三年一代，不得重任等，其用意都在于防止地方的分裂，以巩固、加强中央集权。虽然如此，隋王朝仍不能消除地方的叛乱。如开皇六年(586)就有郕国公梁士彦、舒国公刘昉、杞国公宇文忻等人的叛乱。再如开皇十年(590)隋灭陈，统一全国后，陈地爆发了大规模的叛乱。叛乱的原因是隋王朝“平陈之后，牧民者尽更变之”⑦，即隋朝灭陈之后，为了铲除陈王朝的地方政治势

① 《汉书·陈胜项籍传》。
② 《汉书·陈胜项籍传》。
③ 《汉书·陈胜项籍传》。
④ 《隋书·帝纪第二·高祖下》，中华书局，1973 年。
⑤ 《隋书·帝纪第一·高祖上》，中华书局，1973 年。
⑥ 《隋书·帝纪第一·高祖上》，中华书局，1973 年。
⑦ 《资治通鉴·隋纪》。

力,以加强隋王朝对江南各地的控制,隋文帝采取了撤销原陈各州郡县的官吏,而改任北方隋官作为江南地区的地方官的措施。这些措施的实施,使得"历代为官、有权有势,并以此傲视一切的江南士族地主,在顷刻之间一落千丈;经过多方钻营而获得官位的庶族地主,也犹如丧家之犬,无怪乎他们不约而同地起来反叛"①,以致"陈之故境,大抵皆反"②。如:"婺州汪文进、越州高智慧、苏州沈玄皆举兵反,自称天子,署置百官。"③他们"大者有众数万人小者数千,共相影响,执县令或抽其肠,或脔其肉食之……"④从叛乱的情况看,反叛的骨干分子和首领人物,都是在隋朝灭陈之后遭受打击最为惨重的士族地主分子,其中有不少就是被罢黜的陈官。由于他们对隋王朝实行的废免陈官和重用北方等籍隋官的政策强烈不满,所以纷纷起兵叛乱。到隋文帝统治晚期,各地的叛乱仍然存在。如"(仁寿)二年(602)……交州人李佛子举兵反"⑤,"(仁寿)四年(604)七月,高祖崩,上(炀帝)即皇帝位于仁寿宫……并州总管王谅举兵反"⑥。从以上所举各地各时期的反叛事例看,隋王朝的地方分裂势力的力量确实很强。这一点尤其体现在隋炀帝统治的末期。隋炀帝的残暴统治,引起了隋末的农民起义,在农民战争的引导下,各地分裂势力顺风而起。仅从炀帝大业九年(613)到大业十三年(617)短短五年的时间里,单是《隋书》本纪记录的起义就有63起,起义者人数多的有十几万,少的也有几万人,其中不乏由地方豪强所领导或操纵的起义。同时,从起义的范围看,雍、豫地区有15起,冀、青、兖地区有26起,徐、扬、荆地区有22起,遍于当时九州中的八州。这些地区中的许多地方,早在隋文帝统治时期就发生过很大规模叛乱。那时的叛乱虽被镇压了,但也为炀帝统治时期再燃起义或起兵的战火埋下了火种。所以,隋王朝同样存在因长期分裂造成的不安定因素,与秦王朝所面临的情况相似。这一共同的因素,不利于秦、隋两个王朝的巩固、统一局面,都在很大程度上影响到它们的速亡。

二、汉唐政权长久兴盛的原因浅析

汉唐王朝长久兴盛的原因是极其复杂的。但是,在某种程度上我们完全可以这样讲:虽然秦王朝与隋王朝都很短暂,却都为其后一个王朝的盛世出现准备了条件和奠定了基础。这主要体现在以下几个方面:

首先,秦末与隋末农民起义对原有社会结构的强烈冲击,为汉唐政权的长治久安奠定了必要的基础。(一)秦末与隋末农民起义各自沉重打击了秦以前和隋

① 详见高敏《隋初江南地区反叛的原因》,《中国史研究》,1988年第4期。
② 《资治通鉴·隋纪》。
③ 《资治通鉴·隋纪》。
④ 《资治通鉴·隋纪》。
⑤ 《隋书·帝纪第一·高祖下》,中华书局,1973年。
⑥ 《隋书·帝纪第三·炀帝上》,中华书局,1973年。

以前的社会分裂势力,如通过秦末农民起义的冲击,六国贵族作为独立的政治力量已不复存在了。农民军到处杀富济贫、开仓放粮,削弱了各地豪强大族的政治和经济势力,从而进一步确立了汉唐政权统一的政治基础。(二)农民起义摧毁了秦末、隋末原有的土地占有关系,不仅解放了成千上万卖身为奴的私家奴婢和官奴的奴隶身份,使之成为有自由之身的劳动者,而且破坏了原有地主大土地所有制,使社会中自耕农的数量和自耕农手中的土地急剧增加,从而使自耕农有了发展生产的积极性和可能性,为汉唐政权确立了长治久安所必需的经济基础。(三)农民起义打击了秦隋两朝的地主阶级,削弱了封建统治的阶级基础。如在隋末农民战争中,起义军"得隋官及士族子弟,皆杀之"[①],起义军所到之处,世家豪族望风而逃,所以,在隋末农民战争之后,世家豪族败落到"名虽著于州闾,身未免于贫贼"[②]的地步。同时,秦隋两朝的速亡和汹涌澎湃的农民战争,教训了汉唐的统治者,使他们都能以秦为鉴或以隋为鉴,有必要与可能采取一些比较开明的和减轻压迫剥削农民的措施,从而在一定程度上缓和了社会的阶级矛盾,为汉唐政权的长治久安奠定了必要的社会基础。

其次,秦、隋统治者所采取的一些政治、经济方面的措施,也为汉唐政权所继承,许多在秦、隋两朝还未见功效的一些措施、大型土木工程,到汉唐时期才真正发挥作用,从而为汉唐政权的长治久安奠定了历史基础。

(一)以秦汉时期为例:秦始皇的郡县制、国有土地与私有土地并存制、赐爵制、田租口赋制、征兵制等制度,都为秦以后的汉政权所继承。同时,汉代统治者又对它们进行了适当的改革,并使之更加适合汉代社会的需要。如汉代对秦的赐爵制度的继承就是一个很好的例证。秦的赐爵制度是以功劳为依据的一种赏功制度,特别是以立军功为首要条件的一种爵禄制度。该制度实行的目的,是为了适应秦的新兴地主阶级的需要,从政治上、经济上扶植新兴地主阶级,扩大和巩固封建制度及经济基础的工具。而建立汉政权的刘邦,早在秦末农民战争期间就已采用了秦的这一制度,并利用赐爵的办法来鼓舞士兵的斗志。刘邦统一全国后,马上恢复了秦的二十等爵制,以之为从政治上、经济上恢复旧的和扶植新的地主阶级、巩固汉政权阶级基础的有力杠杆。但是,从汉惠帝、吕后统治时期开始,由于异姓王被铲除,战争减少了,使得军功不再成为赐爵的根本条件,相反地汉政权迫切需要安定社会和发展生产,需要奖励农耕,而不甚需要奖励军功了,从而在汉代产生了无条件的、普遍的"赐民爵"的根本条件,由此促使了汉政权对秦以来赐爵制度的改革。[③] 经过改革后的汉代的赐爵制度,虽然在爵的等级、爵名等方面同于秦制,但其性质却有很大的改变,旨在给在职官吏增添特权、财富与荣宠的"赐吏爵"制被奖励小农的"赐民爵"制

---

① 《资治通鉴》卷183。

② 《唐会要》卷183《嫁娶门》。

③ 详见高敏《秦汉史论集》的有关篇目。

代之而起。到东汉时期,“赐吏爵”制也逐渐消亡,从而使得从秦以来的以军功赐爵为特点的赐爵制度,完全变成了单纯以“赐民爵”为形式的制度。汉政权前后对秦的赐爵制度的继承和改革,对汉代统治的阶级基础的建立、巩固和重农抑商政策的实施起了巨大的作用;而且,汉代实行了改革后的赐爵制度,在很长一段时间里促进了汉代社会农业生产发展和社会的安定。又如秦的“口赋”之制也为汉代统治者所继承、发展。早在商鞅变法之时,秦国就已有了“口赋”之制,即人口税的征收制度。征收该税的目的,是为满足秦国军队的费用开支。汉政权建立以后,立即继承了这一制度,同样用于为军队提供经费的目的。同时,汉政权又对秦的“口赋”之制进行了发展,增加了对“七岁至十四岁”的未成年人的“口钱”的征收,其目的是“以供天子。至武帝时,又口加三钱,以供车骑马”①。此外,汉政权还特别规定“贾人与奴婢倍算”②,这样规定的目的是为了从经济上抑制富商大贾和限制奴婢的数量,以配合当时汉朝统治者重农抑商、发展农业生产的政策的实施。

总之,秦王朝所建立的各项制度为汉政权继承后,汉政权又对它们进行有益的修改,去掉了其中的弊病,扩张了其实际的作用,从而使秦王朝所建立的中央集权制度,在多方面为汉政权的巩固发挥了巨大的作用。

(二)以隋唐为例:隋王朝虽然存在的时间很短,但是,隋王朝在诸多典章制度的创建方面做了很多有益的尝试。隋朝建立后进行了合并州郡以精简机构、创立租庸调制、把萌芽于南朝的科举制进一步制度化以及完善府兵制等工作。这些有益的尝试,在隋朝未来得及显示其作用,隋王朝便灭亡了,而这些制度却为唐政权所继承,并有所发展,所以,这些制度的实行,到唐代才真正发挥其效益;甚至,隋王朝所进行的土木工程和搜刮的民脂民膏等,也是到唐朝才真正发挥作用的。而这一切无疑都促进了唐朝的长治久安。如针对自南北朝以来整个社会出现的“百室之邑,便立州名,三户之民,空张郡目”③的混乱局面,隋文帝杨坚在隋政权建立后,立即采取了并省州县和废除诸郡的改革措施,实行“遂废诸郡”④的州县两级制。接着,隋朝又在灭掉江南的陈国后,在江南地区也推行了这一政策,并且撤免了陈国原有的地方官吏,沉重打击了江南的世族地主。这一措施在隋朝没有发挥多大作用,反而引起了江南世族地主的疯狂反叛。但是这一措施的实行,使后来的唐政权成为最大的受益者。首先,隋王朝撤并州郡的措施和成果,为唐政权所继承,使唐政权减少政府的行政开支和加强行政管理有了必要的条件;其次,隋王朝在陈之故境推行撤并州郡和罢免陈的旧官吏的措施,不仅有利于唐政权对江南地区的统治,而且在政治和经济上大大削弱了自东晋以来江南世族地主形成的强大的地方势力,从而有利于唐朝社

---

① 《汉书·高祖纪》注引《汉仪注》。
② 《汉书·高祖纪》。
③ 《北齐书·文宣帝纪》。
④ 《隋书·地理志》。

会的稳定和政权的巩固。又如隋朝两代皇帝生前曾大肆搜刮民财，尤其是隋文帝时期聚敛的财富经过隋炀帝的长期糜费和隋唐间长期战争的损耗后，到唐太宗时仍然用之未尽。[①] 而隋朝积储的粮食更是多得惊人，《通典·食货》记载："西京太仓、东京含嘉仓、洛口仓……储米多者千万石，少者不减数百万石。"（近年考古发现距今1300年前的含嘉仓的一个仓库还存有五十多万斤的炭化谷子）这些粮食和财富在唐初社会经济凋敝"伊洛以东……人烟断绝、鸡犬不闻"[②]和"每岁租米，未实仓廪，随即出给，才供当年"[③]的艰难情况下，其安定唐朝初年民心和社会的作用是何等的巨大。此外，隋文帝及隋炀帝父子执政期间进行的大批土木工程，耗费了隋朝大量的人力物力。但这些大型的土木工程，如富丽堂皇的宫殿、坚固的长城和畅通便利的大运河等工程真正发挥效益是在唐代，这其中尤其是大运河的开通作用重大。大运河作为以洛阳为中心、联系五大水系和南北水路交通的运输线，它的开通不仅使唐朝增加了几千万顷的良田，而且促进了南北经济、文化的交流。所以，大运河的开凿，为唐朝的长久兴盛立下了不可磨灭的功勋。

综上所述，秦、隋两朝虽然存在的时间很短暂，却为汉唐的盛世准备了必不可少的条件。所以，我们完全可以说：如果没有秦、隋两个王朝的残暴统治与残酷剥削，就不会很快激起秦末与隋末的农民起义，也就不会有对封建地主阶级的打击和土地占有关系的改变，汉唐政权的统治者就不会有实行相对宽松与轻徭薄赋政策的社会条件；如果没有秦、隋两朝的兴革，就没有汉唐时期的典章制度；如果没有秦、隋两朝的大乱，就不会有汉唐时期的大治局面的出现。

（发表于《南都学坛》1995年第2期）

---

① 《旧唐书》卷74《马周传》。

② 《旧唐书》卷71《魏徵传》。

③ 《通典》卷12《食货》。

论谢安与淝水之战

东晋时期是王、庾、桓、谢四大门阀士族相继执掌东晋国家内外军政大权的时期。故有人认为东晋时期不仅有“王与马共天下”的政治局面，且还存在庾与马、桓与马、谢与马“共天下”的门阀政治时期。① 既然如此，那么，它们之中有哪些时期在东晋百年历史中占据重要地位呢？古今史家都认为只有琅邪王氏和陈郡谢氏与司马氏“共天下”时期，才是东晋国家最安定、最具活力的时期。而琅邪王氏和陈郡谢氏与司马氏“共天下”时期，又分别是以王导和谢安为政治代表的。这就是说：王导和谢安分别造就了东晋历史上两段最安定、最具活力的时期，因而此二人理所当然应当是东晋时期名副其实、并驾齐驱的著名政治家。

一、谢安当权之前东晋国家面临的形势与任务

了解魏晋南北朝历史的人都知道，琅邪王氏的代表人物王导在东晋的建立和促使东晋政权在江南的稳固方面立下了汗马功劳，有着不可忽视的历史功绩和历史地位。正因为如此，才使琅邪王氏首开了东晋历史上高门世族地主与司马氏“共天下”的门阀地主政治的格局，然而琅邪王氏的权势在王敦死后便一落千丈，特别是东晋成帝的庾亮与王导共辅成帝之后，庾亮便以“太后临朝，政事一决于亮”②

---

① 田余庆：《东晋门阀政治》，北京大学出版社，1996年。

② 《晋书·庾亮传》。

的方式排挤王导，所以自成帝开始，继琅邪王氏之后控制东晋朝政，与司马氏“共天下”，在东晋政治生活中发挥主要作用的是庾氏家族。庾氏家族并未为东晋国家立什么功勋，而是靠与司马氏的独特的裙带关系立足于世的，且庾亮“任法裁物，颇以此失人心”[①]，从此，东晋政局渐入混乱局面。继庾氏家族之后而起的是以桓温为首的桓氏家族。史称“成、康即崩，桓氏始大”[②]。桓温利用他灭成汉、取关中、占洛阳等数次征伐的功劳，获得了很高的声望；而就任大司马、都督中外诸军事，荆、扬两重镇于一身。枋头之役失败后，桓温还朝执政，政事无论大小一决于己，故史称桓温时“大辟之罪皆自己决”[③]。而且，对于不党阿自己的大臣，桓温还采取“多所废徙，诛庾倩、殷涓、曹秀等”[④]的办法。为了更有效地控制东晋政权、树立个人威信，桓温于太和六年(371)又以宫闱淫乱为名，废晋帝司马奕为东海王，更立会稽王司马昱为帝。皇帝的一废一立，不仅造成了东晋国家的极大混乱，而且也使自东晋建立以来司马氏对皇位的垄断变得非常危险。这种局面正如《晋书·简文帝纪》所载：“温既仗文武之任，屡建大功，加以废立，威振内外。帝(简文)虽处尊位，拱默守道而已，常惧废黜。”此外，桓温还对当时东晋权力中心的人员做了一番安排，安插了一大批心腹干将，撤换了一批异己者，而桓温自己只等待简文帝临终遗诏禅位于他，便可“名正言顺”地篡夺东晋皇帝之位了。也就是在这个时候，已十年任职且政治经验丰富、头脑反应敏锐的谢安开始进入东晋国家的权力中心，他于简文帝咸安元年(371)被征拜侍中之职。长期以来，谢安在桓温面前曲意逢迎，深得桓温的信任，所以，谢安可以直接参与当时东晋国家大政方针的制定。咸安二年(372)简文帝病逝。桓温得到的仅是让他辅佐年幼的孝武帝而不是禅位于他。于是，恼羞成怒的桓温，便“大陈兵卫”，“欲诛王(坦之)、谢(安)，因移晋室”，使得东晋当时“人情恟恟”[⑤]，东晋国家最高统治集团争夺权力的大内战变得一触即发。

与此同时，与东晋国家对峙的北方也正处在大变革之中。自西晋末年以来的民族大仇杀相对趋于缓和，强大的少数民族国家建立起来。如公元351年建立的前秦，经过二十多年的努力拼杀，于公元370年灭掉了前燕政权，又于公元376年灭掉了代国和前凉，从而统一了黄河流域和长江上游，成为地兼今新疆、青海、甘肃、宁夏、四川、云贵等地的大帝国，并已形成了对偏处东南一隅的东晋国家的包围圈。而且，前秦的统治者苻坚是中国历史上少数民族统治者中有所做为、励精图治的封建帝王之一。他任用汉人王猛、鄞羌等人为谋臣，在前秦国家的政治、经济、文化、民族关系方面进行了一系列的改革措施，使长期战乱不息的北方出现了休养生息、经济

① 《晋书·庾亮传》。
② 《晋书·桓温传》。
③ 《晋书·桓冲传》。
④ 《晋书·桓温传》。
⑤ 《资治通鉴》卷一〇三“孝武帝宁康元年”条。

逐步发展的势头，为前秦大举进兵东晋准备着各方面的条件。

总之，在谢安当政前，东晋国家所面临的形势无论是来自内部的，还是外部的，都非常严峻，大有“山雨欲来风满楼”之险情。所以，在4世纪70年代初，东晋国家所面临的任务是尽快消除桓温篡夺皇位带来的恶劣影响，维护东晋皇权的尊严和司马氏的地位；同时，在民族矛盾逐渐上升的危险时期，东晋国家应积极加强战备，随时准备迎击来自北方前秦政权的大举进攻，以维护江南汉族地主政权的继续存在，保护江南先进的经济文化成果。这也是谢安当政时摆在东晋政权面前的头等重大任务。

二、唯一可与王导媲美的谢安

谢安是东晋历史上著名的政治家，有着与东晋初期社稷之臣王导一样的历史地位。这种地位正如史家所评价的那样：“建元之后，时政多虞，巨猾陆梁，权臣横恣。其有兼将相于中外，系存亡于社稷，负扆资之以端拱，凿井赖之以晏安者，其惟谢氏乎？”①那么，谢安为什么能够获得史家如此之高的评价呢？

谢安之所以能够获得史家如此之高的评价，就在于他在东晋中期民族矛盾上升、外族大兵压境的严峻形势下，率领谢玄、谢石、谢琰等人，以八万人的弱势兵力，成功地以少胜多，击退了前秦百万大军的进攻，赢得了淝水之战的胜利，保卫了东晋政权和江南人民的生命财产的安全。

东晋孝武帝太元八年(383)，早已统一北方九年之久的前秦，发动百万大军挥戈南下，直逼东晋。当时前秦军队之强大，正如苻坚自己所说的那样，“今有众百万，资仗如山”，“投鞭于江，足断其流”②，足见前秦苻坚此举，大有吞并东晋，一统天下的意图。面对如此危险的形势，谢安临危受命，任东晋国家的大都督之职，镇定自若，从容指挥，使东晋以区区八万人之众的北府兵，抵住并彻底打败了苻坚的百万大军，创造了中国历史上以弱克强、以少胜多的著名战例。但是，到底是什么原因使得谢安能不畏强暴，敢于以八万之众的北府兵去与有百万大军的前秦军队相对抗呢？这应该和谢安在淝水之战以前为打赢这场迟早要到来的南北兼并大战所做的各种努力和准备有密切的关系。

首先，为了应对迟早要到来的南北战争，谢安成功地阻止了桓温的篡权阴谋，稳定了东晋国家的统治秩序，为东晋中期政治上安定局面的出现奠定了基础。

咸安二年(372)，简文帝病逝以后，“(桓)温初望简文临终禅位于己，不尔便为周公居摄”③，但是，简文帝仅遗诏让他辅政孝武帝。简文帝此举并未遏制桓温的篡

---

① 《晋书·谢安传》。

② 《晋书·苻坚载记》。

③ 《晋书·桓温传》。

位活动，桓温除了陈兵威胁孝武帝外，还布置“伏甲设馔”①的“鸿门宴”，“呼（谢）安及王坦之，欲于坐害之”②。谢安明知桓温有杀己之谋，仍泰然处之，在谈笑风生中劝阻了桓温不惜以武力篡夺帝位的举动。此后，桓温病重，他仍讽朝廷“加九锡”③，以便为自己正式篡权做准备。又是谢安等人故意拖延时间，故直到桓温病死，也没有让他获得非分之赏，从而维护了东晋国家皇权的尊严和完整。

其次，为了应对迟早要到来的南北大战，谢安主动抛开了个人的恩怨，妥善地解决了桓氏家族的残余问题，并为东晋国家建立起一支具有较强战斗力的北府兵，为东晋成功地抵御北方前秦军队的进攻准备了必要的条件。

桓温死后，桓氏家族的残余势力仍然十分强大。如果谢安突然撤换桓氏家族和桓温安插在朝中的亲信，必然引起他们的惊慌和强烈抵制。为了避免发生内乱，谢安忘却了个人的恩怨，而对以桓温之弟桓冲为代表的桓氏家族采取了必要的宽容态度。他劝导孝武帝任桓冲为中军将军，都督扬、江、豫三州军事，扬、豫二州刺史，“领其众”，“代温居任”④。从而使已担任“尚书仆射、领吏部，加后将军”的谢安与桓氏家族之首的桓冲之间有了一种相互谅解的基础。正是因为谢氏与桓氏之间有了这种谅解，才使桓冲拒绝了他手下人“劝（桓）冲诛除时望（谢安），专执权衡”⑤的建议，而坚持“以将相异宜，自以德望不逮谢安，故委之内相；而四方镇扞，以为己任”⑥，避免与谢安发生矛盾。这是谢安实行“镇以和靖，御以长算”⑦政策的结果。谢安此举不仅避免了谢氏与桓氏之间的直接冲突，保存了东晋国家的军事实力，而且也为东晋国家创造了一个祥和的政治局面。

桓氏集团是世代经营扬州且经过几十年而发展起来的世族军阀集团，拥有数万能攻善战的精兵强将，是东晋中期一支有战斗力的部队，但是它毕竟是属于桓氏家族指挥，且长期驻守在长江中游的军队。虽然桓冲和谢安之间的矛盾被谢安很巧妙地淡化了，但仍使谢安为东晋国家没有一支可靠的、可由中央调动和直接指挥的军队而担忧。于是，谢安在“强敌寇境，边书续至，梁益不守，樊邓陷没”⑧的形势下，授意谢玄在晋人谓京口为北府的今江苏镇江一地，“多募劲勇”⑨，使“（刘）牢之与东海

---

① 《世说新语》卷六《雅量》。
② 《晋书·谢安传》。
③ 《晋书·谢安传》。
④ 《晋书·桓彝传附桓冲传》。
⑤ 《晋书·桓彝传附桓冲传》。
⑥ 《晋书·桓彝传附桓冲传》。
⑦ 《晋书·谢安传》。
⑧ 《晋书·谢安传》。
⑨ 《晋书·刘牢之传》。

何谦、琅邪诸葛侃、乐安高衡、东平刘轨、西河田洛及晋陵孙无终等以骁猛应选”①，组成了“以牢之为参军，领精锐为前锋，百战百胜，号为‘北府兵’”②的军队。这支军队的兵士多是从北方流落并逐渐定居京口一带的流民，再加上本地尚武之风的传承沿袭，使得北府兵成为具有习武好战基础的士兵与富于指挥战斗经验的“骁猛”之将的良好结合，就是这支军队，在以后抵御前秦苻坚百万大军进攻的淝水之战中立下了赫赫战功；同时，这支军队也成为了平衡桓、谢两大权力集团的关系和稳定东晋政局形势的一支重要力量。

再次，为了积极奋战，谢安摒弃了自汉魏以来不问良莠地征辟子弟为官的陋习，确立了东晋历史上以才德取人、任人唯贤的典范。

东晋王朝是门阀世族与司马氏“共天下”的封建王朝。门阀世族为了维护各自家族的利益，总是不问良莠地以各种方式把自己的子弟征辟为官，这不仅是东晋一朝的惯例，也是自东汉以至魏晋南北朝的惯例。但是，谢安当政期间就以任人唯贤的实际行动改革了这种世俗。如王国宝，其父是王坦之，属于东晋的“中兴膏腴之族”，又是谢安的乘龙快婿。谢安十分讨厌王国宝“少无士操，不修廉隅”，故“每抑而不用”③，同时，对于有德才的谢玄、谢石等人，他又能做到“举贤不避亲”。如东晋孝武帝时，“苻坚强盛，疆场多虞，诸将败退相继。安遣弟（谢）石及兄子（谢）玄等应机征讨，所在克捷”④。可是，前此朝廷“求文武良将”⑤时，谢安断然以其侄谢玄监江北军事，组织北府兵之举曾遇到种种非议，谢安能不为之所动，足见他的知人善任。而正是因为谢安能冒“私其子弟”的讽议和不拘一格、知人善任的勇气，才使得在淝水之战中东晋军队具有非凡的战斗力。由此可见，淝水之战之所以是东晋取得胜利，在很大程度上是谢安的功劳，我们不妨试想一下：如果没有谢安在太元二年成功地打消了桓温用武力篡夺帝位的念头，避免了由此带来一场内战的话，东晋根本不可能有能力抵御前秦的进攻；如果没有谢安以大局为重，冷静处理陈郡谢氏与谯郡桓氏这两大门阀政治集团之间的关系的话，东晋就不可能会有稳定的政治局面和上下齐心、共同对敌局面的出现，也根本不可能有淝水之战的胜利；如果没有谢安的临危不乱、镇定自若地从容调度、指挥北府兵的话，东晋就不会有稳定的军心，兵士不会有昂扬的斗志和必胜的信心，也就不会有淝水之战的胜利；如果东晋没有谢安敢于在“朝廷求文武良将可以镇御北方者”⑥之时任用谢玄的话，东晋就不会有北府兵的组建，不会有像刘牢之、何谦、田洛等能征善战的“骁猛”之人指挥着北府兵抵抑

---

① 《晋书·刘牢之传》。

② 《晋书·刘牢之传》。

③ 《晋书·王湛传附王国宝传》。

④ 《晋书·谢安传》。

⑤ 《晋书·谢安传》。

⑥ 《晋书·谢安传附谢玄传》。

前秦的进攻,也不会有淝水之战的胜利。关于这一点,正如王夫之所论:“谢安任桓冲于荆、江,而别使谢玄监江北军事,晋于是而有北府之兵……谢玄监军江北,择将简兵,六年而后用之,以破苻坚于淝水,非一旦一夕之效矣。”①

最后,谢安之所以备受史家赞誉,还在于淝水之战后,谢安为了保持东晋政局的稳定做出了最大的个人牺牲。

在淝水之战中,谢安及谢玄、谢石等谢氏家族的人为东晋国家立下了汗马功劳。但是,谢安并未以此作为向孝武帝邀功的资本,而是为了东晋政局的稳定做出了巨大的自我牺牲。这些自我牺牲包括:一是已有盖世之功的谢安,在淝水之战后,不顾年老体衰,“上疏求自北征”,“都督扬、江、荆、司、豫、徐、兖、青、冀、幽、并、宁、益、雍、梁十五州军事”,指挥北伐中原,以完成“混一文轨”②的统一大业。二是淝水之战刚结束不久,长期雄踞长江中游的桓氏集团的首领——桓冲病死了,东晋国家荆、江两州出现了权力空缺。当时以谢玄在淝水之战的功绩和名望,非常适合担任这一职务。但是,谢安深知“怨之所聚,乱之本也”③的道理,便以“父子皆著大勋,恐为朝廷所疑,又惧桓氏失职,桓石虔复有沔阳之功,虑其骁猛,在形胜之地,终或难制”的原因,立“桓石民为荆州,改桓伊于中流,石虔为豫州”④。谢安此举既避免了谢氏因功高盖主而遭到朝廷的猜疑,又避免了桓氏因功不赏和日后叛乱的隐忧出现。三是淝水之战后,谢安并未以功高盖主而专擅朝政,而是能与司马氏家族中年轻的司马道子共掌国家大权。以后,司马道子以孝武帝为后台,日益排挤谢安,东晋中央也因此出现了“奸谄颇相扇构”⑤等不利于谢安执政的情况。为了保持自己的晚节,避免与司马氏发生直接冲突而影响东晋政局的稳定,谢安便“出镇广陵之步丘,筑垒曰新城以避之”⑥,并且“召子征虏将军(谢)琰解甲息徒”⑦,从而达到了保持东晋政局稳定,避免内乱的目的。

总之,谢安是东晋百年统治的历史上两个最著名的政治家之一。他之所以是最著名的政治家,不仅在于他有丰富的政治家处理问题的经验、先立于不败以求胜的战略眼光和临危不惧的大将风度,还在于他拥有作为一个正直的政治家的高尚品格。正因为他具有这样的卓著功勋和优良品格,才使他在东晋百年的政治史上占据重要的一席之地。

---

① 王夫之《读通鉴论》卷一四《孝武帝》。
② 《晋书·谢安传》。
③ 《左传·成公十六年》。
④ 《晋书·谢安传》。
⑤ 《晋书·谢安传》。
⑥ 《晋书·谢安传》。
⑦ 《晋书·谢安传》。

三、淝水之战的历史作用

淝水之战在东晋历史，甚至在魏晋南北朝整个历史时期中都占据了重要的地位，其历史作用和地位是显而易见的：第一，淝水之战是魏晋南北朝时期中一条重要的历史分界线。在此线以前的西晋末年及东晋初年，无论是北方还是南方，都是尖锐的民族矛盾代替阶级矛盾而成为社会的主要矛盾；在淝水之战以后，不论南方与北方，阶级矛盾又上升为社会的主要矛盾，而民族矛盾逐渐下降而居于次要地位，最后至于逐渐消失①。这一演变过程的实现，跟谢安冷静分析敌情、周密部署军队，从而在淝水之战中彻底击败前秦苻坚的百万大军有着密切的关联。第二，淝水之战的胜利，促进了北方地区少数民族与汉民族的大融合。淝水之战以后，前秦苻坚政权迅速垮台，北方再次出现分裂的局面，民族矛盾又有暂时的紧张，但从长远的角度来看，淝水之战后建立的北方政权中，胡、汉地主之间的联合统治形式已基本确立；而各少数民族内部的人民，随着长期与汉民族杂居而产生的各民族人民之间的交往也日益增多。第三，淝水之战的胜利，使东晋国家获得了近四十年的安定时期。东晋国家从公元317年建立到420年被刘宋政权所取代，共103年的统治时期。如果没有谢安的正确领导、指挥，在383年前秦苻坚百万大军猛烈进攻，而东晋只有八万士兵的绝对劣势的情况下，一定逃脱不了一场灭顶之灾。所以，如果没有淝水之战的胜利，东晋政权在中国历史上最多存在六十六年时间。第四，淝水之战的胜利，为南朝的建立奠定了基础。淝水之战是东晋政权彻底击败魏晋南北朝时期北方最强大的少数民族政权——前秦的一场世纪大战。北方政权以百万大军的优势，居然还赢不了只有八万兵士的南方政权，更何况自前秦之后北方还没有一个政权能够派出一百万大军来进攻南方。所以，淝水之战是一座里程碑。自淝水之战后，北朝就无力消灭南朝了，从而为南方自东晋之后的宋、齐、梁、陈四个政权的相继建立奠定了基础。第五，淝水之战的胜利，保护了江南的文化传统。江南自秦汉时期到东晋中期，已形成了以山越族人及楚人文化为基调，融入了大量来自中原的先进文明成果的特有的文化传统。如果淝水之战是东晋被打破了，那么江南地区也必然遭受到像西晋末年广大的北方地区经济文化备受破坏的境遇。所以，淝水之战的胜利，保护了几个世纪以来江南文化传统发展的优秀成果。第六，淝水之战的胜利，维护了江南社会经济发展的安定环境。西晋末年的胡人大举侵入中原，使中原先进的经济文化成果，自东汉末年之后再次遭到了巨大的破坏。而自东汉末年，尤其是西晋末年，大批的北方人携带着北方先进的生产技术、生产经验逃避江南，从而多次给江南经济的发展注入了新鲜的血液，激发了江南经济大发展的活力。淝水之战的胜利，使江南经济的大发展有了较安定的环境，而直接避免了毁于战火的可能。最后，淝水之战

---

① 详见高敏《试论两晋时期社会主要矛盾的演变过程》一文，刊于《史学史研究》1989年第2期。

的胜利,避免了北方南迁汉人和江南土著民的生灵涂炭。据史家考证:自永嘉元年(307)以后到公元383年的淝水之战,北方的大批汉族地主与农民共有四次大规模的南迁浪潮①。这四次大的南迁分别是:永嘉元年后北方汉人的第一次大南迁;大兴四年(321)北方地区全部沦陷,东晋以北伐为己任的祖逖病死,北方汉人掀起第二次南迁之高潮;永和五年(349)以后,北方梁犊起义失败,石赵政权瓦解,北方再现民族大仇杀局面,于是北方汉人南下之风再起;东晋太元八年(383)淝水之战后,中原再度分裂,中原汉人又一次掀起南下的高潮。另据谭其骧先生考证:自永嘉年间到刘宋时期,自北方南渡的汉人,约占当时政府领民的六分之一②。可见,从西晋末年到刘宋时期,北方汉人南下者之多。这些南迁的汉人,在江南各地定居下来,与江南的土著居民一起共同建立了江南的统一的经济秩序,为江南的开发和经济文化的发展做出了贡献。而淝水之战的胜利,避免了他们遭受北方少数民族军阀再次追杀的可能,同时,也避免了南方土著居民遭受死亡的命运。

四、简短的结论

东晋王朝是琅邪王氏、颍川庾氏、谯郡桓氏、陈郡谢氏与司马氏“共天下”的门阀政治统治时期。但是,在东晋百年统治的历史中,仅琅邪王氏、陈郡谢氏与司马氏共治时期是东晋历史上最安定和社会经济大力发展的时期。所以,才使得王导和谢安成为东晋历史上最著名的政治家。虽然王导和谢安对东晋国家都有着巨大的贡献,且两人的政治主张都有相似之处,但是他们之间也存在着许多不同之处。如:王导所代表的琅邪王氏是以西晋末年的权臣王衍为后台的,王敦也早在司马睿徙镇江南之前就已在扬州经营多年,所以,才使得琅邪王氏有条件和实力来帮助司马睿立足于江南,拉拢江南土著士族地主和建立东晋政权以保持晋王室的延续。而琅邪王氏拥有了这些基础和条件,也使琅邪王氏在王敦、王导死后,仍然不断有琅邪王氏的人入主东晋政权的中枢机构以保持家族的利益和兴盛。陈郡谢氏则有很大的不同。陈郡谢氏在西晋时就远不及琅邪王氏兴盛;而且陈郡谢氏家族的真正兴盛只是在东晋中期,即由谢安一个人的贡献和努力才使得陈郡谢氏兴盛起来,并在淝水之战前后迅速达到了顶峰。谢安一死,陈郡谢氏便败落下去。以后在南朝各政权中虽然也还有陈郡谢氏家族的子弟进入中枢权力机构,但谢氏家族再也没有像东晋谢安时期那样发达了。故从这一角度看,谢安的能力似乎较王导为强,其历史功绩和历史地位也较王导有过之而无不及。

总之,在整个东晋历史上,如果没有王导的话,则东晋国家政权不可能顺利建立,也不可能在东晋初年有比较安定的社会经济发展的条件。但是,如果没有东晋

---

① 王仲荦:《魏晋南北朝隋初唐史》,上海人民出版社,1961年。

② 谭其骧:《晋永嘉丧乱后之民族迁徙》,今收入其《长水集》,人民出版社,2009年。

中期谢安的存在，那么，东晋完全可能在公元383年就灭亡了，至于南朝宋、齐、梁、陈四个时期就没有出现的可能，而南朝社会经济也不会有繁荣发展，并在以后的隋唐时期达到超越北方经济发展水平的可能。

（发表在1994年由台湾出版的《谢太傅安石纪念论文集》中；但文章完成于1993年5—8月间。时由魏晋南北朝史秘书长童超先生约稿，但家父正在河南医学院即今郑州大学医学院一附院做结肠癌手术及治疗康复期间，根本无力撰写文稿；家父即命我担此任务。于是，我一边在医院两个月陪护，一边读书写作，终于写成此文。后为庆贺家父癌症手术成功，特求童超先生应允，以家父与我二人署名。今结集，特加说明；日前翻检存书，发现尚余手稿可证，当时情形历历在目）

试论两汉时期“门生故吏”制的形成①

对“门生故吏”制问题,史学界专文论述者很少。即使有人论及,也多是三言两语,一笔带过,把“门生故吏”的出现当作一种政治制度去考察的专文基本没有,至于此制形成的历史背景和演变的复杂过程,更无人论及。因此,有必要专文探讨一下“门生故吏”制的形成与演变。

一、两汉“门生故吏”制的初步形成

史书记载表明,东汉以前“门生故吏”一词见于史籍者甚少。东汉以后,这方面的记载才渐渐多起来。这说明,从东汉时期开始“门生故吏”作为一个社会阶层已经形成。然而,众所周知,一个社会阶层的形成,总是在一定的历史背景下产生的,总是与当时政治制度的变更和社会经济条件的变化有着密切联系。这就是说,要探讨“门生故吏”这一特殊社会阶层的产生,必须找出与之密切联系的、一定历史背景下的政治、经济因素及其逐步萌生的过程。那么,汉代的“门生故吏”是在怎样的历史背景下产生的呢?它与当时哪些政治和经济因素密切相关呢?它又是怎样由萌芽状态而走向定型化的呢?

首先,西汉以来的选官制度的变化,为“门生故吏”的产生创造了

① 收在第六辑《秦汉史论丛》中,江西教育出版社,1994 年 12 月出版。此文亦是 1993 年度河南省教委社科资助项目《汉魏时期“门生故吏”制系列研究》中的第一篇习作。

条件。

西汉政权建立后，为巩固中央集权制度的政治基础，建立了一系列旨在从地主阶级内部选拔和任用官吏的选官制度。如任子制，“长吏多出于郎中、中郎、吏二千石子弟，选郎吏又以富资，未必贤也”①。通过任子制而来的官吏，由少数大官僚控制着。后来，为了进一步扩大官吏的来源，汉武帝于元光元年（前134）令郡国举孝廉各一人；于元朔五年（前124）设太学。同时，继续推行汉初已有的“举贤良文学”和“上书拜官”等制度。这些选官措施的实行，使得社会上愿意通过苦读经书而求得仕进的人大大增多，从而使“耆名高义开门受徒”②成为当时之风尚。于是，许多人受业于名师或达官，成为其“门徒”。这样，最初的“门生”便产生了。他们一旦成为某人的“门徒”，其师长就有庇护其“门徒”的职责，其“门徒”也有拥戴、推崇、维护乃至效忠其师尊的义务。久而久之，“门徒”与其主子之间的人身依附关系便产生了。而“门徒”一旦被推荐为官吏，就成了推荐者的“故吏”，彼此之间的依附与被依附的关系便固定化。再通过从“汉武元光初，郡国举孝廉；元封五年，举秀才，历世相承，皆向郡国称故吏”③的过程，到东汉时期“故吏”作为一个特殊的阶层也正式产生了。

其次，豪强地主的产生和发展，为“门生故吏”阶层的扩大奠定了阶级基础。

西汉选官制度的确立，造就了一大批从中央到地方掌握察举权的大官僚，而他们作为统治阶级的贪婪本性，决定了西汉国家的选官制度必然演变为各地方官僚集团扩充各自政治势力的工具。随着时间的推移，世代为官的地方豪强地主形成了。他们“武断于乡曲”④，“权行州域，力折公侯”⑤，不仅使西汉国家正常的选官流于形式，而且还使汉代的选官制度变成了他们网罗党羽的工具。与此同时，当时希望在仕途上有所发展的人，也认识到只有依附于某个豪强地主门下，方有仕进的可能。于是，一大批并不存在的师徒关系的人也投靠到了一些权贵的门下而自称“门生”，使“门生”的原始含义也发生了变化，而逐渐成了依附与被依附的代名词。到东汉时期，豪强地主阶级成了刘秀政权的政治基础，而刘秀政权也必然代表豪强地主并从各个方面满足他们的要求。正是在刘秀政权的庇护和支持下，豪强地主阶级的政治和经济实力得以迅速膨胀而逐步成为世族地主。如重臣邓禹一家，“自中兴后，累世宠贵，凡侯者二十九人，公二人，大将军以下十三人，中二千石十四人，列校二十二人，州郡、郡守四十八人，其余侍中、将、大夫、郎、谒者不可胜数……”⑥公府、州牧、郡守不仅掌握地方察举权，而且可以自辟掾属，无怪乎世人愿列名于豪强地主门下

---

① 《汉书·董仲舒传》。

② 《后汉书·儒林列传》。

③ 《文选》卢子谅《赠刘琨》诗李善注引《傅子》。

④ 《汉书·食货志上》。

⑤ 《汉书·游侠传》。

⑥ 《后汉书·邓禹列传》。

而成为“门生”。“门生”一旦被主子辟为掾属或举为孝廉等,就由主子的“门生”变成了主子的“故吏”。于是,门生、故吏和豪强地主结合起来,形成了当时巨大的政治势力。

再次,儒学的兴盛和名儒宿学收徒授业之风的盛行,更为“门生故吏”制的形成奠定了文化方面的基础。

首开汉初以门生弟子为官纪录的是楚汉战争期间率“弟子百余人”投靠汉刘邦的儒生叔孙通。他率领其弟子在汉七年(前199)为刘邦完成了制礼仪的任务后,向刘邦提出“诸弟子儒生随臣久矣,与共为仪。愿陛下官之”的建议,刘邦接受这一建议,把他的弟子“悉以为郎”①了。以后,汉武帝采用董仲舒的“罢黜百家,独尊儒术”的建议,使自武帝之后的儒学走向兴盛,而儒学博士弟子成为入仕的捷径。元成之后,这种风气更盛。不仅大儒师们在任官期间纷纷招收弟子以教授之,使得他们门下的弟子急剧增加,而且他们的门生弟子多借助师生关系而获得官位。如元成之时的大儒师孔光,“凡为御史大夫,丞相各再,壹为大司徒、太傅、太师,历三世,居公辅位前后十七年。……其弟子多成就博士大夫”②。又如与孔光同一时期的大儒师、丞相张禹,其“成就弟子尤著者,淮阳彭宣至大司空,沛郡戴崇至少府九卿”③。可见,西汉时期就已有门生弟子借助师生关系为官做吏的现象。到东汉时期,自汉光武帝刘秀起便十分重视“儒雅”。他重开“太学”,“立五经博士,各以家法教授”④。于是一些从西汉末年以来就已收徒授业的“儒雅”,到东汉时期继续扩大他们收授门徒的范围,如王莽时期颍川鄢陵人张兴,“习《梁丘易》以教授。建武中,举孝廉为郎……永平初,迁侍中祭酒,十年,拜太子少傅。显宗数访问经术。既而声称著闻,弟子自远至者,著录且万人,为梁丘家宗”⑤。东汉“儒雅”“各以家法教授”,使得“门生故吏”的增长,又添加了各学派之间为了扩大派别势力的新动力,从而为“门生故吏”阶层的形成奠定了文化上的基础。

最后,由于自西汉后期的选官制度日益流于形式,汉代官吏整体素质下降,吏治日趋腐败,贪污受贿盛行,助长了官僚集团结党营私、徇私舞弊、滥收“门生故吏”之风,从而使“门生故吏”的产生成为当时封建选官制度下的历史的必然结果。

二、汉代“门生故吏”的阶级属性

我们追溯了两汉时期“门生故吏”产生的历史背景,找出了“门生故吏”制形成的政治和文化基础,那么,在两汉时期“门生故吏”的阶级地位是怎样的呢?他们有

---

① 《汉书·叔孙通传》。
② 《汉书·孔光传》。
③ 《汉书·张禹传》。
④ 《后汉书·儒林列传上》。
⑤ 《后汉书·儒林列传上》。

哪些主要的封建义务呢?

要探讨“门生故吏”的阶级地位问题,首先必须确定一下“门生故吏”的阶级来源。就“门生”来说,关于其来源的记载甚少,史家大多认为魏晋南北朝时期的“门生”多为富家子弟。如郑欣《魏晋南北朝史探索》一书即持这种观点①。但是,史家很少谈及两汉“门生”的阶级来源,那么,两汉时期,“门生”是不是也来源于富家子弟呢?事实证明,在汉代充当“门生”的并非都是富家子弟,也有贫寒之子。如《后汉书·儒林列传上》载:“孙期……少为诸生,习《京氏易》《古文尚书》。家贫,事母至孝,牧豕于大泽中,以奉养焉”,“周防……父扬,少孤微,常修逆旅,以供过客……防年十六,仕郡小吏……以未冠谒去,师事徐州刺史盖豫”。这里的孙期和周防显然属于家境贫寒一类人的子弟。又如《后汉书·儒林列传下》载:“包咸……显宗以咸有师传恩……常特赏赐珍玩束帛……咸皆散与诸生之贫者。”“诸生”是“门生”的别称之一,这条史料说明包咸的门生中确有贫家之子。可见,汉代的“门生”并非都是富家子弟。至于这一时期贫寒子弟也可以进入“门生”之列的原因,推测有这么几个方面:一是与西汉末年王莽篡权,当时有识之士看出社会面临着巨大的混乱,便纷纷退隐山林,收授“门生”,以图后起、扶佐明君的举措有关。西汉末年著名的“儒雅”刘昆、洼丹、张兴等人就是这样做的。二是与东汉光武帝“爱好经术,未及下车,而先访儒雅”“兴太学”“立‘五经’博士”等尊重知识及知识分子的政策有关。由于汉光武帝重经术,“立‘五经’博士”使得古今文学派之争愈演愈烈,为了扩大各自学派的力量,以致“五经”博士“各以家法教授”②,而很可能不择“门生”的家境贫富状况。事实证明,孙期、周防等人虽为贫家之子,但经过从师学习,都达到了成名成家的目的,这本身说明“‘五经’博士”并未因为收授的“门生”是贫寒子弟而怀疑他们的才能和勤奋。三是东汉光武帝在位期间曾大力整顿吏治,也使一些家境贫寒而又通过刻苦学习的“门生”有为郡国举孝廉、秀才或辟为掾属的可能性。既然“门生”的行列中既有豪家子弟,也有贫寒之子,那么“门生”应归属哪一社会阶层呢?从整体意义上讲,两汉“门生”应归于统治阶级行列。因为虽有史料证明“门生”中有贫寒子弟,但多数“门生”出身还是比较富裕的。“门生”可以跟随主子到地方去任职,并有征为僚属的可能,说明主子与“门生”的关系很密切,可见“门生”应属于统治阶级的内部成员。如《后汉书·乐恢列传》载“恢长好经学,事博士焦永,永为河东太守,恢随之官”,就是很好的例子。同时,无论贫寒子弟,还是富家之子,投师学成之后,都属于郡国向国家举荐孝廉、秀才、方正、有道、至孝、贤能、高节、清白、敦朴等之列,都是公府、州牧和刺史征辟的对象。所以,从这种意义上讲,两汉“门生”属于统治阶级。而“故吏”从它产生的那一刻起,就决定了它的阶级性,他们是无可辩驳的统治阶级的组成部分。

---

① 郑欣:《魏晋南北朝史探索》,山东大学出版社,1989年版。

② 《后汉书·儒林列传上》。

虽然“门生”“故吏”属于封建国家统治阶级的成员，但是从其名称上便可以很明显地看出他们身上或多或少存在着依附性，而且门生与宗师之间以传授儒学为纽带而联结起来的师生关系，到东汉时期已日趋演变为一种趋附名势、干求利禄的结合。这种结合正如东汉末年的徐干在《中论·谴交篇》中所说“称门生于富贵之家者，比屋有之。为之师而无以教，弟子亦不受业，然其于事也，至乎怀丈夫之容，而袭婢妾之态，或奉货而行赂，以自固结，求志嘱托，规图仕进”的那样。所以，两汉时期的“门生故吏”或依附于师长，或依附于公府、州牧等权贵，且他们对各自的主子有特殊的封建义务。

第一，对于师长，“门生故吏”需遵守“名录制度”，不仅要维护师长、学派的利益，而且到了东汉中后期，“门生故吏”还要在政治上接受“名录制度”的限制。

东汉以前，“门生”投师没有太多的限制，如王莽时期的吴章，曾与王莽的长子宇谋“夜以血涂莽门”。事发后，“章坐要斩，磔尸东市门。初，章为当世名儒，教授尤盛，弟子千余人，莽以为恶人党，皆当禁锢，不得仕宦。门人尽更名他师”①。从这一例子看，王莽时期的“门生”就可以改投他师以避祸。但是，这种现象到东汉时期逐渐消亡，而且“门生”一经投师后就必须服从诸多的限制，如《后汉书·儒林列传》载：“张兴……习《梁丘易》以教授……弟子自远至者，著录且万人，为梁丘家宗。牟长……少习《欧阳尚书》。……建武二年……拜博士，稍迁河内太守。……自为博士及在河内，诸生讲学者常有千余人，著录前后万人。魏应……建武初，诣博士受业，习《鲁诗》。……弟子自远方至，著录数千余人。楼望……少习《严氏春秋》……后为左中郎将，教授不倦，世称儒宗，诸生著录九千余人。”张兴、牟长、魏应、楼望同属东汉前期各占今文学派的宗师大家。他们的“门生”都要上各家的“名录”。可见，名录的作用在于严格区别“门生”从师受业的儒宗不同，代表了不同的儒学流派。从这一点看，“门生”上“名录”，意味着“门生”有维护师尊和本学派学术地位、利益的义务。从汉章帝建初四年(79)的白虎观会议以后，汉政权的尊儒达到了一个新高度，一方面儒家思想的地位有了进一步的提高，另一方面古今文经学派的界限也为王权所承认。这就使得从东汉中后期之后的“名录制度”，不仅成为学派有别和从师不同的显著标志，而且还是这些“门生故吏”归属不同政治集团、代表着不同集团的政治和经济利益的显著标志。如《后汉书·党锢列传》载：“李膺……后张俭事起，收捕钩党……乃诣诏狱。考死妻子徙边，门生、故吏及其父兄，并被禁锢……时侍御史蜀郡景毅子顾为膺门徒，而未有录牒，故不及于谴。……(顾)自表免归，时人义之。”可见，东汉以前的“门生”可以不受“名录”的限制，他们可利用“更名他师”的方式，逃避“皆当禁锢，不得仕宦”的灾祸。但是，在东汉，尤其是在东汉后期时，主子被禁锢，“门生故吏”及其亲属也在禁锢之列，而且朝廷是按某人是否有其主子的录牒来判别的。这充分证明了东汉“名录制度”下的“门生故吏”对主子的政治依附性的

① 《汉书·云敞传》。

强化。同时,也标志了从东汉后期直至整个魏晋南北朝的"门生故吏"制的正式形成。

第二,"门生故吏"必须维护其主子的政治利益。

早在西汉时期就有了"门生故吏"维护师长政治利益的例子。如西汉哀帝时,名儒鲍宣为司隶校尉,"丞相孔光官属以令行驰道中,宣使吏钩止,事下御史中丞"。鲍宣因此被陷害入狱,他的"博士弟子济南王咸举幡太学下,曰:'欲救鲍司隶者会此下。'诸生会者千余人。朝日,遮孔光白言,丞相车不得行,又守阙上书。上遂抵宣罪减死一等,髡钳"①。到东汉时期这种事例就更多了,如《后汉书·儒林列传》载:"(欧阳)歙在郡,教授数百人,视事九岁,征为大司徒,坐在汝南臧罪千余万,发觉下狱。诸生守阙为求歙哀者千余人,至有自髡剔者。"再如李固、杜乔被害时,李固的门生渤海王调,"上书,证固之枉",而杜乔的故吏陈留杨匡则"诣阙上书"②。这些例子都反映了"门生故吏"千方百计维护师长政治利益的事实。至于《后汉书·梁冀列传》载外戚梁冀倒台后,"其他所连及公卿、列校、刺史二千石死者数十人,故吏、宾客免黜者三百余人,朝廷为空"的史实,更证明了东汉中期以后,主子与"门生故吏"之间的关系已发展到了同生死共荣辱的程度。

第三,"门生故吏"有向主子进献一定数量的财物,以报答主子恩泽的义务。

《后汉书·儒林列传》载:"楼望……少习《严氏春秋》,建武中,赵节王栩闻其高名,遣使赍玉帛请以为师,望不受。"反映的便是"门生"拜师需要向主子进献财物的现象。另外,《后汉书·杨震列传附子秉传》载杨秉为刺史、二千石时"计日受奉,余禄不入私门,故吏赍钱百万遗之"。这说明"故吏"亦有向过去的主子进献钱财的现象,而"门生故吏"向主子进贡财物同维护主子的政治利益一样都是必然的、顺理成章的。这些无不与郡国及权贵"举孝廉,率取年少能报恩者"③的不良社会风气有着密切的联系。

第四,"门生故吏"都有为主子死后服丧尽孝的义务。

据《后汉书·胡广列传》载,曾在官场任职三十多年,"历事六帝……凡一履司空,再作司徒,三登太尉,又为太傅"的胡广死后,他的"故吏自公、卿、大夫、博士、议郎以下数百人,皆缞绖殡位,自终及葬"。另《后汉书·儒林列传》载:"楼望……少习《严氏春秋》……教授不倦,世称儒宗,诸生著录九千余人。年十八,永元十二年卒于官,门生会葬者数千人。"此外,"门生故吏"为其主子服丧的事例还很多,如欧阳修在《后汉孔宙碑阴题名》中载孔子十九世孙孔宙,在东汉末年曾为泰山都尉,虽然他的墓碑已经残缺,但仍可辨别出为其立碑姓名邑里者62人,"其称弟子者十人,门生者四十三人,故吏者八人,故民者一人"。其他如《隶释》等书中也都记录了不少

① 《汉书·鲍宣传》。

② 《后汉书·李杜列传》。

③ 《后汉书·樊儵列传》。

东汉时期“门生故吏”各为其主子立碑、制铭的事例，足以说明这一点。东汉时期“门生故吏”为主子死后服丧尽孝，一方面反映了“门生故吏”这一做法已成定制以及“守义于故主，斯可以事新主”①的观念的形成，另一方面也反映了“门生故吏”与主子之间的私恩关系有逐步强化的趋势。

总之，西汉以来，察举制、征辟制日益为郡国、重臣所操纵，并为其培植各自的政治势力提供了方便。“门生故吏”作为一个社会阶层萌芽于西汉，到了东汉时期，“门生故吏”这一特殊阶层已逐步形成。他们虽然还是统治阶级的内部成员之一，但是对于他们的主子仍有一定的封建义务，而且在政治上他们与主子有共荣辱、同利害的关系，这样发展的结果，就形成了东汉世族地主政治制度下的一个特殊的组成部分——“门生故吏”制，它既是东汉世族地主政治获得发展、强化之后的必然产物，也是在白虎观会议之后古今文学派界限日益为社会重视的条件下产生的由“门生故吏”共同遵守的行为规范决定的。

三、简短的结论

综上所述，“门生故吏”制萌芽于西汉时期，到东汉“门生故吏”已成为当时社会的一个特殊阶层。“门生”中虽然有从学于某师或依附于权贵的区别存在着，但他们总的目的是一致的：为了谋得一官半职，光宗耀祖。所以，他们仍属于统治阶级的成员。而“故吏”本来就属于统治阶级的成员，是封建国家统治政策的执行者。两汉时期的“门生故吏”都是当时察举制、征辟制的共同产物。从东汉后期到魏晋南北朝，“门生故吏”制又发生了一系列的变化。如“门生故吏”的阶级地位、阶级属性、封建义务、人身依附性等都发生了很大的变化。这些变化无一不是在当时特定的历史背景下发生的，也无一不是在中国由统一到分裂局面的特殊环境下完成的。所以，两汉“门生故吏”制的形成有着特殊的历史作用：

第一，“门生”队伍的扩大，反映了西汉私学的盛行，而私学的兴盛，提高了当时社会的文明程度，有利于封建的中央集权制度的文化基础的巩固与发展。而“故吏”的产生，反映了西汉中央集权制度不完善的一面——国家官吏的任命权逐渐为私家大族所控制，为西汉后期豪强地主的产生奠定了政治基础。

第二，“门生故吏”制的逐步形成，反映了东汉时期豪强地主政治已正式确立。“门生故吏”制和当时社会出现的“郡国举孝廉，率取年少能报恩者，耆宿大贤多见废弃”②的现象密切相关，为东汉后期政治生活中出现的三大政治利益集团奠定了基础。而三大利益集团的出现，既标志了东汉末年中国历史面临着分裂局面的暗淡前景，又为“门生故吏”制在魏晋南北朝的一系列变化创造了条件。

---

① 《后汉书·鲍永列传》。

② 《后汉书·樊儵列传》。

（本文亦写在1993年八九月间，即在完成《谢安与淝水之战》的文章后。当时要开秦汉史第六届年会，家父高敏先生当时是会长，结肠癌手术还处在恢复期，伤口尚余一寸有余未愈合，他老人家也不得不前往之。故本文是1993年先发表在江西师范大学举行的“中国秦汉史研究会第六届年会暨国际学术讨论会”上；论文集出版的时间较晚。会议之后半年，吉林大学古籍所张鹤泉教授即发表一篇相关论文与之回应；鹤泉兄应该是想避免矛盾，所以没有加注明言是与我争论；但以发表时间的早晚看，本文把“门生故吏”问题上升到政治制度史的层面上，应该是秦汉史研究中的第一篇。有鉴于此，特加以说明）

试论魏晋南北朝“门生故吏”制的演变①

“门生故吏”制是两汉魏晋南北朝时期重要的政治社会制度。“门生故吏”作为一个社会阶层萌芽于西汉时期；到东汉，它已形成为一个极为特殊的社会阶层：一方面，他们是统治阶级的内部成员之一；另一方面，他们对自己的主子有着一定的封建义务，且在政治上与主子有着共荣辱、同进退的关系。这样发展的结果，就形成了东汉世族地主政治制度下的一个特殊的组成部分——“门生故吏”制②。随着东汉政权的解体，中国古代社会进入到大动荡、大变革的魏晋南北朝时期，在这一时期里，作为社会上门生、故吏共同遵守的“门生故吏”制也必然发生变化。那么，在魏晋南北朝近400年漫长的时期里，在朝代更迭、政权频换、国家统一时间不到十分之一的恶劣生存形势下，“门生故吏”制度究竟发生了怎样的演变？它演变的历史背景又是怎样的呢？

一、魏晋南北朝“门生故吏”制的演变

两汉时期，“门生故吏”制在许多方面都规范、约束了社会上门

---

① 此文亦是1993年度河南省教委社科资助项目《汉魏时期“门生故吏”制系列研究》中的习作，收录在中国史学会编辑的《世纪之交的中国史学》文集，1999年8月中国社会科学出版社出版。

② 高凯：《试论两汉“门生故吏”制的形成》，《秦汉史论丛》第6辑，江西教育出版社，1994年12月。

生、故吏阶层的一举一动，它规定门生、故吏不仅要在学术上维护师长和学派的利益，在政治上要接受"名录制度"的限制，坚决捍卫和服从其师长的政治地位；而且，门生、故吏还需要定期向师长进献一定数量的财物，来报答师长的恩泽。然而，随着社会进入魏晋南北朝时期，"门生故吏"制的许多方面都发生了很大的变化，其具体表现在以下几个方面：

首先，魏晋南北朝时期的"门生""故吏"有着武装化、部曲化趋势。这种趋势在东汉末年即已开始，到曹魏时期已相当明显，而到两晋及南北朝时这种特征就更加显著。如《三国志·魏书·满宠传》载："时袁绍盛于河朔，而汝南绍之本郡，门生宾客布在诸县，拥兵拒守。太祖忧之，以宠为汝南太守……率攻下二十余壁……一时皆平，得户二万，兵二千人，令就田业。"由此可见，从东汉末年直到曹魏时期，袁绍家乡的众多"门生"已有拿起武器为其主子而参加封建军阀割据战争的情况存在。又如《宋书·谢方明传》载："方明结(方)邈门生义故得百余人，掩讨嗣之等，悉擒而手刃之。"再如《南齐书·刘怀珍传》载："怀珍北州旧姓，门附殷积，启上门生千人充宿卫。"以上两条史料说明，刘宋及南朝时期都有以"门生"充当武装力量来使用的实例存在。到萧梁时期，"故吏"也加入了这一行列，如《陈书·沈众传》载："侯景之乱，(沈)众表于梁武，称家代所隶故义部曲，并在吴兴，求还召募以讨贼，梁武许之。及景围台城，众率宗族及义附五千余人，入援京邑。""义故"是"门生""故吏"的简称。"义故"同"部曲"并列相称，说明魏晋南北朝时期的"门生故吏"武装化后，有同部曲地位相当的趋势。

其次，魏晋南北朝"门生""故吏"的名称有所改变。早在曹魏时期，"门生""故吏"的名称就开始有了变化。从《八琼室金石补正》载《大将军曹真残碑并阴》看曹真战死后，他的故吏共有六十多人为之立碑，当时故吏题名多卑称"民""州民"①，这些卑称同东汉时期直接称自己为"故吏"的做法有明显的区别，这不仅说明曹魏时期故吏对主子的尊敬更深了一层，而且也反映了故吏在主子面前的地位较东汉时期有所下降。到西晋时期，"故吏"的名称有向"义故"变化的迹象。如《八琼室金石补正》第九卷所载《南乡太守郛休碑并阴》称：西晋武帝泰始六年(270)时有故吏二十五名为南乡太守郛休立碑尽孝，其中有人在"武猛从事"题名时加上了一个"义"字，即变成"义武猛掾"；此外，在南乡太守碑阴题名处还出现"义民顺阳郭贞仕良"等三人的新题名格式，也说明自东汉时期以来的"故民""故吏"的称呼出现了变化。到南北朝时期，这种变化已经很常见了，如《宋书·谢方明传》《梁书·沈众传》等书都把"故吏"称为"义故"。而"门生""故吏"有了"门生""义故"的新称呼后，又有了"门义""门附"等异称。这些变化都充分反映了"门生""故吏"人身依附性逐渐加强的过程。

再次，魏晋南北朝"门生故吏"制的演变还体现在"门生""故吏"对主子封建义

---

① (清)陆增祥：《八琼室金石补正》第8卷，文物出版社，1995年。

务的增多方面。

第一,"门生""故吏"充当主子家内臣和厮役的角色。《晋书·刘隗传》载:"(隗)拜御史中丞,周嵩嫁女,门生断道解庐,斫伤二人,建康左尉赴变,又被斫。隗劾嵩兄顗曰:'顗幸荷殊宠……而乃纵肆小人,群为凶害,公于广都之中白日刃尉……宜加贬黜,以肃其违。'顗坐免官。"从这条史料中至少可以看出三点:周顗的门生是以厮役、家奴的角色出现的;当时人称携带武器的"门生"为"小人";门生犯法,"亏损风望",主人周顗因此而被免官。又如《晋书·王羲之传》载:"时太尉郗鉴使门生求女婿于导,导令就东厢遍观子弟。门生归,谓鉴曰:'王氏诸少并佳……'"这时东晋太尉郗鉴的"门生"奉命行事,可见这里的"门生"是家内臣的角色。从上面两条史料看,与东汉时期的"门生"相比,两晋时期"门生"的地位明显下降了。到南朝以后,"门生"的地位进一步下降,如《宋书·王僧达传》载:"吴郭西寺多富沙门……乃遣主簿顾旷率门义劫寺沙门……得数百万。"这里劫寺抢钱的不仅有"门生",还有现任官吏——主簿与故吏。再如《南齐书·高昭刘皇后传》载:"门生王清与墓工始下锸。"《南齐书·刘瓛传》载:"(刘)游诣故人,唯一门生持胡床随后。"胡床,相当于今天的坐椅,"门生"成了主人持椅的随从。这些事实都反映南朝"门生"阶级地位进一步下降的趋势。至于北朝,由于官私学的严重萎缩,社会上门生较少,"门生"下贱化特点不很明显。

第二,魏晋南北朝的"门生""故吏"有充当门阀士族家内农业劳动力的义务。西晋时期实行占田制,当时荫庇于私家的"门生""故吏"得以逃避封建国家的租税赋役负担。虽然,他们有些已沦为私家的家内臣和厮役身份,但还不是私家劳动者身份。如《三国志·王修传》注引王隐《晋书》载:"诸生有密为褒刈麦者,褒遂弃之,自是莫敢复佐刈者。褒门人为本县所役,求褒为属,褒曰:'卿学不足以庇身,吾德薄不足以荫卿,属之何益?且吾不捉笔已四十年。'乃步担干饭,儿负盐豉,门徒从者千余人。安丘令以为见己,整衣出迎之于门,褒乃下道至土牛,磬折而立。云:'门生为县所役,故来送别。'执手涕泣而去。令即放遣诸生,一县以为耻。"从这条史料来看,王褒的门生荫庇在他的门下,为的是逃避"为县所役"。而王褒的门生居然暗地商量为他割麦,说明当时的门生为了报答主子的私恩,不惜充当农业劳动力的下层角色。到南北朝时期,不仅"门生"沦为士族大家的家内劳动力,而且有些"故吏"也加入到这一行列。如《宋书·谢灵运传》载:"奴僮既众,义故门生数百,凿山浚湖,功役无已……尝自始宁南山伐木开径,直至临海,从者数百人。"史载刘宋时期大士族地主谢灵运拥有庞大的田庄,而他的田庄劳动者除了"奴僮"之外,还有"义故、门生数百人",他们"凿业浚湖,功役无已"。所以,可以说南北朝时期"门生""故吏"沦为士族家内农业劳动力,也表明了这一时期"门生""故吏"身份的低贱化。

第三,魏晋南北朝时期的"门生""故吏"有对其主子执子孙礼的义务。魏晋南北朝时期"门生""故吏"对主子忠心耿耿的事例多见于史册。前者所引《大将军曹真残碑并阴》就列举了曹真的故吏六十多人,而且他的故吏多是在官名之前加上

“民”或“州民”字样，以表达其对大将军曹真的崇敬之情。两晋及南北朝时“门生”“故吏”为主子披麻戴孝、树碑立传者大有人在。如《晋书·嵇绍传》载嵇绍死后，“门生故吏，思慕遗爱，行服墓次，毕三年者，三十余人”。《晋书·曹摅传》载曹摅战死后，“其故吏及百姓并奔丧会葬，号哭即路，如赴父母焉”。再如《晋书·刘琨传》载其为匹磾害死之后，故从时中郎虞谌、崔悦等纷纷上书晋帝，为已故主子刘琨邀功求谥、洗刷罪名，此举未果后，他们便“率余众奉（刘）群（刘琨之世子）依末波”，以抗晋室。《魏书·索敞传》载其“以儒学见拔，为中书博士”，所教弟子“前后显达，位至尚书、牧守者数十人”，索敞死后，他们共同向魏帝上书，为索敞邀功求谥，终使索敞死后得到“诏赠平南将军、凉州刺史，谥曰献”的殊荣。刘宋时期宁州刺史爨龙颜死后，他的墓碑是由故吏杜长子监造的，此外为之立碑守丧的还有故吏五十人之多。①到萧梁时期，散骑常侍安成康王死后，为其立碑奔丧的故吏竟有一百八十多人。②从上面几个例子看，两晋时期还是“门生”“故吏”共同为主子操持丧事，可是到南北朝以后，“门生”不再有资格参与主子的丧事，而仅剩下“故吏”了，这再一次说明“门生”的地位已大大下降。同时，魏晋南北朝时期为主子立碑尽孝的“故吏”，多是其主子的掾属，这是自东汉以来公府、州郡、刺史可以自辟掾属的征辟制在魏晋南北朝长期延续使用的必然结果，也充分说明了这一时期“门生”“故吏”与主子之间的私恩观念的逐渐加强和“门生”“故吏”人身依附性的进一步强化。

第四，魏晋南北朝时期“门生”“故吏”有与其主子同生死、共患难的义务。自东汉到曹魏时期，“门生”“故吏”与主子在政治命运中有主荣则“门生”“故吏”亦荣，主败则“门生”“故吏”亦辱的关系，但都没有两晋、南北朝时期“门生”“故吏”与主子同生死、共患难的程度。如《三国志·裴潜传》注引《文章叙录》载：“（裴潜子）秀字季彦，弘通博济，八岁能属文……大将军曹爽辟……年二十五，迁黄门侍郎，爽诛，以故吏免。”《晋书·隐逸·杨轲传》载：“杨轲，天水人也。……学业精微，养徒数百”，“其后秦人西奔凉州，轲弟子以牛负之，为戍军追擒，并为所害”。同书，同卷《张忠传》亦载：“张忠字巨和，中山人也。永嘉之乱，隐于泰山。……其居依崇岩幽谷，凿地为窟室。弟子亦以窟居，去忠六十余步，五日一朝。其教以形不以言，弟子受业，观形而退。立道坛于窟上，每日朝拜之。”又如《晋书·陆机传附孙拯传》载：“机既为孟玖等所诬，收拯考掠……门生费慈、宰意二人诣狱明拯……拯遂死狱中，而慈、意亦死。”再如《周书·萧詧传》载：萧詧叛梁奔北方时，故吏蔡大宝、王操、魏益德、尹正、薛晖、许孝敬等死死跟随他。其后“詧之在藩及居帝位”，便“以蔡大宝为股肱，王操为腹心，魏益德、尹正、薛晖、许孝敬、薛宣为爪牙……”。以上面五条史料看，裴秀是曹爽的故吏，后因曹爽被杀而免职；蔡大宝、王操、尹正等也是萧詧的故吏，因死命保全主子的性命，后终成权倾一时的封疆大吏。这两条事例都反映了魏

① （清）陆增祥：《八琼室金石补正》第10卷。
② （清）陆增祥：《八琼室金石补正》第11卷。

晋南北朝时期的“故吏”与主子之间密切的政治关系。而其他三个事例反映的则是这一时期“门生”与主子之间同生死、共患难的私恩观念的极度强化。

第五，魏晋南北朝时期的“门生”“故吏”有与其主子同迁徙、共赴任的义务。东汉时期就有“门生”跟随主子赴任的先例。曹魏时期也不乏其例。如《三国志·牵招传》载：“牵招字子经，安平观津人也。年十余岁，诣同县乐隐受学，后隐为车骑将军何苗长史，招随卒业……”到两晋及魏晋南北朝时期，“门生”“故吏”由跟随主子到任做官发展到跟随主子远徙他方的程度。如《晋书·王机传》载：“会广州人背刺史郭讷，迎(王)机为刺史，机遂将奴客、门生千余入广州。”这里“门生”与“奴客”并称，说明“门生”的地位与“奴客”相近。又如《宋书·谢方明传》载：谢方明加晋陵太守，后为南郡相。“时晋陵郡送故主簿弘季盛、徐寿之并随在西。”再如《梁书·庾于陵传》载：“齐随王子隆为荆州，召为主簿……子隆代还，又以为送故主簿。”从这里看，“故吏”有跟随主子上任或离任的义务。这种义务表明“门生”“故吏”在很大程度上已丧失人身活动的自由性。

第六，魏晋南北朝时期“门生”“故吏”有向其主子进献财物的义务。早在东汉时期，“门生”“故吏”便有向其主子进献财物的制度。到魏晋南北朝时期，尤其是南朝，“门生”“故吏”对主子进献财物变得更为具体化了。如《世说新语·德行篇》载：“所历九郡义故，怀其德惠，相率致赙数百万……悉不受。”又如《梁书·顾协传》载：“有门生始来事协，知其廉洁，不敢厚饷，止送钱二千。”再如《南史·姚察传》载：“尝有私门生不敢厚饷，送南布一端，花练一匹。”至于北朝，这种“门生”“故吏”行贿其主子的事例也很多见。如《魏书·高闾传》载：高闾任中书侍郎后，“博士、学生百有余人，有所干求者，无不受其财货”。从上面几条史料看，魏晋南北朝时期的“门生”“故吏”对其主子的进贡是很具体的，或送钱，或贡物，目的都是为了报答主子的“恩德”。

最后，魏晋南北朝时期“门生”“故吏”的阶级地位也产生了很大的变化。从上面分析与结果看，魏晋南北朝“门生”“故吏”称呼的变化，表明其对主子的依附性的加强。“门生”“故吏”的武装化趋势，标志了“门生”“故吏”向部曲化、家兵化的转变；社会上许多人为了逃避国家赋役负担而投身私家为“门生”的史实，表明了“门生”阶级出身的低贱化特征。所以，魏晋南北朝的“门生”“故吏”已由两汉时期享受免除赋役特权的统治阶级的一员，转变为充当其主子的私家厮役或家内劳动者角色的被统治阶级的一员。

南北朝中后期，“门生故吏”制又有一些新的变化。虽然“门生”仍不能与主子同席而坐①，但也有一些机会出任小官吏。如《南齐书·王琨传》载南齐时，王琨任“吏部郎，吏曹选局，贵要多所属清，琨自公卿下至大夫，例为用两门生”。又如《南齐书·陆慧晓传》载陆慧晓为“吏部郎，尚书令王晏选门生补内外要局，慧晓为用数

---

① 《梁书·徐勉传》《梁书·傅昭传》等书谓主人不能与“门生”同席而坐。

人而止,晏恨之"。从这两条史料看,"门生"可做的官虽小,但处在"内外要局"的位置上,有一定的实权,这也从侧面反映了当时寒门地主与士族地主争夺朝权的事实。同时,南北朝后期门阀士族日益腐败,成为社会的寄生虫,而寒门地主日益在政治上崭露头角,从而使"门生""故吏"阶级地位的提高有了不可缺少的政治保障。最后,随着士族的腐败,士族出身的官吏素质极为低下,以至于史书多记载"公卿罕通经术"①,甚至在门阀手握大权的情况下,社会上还出现了"一家岁禄,万匹有余,是其亲者,虽复痴聋,无不超越官次"②的现象。这一切无不严重影响了国家正常的行政权力的行使。于是一个旨在选拔有才干官吏的新的选官制度——科举制度逐渐萌芽。科举制的萌芽和发展,使仕进的途径变得宽广了。所以,南北朝后期"门生""故吏"的人身依附性也随之减弱,阶级地位向着上升的方面发展。

二、魏晋南北朝"门生故吏"制演变的历史背景

东汉末年黄巾起义后,中国历史发生了重大的变化。自秦汉以来的长期而稳定的大一统国家走向分裂局面,从而使中国历史进入了阶级社会以来第二个大的分裂割据的时代。在这个分裂时期里的许多因素,使得自两汉以来的"门生故吏"制发生了很大的变化。

第一,自东汉末年以来,作为人口中心、经济发达和全国政治中心的中原地区,在长期的战乱中遭到了毁灭性的破坏,出现了"白骨露于野,千里无鸡鸣"的人间悲剧。在这场战乱中,豪强地主起了推波助澜的作用,他们凭借着自给自足的田庄经济实力,众多"门生""故吏"的支持和数目可观的"徒附",投靠各割据政权,从而加剧了东汉末年争权夺利的割据战争。而"门生""故吏"的参战,说明这一时期"门生""故吏"的武装化特点,同时也加速了"门生故吏"的部曲化进程。

第二,自东汉以来的公府、州牧、刺史自辟掾属的征辟制贯穿魏晋南北朝始终。征辟制的实行,使得"门生""故吏"作为一个特殊的阶层有了它存在与发展的政治基础。但同时,随着东汉末年到魏晋南北朝人身依附性加强的总的社会趋势,"门生""故吏"对各自主子的依附也随之加强,这是历史发展必然趋势的结果。

第三,曹魏初年创立的"九品中正"制,本是为了抑制名门大族继而影响国家人才选拔而实行的措施。但是,司马氏建立西晋政权以后,需要名门大族的支持,于是名门大族得以控制"九品中正"的选官制度,从而巩固了名门大族的地位,促进了门阀地主和门阀政治制度的形成、发展。两晋及南北朝时期是门阀政治制度的大发展时期。门阀地主不仅控制了州郡的大小中正,而且控制了从中央到地方的察举、辟召的权力。因为门阀士族控制了全国上下的选才与用人权力,"门生""故吏"唯有紧紧依附于门阀,才有仕进的可能。所以,魏晋南北朝"门生""故吏"对门阀士族的

① 《梁书·儒林传》。
② 《魏书·李冲传》。

人身依附性大大加强。

第四,从西晋时期开始,门阀大族的特权越来越多。西晋占田令规定官吏不仅可以依据品位高低荫庇数量不等的“客户”,而且还可以“各以品之高卑荫其亲属,多者及九族,少者三世,宗室、国宾、先贤之后及士人子孙亦如之”①;被荫庇的亲属是受法律保护的,可以免除租税赋役的负担,这就促使许多人纷纷投依官吏、宗室、国宾、先贤、士人门下,以求逃避租税赋役的沉重负担。“门生”虽可以荫庇在他人门下以逃避国家的租税赋役,但是,他们最终逃避不了自身也沦为私人劳动者身份的命运。所以,两晋实行占田制,不仅扩大了两晋时期的“门生”的队伍,而且使得“门生”对主子的封建依附关系完全合法化和法典化了。从此以后,“门生”的身份进一步走向低贱化。

第五,魏晋南北朝时期战争十分频繁,每一个短暂的政权,其主要任务是迅速巩固政权和做好下一次战争的准备,故每个政权都很难有时间振兴官学教育,所以,这一时期官方教育呈现出时兴时废的特点。与此同时,由于私学的发展条件优越于官学,故这一时期的私学发展获得了相对的兴盛,并成了这一时期占据社会主导地位的教育形式。私学的相对兴盛,不仅壮大了魏晋南北朝时期“门生”“故吏”的队伍,而且也要求“门生”“故吏”更加忠于其主子,这就在一定程度上促进了“门生”“故吏”的人身依附性的强化。

第六,魏晋南北朝时期中国社会存在着一个重要的特征,那就是社会动荡不安,争权夺利的战争激烈而残酷,政权交替频繁。在这样的历史条件下,一方面要求社会大力加强人身依附关系,以保障门阀士族的政治和经济利益;另一方面在当时那种险恶的生存条件下,人单力薄就意味着死亡,而牢牢荫庇于强族门下,就有了生存的空间和权利。所以,魏晋南北朝时期的“门生”“故吏”越来越多,人身依附性也愈来愈强,以至“门生”“故吏”的名称也发生了变化,且变得令人一见就可以看出其强烈的封建依附性。

正因为有以上六方面的历史条件的影响,才使得魏晋南北朝时期的“门生故吏”制发生了巨大的演变。

三、简短的结论

综上所述,魏晋南北朝时期的“门生故吏”制产生了一系列变化。如“门生”“故吏”的阶级地位、阶级属性、封建义务、人身依附性等都发生了演变。这些演变都是在当时特定的历史背景下完成的;同时,这些演变又与各历史时期各政权的政治、经济制度的实行、变化有密切的关系。所以,魏晋南北朝时期“门生故吏”制的演变有着特殊的历史作用。

第一,“门生”“故吏”队伍的扩大,在一定程度上反映了魏晋南北朝私学的相对

---

① 《晋书·食货志》。

兴盛；而私学的兴盛，不仅提高了当时社会的文明程度，促进了南北两方的民族融合，而且也为隋唐时期的新的教育体制的建立奠定了文化上的基础。

第二，魏晋南北朝“门生故吏”制发生的一系列变化，反映了门阀制度的形成、确立、发展和逐渐衰落的过程。而“门生”“故吏”阶级地位的下贱化，促进了他们反门阀制度的斗争意识的增强，并使南北朝庶族地主企望推翻腐朽的士族统治的动力得以加强，从而推动了历史车轮向前发展。

（本文首先在1996年10月在安徽大学举办的“第二届全国青年史学工作者会议”上公开宣读，后来收在由中国史学会编辑的《世纪之交的中国史学》文集，1999年8月由中国社会科学出版社出版，特加以说明）

简话《三国演义》的形成过程

大凡一部古典小说名著的形成都经过了小说家的小型故事创作、单个故事的戏剧表演、“说话人”(亦即古代说书人)的“说话本”、不断修改补充后形成的“平话本”等许多阶段,然后才定型成古典小说名著。《三国演义》的形成过程也不例外。下面我们来简略追述一下《三国演义》成书前的逐步形成过程。

《三国志》一书,是西晋时期的陈寿所著。其成书的年代虽不能确定,但可知陈寿死于西晋惠帝元康七年(297),则《三国志》一书的成书年代必在此年之前。在《三国志》成书之前,魏国已有官修史书王沈的《魏书》;吴国也有官修史书韦昭的《吴书》;此外,还有私人修撰鱼豢的《魏略》。这些史书都是陈寿修《三国志》的重要依据。随后还有许多有关三国时期的私修史书的出现。既然西晋与东晋时期已经存在不少有关三国时期的史书,在这个封建士大夫人人好清谈的社会风气下,他们不可能不利用当时的近代史——三国历史创作一些小型的历史故事以助谈资。事实证明,确系如此。例如东晋人裴启所著《语林》和干宝所著《搜神记》,都记载有三国时期的一些历史小故事。以《语林》来说,其中有关诸葛亮在渭滨与司马懿对阵时“乘素舆,著葛巾,持白羽扇,指麾三军,众军皆随其进止”的记载。这一有关诸葛亮的衣着形象,便为后来《三国演义》所本。另外,在此书中还有“曹操诈称幔中杀人”“曹操床头捉刀”及“邓艾‘凤兮凤兮’之对”等故事,也为后来《三国演义》所采用。再以干宝的《搜神记》为例,此书今存明人胡应麟辑本,全书所谈多怪诞不经之事,但系当时具有代表性的志怪小说,书中有“糜竺路遇火神”“于吉祈雨”“管辂教赵颜献酒脯于南北斗求延年”等故事,这些也同样被引入后来的《三国演义》中。这些情况表明:早在西晋末年和东晋时期,就已在当时的社会上产生了一些有关三国时期人物、事件的短篇故事小说,并为后来《三国演义》的创作提供了素材或故事框架。

陈寿死后大约130余年,南朝刘宋人裴松之以博采异闻和广收史料的方式为他的《三国志》作注,大大丰富了《三国志》的史料。裴注比陈寿《三国志》原文多出数倍,甚至同一人物的情况与同一事件,有几种不同的记载并存。像《语林》与《搜神记》之类的笔记小说,也被裴注收入。所以《三国志》裴注的出现,无疑会为当时的小说家提供更为广泛的题材,推动着早已存在的以三国故事为题材的小型故事的创作。

南朝以后,以三国人物、事件为题材的小说创作出现了一个高潮,其代表性的著作就有刘宋刘义庆的《世说新语》。此书记载了自东汉末至东晋时期士大夫的言行逸事(间亦及于西汉),是当时的笔记小说集,它不仅把《语林》《搜神记》中一些有关三国时期人物、事件的故事收入,也收入了后来增加的许多三国故事,如“祢衡被魏武谪为鼓吏”“庞士元与司马德操对话”“诸葛亮次渭滨关中震动”“曹操望梅止渴”“杨修才思敏捷”“曹植七步作诗”“钟会‘汗不敢出’之对”“管宁割席”等,不胜枚举。由此可见,裴松之的《三国志注》问世前后,当时的小说家把三国时期的人物、事件故事化的倾向加深了。这样,就为后来《三国演义》这一小说的形成奠定了最早的故事雏形。

历史进入南北朝时期以来,正是佛教自东汉传入我国后的广为传播和中国化的时期。无论是北朝还是南朝,佛教几乎取得了国教的地位,南北朝的皇帝、大臣和高门士族,崇信者甚多。随着佛教的广为传播,出现了一些重要的文化现象:一是佛教经典翻译高潮的形成;二是宣传佛教经典的一种形式——“经变画”的产生。我们暂且不去谈随着佛经翻译高潮的出现给中国文化带来的影响,这里只简略说说“经变画”的产生对中国古典小说发展的作用。所谓“经变画”,也叫“相变”,就是以类似于今天连环画的形式去表现佛的因缘、本生与佛教故事的壁画或浮雕。这种“经变画”在北朝的云岗石窟中已有反映;在洛阳龙门石窟的宾阳中洞南壁及古阳洞南壁两侧,也有表现。这种以连环画的形式表现佛的故事的做法,是一种有助于宣传佛教的好方法。因此,就不能不影响到当时古典小说的宣传方式,于是久而久之就产生了“全相”或绣画的小说故事宣传方式,后来《三国演义》也有“全相”“绣像”等形式,无疑同这种“经变画”的传统有关。

随着佛教广泛传播的隋唐时期的到来,就产生了以通俗的语言去宣讲佛教经典的需要。因此,随着宣传佛教活动的日益增加,早在六朝时期就在文学上产生了唱导文学,其内容是对佛教经文的“转读”。发展到唐代,就出现在寺庙所在地为了宣讲佛教经典而采取的设立讲座由高僧主讲的方式。当时称这种方式为“俗讲”。在段成式的《酉阳杂俎》里及唐人苏鹗的《杜阳杂俎》里,都有关于这种“俗讲”场面的描述。

这种"俗讲"的方式一出现,就在文学上产生了由唱导文学向"变文"文学的演变。所谓"变文",就是用通俗的语言去演唱和宣传佛教经典的文学作品。在隋唐时期的敦煌文书中屡见这种"变文"的名称。郑振铎先生曾在《中国通俗文学史》中,把这种"变文"称为俗文学。

佛教传播过程中"俗讲"方式的出现和"变文"这种俗文学的产生,为古典小说的创作与流传打开了方便之门。于是把宣传佛教经典时使用的"俗讲"方式用之于宣传小说内容,就出现了"说话"这种群众艺术形式;再把宣传佛教故事的"经变画"用之于表现小说故事,就成了"全相平话";把宣传佛教经典使用的"变文"文学用之于创作和宣讲小说,就涌现了"说话人"的话本和平话体文字作品。上述这些变化,大约出现于唐代。因为我们可以在唐人颜师古的《大业拾遗记》中,看到《水饰图经》十五卷,其中有"曹瞒浴谯水、击水蛟"及"刘备乘马渡檀溪"等木刻图经。这些情况,既说明关于三国的人物故事又有增加,而且又现出了图画人物的表达形式,这不是宣传佛教经典时的"经变画"的应用与发展吗?我们还可以在段成式的《酉阳杂俎》里看到这样一个故事:唐文宗太和(825—835)年间,段成式的弟弟过生日那天,他看过"杂戏",还听过市民的"小说"。这里虽未讲"小说"的具体内容,其为以"说话"形式表现"小说"的故事却是明白的;"杂戏"的内容是什么虽然也不清楚,但其为以戏剧形式表现历史故事也可推知。如果联系到李商隐的《骄儿诗》,就不难明白这诗有的就是以三国人物、事件为题材的。因为诗中说到他的儿子"或谑张飞胡、或笑邓艾吃",岂不表明唐时的儿童能看到扮演三国人物张飞与邓艾的杂戏形象吗?把这一情况同前引《语林》及《世说新语》中"邓艾口吃语艾艾"条对照,益知唐时已由邓艾口吃的小故事演变成了邓艾口吃的形象表演,这难道不是后来所谓"全相平语"的雏形吗?

唐宋时期商品经济的发展、坊市制度的破坏和开放性市场的形成,对于利用"俗讲"、"变文"等讲演方式和文学表达方式去表现古典小说故事起了重大作用。我们知道,唐代中期以前的城市,大都实行坊市制度。所谓"坊",是大小大体一致的方块式地面,四周以高墙包围,用以安置居民和官府机构;所谓"市",是一种定时开放或关闭的固定市场,用以容纳专门从事贸易活动的人。这种把居民区与市场严格分开的制度,严重束缚了工商业的发展。因此,到唐代中期以后,随着商品经济的发展,这种固定的坊市制度开始解体,随之而来的是草市、墟市等非固定性市场的出现。到了宋代,更出现了叫作"瓦子"的开放性市场。在这种市场里,除工商业之外,还有各种表演杂技、武术、木偶戏与"说话"的场所,这是适应市场需要而产生的市民文化现象。因此随着市民文化的兴起,从事"说话"职业的"说话人"(即说书人)日益多起来了。于是发端于唐代的"说话"这种宣讲历史故事的说书形式,到宋代就普遍化了。正如《东京梦华录》卷五《京瓦伎艺》条所云:"崇(宁)、(大)观以来,在京瓦肆伎艺;……霍四究,说三分……不以风雨寒暑,诸棚看人,日日如是。"这里的"说三分”,就是以三国人物、事件为内容的“说话”;从“日日如是”来看,表明“说话”形式已经普遍化和深受群众的欢迎。还有北宋人苏轼的《东坡志林》卷一《怀古类》,也记载了“说三分”的“说话”深受欢迎的情况。苏轼的朋友“王彭尝云:‘涂巷中小儿薄劣,其家所厌苦,辄与钱,令聚坐听说古话,至说三国事,闻刘玄德败,颦蹙有出涕者;闻曹操败,即喜唱快。以是知君子小人之泽,百世不斩。’”苏轼写的这个故事,生动地反映了北宋时期的普通老百姓和少年儿童爱听“说三分”的情况。从儿童闻刘备败则忧闻曹操败则喜的情况看,可知这时“说三分”的内容已经形成了尊刘贬曹的整体框架。这同后来《三国演义》所反映的爱憎倾向性是一致的,从而表明后来《三国演义》的故事情节及整体结构都已在宋代“说话人”的安排下在逐步形成之中。

到了金、元时代,通过金、元戏曲的影响,有关三国时期的人物、事件的讲述与表演,呈现出齐头并进之势,出现了三国戏的热潮与《全相三国志平话》。金、元时期的戏曲,大都取材于历史,而且有相当部分是表现三国时期的人物、事件的。见于陶宗仪的《南村辍耕录》中的许多剧目都是属于三国时期的,如“赤壁鏖兵”“刺董卓”“襄阳会”“骂吕布”“大刘备”等其例证。另外,还有许多形成于宋代的三国戏目,如“貂蝉女”“周小郎月夜戏小乔”“关大王独赴单刀会”“铜雀妓”等戏目,金、元时期仍在流行。到元代,又增加了关汉卿写的“单刀会”“终南山管宁割席”“徐夫人雪恨万花堂”,王仲文写的“七星坛诸葛祭风”“诸葛亮屯军五丈原”及武汉臣写的“虎牢关三战吕布”等有关三国时期的元杂剧,从而涌现出了三国戏热潮。在三国戏热潮的影响下,无疑会进一步推动“说三分”的“说话”形式的发展,到了元英宗至治年间(1321—1323)正式出现了《全相三国志平话》一书。所谓“全相”,就是有插图的《三国志平话》,“相”即由“经变画”之称为“相变”而来;所谓“平话”就是“说话人”所根据的蓝本。当时一共出现了五种“全相平话”,《全相三国志平话》只是其中的一种,可见诸多古典小说都在这个时期逐步定型了。

《全相三国志平话》一书,全书共计约八万字,上图下文,分上中下三卷,文笔粗糙,语言浅陋,其文词完全不能同后来的《三国演义》同日而语。而且其开头部分与结尾部分的内容,同后来的《三国演义》大不相同。但是,从《三国演义》的整个形成过程来看,《全相三国志平话》仍不失为《三国演义》形成过程中的一个重要阶段。

又过了几年,即元文宗天历年间(1328—1329),方有罗贯中的《三国志通俗演义》出现。由此可见,罗氏的《三国志通俗演义》显然是在总结在此之前的一切“说话人”的“说三分”话本并加以增删润色而成的。实际上罗氏的《三国志通俗演义》也不是今日流行的一百二十回本的模样,经明及清初,通过诸家修订重刻,到毛纶、毛宗岗父子才厘定为一百二十回本《三国演义》。因此,《三国演义》与其说是罗贯中所著,还不如说是历代诸说话人和明清两代诸修订刻印者的集体创作更符合实际。

(刊发于《南都学坛》1997年第2期)

略论《三国志》裴松之注的史料价值

陈寿,字承祚,巴西郡安汉县人(现四川南充),魏晋时期著名的史学家。据《晋书》记载,陈寿的主要著作为《三国志》65 卷、《古国志》50 卷、《益都耆旧传》10 卷;其中,他所撰《三国志》是由《魏书》、《蜀书》和《吴书》三部分组成,该书叙事简要、取材严谨,对三国大事无所回避。所以,该书一直是后人研究三国历史的主要依据。但是,综观《三国志》的内容,并非尽善尽美。首先,其文叙事过于简略,对所据旧史有时删削不当,如王沈《魏书》原有《郡国志》,而陈寿竟没有采用;其次,《三国志》没有历史年表,以至其书记载的许多事件的具体时代都无从查考;再次,三国时期一些重要的人物传记缺乏记载,如马钧、华佗、张仲景等科学家和医学家,陈寿都没有为他们立传,以至他们的事迹不显。由于《三国志》存在这些严重的缺陷,所以后人曾煞费苦心从各方面加以弥补。如东晋时期习凿齿修撰《汉晋春秋》,以蜀汉为正统,以曹魏为篡逆,来弥补后人指摘陈寿以曹魏为正统的写作倾向。再如刘宋时期裴松之所作的《三国志注》和刘宋时期肖常以蜀汉续东汉、为帝纪年表列传的《续汉书》42 卷,以及肖常所撰的《魏载记》9 卷、《吴载记》11 卷。此外,到了元朝,又有都经作《续后汉书》90 卷,也以蜀汉为正统,魏、吴为列传,并作历象、疆域、职官、礼乐、刑法、食货、兵、道术等八录以代《史记》八书和《汉书》十志,此书已散佚,后人从《永乐大典》中辑出,但《刑法录》已全部散佚,此书的诸录部分有一定的参考价值。还有明朝人谢陛作《东汉书》56 卷,以蜀汉为本纪,诸臣为内传;魏、吴君主为世家,其大臣为外传，袁绍、董卓等人列入载记，其书没有可称道的地方。但即使是这样，也为清朝学者给《三国志》及裴松之《三国志注》所进行的集释、会要、考订和补表创造了条件，所以，清人的成果也颇具参考价值。以上所举的均是陈寿《三国志》成书后涌现出来的弥补《三国志》内容的史籍。但总的来说，为校补《三国志》做出不朽业绩的当首推裴松之注。

一、裴松之《三国志注》的材料取舍原则及客观条件

裴松之，字世期，今山西省闻喜人，刘宋时期著名的史学家。《三国志》裴注完成于宋文帝元嘉六年，同年裴松之《上〈三国志注〉表》称："臣前被诏，使采三国异同以注陈寿《国志》。寿书铨叙可观，事多审正。诚游览之苑囿，近世之嘉史。然失之于略，时有所脱漏。臣奉旨寻详，务在周悉。上搜旧闻，傍摭遗逸。按三国虽历年不远，而事关汉、晋。首尾所涉，出入百载。注纪纷错，多所舛互。其寿所不载，事宜存录者，则罔不毕取以补其阙。或同说一事而辞有乖杂，或出事本异，疑不能判，并皆抄内以备异闻。若乃纰谬显然，言不附理，则随违矫正以惩其妄。其时事当否及寿之小失，颇以愚意有所论辩。自就撰集，已垂期月。写校始讫，谨封上呈。"以上就是裴松之自述其作《三国志注》的材料取舍原则，其中显然包括补遗、辨疑、纠缪、存异和评论等几个方面的内容。而在材料的搜集方面，裴松之是"务在周悉"和"罔不毕取"。关于这一点，《宋书》卷64《裴松之传》亦记载：裴氏作《三国志注》乃"鸠集传记，增广异闻"。事实证明：陈寿65卷《三国志》468篇纪传中，除61篇无裴注外，其余各篇均有详尽的注补。这些注补，或补充了原书在记载上的遗漏、简略之处，或并引诸书之说以存异同，或据他书以证原书之讹误，或附以音义训诂以明辞意，或加按语以正是非，从而创立了新的史注体史书的体裁，并极大地丰富了陈寿《三国志》原书的内容。诚如宋朝学者晁公武在其《郡斋读书志》卷5所说：裴氏之注，"博采群说，分入书中，其多过本书数倍"。由于裴松之《三国志注》引书丰富而且他所引书中绝大多数今天已散佚，所以后世考据家多依赖裴注，就连《四库全书总目提要》卷45也高度评价裴注："考证之家，取材不竭，转相引据者反多于陈寿本书焉。"由于《三国志注》具有如此显著的特点，所以裴松之上呈宋文帝后，"上善之，曰'此不朽矣'"。而事实的确证明，宋文帝的评价是十分恰当的。宋文帝之所以命裴松之作《三国志注》和裴氏之所以要作此注，在于有感于《三国志》之"失之于略，时有所脱漏"。从这一点出发，我们便可确定裴松之《三国志注》的主要方法在于补阙拾遗。同时从当时的客观条件看，裴松之为《三国志》作注也确实存在这种条件：一方面陈寿修撰《三国志》所依据的王沈《魏书》、韦昭《吴书》以及鱼豢的《魏略》《典略》等书在刘宋时期依然存世；另一方面与三国历史相关的新的史书又不断面世，如孙盛《魏氏春秋》、王隐《晋书》、环济《吴纪》、张勃《吴录》、王崇《蜀书》、习凿齿《汉晋春秋》、王隐《蜀记》、皇甫谧《帝王世纪》以及常璩《华阳国志》等。这些史籍中的前面几种都是最原始的材料，用它们同陈寿《三国志》相比较，其详略与取舍失当之处便一目

了然。至于后面诸书都是某一国家或某一地区的专门史志,材料相对集中,记载也比较可靠。如常璩在《华阳国志》卷 11《后贤志》中认为:王崇《蜀书》的记载“与陈寿书颇不同”;又唐代史学评论家刘知幾在《史通·古今正史篇》中亦认为:其他诸书的记载,也与陈寿《三国志》“异闻错出”。而上述这些史籍也自然对《三国志》有着补遗存异的功效。因此,裴松之之所以能够做出如此大的贡献,固然与他卓越的史才有关,但也与客观条件的完备有密切关系。所以,裴注在史料方面确实有许多超出原书的地方。

二、裴松之《三国志注》的史料价值

《三国志》裴松之注具有很高的史料价值。历代治三国史者无不关注裴注对推动历史研究的巨大作用,其中最直接的原因就是在政治、军事、经济、文化、外交、民族融合、民俗以及人口史等方面,裴注在《三国志》之外补充了大量有价值的史料,具体表现在以下几个方面:

其一,在三国时期政治局面及政治人物方面,《三国志》裴松之注补充了许多有价值的史料。如关于曹操的家世以及青少年时期的情况,《三国志·武帝纪》中只有廖廖数语,而裴注引王沈《魏书》记载了曹氏的起源、地望情况,注引《曹瞒传》、司马彪《续汉书》、郭颁《世语》和张潘《汉纪》等史籍,后人得以了解曹操的小名、其父曹腾的为官经历以及曹操青少年时期的许多逸事,从而为我们研究曹操的政治才能和性格特征提供了丰富的史料。关于曹操不事董卓的记载,《三国志·武帝纪》仅有“太祖乃变易姓名,间行东归”,及“太祖至陈留,散家财,合义兵将以诛卓。冬十二月,始起兵于己吾,是岁中平六年”两句话。但裴松之《三国志注》博引王沈《魏书》、郭颁《世语》、孙盛《杂记》,详细记录了曹操不事董卓的言语、东归的经过以及起兵人数等内容,既扩展了《三国志》的内容,又保存了不同的说法,确实发人深思。关于曹操从军、为政时期的性格特征和从政风格,《三国志·武帝纪》或语焉不详,或根本没有涉及,但裴松之引《曹瞒传》记载:曹操“为人佻易无威重,好音乐,倡优在侧,常以日达夕……然持法峻刻,诸将有计划胜出己者,随以法诛之,及故人旧怨亦皆无余”。又引《曹瞒传》记载“太祖马腾入麦中……援剑割发以置地”、棒杀幸姬及借主粮官之命以谢自己无力筹集军粮之罪等故事为后世《三国演义》所本,成为千古流传的话题。此外裴松之还博引《傅子》及王沈《魏书》记载了曹操勤政、勤学、才学卓识和“雅性节俭”的生活作风,为后人全面把握其性格特征和公正地评价其历史功绩提供了丰富的史料。关于魏文帝曹丕取代汉献帝之位时的具体情况,《三国志·文帝纪》记载甚略,而裴松之博引袁宏《汉纪》《献帝传》等书所记载的汉献帝退位诏以及陈群、辛毗、太史丞许芝等一百多位文武大臣上奏的所谓“考图纬之言以效神明之应”的谎言使后人对曹丕代汉的经过和威胁利诱的阴险手段有了清醒的认识。关于孟达其人其事,陈寿《三国志·明帝纪》中仅记载太和元年(227)“新城太守孟达反,诏骠骑将军司马宣王讨之”一句,又《魏书》卷十四《刘晔传》中记载:“延康元年

(220)蜀将孟达率众降。达有容止才观,文帝甚器爱之,使达为新城太守,加散骑常侍。晔以为'达有苟得之心,而恃才好术,必不能感恩怀义'。"然查《诸葛亮传》及《魏延传》中皆未谈及孟达反魏投蜀以应诸葛亮北伐之事,而裴松之博引《傅子》《三辅决录》和鱼豢《魏略》不仅使后人得以了解孟达的家世以及其父子俩人首鼠两端的做派,而且通过结合《蜀书·刘封传》中所涉及孟达反蜀投魏的经过使后人对孟达反复无常、两面三刀的丑恶嘴脸有一个比较清晰的认识。关于太和二年(228)蜀曹对峙期间曹魏如何抨击刘备和诸葛亮的问题,陈寿《三国志》没有记载,而裴松之引鱼豢《魏略》记载了当时曹魏政权布告天下的檄文,其文称:"刘备背恩,自窜巴蜀。诸葛亮弃父母之国,阿残贼之党,神人被毒,恶积身灭。亮外慕立孤之名,而内贪专擅之实……亮又侮易益土,虐用其民,是以利狼、宕渠、高定、青羌莫不瓦解,为亮仇敌……"从而既使后人了解到曹魏政权对刘备、诸葛亮的攻伐之辞,又从侧面了解到曹魏政权对诸葛亮专擅蜀汉大权的客观评价。关于曹魏在官制方面实行"假辅"制度的问题,裴松之在《明帝纪》景初二年(238)正月"诏太尉司马宣王帅众讨辽东"下注引《魏名臣奏》载散骑常侍何曾的上表称:"臣闻先主制法,必于全慎,故建官授任,则置假辅,陈师命将,则立监贰,宣命遣使,则设介副,临敌交刃,则参御右,盖以尽谋思之功,防安危之变也。"此外裴氏还记载:"《毌丘俭志记》云,时以俭为宣王副也。"由此,后人得以了解"假辅"制度实际上是曹魏时期在选官与任官过程中所实行的重要防范措施。而遍查陈寿《三国志·明帝纪》及《毌丘俭传》均只字未及。关于魏明帝临终托孤任命曹爽和司马宣王同为辅政的真相,陈寿《三国志·明帝纪》语焉不详,而裴松之博引《汉晋春秋》和鱼豢《魏略》,使后人了解到曹爽之所以能够顺利成为托孤之臣,实得益于中书监刘放、孙资与夏侯献、秦朗等人政治斗争的结果。关于曹魏时期的"士家制度"和魏明帝的荒淫无度,《三国志·明帝纪》语焉不详,而裴松之引鱼豢《魏略》中张茂上书言称:魏明帝为了扩充后宫嫔妃,曾经"录夺士女前已嫁为吏民妻者,还以配士,既听以生口自赎,又简选其有姿色者内之掖庭"。通过这条史料,其一说明在曹魏"士家制度"中,"士女"必须"配士"从而保障国家正常的兵源供应;其二也从侧面反映了当时社会存在男多女少的人口性比例失调问题,从而迫使魏明帝做出贵贱不分"简选其有姿色者内之掖庭"的荒唐举动。① 关于如何处置罪犯毌丘俭的孙女问题,陈寿《三国志》只字未提,而裴松之在《三国志》卷十二《何夔传》中注引干宝《晋纪》记载:何夔之子何曾在正元年间(254—255)任司隶校尉,"时毌丘俭孙女适刘氏,以孕系廷尉。女母荀,为武卫将军荀凯所表活,既免,辞诣廷尉,乞为官婢以赎女命。曾使主簿程咸为议,议曰:'大魏承秦、汉之弊,未及革制。所以追戮已出之女,诚欲殄丑类之族也。若已产育,则成他家之母。于防则不足惩奸乱之源,于情则伤孝子之思,男不御罪于他族,而女独婴戮于二门,非所以

① 参见高敏:《曹魏士家制度的发展过程》,《魏晋南北朝兵制研究》,大象出版社,1998年。

哀矜女弱,均法制之大分也。臣以为在室之女,可从父母之刑,既醮之妇,使从夫家之戮。'朝廷从之,乃定律令"。另据《魏书·郭淮传》中裴注引《世语》记载:嘉平元年(249)发动叛乱失败,"诸相连者悉夷三族"。其时"淮妻,王凌之妹。凌诛,妹当从坐,御史往收……"。从裴注所引干宝《晋纪》和《世语》这两段详细的记载看:既有助于后人了解曹魏时期族灭之刑的严格程度,又可了解曹魏自高贵乡公曹髦正元年间(254—255)开始实行"在室之女,可从父母之刑,既醮之妇,使从夫家之戮"的新条律。关于曹魏前期权臣程昱"位不至公"问题,陈寿《三国志》仅记载:"昱性刚戾,与人多迕。"而裴松之注引郭颁《世语》称"初,太祖乏食,昱略其本县,供三日粮,颇杂以人脯,由是失朝望",不仅充实了陈寿之说法,且使后人得以了解东汉末年的军阀混战期间曾以人肉充当军粮的史实。关于曹魏中期"久典机任"的重臣孙资,陈寿《三国志》无孙资传,其事迹仅附在《刘放传》中,而裴松之博引《资别传》《魏氏春秋》、郭颁《世语》等书,不仅详细记载了孙资的家世、经历,而且大量记载了孙资在蜀魏对峙、曹魏对乌桓之争和魏明帝临终前争权夺利过程中与刘放一起"号为专任,制断机密,政事无不综"的事例,为后人更好地研究魏明帝时期的政治格局提供了丰富的实证材料。关于曹操刚死之后的曹魏军政格局的情况,《三国志》语焉不详,而裴松之在《魏书》卷十五《贾逵传》中注引鱼豢《魏略》记载:"时太子在邺,鄢陵侯未到,士民颇苦劳役,又有疾疠,于是军中骚动",以致"群僚恐天下有变,欲不发丧。……而青州军擅击鼓相引去"的混乱局面。由此使后人对曹操生前控制的"青州军"的归顺程度产生了怀疑;同时结合《魏书》卷十七《于禁传》中于禁"未至太祖所,道见十余人被创裸走,禁问其故,曰'为青州兵所劫'"的记载看,曹操收编的"青州兵"纪律仍然较松散。而裴注所引为后人全面研究"青州兵"提供了素材。曹魏时期的名士孔融,《三国志》语焉不详,而裴松之通过在《崔琰传》《邴原传》中注引《原别传》、司马彪《续汉书》和《九州春秋》、张璠《汉纪》以及《魏氏春秋》等书,详细记载了孔融的家族世系情况、为官经历、学问、品德以及得罪曹操后被诛杀的经历。这些记载不仅有利于后人对孔融进行人格分析,而且也为后人从侧面研究曹操的嫉妒心理提供了生动的素材。关于张既的家世,陈寿《三国志》语焉不详,而裴松之在《张既传》中注引鱼豢《魏略》记载:"(张)既世单家,(富)为人有容仪。少小工书疏,为郡门下小吏,而家富。自惟门寒,念无以自达,乃常畜好刀笔及版奏,伺诸大吏有乏者辄给与,以是见识焉。"不仅补充了陈寿《三国志》的缺陷,而且也由此记载透视出曹魏时期寒门地主官员与高门世族地主官员之间的关系。关于杜畿的政绩和曹魏时期实行的"书录寡妇"以配士家的制度,裴松之《三国志注》博引《傅子》《魏略》《杜氏新书》及《魏氏春秋》等书,补充了许多有价值的史料。关于曹魏时期所实行的郡吏轮休制度,《三国志》语焉不详,而裴松之在《魏书·杜畿传附子杜恕传》注引鱼豢《魏略》记载,曹芳正始年间(240—249)孟康"出为,领典农校尉",对当时二百多郡吏实行了"涉春遣休常四分遣一"的官吏轮休制度,从而补充了《三国志》之缺。关于任城威王曹彰暴薨之事,《三国志》仅言"四年,朝京都,疾薨于邸,谥曰威"

一句,而裴松之注引《魏氏春秋》及鱼豢《魏略》记载:“初,彰问玺绶,将有异志,故来朝不即得见。彰忿怒暴薨。”使后人得知曹丕与曹彰的矛盾所在及曹彰“暴薨”之隐情。关于曹植逐渐丧失曹操宠信的经过,《三国志》对建安“二十四年,曹仁为关羽所围。太祖以(曹)植为南中郎将,行征虏将军,欲遣救(曹)仁。……植醉不能受命,(太祖)于是悔而罢之”之事没有给予充分的解释,而裴松之注引《魏氏春秋》记载“(曹)植将行,太子饮焉,逼而醉之。王召植,植不能受王命,故王怒也”及鱼豢《典略》记载曹植“以骄纵见疏”,则补充了《三国志》的相关说法。另据《魏书·杨俊传》及裴注所引《魏略》记载:杨俊曾评价文帝曹丕与曹植“才分所长”,后终“称临淄独美”招致杀身之祸,亦可证明曹丕十分忌弟曹植之才能。关于杨修及丁仪、丁廙兄弟被杀真相,陈寿《三国志》均语焉不详,而裴松之注引鱼豢《典略》和《魏略》以及挚虞《文章志》、荀绰《冀州记》《文士传》等,不仅补充了杨修、丁仪两兄弟的生平和家世方面的许多史料,而且补充了曹操杀杨修和曹丕杀丁仪兄弟的史料。关于任城王曹楷青龙三年(235)“削县二千户”、邓侯曹琮和彭城王曹据景初元年(237)分别被“削户三百”以及“削县二千户”之事,《三国志》仅记载三人均是因为“于中尚书方作禁物”的罪名,至于三人到底制造了什么违禁物品,《三国志》却没有记载。而裴松之注引王沈《魏书》,补充记载了景初元年曹丕的玺书,其文称:“制诏彭城王:有司奏,王遣司马董和,赍珠玉来到京师中尚方,多作禁物,交通工官,出入近署,逾侈非度,慢令违制,绳王以法。……今诏有司宥王,削县二千户,以彰八柄与夺之法。”另外,裴注引《袁子》称:曹魏时期的“封建侯王,皆使寄地空名而无其实,王国使有老兵百余人以卫其国。虽有王侯之号,而乃侪为匹夫。县隔千里之外,无朝聘之仪,邻国无会同之制。诸侯游猎不得过三十里,又为设防辅监国之官以伺察之。王侯皆思为布衣而不能得”。从上面裴注所引的补充记载,既可了解曹丕对其兄弟们的严密监视程度,亦可了解曹丕狡诈冷酷的政治手段。关于曹魏时期河南郡的郡吏数量和选拔方式,《三国志》只字未及,而裴注在《魏书·傅嘏传》注引《傅子》称:“河南尹内掌帝都,外统京畿,兼古六乡六遂之士。其民异方杂居,多豪门大族,商贾胡貊,天下四会……郡有七百吏,半非旧也。河南俗党五官掾功曹典选职,皆授其本国人,无用异邦人者,(傅)嘏各举其良而对用之,官曹分职,而后以次考核之。”从而补充了《三国志》关于河南郡郡吏数量及选拔惯例方面的史料空白。关于曹魏时期曾实行“科禁长吏擅去官”制度,《三国志》只字未提,而裴松之在《魏书·常林传》中注引鱼豢《魏略·清介传》记载:建安十二年(207),“是时科禁长吏擅去官,而(吉)黄闻司徒赵温薨,自以为故吏,违科奔丧,为司隶校尉钟繇所收,遂伏法”。可见当时“科禁长吏擅去官”制度的严格程度。关于“送故制度”,《三国志》只字未提,而裴松之在《魏书·赵俨传》“正始四年,老疾求还,征为骠骑将军”条下注引《魏略》记载:其时“旧故四征有官厨财籍,迁转之际,无不因缘。而俨义手上车,发到霸上,忘持其常所服药。雍州闻之,乃追送杂药材数箱"。而这条史料当是曹魏时期出现"送故制度"之始[①]。关于曹魏时期的"门生故吏"制,《三国志》直接涉及的史料很少,而裴松之通过注引鱼豢《魏略》,在《常林传》《赵俨传》《田豫传》中补充了相关的史料多条,充分反映了进入曹魏时期后"门生故吏"制的变化轨迹[②]。关于毌丘俭之父毌丘兴的事迹,《三国志》卷二十八《毌丘俭传》仅言:其"父兴,黄初中为武威太守,伐叛柔服,开通河右,名次金城太守苏则"。而裴注引《魏名臣奏》载雍州刺史张既的上表称,不仅补充了毌丘兴"内抚吏民,外怀羌胡"的具体事迹,亦补充记载了"张掖番和、骊靬二县吏民及郡杂胡弃恶诣兴,兴皆安恤,使尽力田"的史事。关于蜀汉先主刘备与曹操"今天下英雄,唯使君与操耳"之对以及刘备依附刘表后所发生的事情,裴松之在《蜀书·先主传》中通过注引常璩《华阳国志》、胡冲《吴历》《献帝起居注》、王沈《魏书》《九州春秋》《汉晋春秋》《英雄记》、孔衍《汉魏春秋》等史籍,补充了大量的相关史料。这些史料不仅有助于后人研究刘备其人其事,而且许多故事为以后的干宝《搜神记》、刘义庆《世说新语》所本,为后世《三国演义》的创作提供了丰富的素材[③]。关于张松、法正二人在刘备平灭巴蜀前的作用,《三国志》记载相当笼统,而裴注引韦昭《吴书》补充记载:"备前见张松,后得法正,皆厚以恩意接纳,尽其殷勤之欢。因问蜀中阔狭,兵器府库人马众寡,及诸要害道里远近,松等具言之,又画地图山川处所,由是尽知益州虚实也。"可见刘备之所以能够平灭巴蜀,与张松、法正的衷心投靠是密不可分的。关于三国鼎立后蜀汉主动与曹魏致好谈和之事,《三国志》只字未提,而裴注引王沈《魏书》补充记载了刘备"闻曹公薨,遣掾韩冉奉书吊,并致赙赠之礼。(魏)文帝恶其因丧求好,敕荆州刺史斩冉,绝使命"。所以刘备断然于221年称帝,正式建立蜀汉政权。关于后主刘禅"自摄国事"的时间,《三国志》只字未提,而裴注引《魏略》补充记载:延熙九年(246)冬十一月,大司马"(蒋)琬卒,禅乃自摄国事"。关于诸葛亮的"躬耕地"问题,《三国志》语焉不详,而裴注引《汉晋春秋》,补充记载了"(诸葛)亮家于南阳之邓县在襄阳城西二十里,号曰隆中"的史料,从而为澄清诸葛亮躬耕地的历史遗留问题奠定了基础[④]。关于刘备"三顾茅庐"问题,在《三国志·蜀书·诸葛亮传》中曾经两次提及,而裴注引鱼豢《魏略》和《九州春秋》,却补充记载了诸葛亮自荐于刘备的经过,从而保存了与刘备"三顾茅庐"相反的史料。关于诸葛亮与孙权的关系,《三国志》语焉不详,而裴注引《袁子》补充记载其时

---

① 参见高敏:《魏晋南朝"送故制度"考略》,《黄河科技大学学报》,1999年第1期。

② 参见拙文《试论魏晋南北朝"门生故吏"制的演变》,收入《世纪之交的中国史学》文集,中国社会科学出版社,1999年。

③ 参见拙文《简话〈三国演义〉的形成过程》,《南都学坛》,1996年第2期。

④ 参见高敏:《就诸葛亮躬耕地问题与"南阳说"主张商榷》,收入《诸葛亮躬耕地望论文集》,东方出版社,1991年。

“张子布荐诸葛亮于孙权，亮不肯留。人问其故，曰：‘孙将军可谓人主，然观其度，能贤亮而不能尽亮，吾是以不留。’”的史料。关于诸葛亮为政、治军的具体事例，《三国志》均语焉不详，而裴注引王隐《蜀记》补充记载了西晋金城郭冲所“（诸葛）亮五事隐没不闻于世者”，其中有“亮刑法峻急刻剥百姓自君子小人咸怀怨叹”、诸葛亮于阳平实施“空城计”以及蜀汉军队实行“十二更下，在者八万”的轮休制度等重要的史料，填补了《三国志》在相关方面的史料空缺。关于诸葛亮死后人们对他的评价，裴注既引《袁子》称赞他“行法严而国人悦服，用民尽其力而下不怨，及其兵出入如宾，行不寇，刍荛者不猎，如在国中”等，又引孙吴大鸿胪张俨《默记·述佐篇》论诸葛亮“起巴蜀之地，蹈一州之土，方之大国，其战士人民，盖有九分之一”的蜀汉，与孙吴、曹魏对抗，以致“未能进咫尺之地，开帝王之基，而使国内受其荒残，西土苦其役调”的史料，为后人研究诸葛亮其人其事奠定了良好的基础。关于费祎其人其事，《三国志》惜墨如金，而裴注博引《祎别传》和殷基《通语》，补充记载了许多有关他从政和从事外交活动的史料。关于诸葛亮临终遗言丞相之位的接替问题，《三国志》语焉不详，而裴注引《益部耆旧杂记》记载：“诸葛亮于武功病笃，后主遣（孙）福省侍，遂因谘以国家大计”，诸葛亮决定由蒋琬、费祎相继承接丞相之位。从蜀汉政权的历史来看，丞相之继承人选确如《益部耆旧杂记》所载是完全按照诸葛亮的旨意执行的。关于孙坚讨伐董卓到洛阳后的情形，《三国志》仅言“坚乃前入至洛，修诸陵，平塞卓所发掘。讫引军还住鲁阳”，而裴注引《江表传》和韦昭《吴书》补充记载了洛阳“空虚，数百里中无烟火”以及“坚入洛，扫除汉宗庙，祠以太牢”，并在“城南甄官井”中“探得汉传国玺，文曰‘受命于天，既寿永昌’，方圆四寸，上纽交五龙，上一角缺”等珍贵的史料。此外，裴注又引《山阳公载记》《汉献帝起居注》及虞喜《志林》，详细记载了“天子六玺”的名称以及孙坚得“汉传国玺”后失之于袁术的原因，从而又补充了大量的史料。关于孙策其人其事，裴注博引《吴录》《江表传》、王沈《魏书》《吴历》《汉纪》《山阳公载记》《九州春秋》《志林》以及孙盛《异同评》等史籍，在《吴书·孙策传》中补充记载了大量涉及孙策生平事迹的史料，从而为后人全面把握孙策的人格特征和主要业绩创造了良好的基础。关于吴蜀两国在章武三年（223）刘备死后所进行的外交活动，《蜀书·后主传》及《吴书·吴主传》均语焉不详。据裴注引韦昭《吴书》记载：刘备死后，孙权曾派遣“立信都尉冯熙聘于蜀，吊备丧也。……熙惧见迫不从，乃引刀自刺”。同年，“冬十一月，蜀使中郎将邓芝来聘”，但《吴书》及《蜀书》均未言及蜀汉使臣的聘礼，但裴注引《吴历》补充记载了其时“蜀致马二百匹，锦千端，及方物。自是之后，聘使往来以为常。吴亦致方士所出，以答其厚意”的珍贵史料。关于东汉末年“一钱太守”刘宠的情况，在《吴书·刘繇传》裴注引《续汉书》补充记载了刘宠“前后历二郡，八居九列，四登三事。家不藏贿，无重宝器，恒菲饮食，薄衣服，弊车羸马，号为窭陋”的事迹，亦可补范晔《后汉书》之缺。关于东吴末年“皓久死，立者何氏”的伪言和孙皓假死风波，《三国志》语焉不详，而《吴书·妃嫔传》裴注引《江表传》补充记载：皓以张布女为美人，有宠，皓问曰：“汝父所在？”答曰:“贼以杀之。”皓大怒,棒杀之。后思其颜色,使巧工刻木作美人形象,恒置座侧。问左右:“布复有女否?”答曰:“布大女适故卫尉冯朝子纯。”即夺纯妻入宫,大有宠,拜为左夫人,昼夜与夫人房宴,不听朝政,使尚方以金作华燧、步摇、假髻以千数。令宫人著以相扑,朝成夕败,辄出更作,工匠因缘偷盗,府藏为空。会夫人死,皓哀愍思念,葬于苑中,大作冢,使工匠刻柏作木人,内冢中以为兵卫,以金银珍玩之物送葬,不可称计。已葬之后,皓治丧于内,半年不出。国人见葬太奢丽,皆谓皓已死,所葬者是也。皓舅子何都颜状似皓,云都代立。临海太守奚熙信伪言,举兵欲还诛都,都叔父植时为备海督,击杀熙,夷三族,伪言乃息,而人心犹疑。这些不仅补充记载了孙皓荒淫无耻的实证,亦补充了东吴末年政局混乱的实证。另引文亦有“令宫人著以相扑”的记载,今天日本国内所盛行的“相扑”,可能源于东吴时期的宫内游戏。关于孙策临终时托孤语,《三国志》只字未提,而裴注在《张昭传》中引《吴历》记载“策谓昭曰‘若仲谋不任事者君便自取之。复不克捷缓步西归亦无所虑’”的史料。可见孙策临终托孤语与《三国志·蜀书》所记载刘备临终对诸葛亮“属之后事”时所说“若嗣子可辅,辅之;如其不才,君可自取”的托孤之辞有着惊人的相似!关于孙吴前期对盗窃罪量刑标准问题,《三国志》只字未提,而裴注在《顾雍传》中引《吴书》记载:“孙权统事,闻(顾)徽有才辩,召署主簿。尝近出行,见营军将一男子至市行刑,问之何罪,云盗百钱,徽语使住。须臾,驰诣阙陈启:‘方今畜养士众以图北虏,视此兵丁壮健儿,且所盗少,愚乞哀原。’权许而嘉之。”由此记载看:既说明孙吴前期对盗窃罪的量刑随意性很大,亦说明孙吴对人力资源的重视程度。关于“诸葛氏”的姓氏来源,《三国志》只字未提,而裴注在《诸葛瑾传》中引《吴书》,记载了诸葛氏的来源、地望、迁徙过程以及诸葛瑾的治学情况,从而为研究姓氏起源和人口迁徙提供了佐证。另裴注引《吴书》记载:“初,瑾为大将军,而弟亮为蜀丞相,二子恪、融皆典戎马,督领将帅,族弟(诸葛)诞又显名于魏,一门三方为冠盖,天下荣之。谨才略虽不及弟,而德行尤纯。妻死不改娶,有所爱妾,生子不举,其笃慎皆如此。”亦补充了诸葛氏“一门三方为冠盖”的史料。关于孙权建都于建业的原因,《三国志》语焉不详,而裴注在《张纮传》中引《江表传》记载:“(张)纮谓权曰:‘秣陵,楚武王所置,名为金陵。地势冈阜连石头,访问故老,云昔秦始皇东巡会稽经此县,望气者云金陵地形有王者都邑之气,故掘断连冈,改名秣陵。今处所具存,地有其气,天之所命,宜为都邑。’权善其议,未能从也。后刘备之东,宿于秣陵,周观地形,亦劝权都之。权曰:‘智者意同。’遂都焉。”可见,孙权迁都亦有应“东南有天子气”谶语之嫌。关于孙皓的暴虐,《三国志》所言甚笼统,而裴注在《陆凯传》中引《江表传》转述陆凯的上表,补充了不少史料。

其二,在有关三国时期军事形势和军事事件等方面,《三国志》裴松之注补充了许多有价值的史料。如关于曹操与袁绍争斗时的兵力问题,《三国志》仅记载“时公兵不满万”,而裴松之根据袁、曹对峙的形势,从战略、战术的实施角度出发,认为“魏武初起兵,已有众五千,自后百战百胜,败者十二三而已矣。但一破黄巾,受降卒三十余万，余所吞并，不可悉纪；虽征战损伤，未应如此之少也”，从而有力地批驳了陈寿《三国志》“时公兵不满万”的不切实际的说法。关于曹魏时期著名的发明家马钧的事迹，《三国志》正文无一字涉及，而裴松之在《明帝纪》中引鱼豢《魏略》记载，魏明帝“大治洛阳宫，起昭阳、太极殿，筑总章观”时，曾“使博士马钧作司南车，水转百戏”。裴注又在《杜夔传》中引傅玄之话，叙述了马钧发明水利灌溉设施——翻车和改造诸葛亮所造“连弩”，并“尝试以车轮悬瓴甓数十，飞之数百步”等生平事迹，大大填补了陈寿《三国志》关于马钧事迹的空白之憾。关于在曹操战胜袁绍过程中郭嘉的作用，陈寿《三国志》仅记载曹操称赞郭嘉言“使孤成大业者，必此人也”一句话，而裴松之注引《傅子》，详细记载了袁曹之争中曹操信念不坚和郭嘉从十个方面论证袁绍必败和曹操必胜的原因，从而有利于后人更好地研究袁曹之争的战略态势和胜败结果。此外，关于郭嘉在曹魏早期决策中的作用，裴松之通过注引王沈《魏书》及《傅子》等书，补充说明了郭嘉在曹操与刘备之争和曹操与孙策之争过程中的重要言行，为后人研究曹魏政权中谋士的重要作用提供了丰富的素材。关于蜀汉与孙吴“夷陵之战”中蜀汉损失军队的数量问题，陈寿《三国志》中的《蜀书·先主传》及《吴书·陆逊传》均语焉不详，但裴松之在《魏书》卷十四《刘晔传》中注引《傅子》记载，其时，“陆逊大败刘备，杀其兵八万余人，备仅以身免”，从而为后人研究“夷陵之战”的形势和对蜀汉政权所产生的影响，提供了十分关键的史料。关于曹魏时期“良二千石”问题，《三国志》在《魏书·仓慈传》中仅有“自太祖迄于咸熙，魏郡太守陈国吴瓘、清河太守乐安任燠、京兆太守济北颜斐、弘农太守太原令狐邵、济南相鲁国孔乂，或哀矜折狱，或推诚惠爱，或治身清白，或擿奸发伏，咸为良二千石”，而裴松之注引《魏略》《孔氏谱》两书，不仅分别补充记载了颜斐、令狐邵和孔乂三人相关政绩，而且其中的“至青龙中(233—237)司马宣王在长安立军市，而军中吏士多侵侮县民，斐以白宣王。宣王乃发怒召军市候，便于斐前杖一百”记载又补充了《三国志》缺乏关于曹魏时期设立“军市”方面的空白之憾。关于三国时期蜀汉的“东州兵”问题，《三国志》只字未提，而裴松之在《蜀书·刘璋传》中注引《英雄记》补充记载：“先是，南阳、三辅人流入益州数万家，收以为兵，名曰东州兵。(刘)璋性宽柔，无威略，东州人侵暴旧民，璋不能禁，政令多阙，益州颇怨。”关于刘备在赤壁之战前信心不足问题，《三国志》仅言“(孙)权遣周瑜、程普等水军数万，与先主并力，与曹公战于赤壁，大破之，焚其舟船”。而裴注引《江表传》记载，刘备对孙刘联军信心不足，补充“将二千人与(关)羽、(张)飞俱，未肯系瑜，盖为进退之计”的史料。关于建兴五年(227)诸葛亮“出屯汉中，营沔北阳平石马”时蜀汉军队的人数，《三国志》只字未提，而裴注引《诸葛亮集》补充记载了刘禅的诏书所称其时蜀汉有“步骑二十万众”的史料。关于诸葛亮平定南中的策略和巩固南中安定的措施，《三国志》语焉不详，而裴注引《汉晋春秋》补充记载了诸葛亮“七擒孟获”的史料，并在《蜀书·马良传》中注引《襄阳记》记载“亮征南中，(马)谡送之数十里”，并建议诸葛亮宜采取“攻心为上，攻城为下，心战为上，兵战为下”的战略。关于赵云其人其事，《三国志》着墨不多，而裴注博引《云别传》，补充记载了大量的言行事例，从而使赵云的英雄形象变得有血有肉。关于刘备在攻克成都后解决“军用不足”的问题，《三国志》只字未及，而裴注引《零陵先贤传》记载：“初攻刘璋，（刘）备与士众约：‘若事定，府库百物，孤无预焉。’及拔成都，士众皆舍干戈，赴诸藏竞取宝物。军用不足，备甚忧之。（刘）巴曰：‘易耳，但当铸直百钱，平诸物贾，令吏为官市。’备从之，数月之间，府库充实。”这条具有重大价值的史料，不仅记述了当时出现“军用不足”的原因，而且亦记述了蜀汉解决此问题的措施和最终结果。关于“草船借箭”的三国故事，《三国志》只字未及，而裴注引鱼豢《魏略》补充记载：诸葛亮“草船借箭”的故事，实际上是孙权“乘大船来观军，（曹）公使弓弩乱发，箭著其船，船偏重将覆，（孙）权因迴船，复以一面受箭，箭均船平，乃还”故事的翻版。可见，《三国演义》为了塑造完美的诸葛亮形象，实有张冠李戴之嫌。关于黄武三年（224）孙吴在与曹魏对峙中所采取的军事伪装术，《吴书·吴主传》仅言“九月，魏文帝出广陵，望大江，曰‘彼有人焉，未可图也’，乃还”。至于孙吴如何有人，《吴书》只字未及。而裴注引干宝《晋纪》记载“魏文帝在广陵，吴人大骇，乃临江为疑城，自石头至于江乘，车以木桢，衣以苇席，加采饰焉，一夕而成。魏人自江西望，甚惮之，遂退军”。可见，早在三国时期孙吴已把军事伪装术成功地运用到对敌战争中。关于孙权黄龙二年（230）“使太常张弥、执金吾许晏、将军贺达等将兵万人，金宝珍货，九锡备物，乘海授（公孙）渊”事，《吴书》对此经过和最终结果只字未及，而裴注引韦昭《吴书》却详细记载之。自东汉末年到魏晋时期，“部曲”有武装化、私人化趋势。关于孙策对待其“部曲”的态度问题，是十分重要的问题。但是，《三国志》却语焉不详。而裴注在《太史慈传》引《江表传》称，孙策曾与太史慈谈及在豫章的“故部曲”是否重回其门下以及对待“部曲乐来者便与俱来，不乐来者且安慰之”的态度，从而反映出东汉末年“部曲”对故主的人身依附关系依然相对淡泊的情况。关于东吴建筑“甘水城”一事，《三国志》只字未及，而裴注引《江表传》补充记载了“初（孙）权在武昌，欲还都建业，而虑水道溯流二千里，一旦有警，不相赴及，以此怀疑。及至夏口，于坞中大会百官议之……时（张）梁为小将，未有知名，乃越席而进曰：‘……使武昌有精兵万人，付智略者任将，常使严整。一旦有警，应声相赴。作甘水城，轻舰数千，诸所宜用，皆使备具。如此开门延敌，敌自不来矣。’权以梁计为最得，即超增梁位”。这条裴注所补材料，既反映了孙权迁都建业前对武昌军事形势的忧虑，又反映了建立“甘水城”的主张和作用，从而补充了《三国志》之缺。关于赤壁之战中黄盖诈降曹操及赤壁之战的细节，《三国志》在《孙权传》《周瑜传》中均语焉不详，而裴注在《周瑜传》中引《江表传》记载：“至战日，（黄）盖先取轻利舰十舫，载燥荻枯柴积其中，灌以鱼膏，赤幔覆之，建旌旗龙幡于舰上。时东南风急，因以十舰最著前，中江举帆，（黄）盖举火白诸校，使众兵齐声大叫曰：‘降焉！’操军人皆出营立观。去北军二里余，同时发火，火烈风猛，往船如箭，飞埃绝烂，烧尽北船，延及岸边营柴。（周）瑜等率轻锐寻继其后，雷鼓大进，北军大坏，曹公退走。”裴注所引《江表传》寥寥数语的记载，不仅使得黄盖诈降和赤壁之战的详细经过跃然纸上，而且亦为以后的《三国演义》提供了想象和发挥的素材。

其三，在有关三国时期人口史、移民史和民族融合史等方面，《三国志》裴松之注亦补充记载了许多有价值的史料。如关于曹魏时期少数民族之一——乌丸的史料，陈寿《三国志·乌丸传》介绍较少，而裴注引鱼豢《魏略》和王沈《魏书》，其间涉及乌丸的习俗、种姓、户口、婚俗、生产力水平等情况，以及乌丸降附内地后与匈奴同为寇害，其后又亲附内地政权的详细经过，对研究乌丸的社会经济状况和与内地人民的融合史有着重大的意义。关于曹魏时期鲜卑族的史实，裴注在《三国志·鲜卑传》中博引王沈《魏书》，记载了鲜卑的起源、风俗、控制地域、物产以及两汉曹魏以来的发展历程及与内地发生联系、交往的历史。把这些记载与北齐魏收《魏书》相比较，不仅可以从内容上相互印证，而且裴注在许多方面可以补充魏收《魏书》之不足①。关于箕氏朝鲜和辰韩等地的中原移民问题，裴注引鱼豢《魏略》详细记载了自殷末年到秦汉末年以来，大量的中原移民为了躲避战争的侵扰而逃亡朝鲜的情况，从而为研究中朝人民源远流长的交往史提供了有力的证据。关于氐人的历史，陈寿在《三国志·乌丸鲜卑东夷传》中只字未提，而裴注引鱼豢《魏略·西戎传》，详细记载了氐人"自汉开益州置武都郡排其种人"后，氐人的分布区域、种群、人口、习俗以及氐人"多知中国语，由与中国错居故也"等史实，为后人研究氐人的发展史和与中原汉族人民的交往融合史提供了宝贵的史料。关于大秦国的情况，陈寿《三国志》只字未提，而裴松之博引鱼豢《魏略·西戎传》详细记载了大秦"一号犁靬，在安息、条支西大海之西，从安息界安谷城乘船，直截海西，遇风利二月到，风迟或一岁，无风或三岁。其国在海西，故俗谓之海西。……国有小城邑合四百余，东西南北数千里。其王治滨侧河海，以石为城郭。其土地有松、柏、槐、梓、竹、苇、杨柳、梧桐、百草。民俗，田种五谷，畜乘有马、骡、驴、骆驼。桑蚕……其俗人长大平正，似中国人而胡服。自云本中国一别也，常欲通使于中国，而安息图其利，不能得过。其俗能胡书。其制度，公私宫室为重屋，旌旗击鼓，白盖小车，邮驿亭置如中国。从安息绕海北到其国，人民相属，十里一亭，三十里一置，终无盗贼。……又常利得中国丝，解以为胡绫，故数与安息诸国交市于海中。海水苦不可食，故往来者希到其国中"等情况，其中既涉及大秦的历史和到达大秦的途径，又涉及大秦地理位置、人种、典章制度、物产、农业、手工业的发展和中国内地发生贸易的种类及途径，而这些史料对于我们了解和研究大秦国人种的来历和大秦国在丝绸之路国际贸易活动中所扮演的角色，有着极为重要的意义。关于内地移民逃亡辽东的史实，《三国志》在《管宁传》中记载相对笼统，裴松之注引《傅子》和《先贤行状》两书，记载了东汉末年大量内地移民北迁辽东的情况并形成了"越海避乱者……旬月而成邑"的规模，而且这些移民在同样迁徙当地的名士感召下，已形成"强不凌弱，众不暴寡，商贾之人，市不二价"的乡规民俗。

---

① 参见拙文《从人口性比例失调看北魏时期拓跋鲜卑与汉族的融合》，《史学理论研究》，2000 年第 2 期。

而这些记载无疑为我们全面把握东汉末年移民潮的规模、去向和到达迁居地后的生活状况提供了宝贵的史料。《魏书·二李臧文吕许典二庞阎传》实际上记载的是曹魏时期官方竭力宣扬的“义忘私隙”“折冲左右”和“不惮伏剑”的义勇之士,至于民间是否也有此等“勇而有仁”的壮士,陈寿《三国志》却只字未提。而裴松之注引鱼豢《魏略·勇侠传》记载了东汉末年至曹魏时期孙宾硕、祝公道、杨阿若、鲍出等四位民间著名的“勇侠”之士。引文中有“初平末,宾硕以东方饥荒,南客荆州”以及“鲍出字文才,京兆新丰人。少游侠。兴平中,三辅乱……客南阳。建安五年,关中始开,(鲍)出来北归”两段文字,甚有深意。另《魏书·陈矫传》记载他曾“避乱江东及东城,辞孙策、袁术之命,还本郡”;《魏书·徐宣传》记载他曾“避乱江东,又辞孙策之命,还本郡”;在《魏书·和洽传》中,裴注引《汝南先贤传》记载东汉末年汝南名士许邵也曾“避乱江南”,后“终于豫章,时年四十六”。在《魏书·杜袭传》中裴注引《先贤行状》记载杜袭的祖父杜根,在东汉中期邓太后临政情况下,亦曾“密起逃窜,为宜城山中酒家客,积十五年”,“邓后崩……(杜)根乃自出,征诣公车,拜符节令”。又裴注《吴书·甘宁传》记载“甘宁字兴霸,巴郡临江人”条下引韦昭《吴书》记载“(甘)宁本南阳人,其先客于巴郡”。从以上几条史料看:魏晋南北朝乃至唐宋时期之后出现的“客家”一词,应该最早萌芽于东汉中期乃至曹魏时期。而能够得出如此结论,完全应归功于裴注。关于魏明帝时期曹魏的人口数,《三国志》仅有陈群上书明帝时所言“今丧乱之后,人民至少,比汉文、景之时,不过一大郡”,而裴松之在同书同卷辨析此说:“《汉书·地理志》云:元始二年(2),天下户口最盛,汝南郡为大郡,有三十余万户。则文、景之时不能如是多也。案《晋太康三年地记》,晋户有三百七十七万,吴、蜀户不能居半。以此言之,魏虽始承丧乱,方晋亦当无乃大殊。”裴松之的辨析,既表示了他对曹魏户口数量的疑惑和估量,又补充了关于西晋太康三年(282)的户口数。同时,据司马彪《续汉书·郡国志》注称:“(魏)景元四年(263)与蜀通计,民户九十四万三千四百二十三,口五百三十七万二千八百九十一。”以此数减去同年蜀汉的降户数,则知曹魏景元四年所实际控制的人口为663423户4290891人。另据《吴书·孙皓传》裴注引《晋阳秋》记载,吴天纪四年(280)受降西晋时,有“户五十二万三千,吏三万二千,兵二十三万,男女口二百三十万……后宫五千余人”。以曹魏景元四年与吴天纪四年的户口数相加,与《晋太康三年地记》所载西晋户数差距达230余万户,可见,三国及西晋时期的户口数问题仍值得进一步研究①。关于文帝时期涿郡的人口数,《三国志》只字未提,而裴松之在《崔林传》中注引《魏名臣奏》所载安定太守孟达上奏言“今涿郡领户三千孤寡之家参居其半……”,而据

① 参见高敏:《魏晋南北朝社会经济史探讨》,人民出版社,1987年;高敏主编:《魏晋南北朝经济史》,上海人民出版社,1996年;王育民:《中国人口史》,江苏人民出版社,1995年;葛剑雄:《中国人口史》,福建人民出版社,1991年;拙文《从人口性比例失调看蜀汉政权之败亡》,《郑州大学学报》,1999年第4期。

《后汉书》记载东汉永和五年(140),涿郡下辖7县,共计领户102218。以曹魏文帝时期与东汉永和五年的领户数相比较,差距甚大,可见曹魏时期的社会人口损耗之剧!关于蜀汉政权灭亡时的人口、粮食及钱财情况,《三国志》只字未提,而裴注引王隐《蜀记》补充记载:炎兴元年(263)刘禅向邓艾投降时"遣尚书郎李虎送士民簿,领户二十八万,男女口九十四万,带甲将士十万二千,吏四万人,米四十余万斛,金银各二千斤,锦绮彩绢各二十万匹,余物称此"。关于曹操与关羽争妻之事,《三国志》只字未提,而裴注引王隐《蜀记》及《魏氏春秋》记载,东汉末年,"曹公与刘备围吕布于下邳,关羽启公,布使秦宜禄行求救,乞娶其妻,公许之。临破,又屡启于公。公疑其有异色,先遣迎看,因自留之,羽心不自安"。由这条史料亦可看出东汉末年存在男多女少的现象。关于马超之父马腾的事迹,《三国志》语焉不详,而裴注引《典略》补充记载马腾之父"桓帝时,尝为天水兰干尉。后失官,因留陇西,与羌错居。家贫无妻,遂娶羌女,生(马)腾……"的史料。说明在东汉末年民族杂居区存在着各民族自觉融合的现象。关于不韦县的由来,裴松之在《蜀书·吕凯传》注引孙盛《蜀世谱》补充记载"初,秦徙吕不韦宗族于蜀汉,汉武帝时,开西南夷,置郡县,徙吕氏以充之。因曰不韦县"的史料,亦可补充班固《汉书》之缺。关于东汉末年"民帅别立宗部"问题,《三国志》语焉不详,而裴注在《太史慈传》下引《江表传》记载孙策言称:其时"丹杨僮芝自擅庐陵,诈言被诏书为太守。鄱阳民帅别立宗部,阻兵守界,不受(华)子鱼所遣长吏,言'我以别立郡,须汉遣真太守来,当迎之耳'。子鱼不但不能谐庐陵、鄱阳,近自海昏有上缭壁,有五六千家相结聚作宗伍,惟输租布于郡耳,发召一人遂不可得,子鱼亦睹视之而已"。从孙策此言看,"鄱阳民帅"和"上缭壁"中"五六千家相结聚作宗伍"者,显然是汉族百姓,而且很有可能是从中原南迁江南的移民。但是,在《吴书·宗室传》中裴注引《江表传》又记载:"策既平定江东,逐袁胤。袁术深怨策,乃阴遣间使赍印绶与丹杨宗帅陵阳祖郎等,使激动山越,大合众,图共攻策。策自率将士讨郎,生获之。策谓郎曰:'尔昔袭击孤,斫孤马鞍,今创军立事,除弃宿恨,惟取能用,与天下通耳。非但汝,汝莫恐怖。'郎叩头谢罪。即破械,赐衣服,署门下贼曹。"从这条裴注所补史料看,这里的"丹杨"山越首领称"宗帅",与迁徙自中原汉族的首领称"民帅"有明显的区别。亦可见东吴政权确立之前,山越与中原汉族迁徙者共存杂居的局面。

其四,在有关三国时期经济政策和经济格局等方面,《三国志》裴松之注补充了许多有价值的史料。如关于东汉末年至曹魏时期敦煌地区的农业发展问题,《三国志》语焉不详,而裴松之在《魏书·仓慈传》中注引鱼豢《魏略》记载东汉熹平(172—178)中"敦煌不甚晓田,常灌溉滀水,使极濡洽,然后乃耕。又不晓作耧犁,用水,及种,人牛功力既费,而收谷更少。(赵)隆到,教作耧犁,又教衍溉,岁终率计,其所省庸力过半,得谷加五",不仅补充《三国志》之缺憾,而且也为东汉末年及曹魏时期西北农业取得了一定发展提供了有力的佐证。如关于曹魏时期陆上"丝绸之路"问题,陈寿《三国志》亦只字未提,裴注引鱼豢《魏略·西戎传》记载了丝绸之路在汉代已形成南道与中道的基础上，曹魏时期又出现了一条“从玉门关西北出，经横坑，辟三陇沙及龙堆，出五船北，到车师界戊己校尉所治高昌，转西与中道合龟兹，为新道”以及西域地区焉耆、龟兹、疏勒的属国等情况，从而真实地反映了丝绸之路贸易活动的发展状况。关于诸葛亮制造“木牛”“流马”的情况，《三国志》只字未及，而裴注引《诸葛亮集》详细记载了“作木牛流马法”。关于曹魏黄初元年(220)，曹丕向孙权“求珍玩之物”一事，《吴书·吴主传》只字未及，而裴注引《江表传》记载了“是岁魏文帝遣使求雀头香、大贝、明珠、象牙、犀角、瑇瑁、孔雀、翡翠、斗鸭、长鸣鸡……(孙权)皆具以与之”的史料，说明孙吴与曹魏之间仍然存在着经贸关系。关于孙权在位期间曾实行“铸大钱”与“罢大钱”以及“作太初宫，诸将及州郡皆义作”的具体时间和内容，《吴书·吴主传》均语焉不详，而裴注引《江表传》详补之。关于孙吴灭亡时所掌握的郡县、人口、兵、吏、粮食、舟船以及后宫人数，《吴书·三嗣主传》均只字未及，而裴注引《晋阳秋》却详细记载了“(王)濬收其图籍，领州四，郡四十三，县三百一十三，户五十二万三千，吏三万二千，兵二十三万，男女口二百三十万，米谷二百八十万斛，舟船五千余艘，后宫五千余人”的珍贵史料，从而为研究孙吴的人口、人口结构及经济发展等创造了条件。

其五，在有关三国时期文化史和教育史等方面，《三国志》裴松之注也补充了许多有价值的史料。如关于曹魏时期重要的名士孔融，《三国志》语焉不详，以至后人对孔融的生平、事迹和个人秉性难以了解，而裴松之通过在《崔琰传》《邴原传》中注引《原别传》、司马彪《续汉书》、司马彪《九州春秋》、张璠《汉纪》以及《魏氏春秋》等书，详细记载了孔融的家族世系情况、为官经历、学问、品德以及得罪曹操后被诛杀的经历。这些记载，不仅为后人对孔融进行人格分析提供了素材，而且也为后人从侧面研究曹操的忌妒心理提供了生动的素材。关于王裒的情况，裴松之在《三国志》卷十一《王修传》中注引王隐《晋书》记载，王修之孙王裒作为西晋时期著名的儒士，在日常生活中的一些言行逸事，并且通过裴注所引王裒的事迹得以了解西晋社会已有“指腹为婚”的婚姻方式，此外通过裴注所引还可以起到补充《晋书·儒林列传·王裒传》记载内容的作用。关于曹魏时期的隐士焦先，陈寿《三国志》只字未提，而裴松之在《三国志》卷十一中博引《傅子》、皇甫谧《高士传》以及《魏氏春秋》等史籍，不仅补充了关于焦先生平的许多史料，而且也使后人得以了解当时许多隐士所采取的佯狂不语的避世方式。关于曹魏时期董遇、贾洪、邯郸淳、薛夏、隗禧、苏林、乐详等七大儒宗的生平和主要业绩，陈寿《三国志》卷十三在《王朗传》中仅有“明帝时大司农弘农董遇等，亦立注经传，颇传于世”一句，而裴松之在《王朗传》下博引鱼豢《魏略》及郭颁《世语》，在《王粲传》《刘邵传》《高堂隆传》和《杜畿传》中博引鱼豢《魏略》等，把董遇等七人的生平一一条列出来，而且还注引《魏略》序语，其文称：“从初平之元，至建安之末，天下分崩，人怀苟且，纲纪既衰，儒道尤甚。至黄初元年之后，新主乃复，始扫除太学之灰炭，补旧石碑之缺坏，备博士之员录，依汉甲乙以考课。申告州郡，有欲学者，皆遣诣太学。太学始开，有弟子数百人。至太和、青龙中，中外多事,人怀避就。虽性非解学,多求诣太学。太学诸生有千数,而诸博士率皆麄疏,无以教弟子。弟子本亦避役,竟无能习学,冬去春来,岁岁如是。又虽有精者,而台阁举格太高,加不念统其大义,而问字指墨法点注之间,百人同试,度者未十。是以志学之士,遂复陵迟,而末求浮虚者各竞逐也。正始中,有诏议圜丘,普延学士。是时郎官及司徒领吏二万余人,虽复分布,见在京师者尚且万人,而应书与议者略无几人。又是时朝堂公卿以下四百余人,其能操笔者未有十人,多皆相从饱食而退。嗟夫!学业沈陨,乃至于此。"裴松之所引鱼豢评价曹魏时期太学教育的情况,使后人对魏晋时期儒学衰败的印象远比《三国志》卷十五《刘馥传附子刘靖传》中"自黄初以来,崇立太学二十余年,而寡有成者,盖由博士选轻,诸生避役,高门子弟,耻非其伦,故无学者。虽有其名而无其人,虽设其教而无其功"的评价直观。另外在《杜畿传附子杜恕传》中,裴松之还通过注引《魏略》补充记载:"乐详字文载。少好学……今《左氏乐氏问七十二事》,详所撰也。……至黄初中,征拜博士。于时太学初立,有博士十余人,学多褊狭,又不熟悉,略不亲教,备员而已。惟详五业并授,其或难解,质而不解,详无愠色,以杖画地,牵譬引类,至忘寝食,以是独擅名于远近。"亦补充了关于曹魏时期太学教育方面的史料。关于曹魏时期"建安七子"到底指代哪些人,《三国志》语焉不详,而裴注引曹丕《典论》称:"今之文人,鲁国孔融、广陵陈琳、山阳王粲、北海徐干、陈留阮瑀、汝南应玚、东平刘桢,斯七子者,于学无所遗,于辞无所假,咸自以骋骐骥于千里,仰齐足而并驰。"这为澄清后人对"建安七子"到底为谁的误解提供了当时人的有力证据①。关于嵇康其人其事,《三国志》仅言"时又有谯郡嵇康,文辞壮丽,好言老庄,而尚奇任侠。至景元中,坐事诛"一句,但裴松之博引《嵇氏谱》、虞预《晋书》《魏氏春秋》《康别传》《晋阳秋》《康集目录》《世语》及《钟会传》等,补充了大量的与嵇康生平、家族世系、姓氏渊源、"竹林七贤"以及他获罪和被杀经过相关的史料,从而为研究曹魏时期的名士嵇康提供了丰富的素材。关于西汉王侯死后的尸体防腐情况,《三国志》只字未及,而裴松之在《魏书·诸葛诞传》中"遣长史吴纲将小子靓至吴请救"条下,注引郭颁《世语》称:"黄初末(226),吴人发长沙王吴芮冢,以其砖于临湘为孙坚立庙。芮容貌如生,衣服不朽。后豫发者见吴纲曰:'君何类长沙王吴芮,但微短耳。'纲瞿然曰:'是先祖也,君何由见之?'见者言所由,纲曰:'更葬否?'答曰:'即更葬矣。'自芮之卒年至冢发,四百余年,纲,芮之十六世孙矣。"这条史料甚有价值,既补充了相关史料的空白之缺,又有助于后人研究汉代防腐术和古人类的基因遗传。关于东汉末年道士于吉被杀真象,《三国志》只字未及,而裴注引《志林》和《江表传》,分别记载了汉顺帝时,"琅邪宫崇诣阙,上师于吉所得神书于曲阳泉水上,白素朱界,号《太平青领道》,凡百余卷"和"琅邪于吉,先寓居东方,往来吴会,立精舍,烧香读道书,制作符水以治病,吴会人多事之。……(孙)策即令收之",并"悬首于市"等珍贵史料,这些史料既说明东汉末年道教

---

① 参见高敏:《略论建安七子说的分歧和由来》,《郑州大学学报》,1980年第1期。

兴盛的程度，又说明孙策对待道士于吉妖言惑众的严正态度。关于东吴时期书法家皇象、星占家宋寿以及天文学家葛衡等人的情况，《三国志》只字未提，而裴注在《吴书·赵达传》中引《吴录》及《晋阳秋》两书，补充了《三国志》的史料所缺。

总之，诸如此类，例证尚多，这里远远不能悉举。然而，裴松之注也有不足之处：首先，在史料的搜集方面，裴注亦有遗漏之处。如沈约《宋书》在裴注和陈寿《三国志》之外，在东吴屯田方面又补充有相关史料。其次，裴注中有些引文与正文的关系不大，个别条目还近于"凿空语怪"，故《四库全书总目提要》亦指出其"殊为瑕类"。但是小小的瑕疵，与我们前面所列举的裴注重大史料价值相比，实在显得微不足道。所以，治三国史者，是丝毫不能轻视《三国志》裴注的重要性的。

（刊发在《郑州大学学报》2000 年第 5 期，是由《论〈三国志〉裴松之注的史料价值》删减而来）

从走马楼吴简看孙吴时期长沙郡吏民的联姻

1999年9月《长沙走马楼三国吴简·嘉禾吏民田家莂》(以下简称吴简)公布后,学术界立即掀起了一股研究吴简的热潮。然而,单从吴简所提供的姓名方面的信息入手,来研究孙吴初期临湘侯国吏民的联姻特征,国内外尚无专文,有鉴于斯,本文做一些探索工作,以求教于方家。

一、走马楼吴简中与临湘侯国吏民联姻相关的姓名信息

据考证,吴简不仅具有租佃土地契约的性质,而且还明显具有官府收受田家输纳税米、租米、布和钱的凭证或收据性质。① 正因如此,吴简是受法律保护的、政府性的档案,这就决定了它所提供的各方面材料具有很高的真实性。尽管吴简存在着如整理小组在初步研究中已经发现它"不是某几个乡的田家莂的全部,而只是其中一部分"的问题②,但它仍然收集了孙吴嘉禾四年、五年涉及长沙郡临湘侯国约141个不同丘里、总数达2359条字数不等的简文。它具有较高的史料价值。

通过对吴简所涉及户主姓名的具体统计,我们发现:简文中除提供孙吴时期长沙郡吏民姓氏有敖、毕、蔡、曹、昌、陈、呈、程、忩、葱、

① 高敏:《读长沙走马楼简牍札记之二》,《郑州大学学报》,2000年第4期。

② 《嘉禾五年吏民田家莂解题》,《长沙走马楼三国吴简》,北京文物出版社,1999年。

戴、邓、丁、董、杜、顿、樊、范、逢、冯、高、龚、宫、谷、光、郭、昊、何、侯、胡、桓、辕、黄、纪、靳、稚、巨、雷、李、礼、利、廖、林、刘、龙、娄、庐、卢、鲁、吕、罗、马、毛、梅、米、苗、聂、区、番、潘、彭、棋、启、钱、秦、仇、屈、壬、任、石、史、舒、蒴、松、宋、孙、潭、唐、田、涂、王、卫、文、吴、五、伍、武、先、向、谢、徐、许、焉、严、杨、殷、尹、应、勇、由、于、原、张、赵、这、烝、郑、周、朱、诵、史等多达110多个姓氏的信息之外,还提供了嘉禾四年和五年两年141个不同丘里中的吏民姓名,如叫蔡唐、蔡曹、蔡李、蔡张、蔡梁、陈潘、邓蒋、邓吕、邓冯(2人)、昊张、何高、胡石、胡文、胡礼、胡高、黄高(4人)、黄番、黄樊、黄林、黄冯、黄杨(4人)、黄张、黄唐(2人)、黄高(3人)、黄番、黄利、李番、李张(2人)、李烝、李任、李马、李冯、李潘、刘桓、娄冯、卢张、林忽、逢唐、何礼、何林、何高、杨马、卫伍、谷冯、钱任、石彭、石杨、鲁邓、米孙、聂礼(3人)、区高(2人)、区马、区张(2人)、区邓、区钱、区文、区梁、番蒋、番朱、番礼、潘熊、潘蒋、潘钱、蒴伍、唐胡、唐乔、王娄、樊文、文毛(3人)、文礼、文屈、文胡、戴冯、吴唐、吴冯、吴宗、五孙、五杨(2人)、伍钱、谢黄、谢文(3人)、谢忿、谢高、谢昊、谢蒋、谢梅、谢钱、谢张(2人)、谢赵、应林、张马、烝胡、烝毛(2人)、烝龙、烝邓、烝宫(2人)、烝梁、烝忩、烝娄、烝宗(2人)、烝雷、烝殷、烝巨、郑马、郑张(2人)、郑孙、周廖、周毛(2人)、周文、周陈、周梁(2人)、周孙、周张、周冯、周唐、朱刘、朱孙等。

根据现已发表的吴简所涉及的1500多个人名和陈寿《三国志》中所涉及的4100多个人名看,从汉末到三国孙吴时期的人名多为单字。但像吴简中不少名字是由两姓合并而成的现象则十分少见,所以,这些出土的档案材料中所涉及的姓名方面的信息,正是正史所缺载的尤为珍贵的社会生活史材料。具体分析这些信息,我们发现以上140多个人名,共涉及蔡、唐、曹、李、张、陈、潘、邓、蒋、吕、冯、文、樊、昊、何、高、胡、石、黄、番、林、区、马、钱、朱、熊、蒴、五、伍、王、娄、卫、毛、吴、孙、杨、谢、葱、梅、赵、应、烝、龙、宫、宗、巨、雷、殷、郑、廖、周、刘等60多个姓氏。虽然,这其中可能会有一些字作形容词解,如"高""巨"等字,但结合当时人名多用单字的特点,上述所列举的140多个人名,绝大多数应是两姓合一的表现形式,具有用两姓合一来表示两姓联姻的意义。既然吴简中存在着许多表示两姓联姻的人名,那么,它们是否暗示孙吴长沙郡存在着特殊的婚姻关系和特点呢?下面我们不妨从两姓合一的姓名所涉及的姓氏源流、聚居地和迁徙记载等方面来略加分析。

二、从姓氏起源看吴简中土著民与移民的区别

关于湖南人的由来,已故著名历史地理学家谭其骧先生早在1933年《方志月刊》第六卷第九期上就发表了《湖南人由来考》一文①。该文以正史、族谱及地方志材料为依据,全面论述了自上古秦汉到宋元明清时期湖南土著及移民的情况。其中,关于东晋时期以前湖南人的由来,他认为:中原人开始大量移入湖南,应"促成于

① 谭其骧:《湖南人由来考》,《长水集》,北京人民出版社,1987年。

莽末更始之世。方是时中原大乱,烽烟四起,田园尽芜,千里为墟,百姓皆无以为生,必有南阳、襄阳诸郡之人,南走避于洞庭、沅湘之间,筚路蓝缕,以启此荒无人居之山林旷土也”。至于何为土著何为移民的问题,他认为:“湖南地在古为苗、蛮所聚居,本非汉家之故国。依理除苗、蛮外,自无所谓土著;凡是汉人,莫非他处所徙移而来者。”①由谭其骧先生之意看,湖南人自秦汉以来均是由土著与移民构成的。既然湖南人自古就是由土著民与移民构成,那么三国孙吴初期长沙郡吏民也不例外是由土著与移民构成的。所以,要分析研究长沙郡临湘侯国吏民联姻特点,也需要先对长沙郡的土著民与移民进行大致的鉴别工作。而要判断某个姓氏是移民或是土著民,在缺乏正史记载和家谱材料证实的情况下,通过查研吴简中所涉姓氏的起源与聚居地,无疑是最好的方法。故此,我们把两姓合并所涉及的 110 多个姓氏的起源归纳为以下几种情况:

其一,属于与原楚国时代没有直接关系,而是其后从外部迁入长沙郡的姓氏。如谢氏,林宝《元和姓纂》称其祖居地为“今汝南谢城是也”。又如李氏,《元和姓纂》称其祖居地为苦县赖乡曲仁里,即今河南鹿邑县东;另据《新唐书》卷七十二上《宰相世系二上》记载江夏和汉中李氏,都是东汉时期迁入的。又如刘氏,其大量迁入长沙,应始于景帝之子刘发被封长沙王。《汉书》卷五十三《景十三王传》记载:汉景帝前元二年(前 155),长沙定王(刘)发“以其母微无宠,故王卑湿贫国”。后元二年(前 142),景帝又把武陵、零陵、桂阳三地纳入长沙王的管辖之下,从而使其实际控制的地域遍及今湖南全境以及江西中西部、贵州东部、广西和广东北部地区。武帝元朔二年(前 127)实行“推恩令”,即允许诸侯王推“私恩”,将各诸侯王国的土地分给其他子弟为列侯,并由皇帝制定侯国的名号。于是,刘发的 15 个王子在元光六年(前 129)之后相继建立起各自的侯国。据《史记·建元以来王子侯年表》《汉书·王子侯表》和《水经注》等史籍记载,除句容哀侯、路陵侯、叶平侯、安众康侯分封于长沙定王所管辖地域之外,在长沙王所统辖的广大区域中,相继有安成思侯、宜春侯、容陵侯、攸舆侯、茶陵节侯、建成侯、夫夷敬候、春陵节侯、都梁敬候、洮阳靖侯、泉陵节侯等 11 个王子建立了侯国。从前四史及《水经注》的相关记载看,长沙王 11 个王子所建立的侯国,除春陵节侯刘买的后代在汉元帝时迁徙至南阳春陵(今湖北枣阳)以及茶陵节侯、洮阳靖侯因无嗣而“国除”外,其余均有后代留在当地。又如张氏,岑仲勉先生在校记《元和姓纂》时考证东汉时期张氏的主要聚居地在安定、范阳、南阳、修武、上谷、敦煌、沛国、梁国、荥阳、平原等地区。又据《新中国的考古发现和研究》一书介绍:解放后在长沙附近发掘了属于西汉后期的张端君墓。专家认为:此墓“随葬品大多是当时尚方服御用。墓穴距离刘骄(长沙王刘发的亲族)墓不远,估计死者是与长沙王族有关的人物”。可见早在西汉后期,张氏就有迁入长沙地区的实证。如吴氏,《元和姓纂》称其祖居地在太湖流域。《汉书·吴芮传》称秦朝有吴芮为“番

① 谭其骧:《湖南人由来考》,《长水集》,北京人民出版社,1987 年。

阳令也,甚得江湖间民心,号曰番君。天下之初叛秦也……因率越人举兵以应诸侯"。汉刘邦"德芮,徙为长沙王,都临湘,一年薨,谥曰文王,子成王臣嗣"。三王继立后,到"孝文后七年","无子,国除"。可见,早在西汉初年吴姓便迁入了长沙郡地区。如周氏,《元和姓纂》称其"帝喾生后稷,至太王邑于周,文王以国氏"。如区氏,应劭《风俗通义》称其为"欧冶子之后,转为区氏,又音欧,王莽时有郎中区博"。如梅氏,郑樵《通志》称"商纣时有梅伯,以国为氏"。《元和姓纂》称其为"殷后……汉将军梅鋗,六代孙嘉,始居汝南"。又《水经注》卷三十九《赣水》条中记载:"赣水又北径南昌左尉廨西,汉成帝时,九江梅福为南昌尉,居此。后福一旦舍妻子,去九江,传云得仙。"可见,梅氏在西汉成帝时便有南迁迹象。此外还有赵、蒋、何、廖、雷、程、毛、樊、冯、庐、卢、马、郑、聂、林、石、龙、钱、文、高、陈、礼等数十个姓氏属于与原楚国时代无直接关系,是其后从长江以北地区或长沙郡以东地区迁入者。

其二,属于楚国时期就已有的土著民姓氏。如潘姓,《通志》称其:"芈姓,楚之公族,以字为氏,潘崇之先。"《元和姓纂》亦称:"潘氏,楚公族,芈姓之后……汉潘瑾,后汉潘助。"又如孙姓,《元和姓纂》谓:"楚令尹孙叔敖及荀况并为孙氏。吴有孙武、孙膑。汉有孙会宗、孙宝。"又如五姓,本伍姓,《元和姓纂》称其为"楚大夫伍恭"之后,因"避仇去〔人〕氏焉"。《后汉书·南蛮传》记载东汉时期武陵郡叛乱的蛮夷首领叫"五里"。靳姓,《风俗通义》称其为楚大夫靳尚之后。据《古今姓氏书辨证》称靳尚食邑于靳,以邑为姓;而靳邑即在今湖南长沙附近。又如罗姓,《通志》称其为"祝融之后,云姓,初封宜城,徙枝江为楚所灭,周末居长沙。汉有梁相罗怀"。《水经注》卷三十八《湘水》条亦称:长沙罗县"本罗子国也。故在襄阳宜城县西,楚文王移之于此。秦立长沙郡因以为县"。由上考证潘、孙、五、靳、罗、番、龙、屈、左、利、芈等均为原楚国时期便已产生的土著民姓氏。

其三,属于因国家为楚所灭而产生的姓氏。如吴简中的大姓——黄姓,《通志》称其为"嬴姓,陆终之后,受封于黄,今光州定城西十二里有黄国故城,在楚与国也,僖十二年为楚所灭,子孙以国为氏……楚有春申君黄歇也"。宋代光州,即今河南潢川县。可见,黄姓是在公元前648年黄国被楚国灭亡后才产生的姓氏,其原居地应当在淮河流域。此外,在黄国灭亡前后,楚国还灭亡了淮河流域的陈国、蔡国、邓国、鲁国、邾国、胡国、顿国、莒国、许国、娄国等,从而产生了因被灭亡诸国子孙以国别为氏的陈、蔡、邓、鲁、朱、胡、顿、曹、许、娄等姓氏。而且,楚国时期便有一些人被迫迁出原居地的记载,如蔡姓,据《寻源》三十三卷称:"至昭侯衰微,服役于楚,徙州来,九江下蔡是也。"下蔡即今安徽凤台县。

其四,属于历代姓氏辞典中无解释或解释不多的姓氏,大抵均为土著蛮夷的姓氏。如吴简中数量最多的烝氏,《康熙字典》引《后汉书·蔡邕传》释"烝"字,其辞为"烝或以为众,或以为夷名"。显然,东汉时期蛮夷的名字被称为"烝"。《晋书·地理志》及《水经注》记载孙吴政权曾设立衡阳郡。衡阳郡"故属长沙,统县九",其中就有"烝阳"县;《元和志》记载:烝阳位于烝水之北,在衡阳西一百七十里;其地在东汉时期又属于零陵郡。《晋书·地理志》还记载:孙吴所置湘东郡,也“故属长沙,统县七”,下有“临烝县”,《水经注》称“临烝即故酃县”。孙吴所置“烝阳”和“临烝”,应是自东汉初期以来蛮夷的聚居地。关于这一点,《后汉书·南蛮传》记载从东汉光武初年的“武陵蛮夷特盛”到肃宗建初元年,“武陵澧中蛮陈从等反叛,入零陵蛮界。其冬,零陵蛮五里精夫为郡击破(陈)从,陈等皆降”;再到(顺帝)永寿三年,“长沙蛮反叛,屯益阳。至延熹三年秋,遂抄掠郡界,众至万余人,杀伤长吏。又零陵蛮入长沙”等,均反映贯穿东汉始末,在长沙郡及其相邻武陵郡、零陵郡、南郡地区蛮夷数量庞大和活动频繁的程度。又清《嘉庆重修一统志》卷三百五十三“湖南统部·形势·湘水”条记载:“湘水,自广西全州东北,流入永州府西,潇水入之,谓之潇湘;又东北流至衡州府北,烝水入之谓之烝湘。”可见,“烝”字在湖南地区历史上的重要地位。故此,“烝”在东汉时期是南方蛮夷的一个重要的姓氏。此外,吴简中的巨姓、呙姓、蒴姓、椎姓以及“忩”姓和“葱”姓等,遍查《风俗通义》、《元和姓纂》、王符《潜夫论》和《通志》及相关正史记载等均未得其详,估计为孙吴长沙郡苗蛮之姓的可能性极大。

总之,通过以上分析,我们发现吴简中两姓合一所涉及的110多个姓氏中,明显存在长沙郡土著民与移民的差别:一方面,在土著民中,既有原楚国遗留下来的番姓、潘姓、唐姓、孙姓等,又有极可能属于江南蛮夷的烝姓、蒴姓、巨姓、忩姓、葱姓等;另一方面,在移居民当中,既有作为王族分封而来的刘姓、吴姓以及来自长江下游的蔡姓、区姓等,又有来自黄河流域的高姓、李姓、苗姓、礼姓、冯姓、文姓、张姓等,但最主要的是来自荆襄地区和淮河中下游地区的陈姓、曹姓、黄姓、谢姓、邓姓、区姓、蔡姓等多达数十个姓氏的移民。所以,吴简中之所以出现大量的两姓合一的名字,实际上就是长沙郡中土著民与移居民之间保持密切婚姻关系的明证。

三、从土著民和移居民的姓氏看长沙郡吏民的联姻特点

既然吴简中大量两姓合一的名字就是长沙郡中土著民与移居民之间联姻关系的结果,那么他们之间的联姻又有怎样的特点呢?

首先,经过统计,我们发现吴简110多个姓氏中共有60多个姓氏极可能涉及两姓合一问题,而且其中的每个姓氏的出现频率有较大差异。其中前面的排名分别是:烝氏16次、黄氏15次、文氏15次、张氏13次、谢氏13次、周氏11次、李氏10次、区氏9次、冯氏9次、礼氏9次、高氏8次、邓氏7次、吴氏6次、毛氏6次;低于5次的姓氏依次是潘、蔡、伍、番、陈、蒋、樊、吴、何、唐、曹、刘、梅、郑、蒴、石、王、孙、林、朱、廖、宗、殷、胡、熊、杨、赵、卫、米、葱、巨等几十个姓氏。同时,我们对吴简中所涉及的110多个姓氏、共计1500多个户主进行了统计和排序,现仅取前30位排名:烝氏146户、黄氏120户、谢氏109户、邓氏85户、李氏79户、潘氏78户、张氏62户、唐姓60户、吴姓56户、周姓53户、区姓53户、郑姓41户、刘姓40户、朱姓39户、番姓38户、文姓34户、廖姓30户、胡姓30户、五姓28户、殷姓27户、何姓23户、蔡姓

19户、梅姓18户、逢姓14户、石姓13户、吕姓13户、卢姓13户、聂姓12户、高姓11户、鲁姓11户。将以上两个姓氏排名的次序相比较，我们不难发现：烝氏、黄氏、张氏、谢氏、邓氏、周氏、李氏的出现具有一致性。结合前文探究的姓氏起源、聚居地和迁入时间的情况看，长沙郡吏民发生联姻的现象，主要是在作为土著民的烝氏和作为南迁移民的谢氏、周氏、黄氏、区氏、张氏、李氏、文氏、高氏、礼氏、冯氏等之间发生的，从而说明在孙吴初期长沙郡土著民与移民之间的联姻过程中，具有较强的地域选择性。同时，亦说明随着大量来自北方的中原人的迁入，自西周社会就已形成的"同姓不婚"的婚俗和优生优育的观念，已为孙吴时期长沙郡吏民所接受。

其次，经过统计和排序，我们又发现和两姓合一相关的每个姓氏中首姓出现的频率也有较大的差别。如以黄氏11次为例，在吴简140多个两姓合一的名字中，共有黄高（3人）、黄番、黄樊、黄林、黄冯、黄张、黄唐（2人）、谢黄等15个名字中有"黄"姓，其中以"黄"为首姓，共出现了14次，这说明，在长沙郡黄氏与其他姓氏联姻的过程中，是以"黄氏"主动与他姓的联姻行为为多。以黄氏事例为原则，对两姓合一名字中所涉及姓氏加以统计，我们发现在烝氏、黄氏、谢氏、文氏、张氏、周氏、李氏、区氏、高氏、冯氏、邓氏、礼氏、毛氏等出现频率最高的前十位排名中分别成为首姓的排名次序又有所变化。其具体排名是：烝氏14次、谢氏13次、黄氏14次、周氏14次、区氏8次、李氏8次、邓氏4次、文氏4次、张氏4次；至于礼氏、高氏、毛氏和冯氏，无一例是作为首姓出现的。由此，我们分析在孙吴初期长沙郡吏民的联姻中，以作为南迁移民中的谢氏、黄氏、区氏、邓氏、周氏等，主动与外迁来的张氏、文氏、高氏、礼氏、冯氏的联姻为主。而西汉时期就大量迁入长沙郡的王族——刘姓和吴姓以及同样作为土著民的非南方蛮夷姓氏的潘氏、伍氏、五氏等与其他姓氏的联姻，则例证不多。至于作为吴简中户数最多、两姓合一姓名出现频率最高的蛮夷之姓——"烝氏"，其联姻对象却多为户数不多的小姓。尽管如此，长沙郡吏民中这种有限度的联姻，不仅有力地推动了当地的民族融合，而且亦促进了长沙郡农业生产的发展。关于这一点，司马迁《史记·货殖列传》记载楚越之地多采取"火耕而水耨"的生产方式。而吴简中反映长沙郡吏民耕种国有土地中有大量"火耕田"存在，无疑证明了自秦汉以来适应长沙郡实际情况而出现的"火耕而水耨"的生产方式，到三国孙吴初期仍得以保留下来，从而充分证明了土著民与移居民在农业生产过程中的相互交流和学习。而土著民与移居民之间的联姻无疑也为这种相互交流和学习提供了良好的氛围。

（本文最早的名称是《从吴简看孙吴时期长沙郡的移民问题》，发表在2000年云南大学召开的"中国历史地理学年会"上，受到了当时学界的热烈关注；为了回避矛盾，一直未以原题发表；后经过删改，刊发于《史学月刊》2002年第8期，是我个人利用出土文献——长沙走马楼吴简进行系列研究的第二篇文章）

中国古代“收继婚”问题的由来及其研究综述

“收继婚”曾经是中国历史上北方内陆地区流行弥久的一种婚姻制度,也是一个多世纪以来,为中外许多学者所深入研究过的一种婚俗问题。从这种婚俗的流行情况看,不仅与少数民族婚姻史有关,而且与中国少数民族人口史、民族融合史等有着密切的联系。有鉴于此,对自上世纪以来关于中国古代“收继婚”问题的研究和国外学者对世界其他地区内许多游牧民族中所存在的“收继婚”问题的研究做一回顾,或可推动对这一问题和相关问题的进一步研究。不当之处,恭请方家指正。

一、“收继婚”问题的由来

“收继婚”作为一种婚俗起源甚早,它不仅在先秦、秦汉、魏晋南北朝和隋唐时期的匈奴、鲜卑、羌、吐谷浑、突厥等北方许多少数民族中流行过,而且在宋、元、明、清时期北方的契丹、蒙古、满等少数民族的发展过程中亦多有流行。除此以外,在以礼仪治国的春秋时期,如《左传》所记载的晋、卫、齐、楚等国亦出现过与之相类的“烝”“报”之事。

“收继”一词,在传世文献中首见于元代,如在《大元圣政国朝典章》《通制条格》《续资治通鉴》以及《元史》(百纳本)等书中多有出现。如《元史 · 顺帝纪》中记载:“儒学教授郑咺建言:‘蒙古乃国家本族,宜教之以礼。而犹循本俗,不行三年之丧,又收继庶母、叔婶、兄嫂,恐贻笑后世,必宜改革,绳以礼法。’”又如《元史 · 列女传》记载:"脱脱尼,雍吉剌氏,有色,善女工。年二十六,夫哈剌不花卒。前妻有二子皆壮,无妇,欲以本俗制收继之,脱脱尼以死自誓。"再如《新元史·李士赡传》记载李士赡时"又与宰相言:'朝廷为政,宜先正伦常。'宰相谓:'国俗叔嫂相妻,盖欲守其家产。'士赡曰:'今议论政体,乃以家产为言乎?'其人惭而止"。由此看来,蒙元时期蒙古人确实存在有以"收继庶母、叔婶、兄嫂"为特征的"收继婚"婚俗。

然而,从《史记》《汉书》的相关记载看,早在先秦及秦汉时期,匈奴即有"收继婚"的习俗存在。如在《史记·匈奴传》记载"匈奴,其先祖夏后氏之苗裔也,曰淳维"条下引乐彦《括地谱》有云:"夏桀无道,汤放之鸣条。三年而死,其子獯粥妻桀之众妾,避居北野,随畜移徙。中国谓之'匈奴',其言夏后苗裔,或当然也。"王国维、吕思勉等前辈学者已考证殷商时期的"獯粥"乃秦汉时期的"匈奴",而《括地谱》所载"其子獯粥妻桀之众妾,避居北野,随畜移徙"中"獯粥妻桀之众妾"此言与同书同传所记汉朝使臣言"匈奴父子乃同穹庐而卧。父死,妻其后母;兄弟死,尽取其妻妻之。无冠带之饰,阙庭之礼"相合。由此看以"收继庶母、兄嫂"为特征的"收继婚"问题,在先秦、秦汉的匈奴族中早已有之。又《后汉书·西羌传》记载:"西羌……所居无常,依随水草,地少五谷,以产牧为业。其俗……父没则妻后母,兄亡则纳嫂,故国无鳏寡,种类繁炽。"《三国志·乌丸鲜卑传》注引王沈《魏书》记载:"鲜卑亦东胡之余也……其言语习俗与乌丸同。"乌丸又称乌桓,据《后汉书·乌桓鲜卑传》记载:"乌桓者,本东胡也。……其俗妻后母,报寡嫂,死则归其故夫。"再如《魏书·吐谷浑传》记载吐谷浑"父兄死,妻后母及嫂等,与突厥俗同"。由此可见,汉魏时期的西羌、乌桓、鲜卑、吐谷浑、突厥等北方游牧民族,也有着与匈奴以及宋元时期以后的契丹、蒙古、满等北方少数民族以"妻后母,报寡嫂"为特征的"收继婚"习俗。

二、国外学者对"收继婚"问题的研究概况及评述

"收继婚"问题,不仅仅是在古代中国的匈奴、西羌、乌桓、鲜卑、吐谷浑、突厥、契丹、蒙古、满等游牧民族有此婚俗,而且从世界范围看,"收继婚"俗也是世界许多地区游牧民族中常见的一种婚姻形态;所以,这种婚制很早就引起了国外相关学者的关注。而为了更好地研究中国历史上的"收继婚"问题,我们十分有必要了解国外学者的学术成就。

比利时籍许让神父(Schram, LouisM.J)所著《甘肃土人的婚姻》①。许让本人作为比利时圣母圣心会的神父,1909 年被派往青海,1910 年到西宁传教(1939 年青海建省,西宁在 1939 年之前归属甘肃省),以后许让神父又到碾伯(今青海乐都、民和县一带)传教。他在《甘肃土人的婚姻》导言中交待此书所论土人,居住在西宁平番县(即今甘肃永登连城镇)。该书 1935 年由费孝通夫妇翻译,直至 1998 年才正式出版。许让通过实地调查发现,甘肃土人存在多妻制。而多妻制的第二类别为"叔接

① [比利时]许让:《甘肃土人的婚姻》,辽宁教育出版社,1998 年。

嫂”,即一个年纪的寡妇,普遍都已有了几个孩子,“她婆家明白……若是这生育力很强的女人走了,他们要失去许多孩子。在这种情形下,在死者过去了四十九天的时候,婆婆就劝她不要离家,让丈夫的弟弟娶她。若是丈夫的弟弟们中间还有没有老婆的,他们便把他和嫂子说合了,两人年龄的差别在土人中是不计较的;若是丈夫的兄弟都已娶了亲,就给她丈夫的兄弟中任何一个做妾,不管他比死者大或是小”。从成书的年代看,许让神父所著的人类学调查报告——《甘肃土人的婚姻》,应是最早关注中国边疆内陆省份少数民族“收继婚”现象的著作。

俄国人类学家史禄国所著《北通古斯人民的社会组织》①(*Social Organization of the Northern Tungus*)。该书是关注满族人口中“收继婚”现象的一篇重要文献。史禄国认为:中国满族人口中的“收继婚”实际上是兄弟互婚的扩大形式。通过调查,他还注意到“在通古斯人中,新妇并不须是处女……但姑娘的性关系却是秘密的。一个处女怀了孕并不降低她的身价。……依照兄死娶嫂原则,小叔对她有一种权利。但在丈夫死后,如果她愿意嫁给别人也是可以的。她假使改嫁到其他氏族中去,她的婚嫁自然归前夫氏族所有……如果她没有离开夫族,并且有孩子,她可以支配这些财产,名义上归孩子们所有”。

比利时鲁文公教大学雷克洛所著的《婚姻》一书②(田恩霈译,1949年新生出版社刊行)。该书分为上下两部分:上部先研究婚姻的性质是契约行为、婚姻是圣事等内容;下部研究的是婚姻的条件、婚姻的自由和婚姻的单一性。其中涉及亚洲地区中印两国及阿拉伯地区的多妻制与多夫制等问题。雷克洛认为“在犹太、亚拉伯、印度民族中实行一种叔嫂交配制,用意略和多妻制相同。根据这种制度,一人死而无子,其近亲则有交配孀妇而为亡者生嗣之义务;就是说,这样交配所生的孩子为亡者之合法的儿子。孀妇的第二个丈夫若已结婚,就得实行多妻”,所以,他认为中印及阿拉伯地区的“收继婚”的目的只有一个,就是为了广传子嗣。

20世纪40年代,为了配合日本侵华战争和对被占领中国广大土地的统治,建立所谓“王道乐土”和“东亚共荣圈”,日本东方文学东京研究所和京都研究所两机构的研究人员秉承日本侵华军部的旨意编写了《异民族统治中国史》③一书。由沼田编写的第二篇“清的统治中国”中,对包括满族“收继婚”俗在内的清朝婚姻政策进行了研究。他认为:清政府入关后,为了巩固统治,“还企图把全中国统一在一种特殊风俗之下,使满汉在外表上俨如一个民族。这个奖励满汉的措施特别对于完成征服中国的事业,起到了一种最积极的作用”。“清朝在婚姻制度方面……也作了些更改……对于满洲固有的北方民族的婚娶继母、伯叔母、嫂、弟媳等所谓的‘继收法’,采取了禁止的方策。”

---

① [俄]史禄国:《北通古斯人民的社会组织》,商务印书馆,1929年。
② [比利时]雷克洛:《婚姻》,新生出版社,1949年。
③ [日本]沼田:《异民族统治中国史》,商务印书馆,1964年。

20世纪30年代以后，研究世界范围内“收继婚”现象的西方社会学家的研究成果被逐渐介绍到中国的还有麦克伦南和克斯丁两人。其中，麦克伦南在 *The History of Human Marriage* 中认为：原始时代一妻多夫制是正常的，而一夫一妻及一夫多妻制仅仅是例外。所以，他认为“收继婚”俗应当源自一妻多夫制。而克斯丁在他的 *Contributions of the Sociology of the Indian marriage of Ecuador* 中认为：有的原始民族相信人死后尚有灵魂，而灵魂和活人一样会妒忌；如果死者所遗下的寡妇不与死者的兄弟结合，则死者会因妒忌而作祟。所以，他认为“收继婚”俗的形成源自宗教或某种心理暗示。

从上引各家研究“收继婚”俗的论著看，既有侧重于描述情节的论著，又有侧重于理论研究的论著。其中关于“收继婚”的起源，俄籍人类学家史禄国的“中国满族人口中的‘收继婚’实际上是兄弟妇婚的扩大形式”的观点、比利时籍社会学家雷克洛“中印及阿拉伯地区的‘收继婚’的目的只有一个，就是为了广传子嗣”的观点和麦克伦南“‘收继婚’俗应当源自一妻多夫制，它的形成源自宗教或某种心理暗示”的观点等，从学术层面讲，他们的研究成果都是不乏真知灼见的，而且其中某些观点为新中国成立后中国的相关学者所接受；唯有20世纪40年代日本东方文学东京及京都研究所所撰《异民族统治中国史》，从里到外都透视出它的反动性。

三、国内学者的研究概况及评述

20世纪以来，由于西学东渐和国内社会学、民族学等学科的逐步发展，关于历史上的“收继婚”问题也引起了国内相关学者的关注，其中有代表性意义的成果有以下这些。

陈顾远先生是20世纪30年代较早关注中国古代“收继婚”问题的学者。他的《中国婚姻史》[①]（商务印书馆，1936年刊行，1984年再版）中认为“中国边境各族向通行收继之俗，或且播其风于中国内地。然在中国，因‘夫妇有别’之原则早定，‘嫂叔隔离’之观念莫违，故兄亡收其寡嫂一类之收继，虽为人类婚姻史上一种必有形式，而礼法上究否认之。若夫父亡收其后母一类之收继，则称其为烝为报，并以聚尘为喻，尤视为大恶也。”中国“因异族屡次侵入，其收继婚俗又往往随政治势力而俱来。……见于《左传》者甚多，实与父死而收其母无异。”

董家遵先生应是20世纪国内系统研究收继婚史的第一人，1936年他的《中国收继婚的沿革》就已发表；1940年随中山大学迁往云南，在那里完成了油印本《中国收继婚俗沿革史》；经修改后改题目为《中国收继婚之史的研究》，于1950年作为“岭南大学西南社会经济研究所专刊第八种”印行。同时，董家遵先生也是最早关注当时国外学者相关研究的学者。由他的《中国古代婚姻史研究》[②]看，董家遵十分注

① 陈顾远：《中国婚姻史》，商务印书馆，1936年。

② 董家遵：《中国古代婚姻史研究》，广东人民出版社，1995年。

意吸收韦斯特马尔克《人类婚史》、罗维《初民社会》、鲁托努《婚姻的演化》、孙末楠《社会的科学》等外籍学者对世界各地“收继婚”现象的研究成果,并在从第一章《传说时代的收继婚》开始,以十三章的篇幅详细叙述了从神话传说时代以后的春秋、秦汉魏晋、南北朝、隋唐乃至近代的“收继婚”现象。他认为:游牧民族的“收继婚的规则,最明显的约有三点:第一,被收娶者必须是无夫的寡妇。第二,收娶者必须是死者习惯上婚姻的继承人。第三,他们的结合是社会制度所许可的,双方都承认权利与义务,是公开的结合,决不是偷偷摸摸的私通。”至于“收继婚”产生的原因,他认为既不是缘于财产方面的解释,也不能偏重于子嗣方面的解释,更不能偏重宗教方面或心理方面的解释,而应该从“妇女在劳动过程中的地位去观察收继婚的成因或动机,才是正确的看法”。

马长寿作为现当代著名的民族学家和社会学家,在其《北狄与匈奴》①一书的第三节《匈奴的人种、语言、文化和社会经济》中亦谈到了对匈奴“收继婚”俗的看法。他认为:收继婚通行于匈奴的贵族和牧民之间,“但同一种婚俗在不同的阶级中便带有不同的社会意义。对于匈奴牧民来说,子接父妾和弟妻寡嫂主要是为了维持家族劳动的再丧失,它同牧民在原野中的生产斗争相互联系在一道。但对于贵族统治者来说……主要目的是在内而维持贵族血统的‘纯洁’,外而团结氏族间的关系,这对于贵族氏族间矛盾的调和可能具有一定的作用”。

林干作为当代知名的民族学专家,在其《匈奴史·婚姻习俗及其它风尚》②一节涉及匈奴的“收继婚”问题。他认为,匈奴“收继婚”的存在,“应从匈奴人所处的一定历史发展阶段和社会特征去理解”,公元前3世纪前后,匈奴“收继婚”是氏族社会时期氏族外婚制的遗留。进入奴隶社会,匈奴已发展到父系家长制阶段,即由对偶婚到一夫一妻制的过渡形态;由于“去古未远,所以对偶婚家族时期所实行的氏族外婚制的习俗和观念”仍得以保留,而这正应了《史记·匈奴列传》中所记中行“匈奴之俗,父子兄弟死,取其妻妻之,恶种姓之失也;故匈奴虽乱,必立宗种”之言;其次,他认为“父系家长制家族脱胎于对偶婚家族,而对偶婚又是从原始群婚发展而来的。故父死妻其后母及兄死尽妻其嫂的婚姻习俗,也正是原始群婚的一种遗风”。此外,他还认为:随着匈奴生产力的发展,氏族公社逐步解体,家庭的经济作用也愈来愈超过氏族的作用,而约束寡母寡嫂的目的,“也由原先出于古代遗风的观念而转变为带有保留一家一族的个体家庭的劳动人手和增强家庭或家族中的生产力量的经济意义”。

顾颉刚先生作为现当代著名的历史学家,在他的《由“烝”“报”等婚姻方式看社

① 马长寿:《北狄与匈奴》,三联书店,1962年。

② 林干:《匈奴史》,内蒙古人民出版社,1977年。

会制度的变迁》[①]的遗作中，对《左传》所记载的春秋时期诸夏之间以“烝”“报”为特征的“收继婚”现象给予了密切的关注。顾先生认为：春秋时期中原地区诸如晋、卫、齐等礼仪之邦所发生“烝”“报”婚姻现象，实通行于春秋前期，而“烝”“报”制度的流行必远在春秋时期以前；这种现象不仅反映出“‘烝’这一事实在春秋时代自有它的一定的社会基础，换言之，这是春秋时代被人公认的一种家庭制度”，而且也反映了父系家长制下，妇女已完全丧失财产继承权；妇女作为家庭、男子的财产，必须由家族内的男子来继承，她们只是生儿育女的机器，而机器的主人却是可以更换的观点。

陈鹏《中国婚姻史稿》一书[②]，对中国古代“收继婚”俗的描述较为详尽。他认为：从秦汉、魏晋南北朝，直至隋唐时期的“烝报之事”“皆胡俗也”。并依据《通制条格》和《元史·刑法志》详述了蒙元“收继婚”的特点：“远房小叔不得收继寡嫂；收继人已结婚或仅定婚而女未过门者不得收继；应继人出家者不得收继；应继人若已经定婚而收继者应解除其原定婚约；两户不得收继；抱乳小叔不得收继；守志妇不得收继；侄儿不得收继婶母；兄不得收继弟妇。……综观诸条，收继范围，只许弟收兄嫂，子收庶母，且以服阕为限。又考(元史中)诸人名姓，多系汉人，则民间久染此风，似颇成俗。”其次，他认为：明太祖革元旧俗，严禁收继之律，曾传檄齐、鲁、河、洛、燕、蓟、秦、晋百姓，以收继婚与弑父鸩兄同罪；清帝室入关之初虽也有收继之举，但随汉化程度加重后，至乾隆年间大清律已明令禁收继婚。所以，“收继婚之普遍民间，实始于元。而尤以农村及边远地区为盛。此俗与中国传统之道德观念实相冲突。明清两代律令又屡禁之，而始终不能少革，其故安在？一言以蔽之，曰：贫而已矣”。

中国大陆学者苏冰、魏林所著的《中国婚姻史》[③]，其中亦谈及“收继婚”俗问题。他们认为：“血亲收继之俗，唐已明令禁止，宋因之。然金元之世，边族入主，原有婚俗带入中原，汉人亦不免受其影响”；“收继婚的流行，反映出原始婚姻遗俗，亦是当时习之者防止家族财产转移流失的手段措施”。

翟婉华《西汉时期匈奴、乌孙的收继婚》[④]一文认为：在匈奴社会中，女性往往被看成是与牲畜相似的活财产，是可以被继承的对象，这应是匈奴“收继婚”产生的原因之一。

武沐《对匈奴收继婚制度的再探讨》[⑤]，是近年相关研究中分量很重的一篇文章。该文重点阐述了匈奴的收继婚与继承制的关系、收继婚与匈奴赡养制的关系、

---

① 顾颉刚：《由“烝”“报”等婚姻方式看社会制度的变迁》，《文史》1982 年第 14 期。

② 陈鹏：《中国婚姻史稿》，中华书局，1990 年。

③ 苏冰、魏林：《中国婚姻史》，文津出版社(台北)，1994 年。

④ 翟婉华：《西汉时期匈奴、乌孙的收继婚》，西北史地，1989 年第 4 期。

⑤ 武沐：《对匈奴收继婚制度的再探讨》，《中国边疆史地研究》，2005 年第 1 期。

匈奴尚杀首子与收继婚和对收继婚的几点认识等四个方面的内容。他认为:“收继婚”是匈奴婚姻制度中最基本的方式之一,而不是群婚制的残余;这种婚制之所以长期实行,应与匈奴的生产和生活习俗有直接的关系;匈奴的“尚杀首子”,表明匈奴对于“宗种”“种姓”的纯洁性有相当严格的要求;更为重要的是匈奴的“收继婚”制与身份继承制度和对未成年子女的抚养、复妇的赡养制度紧密相关,是继承制度中一个重要的组成部分①。

高凯所著的《地理环境与中国古代社会变迁三论》②,其中第一部分《地理环境与汉魏时期匈奴、鲜卑的“收继婚”问题》中涉及“收继婚”问题。他认为:汉魏时期匈奴和鲜卑的“收继婚”问题,是在特殊历史地理环境下所产生的一种社会制度:通过对地理环境下土壤微量元素有效锌含量变化规律、传世文献的记载与大量的匈奴、鲜卑考古资料的综合考察来看,匈奴、鲜卑之所以产生“收继婚”俗,是因其所居住地区地处高纬度,属干旱、干燥的内陆寒冷地带,土壤微量元素有效锌含量低,造成了匈奴、鲜卑族育龄妇女在妊娠过程中的大量死亡,以致产生了匈奴与鲜卑族中育龄男女中的男多女少的人口性比例失调问题;而为了确保健康的育龄妇女尽可能地去生育后代,以保证其自身的种的繁衍,“收继婚”俗便应运而生了。这种制度的产生,不仅对匈奴、鲜卑的自身繁衍有着重要的意义,而且也为汉魏时期匈奴、鲜卑内迁以后,与汉族的大融合提供了契机。

此外,中国大陆还有一些撰写婚姻通史的著作,如汪玢玲著《中国婚姻史》(上海人民出版社,2001 年)、祝瑞开主编的《中国婚姻家庭史》(学林出版社,1999 年)、邓伟志著《唐前婚姻》(上海文艺出版社,1988 年)、张希坡著《中国婚姻立法史》(人民出版社,2004 年)、郭兴文著《中国传统婚姻风俗》(陕西人民出版社,1994 年)、戴伟著《中国婚姻性爱史稿》(东方出版社,1992 年)、李绍连著《古今中外婚姻漫话》(河南人民出版社,1985 年)、薛瑞泽著《嬗变中的婚姻——魏晋南北朝婚姻形态研究》(三秦出版社,2000 年)、孟昭华等编著《中国婚姻与婚姻管理史》(中国社会科学出版社,1992 年)、顾鉴塘等著《中国历代婚姻与家庭》(商务印书馆,1996 年)以及南京大学学者张树栋、李秀领所著《中国婚姻家庭的嬗变》(南天书局有限公司,1996 年),等等,这些著作或研究的侧重点不同,这里就不一一赘述了。

综观以上所述国内学者的论著,我们不难发现国内学者的相关研究大致可分为新中国成立前和成立后两个时期。新中国成立前:陈顾远的《中国婚姻史》因篇幅有限,故对“收继婚”俗只有简单描述;而董家遵先生不愧为 20 世纪以来系统研究“收继婚”史的第一人,其《中国收继婚之史的研究》一书,不仅详述了中国历代“收继婚”的分布情况,而且在注重吸收、总结海外学者学术成就的基础之上对“收继婚”

---

① 武沐:《从乌孙收继婚制度的再探讨》,《西域研究》,2003 年第 4 期。

② 高凯:《地理环境与中国古代社会变迁三论》,天津古籍出版社,2006 年第 11 期。

的起源也提出了自己的看法,显得尤为可贵。新中国成立后:从新中国成立到世纪之交,中国婚姻史的研究呈现蓬勃发展的局面,不仅婚姻史方面的研究专著和通俗性读本不断涌现,而且不断有学者的民族学方面的著作涉及"收继婚"问题;总体来看,既有沿袭旧说者,又有独辟蹊径的新说。如马长寿在《北狄与匈奴·匈奴的人种、语言、文化和社会经济》中虽亦有所解释和发扬,但其实质应是新中国成立前由董家遵所提出的要"从妇女在劳动过程中的地位去观察收继婚的成因或动机"的观点。林干在《匈奴史·婚姻习俗及其它风尚》一节中所认为的"收继婚"可以"保留一家一族的个体家庭的劳动人手和增强家庭或家族中的生产力量的经济意义"观点,也系董家遵观点的翻版。顾颉刚先生的《由"烝""报"等婚姻方式看社会制度的变迁》侧重点不同,他对春秋时期"烝""报"现象的过程和实质的论证尤为精辟,但其关于"收继婚"最终目的的观点与国外学者雷克洛所认为收继婚"为的是广传子嗣"的观点所见略同;陈鹏《中国婚姻史稿》虽就"收继婚"俗盛行提出了是因财婚现象和保护家产的新观点,但他所提出的"收继婚之普遍民间,实始于元"的观点显然是不严谨的。至于苏冰、魏林《中国婚姻史》之说,与林干、陈鹏先生的观点近似。田旺杰之说实是对海外学者麦克伦南之说的继承;值得关注的是,武沐在对匈奴收继婚研究中,注重对收继婚与匈奴继承制度和赡养制度以及与匈奴"尚杀首子"的关系研究,提出了匈奴"收继婚"不是群婚制的残余;它之所以长期流行,应与匈奴的生产和生活习俗有直接的关系;匈奴"收继婚"制应与匈奴身份继承制度和对未成年子女的抚养、复妇的赡养制度紧密相关的观点,无疑推进了对匈奴"收继婚"制的研究。高凯在《地理环境与中国古代社会变迁三论·地理环境与汉魏时期匈奴、鲜卑的"收继婚"问题》中从地理环境,尤其是从地理环境下的土壤微量元素变化对人类自身再生产和人类社会婚姻习俗形成影响的新视角,提出了的"匈奴、鲜卑之所以产生'收继婚'俗,是因其所居住地区地处高纬度,属干旱、干燥的内陆寒冷地带,土壤微量元素有效锌含量低,造成了匈奴、鲜卑族育龄妇女在妊娠过程中的大量死亡,以致产生了匈奴与鲜卑族中育龄男女中的男多女少的人口性比例失调问题;而为了确保健康的育龄妇女尽可能地去生育后代,以保证匈奴、鲜卑自身的种的繁衍,'收继婚'俗便应运而生了"的观点;而这一观点与中外学者对"收继婚"俗研究一百余年来多从社会因素来论述的研究方法和研究思路全然不同。

总之,我们有理由相信:在新的世纪里,随着研究领域的拓展,研究深度的推进,研究方法和思路的创新,考古资料的不断发掘与利用以及多学科交叉研究方法的采用,关于中国古代"收继婚"问题及其与民族融合史、中国人口史、疾病医疗卫生史等领域的研究,定将进一步受到学术界的关注和重视。

(刊发于《中国史研究动态》2008年第10期)

湖南南塘刘氏家族源自中山刘氏质疑

《寻根》1999 年第 6 期刊载了刘积孝先生《湖南南塘刘氏源自中山刘氏》一文,论述了"刘少奇的根应归于中山靖王刘胜十世孙刘备家族,即中山刘氏家族"的观点,我个人以为此说尚有商榷余地,其具体理由如下:

首先,在中山刘氏世系中,后主刘禅之子"刘瑶"不可能是湖南南塘刘氏的祖先。

刘积孝先生的文章称:"刘少奇所在的宗脉,可按中山刘氏世系图谱的形式勾勒","汉高祖刘邦的曾孙刘胜因授封中山靖王,出郡彭城,因而得名中山刘氏",又刘胜传十世而生刘备,刘备生刘禅,刘禅生刘瑶,刘瑶又生刘乾清……故"从刘备到刘少奇,共经历了 68 代,刘少奇系中山刘氏的 67 代孙,时间跨度为 1700 多年"。从刘积孝先生所阐述的这个中山刘氏世系图谱中不难看出,决定刘少奇是否属于中山刘氏之后,"刘瑶"是关键人物。那么,历史上的"刘瑶"究竟是何许人也?

《三国志·蜀志·先主传》记载,刘备字玄德,涿郡涿县人,他是三国时期蜀汉政权的创始人,生于公元 161 年,死于公元 223 年,他确实是"汉景帝子中山靖王(刘)胜之后"。《三国志·蜀志·二主妃子传》记载刘备有子四人,分别是太子刘禅、鲁王刘永、梁王刘理和养子刘封。其中,养子刘封在刘备占领蜀汉的过程中建立大功,后因孟达反叛之事,刘备听信诸葛亮建议,逼迫刘封自尽。刘备死后,刘禅即位,至公元 263 年蜀汉被曹魏灭亡。据宋人郑樵《通志》卷 79"宗室”条记载，后主刘禅有子七人，分别是太子刘睿、刘瑶、刘琮、刘瓒、刘谌、刘洵、刘璩；其中太子刘睿死于曹魏咸熙元年(264)兵乱，刘谌自杀身亡。而刘禅及其他子女和鲁王刘永、梁王刘理之后等均悉数被迫迁居洛阳。至于刘禅的兄弟及子嗣迁居洛阳后流布的情况，郑樵《通志》卷79“宗室”条又记载：“刘永，字公寿，先主子，后主庶弟也，章武元年六月立为鲁王……咸熙元年(刘)永东迁洛阳，拜奉车都尉，封为乡侯；刘理，字奉孝，亦后主庶弟也，与永异母，章武元年为梁王……(刘)辑，(刘)理之子也，咸熙元年东迁洛阳。后主太子睿，字文衡……蜀亡，咸熙元年正月钟会作乱于成都，睿为乱兵所害。睿弟(刘)瑶、(刘)琮、(刘)瓒、(刘)谌、(刘)询、(刘)璩六人，(刘)谌自杀，余皆内徙。永嘉大乱，子孙绝灭，唯(刘)永孙(刘)元奔蜀，李雄伪署安乐公，以嗣禅后，永和(345—356)中，桓温讨李势，(刘)元犹在。”从郑樵《通志》的记载看，从东汉末年到东晋中期一百多年的时间里，中山刘氏家族经历了从兴盛走向衰落的剧烈变化。无论是刘备自己的四个儿子，还是刘禅及其弟刘理的诸多后代，在经历了多次战乱后，均死亡殆尽，而仅有刘永之孙刘元一支脉得以存世。由此可见，历史上确实有“刘瑶”此人，而且他也确实是蜀汉政权后主刘禅的皇子之一；但同时根据历史记载的实际情况看，刘瑶及其后代均死于西晋末年的“永嘉之乱”。所以刘积孝先生认为刘少奇是刘备67代孙的说法，是缺乏直接历史根据的。

其次，从西汉王朝刘氏长沙国及其后十余个刘氏侯国的相继建立看，南塘刘氏属于长沙王刘发后人的可能性极大。

作为中国封建社会最尊贵的姓氏之一的刘氏，最早进入湖南地界并在当地封侯建国者，当属西汉孝景帝之子刘发，他在“孝景前元二年”(前155)就被封为长沙王。《汉书·景丨三王传》记载：“长沙定王发，母唐姬，故程姬侍者。……以其母微无宠，故王卑湿贫国。”又据《史记·五宗世家》裴骃《集解》引应劭言，到景帝后元二年(前142)，景帝又把武陵、零陵、桂阳三地纳入其子长沙王刘发的管辖之下①，从而使得西汉景帝时期其皇子长沙定王刘发所实际控制的地域遍及今湖南全境以及江西中西部、贵州东部、广西和广东北部的广大地区。

汉武帝元朔二年(前127)，西汉王朝实行“推恩令”，即允许诸侯王推“私恩”，将各诸侯王国的土地分给其他子弟为列侯，并由皇帝制定这些侯国的名号。于是，作为长沙王刘发之后的刘定的15个王子，在武帝元光六年(前129)之后相继建立起各自的侯国。从《史记·建元以来王子侯者年表》《汉书·王子侯表》和《水经注》等史籍的相关记载看，除句容哀侯刘党、路陵侯刘童、叶平侯刘喜、安众康侯刘丹分封于长沙定王所辖地域之外，在长沙王所统辖的长沙国、武陵郡、零陵郡、桂阳郡之下，相继有安成(今江西吉安安福)思侯刘苍、宜春(今江西宜春)侯刘成、容陵(今湖南安仁附近)侯刘福、攸舆(今湖南攸县)侯刘则、茶陵(今湖南茶陵)节侯刘欣、建成(今江西高安)侯刘拾、夫夷(今湖南邵阳附近)敬侯刘义、春陵(今湖南道县附近)节

---

① 周振鹤：《西汉政区地理》，北京人民出版社，1987年。

侯刘买、都梁(今湖南武冈附近)敬侯刘定、洮阳(今广西全州附近)靖侯刘拘、泉陵(今湖南零陵)节侯刘贤等11个王子建立了侯国。此外,尚有以上王侯的子孙们也建立了许多的小侯国。从前三史及《水经注》的相关记载看,长沙王刘定以上11个王子所建立的侯国,除了春陵节侯刘买的后代在汉元帝时迁徙至南阳春陵(今湖北枣阳)以及茶陵节侯刘欣、洮阳靖侯刘拘因无嗣而"国除"外,其余均有后代留在当地。如夫夷敬侯刘义和都梁敬侯刘定均传六世侯国,至西汉末年王莽篡权、建立新朝后,才被削除爵位。又如在今天江西吉安及其西北部地区建立侯国的安成思侯刘苍、宜春侯刘成、建成侯刘拾三人,境遇也有所不同,其中,宜春侯和建成侯早在汉武帝元鼎五年(前112)因"坐酎金"而被夺去侯爵,但安成侯却传三世,至汉宣帝五凤二年(前56)除国,所以,随着时间的推移,"推恩令"的深入进行和"诸侯惟得衣租食税,不与政事"局面的出现,必然出现支脉疏远的刘氏子民与一般富室无异的情况,也必然有刘姓侯王的后代沦为自食其力的普通劳动者,他们留在当地并世代相袭地繁衍生息下来,所以,他们都有可能成为湖南南塘刘氏的先辈。更何况现存《南塘刘氏族谱——初修源流图说》中亦有"吾族世居吴西吉水,汉唐以来,代多名宦"的相关记载可以印证之!故此,也可从侧面说明刘积孝先生文中的观点及其来自史籍的直接论据有苍白无力之嫌。

再次,史学界对湖南人的由来和家谱的应用价值早有定论。

关于湖南人的由来,史学界早有研究。已故著名历史地理学家谭其骧先生早在1933年《方志月刊》第六卷第九期就发表了《湖南人由来考》一文,即对湖南人的由来进行了详细、透彻的研究。该文分上、下两篇,通过对正史、族谱及地方志材料的研究,得出了"五代以前,湖南人多来自北方;五代之后,湖南人多来自东方",而"江西一省又居东方之什九"等令人信服的结论。这些结论早已成为史学界的共识。正如本文论及之南塘刘氏一样,刘氏自西汉初年正式迁入湖南,之后分播各地,明中后期又从江西回迁湖南一样。同时,对于"天下最不可信之文籍"就是家谱以及家谱在移民史研究中的应用价值问题,谭其骧先生亦早已进行了仔细研究和鉴别,他以为家谱中最不可靠的地方是"官阶也,爵秩也,帝皇作之祖,名人作之宗也。而内地移民史所需求谱牒者……在乎其族姓之何时自何地转徙而来,且惟此种材料则为可靠也"。谭先生的这一论点,在今天移民史的研究和对家谱材料的鉴别使用中亦成为共识。而刘积孝先生所得出的"从刘备到刘少奇,共经历了68代,刘少奇系中山刘氏的67代孙"的结论显然不及《南塘刘氏族谱——初修源流图说》中"吾族世居吴西吉水,汉唐以来,代多名宦"的相关记载真实、可靠;同时,中国历史数千年,曾经生息过何止数十亿的子民,其中不乏同名同姓者。关于这一点,不仅为正史中不少相关的记载所证实,而且这种同名同姓的现象也被出土的文字材料所证实。如1999

年在湖南长沙出土的三国吴简中即出现了这种同名同姓的现象多例。[1] 故由此可推，刘积孝先生《湖南南塘刘氏源自中山刘氏》一文，在对相关家谱材料的应用上，有缺乏鉴定与分析、研究的嫌疑。

（刊发于《洛阳工学院学报》2002年第6期）

---

① 高凯：《从走马楼吴简看孙吴初期长沙郡吏民的联姻》，《史学月刊》，2002年第9期。

从走马楼吴简看孙吴初期长沙郡吏民的社会生活

1996年7月长沙走马楼吴简的发现,曾经轰动了海内外学术界。随着1999年9月《长沙走马楼三国吴简·嘉禾吏民田家莂》和2003年11月《长沙走马楼三国吴简(壹)》两套大书相继面世,吴简的研究亦逐步深入,佳作频出。本文试从两套吴简中所涉及的社会生活方面的信息入手,对孙吴初期长沙郡吏民的取名风俗、婚姻生活做一探讨。

第一,经过对走马楼吴简的收集和排比工作后,可以看出所反映的孙吴时期长沙郡吏民在取名方面有许多鲜为人知的特点。众所周知,在日常生活里,人们往往可以通过一个人的姓名获取一些信息,如通过人名透视出起名人的文化底蕴、被起名者的籍贯情况与联姻对象的姓氏情况,甚至还能够折射出当时社会的流行风尚和其他信息等。在汉代至三国时期盛行单名制,不仅《汉书》《后汉书》《三国志》等正史中所涉人物多是单名,而且在连云港出土的尹湾汉简中所涉人名亦多为单名,这种情况在先后出版的两套《长沙走马楼三国吴简》中也得到进一步证实,两书所涉及的几千个人几乎全是单名。这就不可避免地造成在《嘉禾吏民田家莂》简文中的不同丘里与相同丘里中有重姓重名的现象;由于《长沙走马楼三国吴简(壹)》中许多关于家庭户口方面的材料缺乏户主及家人的姓氏信息,从而使这种重名现象变得更为严重。但即便如此,还是发现了今天社会所流行的许多关于取名方面的风俗习惯在吴简中能够找到一些比较清晰的痕迹。这些痕迹和特点大致表现在以下几个方面。

其一,吴简中所记载的长沙郡吏民多有取单字为“客”“汝”“思”等字者。在两书中,发现有不少吏民的名字为“客”字,如蔡客、邓客、高客、何客、李客、卢客、谢客、杨客、朱客、吴客等,而叫潘客、唐客、张客的名字至少两个以上。关于“客”的出现,《史记》《汉书》早有记载,但其意多指“宾客”和“佃客”,而不是指移民,直到《后汉书》《三国志》中才有以“客”称移民的记载。如《后汉书·郑玄传》记载:郑玄,北海高密人,“玄自游学十余年乃归故里。家贫,客耕东莱”。又《三国志》裴注有数条史料反映了这一变化。在《魏书·二李臧文吕许典二庞阎传》中,裴注引鱼豢《魏略·勇侠传》记载,有“初平末,(杨)宾硕以东方饥荒,南客荆州”以及“鲍出字文才,京兆新丰人。少游侠。兴平中,三辅乱……客南阳”两段文字。在《魏书·杜袭传》中裴注也谈到杜袭的祖父杜根,在东汉中期邓太后临政情况下,曾“密起逃窜,为宜城山中酒家客,积十五年”。从以上几条史料不难看出,“客”的出现应在东汉中期以后,且“客”之含义在于表示自己的父辈或祖辈是暂时迁居某地,而其后要回原籍者。当然,“客”能否可以回到原籍并非完全取决于其个人。在《长沙走马楼三国吴简(壹)》中,还有130多人次是以“汝”字命名的,如黄汝、郑汝、王汝、刘汝、李汝、谢汝、尹汝等,还有的单名一“汝”字。在《辞源》中,“汝”的解释有三:一表示“你”;二表示水名,即汝水;三表示姓氏,如西汉末年有汝臣,曾起兵反对过王莽。百姓取名,以“汝”来指代“你”意义不大,因而这里的“汝”最有可能是指代“汝水”及其流经的地区,这些地区正是秦汉以来谢、黄、李、郑等诸姓大量聚居的地区,也是当时人口迁徙最频繁的地区之一。由此看来,吴简中之所以有那么多单名叫“客”“汝”的,无非是想通过叫“客”“汝”来表明自己是外乡人,并借以怀念自己的故土而已。此外,吴简中还有近100人以“思”为名,如曹思、何思等,大概也多与思念故乡、思念亲人有关。事实上,这种起名风俗一直流传至今。

其二,吴简中的长沙郡吏民还有以“鼠”“狗”“虎”“牛”“豸”等动物名称来取名或以“野”“奴”“黑”“婢”等贱字取名者。依照《嘉禾吏民田家莂》人名索引的次序,不难发现孙吴时期长沙郡的众多户主中有以家禽名、动物名或其他贱字作为名字的现象,如有人取名为邓狗(2人)、邓鼠(2人)、邓茑、胡秃、黄鼠、光象、李鼠(2人)、李雁、鲁牛、区狗、番茑、莂鼠、唐野、唐泥、田奴、文僮、勇羊、陈马、邓黑(2人)、邓角、黄爪、丞劣等。在《长沙走马楼三国吴简(壹)》中,这种以动物名、家禽名或其他贱字为名的现象也十分普遍。如以奴婢的“婢”字为名者有60人之多,其中有5例是男性,有55例是女性。有26人以“鼠”为名,其中除黄鼠(2人)、桑鼠、伍鼠、谢鼠五人是姓名皆全外,其余人等皆单名“鼠”。奇怪的是,有10例年龄从61岁到十几岁不等的女性也是以“鼠”为名的,这说明“鼠”在当时应为一中性词。在生产力水平低下的古代社会,儿童的死亡率极高,以动物或“奴”“野”等贱字取名,有企盼孩子能像“狗”“鼠”一样生命力顽强之意。这种习俗起源甚早,如《汉书·司马相如传》记载:“司马相如字长卿,少时好读书,学击剑,名犬子。”这种取名的习俗也一直沿袭至今。在今天的河南、山东、山西农村地区仍流行以“狗蛋”“二孬”“孬蛋”“黑子”

等起名习俗。

其三,吴简中的长沙郡吏民有以钱、布、粮和吉、生、得、香、平等吉祥字眼取名的习俗。据笔者统计,《嘉禾吏民田家莂》中的户主名字中多有与钱、布、粮等字眼相关者。如蔡糜、陈仓(3人)、黄布、廖金、廖裕、区银、番麦、潘谷、孙斗、唐富、郑斛等。而在《长沙走马楼三国吴简(壹)》中,有20人以"得"为名,有10人以"香"为名,有7人以"吉"为名。由以上例证可见,吴简中吏民的取名与今天百姓取名习俗相仿,都有借取名以企盼风调雨顺、丰衣足食和吉祥安康的愿望。

其四,吴简中的长沙郡吏民还有将两姓合并取名的特点。依照两书人名索引的次序,不难发现不少吏民的名字是由两姓合并而成的,如蔡唐、陈潘、邓蒋、周陈、朱刘等。这其中可能会有一些字作形容词解,如"高""巨"等字,但绝大多数明显地表明是两姓合并。将两姓合并来用作某人的名字,所表现的两姓联姻的意义甚为明显。这种习俗也仍然为今人所继承。

其五,吴简中女性户主的取名特点可以反映其婚姻状况。据笔者对嘉禾四年、五年《嘉禾吏民田家莂》进行的统计:吴简中共有87户是以"大女"作为户主租种国有土地者,涉及李、五、黄、利、廖等35姓;其中"大女"名字中有名"妾"或"婢"者,涉及13姓,其他姓氏的"大女"均有正常的姓名。从这些"大女"姓名的情况看,大致可分成两个层次:一是其家男子死亡而不得不以"大女"充当户主和主要劳动力的家庭;二是因为当时社会存在女多男少性比例失调问题,女子成年后没有嫁人,不得不充当户主以养活自己的家庭。两种情况反映在"大女"的姓名上也存在很大的差异:其家男子死亡而以"大女"为户主者,"大女"名中均有"妾"字;因女多男少的性比例失调问题造成女子成年未嫁人者,"大女"均有正常的姓名,有的甚至起了代表家族联姻或中性的名字,如周张、五市等名。尤其值得注意的是,有9户大女为户主的烝、左、潘、邓、梅、区、吴等,其姓源与聚居地均分布在"楚越之地",而"楚越之地"早就存在女多男少性比例失调的问题。

第二,经过笔者大量的统计和排比,发现走马楼吴简中的许多材料能够折射出孙吴时期长沙郡吏民的一些婚姻习俗和特点。众所周知,研究中国古代某一时段某一地区的婚姻习俗和特点,需要有大量的家庭提供诸如家庭成员的性别、年龄、多少等各方面的信息,而这一切是本来就为数不多、篇幅有限的正史材料所无法提供的。这种缺乏史料的情况,在先秦、秦汉魏晋南北朝史的研究中尤其严重。自20世纪以来,虽然在广大的西北地区以及山东、江苏、湖北等地出土了大量的简牍材料可以补充正史之缺,但仍然缺乏像走马楼吴简那样能够提供大量的、具体到孙吴初期长沙郡某一家庭的详细材料。所以,研究孙吴初期长沙郡吏民的婚姻习俗和特点,走马楼吴简具有不可替代的作用。通过统计和初步分析,吴简中所涉及的家庭方面的信息,大体折射出当时社会有以下三方面的婚姻习俗和特点。

其一,从新版吴简所涉及的家庭主要成员的信息看,孙吴初期长沙郡地区存在成年男性单身未婚问题。笔者在新版吴简中找到13例男性未婚现象,如加上1404

号简所反映的“口十一人,各单身口”等情况,可以推断单身现象将会更多。从吴简反映的情况看,当时吏民以15岁作为向国家交纳算赋的成年标志。而在笔者发现的这13例中,男性年龄从17岁到60岁以上不等,明显属于成年男性;而且有10例男性是长沙郡的下属官吏,即属于“诸吏”阶层。但从吴简中还可看到,长沙郡在当时有不少寡妇,还有大量适龄未婚女子。既如此,为什么还会有男性成年而未婚的现象呢?这很可能与孙吴所实行的“吏役制”有关。据《三国志·吴书·孙休传》记载,永安元年十一月,诏曰:“诸吏家有五人,三人兼为重役,父兄在都,子弟给郡县吏,既出限米,军出又从,至于家事无经护者。”由此可见当时“吏户”之家受剥削之重。从《嘉禾吏民田家莂》反映的情况看,仅嘉禾四年、五年的田家莂中就有郡吏55户、县吏65户。如临湘侯国的“仓吏”与“库吏”的李金、潘有、潘慎、陈通等人,都是作为“县吏”来租种官府土地的,但和其他佃户一样,所租种的“常限田”每亩需交纳税米一斛二斗,“余力田”每亩交米四斗五升六合和亩收布二尺等;所不同的是,他们所担任的职务在同一年内是经常调换的,即其任职本身,就是为官府服役的一种方式,甚至他们在十二三岁尚未成年时即开始为政府服役。所以,作为吏家出身的男性,不仅在租种政府土地时没有一丝优惠,而且还要额外承担国家的徭役负担,致使这些人社会地位低下,从而出现无人愿意嫁给他们的现象。加之,孙吴初期对负役户口有特殊规定,如新版吴简4233号规定:“女户下品之下不任调。”男性不婚,其家赀定在女户下品之下,这样作为未婚男子除了承担本身现有的职役外,便可逃避政府的其他经济负担。因此,孙吴初期长沙郡中某些成年男性的不婚现象或习俗,可能就是为逃避沉重经济负担而作出的无奈选择。

其二,从新版吴简所反映的有关家庭主要成员的年龄结构信息看,孙吴初期长沙郡吏民存在着妻大夫少的现象,这可能就是后世所谓的“童养媳”婚俗。童养媳,亦称“养妇”。这种婚俗,据陈鹏《中国婚姻史稿》的研究,“此俗始于何代,史莫可考”,以“史实征之,宋时当以盛行”。一般而言,童养媳幼年即入夫家,待丈夫成年完婚,故养媳年龄往往比丈夫大。以此论之,新版吴简即有例可援。例如953号简:“口公乘奴年廿,腹心病;奴妻大女容年廿五。”从此简看,夫妻之间的年龄差距有5岁,而且丈夫身患重病,如非童养媳,是不会有25岁的女子愿意嫁给比自己小5岁而且身体也不好的男性的。因此,孙吴初期长沙郡之所以存在妻大夫少现象,也是由当时特定的社会经济背景决定的。从新版吴简的统计情况看,孙吴初期长沙郡吏民总户数中有约14.3%的家庭只有两口人;约24.6%家庭是三口。两口和三口之家则在总户数中约占39%。这个比例不仅与中国古代社会“五口之家”占统治地位的传统说法存在很大差异,而且也反映了当时人口繁衍在很大程度上是停滞不前的。同时,当时社会除了存在由成年单身男性所建立的一口之家外,还包括因父亲早亡,其爵位为子女继承后由单个子女建立的许多小户型家庭。在吴简中,属于尚未成年子女继承亡父爵位的有数十例。在这些人单力薄的小户主负担起支撑门户的重任时,迎娶一个年纪较大的女子,决非权宜之计,故而就形成了孙吴初期长沙郡吏民婚姻关系中特有的妻大夫少现象。

其三，孙吴初期长沙郡吏民的婚姻关系中有娶二房的现象，在称谓上与历史传统也有明显不同。从新版吴简反映的材料看，同为租赁国家土地者，长沙郡吏民亦有家中迎娶小妾的现象。笔者发现至少有 20 例有“小妻”情况的简文，如 8925 号简：“桥大妻曲年卅八，桥小妻杜年廿。”二房即小妾，源自先秦时期，其制是在嫡妻之外尚有媵妾。到东汉末年即有将小妾称为庶妻的说法。如《三国志·蜀书·马超传》引鱼豢《典略》记载，“初（马）超之入蜀，其庶妻董及子秋，留依张鲁”。在李延寿《北史·李崇传附谐子庶传》中亦有“庶妻，元罗女也，庶亡后，岳使妻伴之寝宿”的记载。然吴简称庶妻为“小妻”，与正史记载相异，应当是属于具有长沙郡地区特色的称谓。

总之，先后出版的两套吴简，为我们研究孙吴时期的历史提供了大量的珍贵素材，它必然会推动对这一时期社会生活史、经济史和历史文化地理等方面的研究进一步深入下去。

［本文原刊发于 2004 年 5 月 18 日《光明日报·理论周刊·历史》，十分遗憾的是版本用错了。作者的更正版，编辑部并没有注意到。其中明显的错误是我利用《嘉禾吏民田家莂》的材料，误以为名“妾”的女子是已出嫁女子，而实际上以后出版的吴简中有许多人是以“妾”为名（子今兄曾就此提供过反证材料，特致谢）；其次，吴简中当时人名的许多特殊用法并没有完全反映出来；再次，文章的题目太大，是以必须改正之］

略论汉代边关文明的代价

汉代边关文明发展的重要标志之一,就是汉代西北边关屯戍制度的完善与发展。长期以来,为学界津津乐道的是汉代西北边关屯戍制度的齐备、对汉朝国家安全的重要意义,以及对汉代西北经济、文化的促进作用等。然而,从另一种角度看,汉代西北边关屯戍的发展,不仅给汉代国家的长期文明繁荣带来了隐患,而且也给两汉以后的历朝文明的发展带来了消极影响。这种隐患主要表现在两汉时期对包括今新疆、内蒙古、甘肃等西北地区的环境特征认识不足与开发利用的措施不当等方面。

一、两汉时期西北边关屯戍地的分布概况

两汉时期在今新疆、甘肃、内蒙古等地,曾大量分布着两汉政权边关屯戍机构和屯戍点,它们都是在汉武帝及其后历次开拓疆土的战争中所取得的成果。与秦王朝及汉初拥有边关制度的不同之处是,从汉文帝开始,单纯戍卒守边的方法,逐渐有被“募民徙塞下”替代的趋势。关于这一点,可参见《汉书·晁错传》记载文帝时晁错上书言“守边备塞、劝农力本,当世急务”时所称。由《晁错传》所记载的内容看,既涉及秦王朝及汉文帝前元十三年之前“一岁而更”的屯戍制度,又涉及晁错建言“徙民实边”之策和汉文帝“从其言,募民徙塞下”之举措。而且,从居延汉简所反映的情况看,晁错所提出的“为置医巫,以救疾病”的医疗卫生保障制度,在居延地区也确实存在着。同时,从《汉书·贾山传》记载文帝“减外徭卫卒,止岁贡”,《汉书·

武帝纪》记载元狩三年“减陇西、北地、上郡戍卒半”和《汉书·武帝纪》记元狩“四年冬，有司言关东贫民徙陇西、北地、西河、上郡、会稽凡七十二万五千口”的记载来看，汉文帝以后，尤其是武帝之后，频繁而大量征发戍卒的现象为大规模“募民徙塞下”所替代。这一政策的施行，不仅使得“一岁而更”的戍卒呈现大幅减少和定居型移民大幅增多的趋势，而且汉代边关戍卒的守边任务也由单纯军事行为向着既戍且田的“戍田”化转变①。而从居延汉简反映的情况看，两汉时期居延屯戍士卒的任务除屯田之外，还包括日常“画沙中天田”、候望、日迹、传送烽火、缮修器物及设施、运粮、伐茭和运茭等与明烽火、谨候望、备盗贼，确保汉塞沿边的安全和与军情传递相关的活动。

从上所述，我们大致了解了两汉时期西北边关屯戍点的分布区域和屯戍士卒的日常工作内容。而为了更好地分析两汉边关屯戍文明所付出的沉重代价，就十分有必要了解两汉时期上述区域的历史气候和地理环境的状况。

二、两汉时期西北边关屯戍地的地理环境和气候简况

从两汉时期西北边关屯戍事业的开展情况看，今新疆天山南北路、甘肃河西走廊及内蒙古阿拉善高原、阴山南北及鄂尔多斯高原都是重中之重的地区。为了阐述的方便，本文依次述之。

首先，两汉时期设立西域都护府的区域是指一特定的地理区域。据《汉书·西域传上》：“西域以孝武时始通，本三十六国，其后稍分至五十余，皆在匈奴之西，乌孙之南。南北有大山，中央有河，东西六千余里，南北千余里。东则接汉，阸以玉门、阳关，西则限以葱岭……西域诸国大率土著，有城郭田畜，与匈奴、乌孙异俗……”由《汉书》的记载看，两汉时期的西域，当指西汉宣帝神爵二年（前60）置西域都护府所辖的范围，即大致指玉门关、阳关以西，葱岭以东，包括乌孙、大宛、楼兰、婼羌、于阗、莎车、疏勒、龟兹等国在内的天山南北地区。它们大多都有“随畜逐水草，不田作”和“地沙卤，少田，寄田仰谷旁国……民随畜牧逐水草，有驴马，多橐驼”的特点，同时也有“多雨，寒。山多松樠。不田作种树，随畜逐水草，与匈奴同俗”的乌孙国存在。而《汉书》所记的区域，也正是今新疆天山南北路，包括今塔里木盆地、准噶尔盆地等在内的广大区域。现代环境调查资料显示，塔里木盆地的中心为塔克拉玛干大沙漠，属于暖温带干旱荒漠区：塔里木盆地无霜期180—270天，年降水量20—70毫米，年蒸发量2000—3000毫米。位于塔里木盆地中心的塔克拉玛干沙漠面积33.7×10^4千米，是我国第一大沙漠，它以流动风沙土为主，其面积占整个沙漠面积的85%，固定、半固定风沙土多分布于沙漠的边缘地带及深入沙漠的河流两端②。

---

① 熊铁基：《秦汉军事制度史》，广西人民出版社，1990年。

② 季方、樊自立、赵贵海：《新疆两大沙漠风沙土土壤理化特性对比分析》，《干旱区研究》，1995年第1期。

关于两汉时期的气候问题,竺可桢《中国近五千年来气候变迁的初步研究》一文有所涉及。他认为,北半球气候在"东汉时期即公元之初,我国天气有趋于寒冷的趋势"①。然台湾学者刘昭民认为,从西汉末至隋初(即汉成帝建始四年至隋文帝开皇二十年,前29—600),"气候转寒旱,为中国历史上第二个小冰河期",反映"在史书记载中只有大寒大雪及大旱之记录,而无'冬无雪'、'夏大燠',或'冬暖无冰'等之记载,可见当时气候寒旱之甚"②。笔者据《汉书》及《后汉书》的记载认为,从汉"文景之治"后,实际上恶劣气候变化之现象屡见于史籍。如《汉书·五行志》中之下记载"文帝四年六月,大雨雪……武帝元光四年四月,陨霜杀草木……武帝元狩元年十二月,大雨雪,民多冻死……元鼎二年三月,雪,平地厚五尺……元鼎三年三月水冰,四月雨雪,关东十余郡人相食……元帝建昭二年十一月,齐、楚地大雪,深五尺……建昭四年三月,雨雪,燕多死……阳朔四年四月,雨雪,燕雀死……元帝永光元年三月,陨霜杀桑;九月二日,陨霜杀稼,天下大饥",等等。又《后汉书·襄楷传》亦记,桓帝延熹九年(166)"其冬大寒,杀鸟兽,害鱼鳖,城傍竹柏之叶有伤枯者"。又《后汉书·五行志·大寒》记"灵帝光和六年冬,大寒,北海、东莱、琅邪井中冰厚尺余。……献帝初平四年六月,寒风如冬时",说明西汉中期以后至东汉时期的气候确实处于经常性的波动之中,确有渐趋寒冷的过程。以上记载,虽多指中原地区的气候变化,但从中国北半球气候的连动效应看,当时中原地区气候的变动,必然是北方及西北地区气候先行变动的直接后果。所以,与北方原匈奴、鲜卑、羯、氐、羌等各北方少数民族纷纷内迁中原相对应,西域地区某些小国也会因为环境的变迁、河流的改道、河水径流的减少而迫使绿洲退化,绿洲国家逐渐析分或消亡。一个最好的例子就是古楼兰国就是在这一时期彻底消亡的。又如20世纪90年代考古工作者利用卫星图片对克里雅河流域进行了全面的地形地貌研究:在最早的克里雅河尾闾、现已荒无人烟的地带,发现了一座早于战国时期的古代城市和墓葬群。将于阗喀拉墩遗址内的沙漠微粒进行电镜分析后,发现有关沙粒并非传统意义上的风沙堆积,而是由水搬运过来的沉积物③,说明早在战国时期之前,水资源远较今天丰沛。再如,完成于20世纪80年代后期的天山南麓中部和静县察吾沟墓地的发掘,共发掘墓葬600座,出土文物5000余件。该墓群反映的时代从公元前1000年到两汉时期的以游牧经济为主与部分农业经济相结合的社会生活模式④。同时,从这些墓葬群中大量木棺墓的出现,亦反映出当地有着比较丰富的森林资源。

---

① 竺可桢:《中国近五千年来气候变迁的初步研究》,《中国科学》,1973年第2期。

② 刘昭民:《中国历史上气候之变迁》,台湾商务印书馆,1982年。

③ 新疆文物考古研究所、新疆维吾尔自治区博物馆:《新疆文物考古新收获(1990—1996)》,新疆美术摄影出版社,1997年。

④ 新疆文物考古研究所、新疆维吾尔自治区博物馆:《新疆文物考古新收获(1990—1996)》,新疆美术摄影出版社,1997年。

新疆的地层资料、冰川进退、孢粉分析和碳14鉴定等的研究成果表明，新疆全新世晚期（距今约2500年）以温干为主①。1901年斯坦因在尼雅河下游以北处发现废弃的文书中有晋武帝太始五年（269）的年号，文书中常记"对当地官吏士卒减少口粮的命令。有当地不能自给的困难"；又古楼兰城所出土的佉卢文书反映，约在4世纪时，出现了严重的用水紧张、口粮减少、种子不能入地、耕地面积缩小、粮价飞涨等一系列问题②。结合1951—1980年新疆降水的情况、今新疆大量新石器文化遗址的分布和对于阗喀拉墩遗址及和静县察吾沟墓葬群发掘的结果以及与竺可桢先生所论相对照来看，在距今约8000—2500年的"仰韶温暖期"，西域地区气候远较今天温暖，雨水较为丰沛，森林分布较广，且这一时期可能延续到西汉中期。但之后必定会随着北半球变冷及变旱过程而有所变化。具体而言，在新疆封闭和多沙漠、戈壁的特殊地理环境中，西汉中期以后的东汉、三国、两晋时期为温暖而干旱的气候，必定会出现温度持续升高，干旱事件增多，绿洲面积缩小，大的城邦国家走向分裂与消亡的历程。关于这一点，从《史记·大宛列传》和《汉书·西域传上》所记"西域诸国大率土著，有城郭田畜"，但到西汉武帝通西域时，由"本三十六国"，到"其后稍分至五十余"的历程，即可很好地印证之。③

其次，两汉时期在今河西走廊所设置的河西四郡，在中西"陆上丝绸之路"中地位重大。20世纪30年代和70年代，在河西四郡中的张掖郡下的居延地区发现了近3万多枚简牍，曾轰动史坛。古居延位于今内蒙古自治区阿拉善盟管辖的阿拉善高原荒漠地带，汉代隶属张掖郡；而张掖是武帝打败居于河西走廊的匈奴浑邪王后，于元鼎六年（前111）之后相继设置的管辖匈奴故地的河西四郡之一。

关于汉代居延的古地理环境状况，《文献通考·舆地考八》"甘州"条记载"《禹贡》曰'导弱水，至于合黎，余波入于流沙'即此地也。又黑水之所出焉。春秋及秦，并为狄地。汉初，为匈奴所居，武帝开之，置张掖郡。后汉、魏、晋并同。沮渠蒙逊始都于此"，其下注文称："合黎水、弱水并在张掖县界。其北又有居延泽，即古流沙也。"到宋代时仍有"麝香、野马革、冬柰、枸杞实"等物产，从而说明至少在宋代之前，居延地区既有流沙，又有居延泽的存在；而有贡品"冬柰、枸杞实"的存在，亦说明此地有灌丛存在。然而，两汉时期居延地区，今属于由阿拉善盟管辖的阿拉善高原荒漠地带，气候极度干旱，大部分地区年降水在50毫米左右，蒸发量是降水量的50—100倍，植被以旱生及超旱生的深根、肉质、具刺的灌木和小半灌木为主，其中麻

① 李江风、桑修诚、季元中、陈荣芬：《全新世时期气候》，北京农业出版社，1991年。

② 李江风、桑修诚、季元中、陈荣芬：《全新世时期气候》，北京农业出版社，1991年。

③ 高凯：《从人口性比例失调和疾病状况看汉晋时期西域在佛教东渐中的作用》，《史林》，2008年第6期。

黄、白刺、藜、蕖是其重要的区系成分，属典型的荒漠植被。该区属贫水区，地下水深且矿化度高，地表水主要为祁连山冰雪融水沿黑河水系的弱水流入境内，土壤成土母质粗骨性强，壤质、粘质土极少。pH 值在 7.5—9.1 之间①，土壤盐碱度高，植物生长极为困难。参考古地理学家于 1983 年对内蒙古额济纳旗的汉代烽燧遗址的考察结果，通过在烽燧遗址距地表 30—80 厘米之间地层出土“建平四年(前 3)”和“河平四年(前 25)”的汉简看，可证明该地层是形成于汉哀帝到汉成帝期间的西汉晚期堆积。同时，通过对地层中孢粉的分析，发现西汉晚期的花粉组合中以沼生、水生植物香蒲、眼子菜的花粉占优势(64.4%)，其次是旱生的禾本科。这说明该地区尚有一定偏淡的湖沼，但缺少森林，有中旱生的草本或小灌木，也可能种植禾本科谷物。同时，亦说明额济纳旗地区在汉代的气候较今温暖而湿润一些，周围环境中水源也比较充足。② 由此看汉武帝设张掖郡，置居延塞时，居延还是远较今温暖、湿润，有河流湖泊存在的比较适合人类生产、生活的农牧交错地区。此外，关于两汉时期居延地区的气候条件，还可以参考 20 世纪四五十年代前苏联学者彼斯帕洛夫对蒙古国气候和环境研究的成果。今蒙古国南部的戈壁，即是与汉代居延山川相连的地区，亦正是两汉时期正史中经常提及的“大幕”地区。据 20 世纪四五十年代对该地区的气温、降水的调查情况看，戈壁 7 月绝对最高温度常常达 39℃—40℃。相反，戈壁的冬季最低温度在-35℃左右，远远低于同纬度地区。季节性降水是今蒙古戈壁气候的第二个重要特征：蒙古国南部戈壁的年平均降水不超过 110—130 毫米，夏季降水量最大，且普遍以暴雨的形式下降；春、秋两季较少，冬季最少，只有 4—7 毫米。同时，每年 4—5 月间草木尚未萌发，且北风烈烈，风力常达最大速度。7—8 月为夏季，干燥无风。9—10 月上旬为秋季。10 月中下旬小溪和河流结冰。③ 由此我们不难看出，汉代居延虽有河流、湖泊存在，且比较适合屯戍，但从其与北部毗邻的今蒙古国南部大面积戈壁、荒漠存在的环境特征和干旱、少雨、多风，以及夏季酷热、冬季漫长而寒冷的气候特征看，居延的生存环境十分脆弱，并且不太适合大规模屯戍活动的开展。按照西汉武帝前中原地区气候年均温度较今约高 2℃、冬季温度则高 3℃—5℃的变化规律看④，秦至西汉前期的居延，应较现在温暖、湿润一些，但终不能改变冬季严寒、夏季酷暑、降水少和蒸发量大的气候基本特点。至于中原地区气候公元前 1 世纪至东汉时期北半球气候日趋寒冷之后，居延地区的气候肯定会更加恶劣。

再次，两汉时期在今阴山南北和鄂尔多斯高原及陕北、山西北部的广大地区，也是极为重要的屯垦之处。早在秦灭六国、统一全国以后，秦始皇命蒙恬将 30 万之众

---

① 内蒙古自治区土壤普查办公室、内蒙古自治区土壤肥料工作站：《内蒙古土壤》，北京科学出版社，1994 年。

② 张丕远：《中国历史气候变化》，山东科学技术出版社，1996 年。

③ 彼斯帕罗夫著、方文哲译：《蒙古人民共和国的土壤》，科学出版社，1959 年。

④ 竺可桢：《中国近五千年来气候变迁的初步研究》，《中国科学》，1973 年第 2 期。

北击匈奴,攻取了今乌加河以南的河套地区,并“因河为塞,筑四十四县城临河,徙适戍以充之”。自此,终秦一代,阴山之北的匈奴正如《史记·秦始皇本纪》所言:“不敢南下而牧马,士不敢弯弓而报怨。”秦灭亡后,《史记·匈奴传》记载:“诸侯畔秦,中国扰乱,诸秦所徙適戍边者皆复去,于是匈奴得宽,复稍度河南,与中国界于故塞。”直至武帝元朔二年(前127)收复“河南地”,置朔方、五原郡,才得以恢复秦时旧土。然近有学者根据《张家山汉墓竹简·秩律》考证发现,西汉末年《汉书·地理志》所记载的五原郡属县竟大多在汉朝手中,甚至还包括其最西部的西安阳县。由此,他认为汉武帝所收河南地,只相当于《汉志》朔方郡而已。①

据《史记·匈奴传》记载,从秦末到汉初,匈奴一直是由冒顿单于统治着,不仅迅速征服了东胡,向西赶走月氏,平定了楼兰、乌孙、乌揭,稍后向北收服了浑庾、屈射、丁灵、鬲昆、薪犁之国,向南吞并楼烦和白羊河南王,还收复了秦将蒙恬“所夺匈奴地与汉关故河南塞,至朝那、肤施”,拥有“控弦之士三十余万”,形成“东接秽貉、朝鲜”,西至西域,南与汉朝对峙的匈奴帝国。而汉朝在高祖七年(前200)与匈奴经历了白登山之役后,确定了对匈奴的“和亲”政策,直至武帝元光六年(前129)开始大规模反击匈奴的战争为止。元朔二年(前127),汉朝夺回“河南地”,并建朔方和五原二郡。据《汉书·武帝纪》记载,其时“募民徙朔方十万口”以加强防务,自此,今河套南北尽入汉朝。接着在元朔五年(前124)、元朔六年(前123)、元狩二年(前121)、元狩四年(前119)均大举进攻和大败匈奴,从此,不仅自河西走廊到今新疆罗布泊一带再无匈奴的踪迹,而且匈奴伊稚斜单于不得不放弃漠南而远徙漠北地区。关于这一点,正如《史记·匈奴传》所记,“是后匈奴远遁,幕南无王庭。汉度河自朔方以西至令居,往往通渠置田,官吏卒五六万人,稍蚕食。地接匈奴以北”。汉武帝中期至其后的昭、宣两帝之时,汉朝与匈奴之战多发生在西域地区,尤其是宣帝本始二年(前72)联合乌孙,大败匈奴,使匈奴走上衰亡的道路。宣帝五凤四年(前54),匈奴第一次分裂。汉元帝初元二年(前47),呼韩邪单于北迁原单于王庭后,汉匈和平相处40余年。王莽新朝,汉匈战火又起,边关形势大乱,正如《汉书·匈奴传》下所记:“初,北边自宣帝以来,数世不见烟火之警,人民炽盛,牛马布野。及莽挠乱匈奴,与之构难,边民死亡系获,又十二部兵久屯而不出,吏士罢弊。数年之间,北边虚空,野有暴骨矣。”进入东汉后,匈奴于光武帝建武二十四年(48)再次分裂成南北匈奴。建武二十六年(50),汉光武帝更将从今陇东经陕西、内蒙、山西到河北的沿长城内外的五原、云中、定襄、朔方、雁门、上谷、代、北地等沿边八郡划入南匈奴单于统治的区域,以利于南匈奴安置军民,并有效地防御北匈奴。同时,为彻底解决北匈奴问题,东汉王朝在明帝永平十六年(73)、章帝建初元年(76)、和帝永元元年(89)等年间,利用北匈奴的饥荒和内乱之机,多次发动大规模的军事进攻。至和帝永元三年(91),汉军出居延塞再攻北匈奴。《后汉书·和帝纪》记载:“围北单于于金微山,大

---

① 周振鹤:《〈二年律令·秩律〉的历史地理意义》,《学术月刊》,2003年第1期。

破之。北单于逃走,不知所在。”北匈奴至此彻底灭亡,并宣告“在中国大漠南北活跃了300多年的匈奴政权退出了历史舞台”①。

从以上匈奴的主要活动区域来看,是以鄂尔多斯高原为中心的广大区域。而通过考古发现来看,鄂尔多斯高原发现的萨拉乌苏文化,是旧石器晚期我国北方的代表性文化,距今有6万年—3.5万年。根据对出土动物化石的分析,反映出当时有32种哺乳动物栖息在这里,其中生活于森林草原的占39%,生活于草原的占33%,生活于荒漠草原的占32%,一般见于森林、荒漠的只占6%。可见萨拉乌苏文化中存在动物群,反映出当时是以草原、森林草原为主,间有森林或荒漠草原的自然环境。另外,作为地理过渡带,萨拉乌苏动物群中既有喜湿热的诺氏象,湿润环境中生活的王氏水牛、原始牛,又有喜冷的蒙古野马、野驴存在,另外还有11种水鸟化石,说明这里曾有过相当面积的湖泊。由此,从上述本区的动物化石看,该区域内曾有过明显的森林草原、灌丛草原、草原、荒漠的交替变化过程,而且这一过程与孢粉分析的结果完全一致。② 又如1974年在鄂尔多斯东部发现的朱开沟遗址,相当于中原龙山文化晚期,距今3800年左右,已进入青铜器时代。根据对朱开沟遗址各地层的孢粉分析,可发现朱开沟文化所处环境,最早是以灌木、草本植物为多,年降水量在600毫米以上的森林草原景观。通过对该期出土的动物骸骨的统计,发现家猪的数量远远多于牛、羊,说明当时原始农业已占主导地位。同时,还发现朱开沟文化第二、三期,乔木减少,聚落环境以灌木、草本植物为主,年降水量在450—600毫米之间,气候较前略干、冷,属于灌木草原景观。至第五期时,聚落环境中的木本植物以耐寒的松、杉针叶树为主,草本植物以耐干旱的蒿、藜植物为多,说明气温继续下降,已接近典型的草原景观。③

最后,通过对第四、五期出土的动物骸骨的统计,发现殉葬的猪、羊下颌骨明显减少,说明该时期社会经济水平下降,畜牧业呈上升趋势。④ 随着气候的逐渐下降,在距今3000年左右,鄂尔多斯的年平均气温降至了0℃左右。⑤ 而正是因为鄂尔多斯的气温下降,才迫使原来依赖水草资源来从事半农半牧经济的北方民族开始南下,并由此迫使先商文化逐渐向东退缩,以致最终退出了关中地区。⑥ 这些南下的

① 邹逸麟:《中国历史地理概述》(修订版),上海教育出版社,1995年。

② 史培军:《地理环境演变研究的理论与实践——鄂尔多斯地区第四纪以来地理环境演变研究》,北京科学出版社,1991年。

③ 郭素新:《再论鄂尔多斯式青铜器的渊源》,《内蒙古文物考古》,1993年(1、2合刊)。

④ 黄蕴平:《内蒙古朱开沟遗址兽骨的鉴定与研究》,《考古学报》,1996年第4期。

⑤ 张兰生:《中国北方农牧交错带(鄂尔多斯地区)全新世环境演变及预测》,张兰生等著《中国北方农牧交错带全新世环境演变及预测》,北京地质出版社,1992年。

⑥ 孙华:《关中商代诸遗址的新认识——壹家堡遗址发掘的意义》,《考古》,1993年第1期。

北方民族正是前文所论及的鬼方、混夷、獯鬻等匈奴的祖先。同时,在邻近内蒙古西部、西南部的甘肃、宁夏等地也发现了大量的新石器时代遗址、青铜器文化遗址,如青海柳湾墓葬、青海民和阳山墓葬、甘肃永昌鸳鸯池新时代墓葬和属于青铜器时代的甘肃永昌沙井文化墓葬、宁夏彭堡于家庄墓葬等“西戎文化”系列的考古发掘的成果证明,5000—2000年之前,甘肃、青海、宁夏等地都曾出现过较今温暖、湿润的气候,从而为先民由狩猎经济、半农半牧经济、游牧经济向农业定居经济的发展提供了基本的条件。而具体到两汉时期上述区域的气候,肯定也会随中原地区气候恶化的趋势而有所变化。由此我们不难看出,上述地区作为内陆性地带,不仅纬度高、气温低、降水少、风力大,而且地面土壤为风积物沙土,且分布广泛。按照西汉武帝前中原地区气候年均温度较今约高2℃、冬季温度则高3℃—5℃的变化规律看,秦至西汉前期的匈奴漠北地区,应该较现在温暖、湿润一些,但终不能改变冬季严寒、夏季酷暑、降水少和蒸发量大的气候基本特点。至于中原地区气候在公元前1世纪趋于寒冷之后,匈奴所据漠北地区的气候肯定更加恶劣,加之蒙古高原连年蝗灾,赤地千里,最终两次引发匈奴的大分裂。

总之,两汉时期广布在今西北地区的边关屯戍点,都分布在远离海洋,干燥、寒冷、多风、高蒸发量、积温低、植物生长期短,同时又严重缺少地表径流的半干旱地区。那么,在汉代中期北半球气候变冷变干的气候变化的大环境下,两汉时期这些大规模的西北屯戍活动,又会带来怎样的后果呢?

三、两汉时期边关屯戍对当地环境的破坏及影响

两汉时期边关屯戍制度和行为方式对当地环境造成了十分严重的破坏,同时也造成了极为恶劣的影响。这些破坏和影响大致表现在以下几个方面。

首先,从居延汉简反映的情况看,当时戍卒的日常工作就是“画沙中天田”,即将土壤中本来生长着的草类和灌丛拔去,沿着汉匈边境开辟一条平坦、开阔的细沙地,以观察人类或动物过往边界的痕迹。而如上所述,古居延是高纬度、干旱、少雨、高蒸发的半干旱干旱地区,土壤多为风积物、湖泊沉积物,土壤盐碱度高,植物极难生长,而两汉时期戍卒这种“画沙中天田”的方式,本身就是一种对当地生态环境极为恶劣的破坏。现代农业的实验表明:草地退化意味着植被和土地退化,由此必然会引发生态环境的恶化;植被一旦被破坏,土壤侵蚀随即就会发生。一般来说,土壤侵蚀可分为水蚀和风蚀两种类型。水蚀是由降水和地表径流造成的,风蚀则与气候干旱、缺少植被保护和风速大及大风日数密切相关。汉代居延所在的阿拉善高原,现当代牧区年降水仅40—150毫米,主要集中在7、8、9三个月,且冬春大风日数可达70—80天,环境本身就已经十分恶劣。所以,植被一旦破坏,土壤在风力和水力等作

用下,必然发生严重的侵蚀。① 而土壤发生严重的侵蚀,即意味着富含有机质、土壤肥力和较低 pH 值的土壤表层的丧失,其结果必然是当地生存环境的继续恶化。尤其是西汉中期以后,北半球气候日趋转寒转干,也使得此后该地区在东汉时期汉兵撤入内地后的很长时间里,植被都难以复原,沙漠活动频繁,沙漠面积也迅速加大。

其次,两汉时期在西北各地的屯田活动,极大地改变了西北地区的地形、地貌,从而为唐宋以后黄河中下游地区文明的衰退埋下了伏笔。

据《汉书·匈奴传》下记载侯应说秦汉之际,在今内蒙古阴山南北“东西千余里,草木茂盛,多禽兽,本冒顿单于依阻其中,治作弓矢,来出为寇,是其苑囿也”;但在汉武帝发动对匈战争,“斥夺此地,攘之于幕北。建塞徼,起亭隧,筑外城,设屯戍,以守之,然后边境得用少安。幕北地平,少草木,多大沙,匈奴来寇,少所蔽隐,从塞以南,径深山谷,往来差难。边长老言匈奴失阴山之后,过之未尝不哭也”。由此看秦汉时期“幕北”地区亦如现代一样,是“少草木,多大沙”的贫瘠之地,但阴山之南及鄂尔多斯高原气候、植被条件却要远较现代优越。同时,通过检阅两汉时期的传世文献,不难发现当时沙漠皆在“幕北”,即阴山以北地区;而河套平原与鄂尔多斯高原地区,则因土地肥饶,多水草,成为秦汉王朝与匈奴往来争夺的地带。不仅秦、西汉两朝曾多次向上述地区及黄土高原丘陵山原地区移民,大兴屯垦,而且匈奴骑兵也不时南下骚乱,往来驰驱,从未见到有沙漠存在的记载。同时,按照汉武帝中期以前中原地区气候年均温度较今约高 2℃、冬季温度则高 3℃—5℃ 的变化规律看,阴山南北及鄂尔多斯高原年平均气温和降水量较今要高。如杭爱旗东南的桃红拉巴、准格尔旗南瓦尔吐沟等地发掘的匈奴墓葬证明当时当地有相当面积的森林分布。②从秦始皇收复今乌加河以南的“河南地”到汉武帝时期再次从匈奴手中“斥夺此地”后,便在阴山之南及鄂尔多斯高原大力发展农业生产,但直到十六国时期大夏国在今毛乌素沙地南缘建都统万城(413)时,这里具有如《元和郡县志》卷 4“夏州朔方县”条所记载的“临广泽而带清流”的优美生存环境。③ 相关学者对十六国时期统万城城墙中所保存的原木和城墙筑土中所含孢粉样品进行科学分析的结果亦表明,“统万城营建之时,其周围地区的植被组成丰富,以草本和灌木为主……同时还有松、桦、桤、胡桃、椴树、榆等乔木”;同时,通过“对城墙土中 22 个种子植物科属的花粉进行共存分析的结果表明,当时统万城年均温 7.8℃—9.3℃……年降水量 403.4—550 毫米……这些气候特征与现在统万城地区……相比,表明当时统万城年均温比

① 许志信、李永强:《草地退化与水土流失》,万方数据库,中国国际草业发展大会暨中国草原学年会第六次代表大会论文,2000 年。

② 史念海:《两千三百年来鄂尔多斯高原和河套平原农林牧地区的分布及其变迁》,《北京师范大学学报》,1980 年第 6 期。

③ 侯仁之:《从红柳河上的古城废墟看毛乌素沙地之变迁》,《文物》,1973 年第 1 期。

今天高出0.2℃—0.7℃，年降水量比今天高出50—100毫米，气候较为温暖湿润”①，从而说明虽有秦汉以来几百年的开垦种植、放牧、砍伐和战争破坏，又有西汉至东汉三国两晋时期气候转凉、转干的变化大环境，但同样是沙地草原的鄂尔多斯高原地区②，其自然条件仍远较今天优越。更为沉重的是在上述这些地区，两汉时期这种大规模的屯垦制度得以流传下来，不仅隋唐、北宋如此，明清时期更是如此。更有甚者，在宋、金、西夏对峙时期和明代，为了廓清视野，甚至将从陕北、吕梁山到陇东的广大区域内的树木砍光，以致地面植被损失殆尽。黄河流经此地，加之当地降水多在7—8月以暴雨形式出现，以致黄河每年都要携带至少16亿吨泥沙流入黄河下游地区，从而造就了历史上黄河下游善徙、善溃、善变的特点。据邹逸麟先生研究：“从新石器时代以降至12世纪20年代（宋金之际），黄河下游绝大部分时间流经太行山以东、泰山山脉以北的河北平原上，由渤海湾西岸入海。12世纪开始河道离开河北平原，东南流经黄淮平原合淮入海，前后约700余年。先是流经黄淮平原北部，以后逐渐南摆，至13世纪已达到豫西山地东缘，至此黄河下游河道在华北平原扫了一遍。16世纪中叶，黄河大致固定在今废黄河一线。19世纪中叶，又折而东北流，至渤海湾西岸入海。”③由此在黄淮海平原上至少留下数十条黄河泛道的痕迹。由于黄河河水富含泥沙，几乎每条黄河河道在废弃之后，都会以地上河的形式存在；而高高的河床在一望无际的大平原绵延着，从而严重影响了黄淮海平原的地理面貌。黄河的善变、善溃、善徙特点，不仅使得原有的良田变为沙荒，洼地沦为湖沼，沃土化为盐碱，生产遭受到破坏，而且，泥沙还淤塞了河流，填平了数以百计的湖泊，扰乱了平原上原有的水系，破坏了平原上诸如漕运、灌溉等人工水利工程设施，同时还提高了后代兴修水利、改造盐碱地和沙地的成本和难度。正因为从新石器时代到明清及近代的四五千年间，黄河下游河道至少在宋金之际和19世纪中叶，在黄淮海平原上由北向南、由南向北肆虐地扫了两遍；加之宋元明清时期我国古气候变得寒冷，降水量减少，使河水径流量缩减，所以，自宋元以后，黄淮海平原之上水稻种植面积迅速萎缩，再也没有达到汉唐时期的水平。

最后，从两汉时期西北边关屯戍点所出土的简牍的材质看，两汉时期西北边关大量使用当地所产树种来制作简牍，加剧了对当地生态环境的破坏。

从两汉时期西北屯戍点的考古发掘情况看，西北地区所出土简牍绝大多数为木

---

① 孙同兴、侯甬坚等：《统万城历史自然景观重建及毛乌素沙漠迁移速率的探讨》，陕西师范大学西北环发中心著《统万城遗址综合研究》，三秦出版社，2004年。

② 侯甬坚：《统万城遗址：环境变迁实例研究》，陕西师范大学西北环发中心著《统万城遗址综合研究》，三秦出版社，2004年。

③ 邹逸麟：《中国历史地理概述》，福建人民出版社，1999年；邹逸麟：《黄河下游河道变迁及其影响概述》，《复旦大学学报》（历史地理专辑），1980年；邹逸麟：《椿庐史地论稿》，天津古籍出版社，2005年。

简及木牍;而且,这些木简及木牍的材质多是生长在今干旱、半干旱地区的柽柳、红松、胡杨、云杉等。夏鼐先生生前曾请人对敦煌汉简的材质做过鉴定:敦煌汉简的材质最多的是青杆,别名杆儿松,属云杉之属;其二为毛白杨;其三为柽柳,又名红柳。[①]斯坦因所获敦煌简的材质也是以白杨木、柽柳为主。甘肃文研所对敦煌马圈湾汉简的材质鉴定后发现马圈湾汉简绝大多数为木简,而且这些木简以柽柳为主,占54.1%;其次为杆儿松,占31.4%;再次为胡杨,占13.1%;竹简仅16枚,占1.3%[②]。何双全研究居延汉简的材质后发现,破城子汉简有红松、胡杨、红柳等,其中以松木为主,胡杨次之,红柳又次之[③]。此外,《居延新简》中的"出钱二百,买木一,长八尺五寸,大四韦,以治罢卒籍",还有长三丈、大三韦的记载,也都说明了木材在居延屯戍中大量使用的情况。从今天这些树种的分布看,柽柳、胡杨只生长在新疆塔里木盆地和内蒙古阿拉善高原地区中的湖泊及内陆河两岸;而红松及云杉,只生长在天山之上海拔1000—1500米较为湿润的迎风坡上。从两汉时期西北边关屯戍点大量发现木简及木牍的情况看,当时木材的采伐量极大。且有大量的木简材料毁坏于当时及其后的1000多年间。可见西北边关屯戍点书写材料大量使用木材,也是对西北边地环境的极大破坏。

综上所述,由于两汉时期大量屯戍点位于今新疆、甘肃、宁夏、内蒙古等广大的远离海洋、干燥、寒冷、多风、高蒸发量、积温低、植物生长期短的西北地区,同时又是严重缺少地表径流的半干旱干旱地区,在汉代中期北半球气候变冷变干的气候变化的大环境下,汉代大规模的西北屯戍活动,如大量开"天田"、垦荒土、用简牍等活动,不仅破坏了西北地区珍贵的植被系统,加剧了上述地区草原化、荒漠化进程,造成了汉代中期以后西北地区的气候条件与生存环境日趋衰退的后果,而且也使得黄河中下游地区河水的泥沙量加大、河道变迁加剧,从而严重影响了黄河中下游社会经济、文化的发展。

(本文最早发表在2008年5月9—11日北京大葆台博物馆和北京市文物局举办的"汉文化与汉代考古国际学术讨论会"上,后又刊行于《学术研究》第10期,并被《中国社会科学文摘》摘要;刊发时论文署名作者是高凯、张丽霞、高翔三人,因烦琐,故删之,特说明)

---

① 夏鼐:《夏鼐文集》,社会科学出版社,2000年。
② 《敦煌汉简·附录》,中华书局,1991年。
③ 何双全:《双玉兰堂文集》,兰台出版社(台北),2001年。

《二年律令》与汉代女性权益保护

据李学勤等专家对张家山汉简《二年律令》的分析，这里的“二年”应为“吕后二年”，即公元前186年。而就在这部距今2188年的汉代“律令”中，我们可以找到若干汉代女子充当户主、女子可以继承夫爵、子爵和财产等法律条文。因而，在没有新的考古发现之前，我们可以把《二年律令》视为中国历史上第一部涉及保护女性权益的成文法。

首先，在《二年律令》中有女子可以充当户主的法律依据。如《二年律令·户律》规定：“民大父母、父母、子、孙、同产，欲相分予奴婢、马牛羊、它财物者，皆许之，辄为定籍。孙为户，与大父母居，养之不善，令孙且外居……孙死，其母而代为户。令毋敢逐夫父母及入赘，及道外取其子财。”从这一法律条文看，汉代明确规定了男户主死后，其“大父母、父母”可继承和分享他的“奴婢、马牛羊、它财物”；在作为户主的儿子死亡后，其母亦可“代为户主”。这一规定从法律上确立了女性（祖母、母亲）在男户主死亡之后的正当权益。

其次，在《二年律令》的《置后律》中，“女子”的继承权问题和立户条件也有详细的法律依据。如：“□□□□为县官有为也，以其故死若伤二旬中死，皆为死事者，令子男袭其爵，毋爵者，其后为公士。毋子男以女，毋女以父，毋父以母，毋母以男同产，毋男同产以女同产，毋女同产以妻。诸死事当置后，毋父母、妻子、同产者，以大父，毋大父以大母与同居数者。”从这一法律条文看，汉代已明确规定因公受伤致死的男性，可以“令子男袭其爵”并继立为户主，在没有子男、父亲、祖父、男同产的情况下,女儿、母亲、女同产、妻子和祖母可以依次享有继承爵位、充当户主的权利。

再次,关于尚未出嫁的女户主,在出嫁后如何恢复对原有财产的控制和恢复其户主身份,《二年律令》中的《置后律》也有相关的法律规定。如:“女子为父母后而出嫁者,令夫以妻田宅盈其田宅;宅不比,弗得。其弃妻,及夫死,妻得复取以为户。弃妻,畀之其财。”以这条简文看,汉代已明确规定,凡因父母死亡而继承户主的女性在出嫁时,其田宅可以纳入丈夫的田宅范围,但如果两者的宅舍不是比邻,则妻子的宅院不能纳入丈夫的家中;如果该女子被遗弃,那么,她便可以在丈夫死亡之后,重新索回自己的田宅、财产,并且重新获得户主地位。

最后,关于丈夫死亡、由寡妇继立成为户主后,如何享有田宅和爵位的问题,《二年律令·置后律》也有明确规定。如:“寡为户后,予田宅,比子为后者爵。”再结合“女子比其夫爵”的简文就可认定,在汉初,如果寡妇继立为户主和继承人,国家按律授予田宅,并且可以比照以子男继承亡父户主和爵位的相关权益。

结合 1999 年 9 月文物出版社出版的长沙走马楼吴简所反映的相关材料看,以女子为户主的现象在孙吴初期的长沙郡临湘侯国中亦存在。所以,从历史的延续性规律来看,西汉初年到三国孙吴初年的 400 多年里,出现汉初保护“女子”继承权及家庭控制权方面的严密法规与孙吴时期“女户”的存在,都不是历史的偶然,它充分说明“女户”现象实际上是汉魏时期长期存在的社会问题。在经历几十年战乱之后,汉初社会不仅存在着大量的以女子为户主的“女户”现象的可能性,而且也正是这些可能性的存在,为汉代国家制定相关法律条文提供了必要的社会基础。所以,汉初国家之所以在严禁“为人妻者不得为户”的律令条件下,能够制定出详细的法律法规来严格保护寡妇、女儿、母亲、女同产和祖母在财产继承权和家庭控制权方面的权益,并不是偶然的历史现象,而是顺应汉代社会时代要求所采取的措施。

(本文刊发于《光明日报·理论周刊·历史》2002 年 11 月 2 日。关于汉代的“女户”问题,日本学者西嶋定生早在 20 世纪 60 年代即从传世文献的角度研究过此问题,国内学者于琨琦在 1999 年亦从传世文献的角度发表了他的研究成果。而本文则是以张家山汉简《二年律令》的材料来研究汉代“女户”问题的第一篇论文)

秦代谪戍岭南商人对中原商业经济意识的传播

关于秦代商人谪戍岭南问题,学者们从文化南播、人口迁移和统一全国的意义等角度谈得较多,但很少关注谪戍岭南的商人在商品经济领域里对秦汉乃至秦汉以后的岭南商品经济和海外贸易的发展中所产生的特殊作用,有鉴于斯,我觉得有必要提出自己浅薄的见解。

秦始皇采取的强制商人谪戍岭南的举措,无意之中对秦汉时期的岭南商业经济和海外贸易的发展产生了极其深远的历史作用:它不仅使得自战国以来中原地区积淀已久的丰富的商业经济思想得以在岭南地区发扬光大,而且也使得岭南出现了商人这一新的社会阶层;同时,通过这些商人广泛的商业活动,促进了岭南商业经济的萌芽,促进了西汉前期南越国的巩固,也促进了两汉时期岭南商业经济的繁荣、海外贸易的发展和“海上丝绸之路”的初步形成。那么,秦代商人到底属于什么时期的商人?他们谪戍岭南后,又带来了怎样的商业经济意识呢?这些商业经济意识的传播又是怎样促进秦汉时期岭南商业经济发展的呢?下面将分别论述之。

一、秦代商人的商业经济意识

《史记·秦始皇本纪》记载:秦始皇第一次谪戍岭南的举措开始于“三十三年(前214),发诸尝逋亡人、赘婿、贾人略取陆梁地,为桂林、象郡、南海,以谪遣戍”。关于这件事,《汉书·晁错传》亦进一步证实:秦始皇谪戍岭南时征发的对象分别是“先发吏有谪及赘婿、贾人,后以尝有市籍者,又后以大父母、父母尝有市籍者,后入闾取其左";这里晁错列举了7种谪戍岭南的人。同时,结合《史记·淮南衡山列传》所记载的"求女无夫家三万人以为士卒衣补,秦皇可其万五人"的史实和《史记·秦始皇本纪》中记载的"诸逋亡人"看,秦始皇及秦二世时期谪戍岭南的对象共有9种人①。具体分析这9种人,便不难发现秦王朝谪戍岭南的对象就有4种与商人关系极为密切:他们或本身是商人,或曾经是商人,或其祖父母及父母是商人。众所周知,秦自商鞅变法以来便实行了重农轻商的政策,如禁止商人经营粮食买卖、加重关市之赋、加重商人劳役负担等一系列措施。到秦始皇执政时期,商人地位进一步下降:不仅商人、祖父母是商人、父母是商人者统统都要列入被称作"市籍"的特殊户籍,而且其社会地位等同于社会上身份卑贱的囚徒,是秦王朝强制迁徙边远地区的对象。秦王政虽然在位37年,但秦王朝仅仅存世15年,则由此看秦王朝"大父母""父母"有市籍者及商人有市籍者本人都应该是战国时期的人。而从诸多史籍所反映的情况来看,战国时期不仅是商业经济空前繁荣的时期,而且也是中国历史上商业经济意识得以强化的重要时期,试想,在这样一个动荡不安、充满各种竞争的历史时期生活过、在许多商业战场拼杀过、有过非凡商业经历和获得丰厚回报的战国商人阶层,能够不在各自的商业意识里深深地刻下时代的烙印吗?! 那么,到底战国时期商品经济繁荣到何种程度? 又有怎样颇具时代特色的商品经济思想呢? 我们不妨来看一看:

首先,战国时期商业经济的繁荣表现在商业性城市的大量涌现和以盐铁工商业主为中心的奴隶主商人集团的形成上。

战国时期涌现了许多的商业性城市,如"燕之涿、蓟,赵之邯郸,魏之温、轵,韩之荥阳,齐之临淄,楚之宛、陈,郑之阳翟,三川之二周,富冠海内,皆为大卜名都"②。此外还涌现出了诸如齐国的即墨、安阳、薛,赵国的蔺、离石,魏国的大梁、安邑,韩国的郑、屯留、长子,楚国的寿春,越国的吴,宋国的定陶,卫国的濮阳,秦国的咸阳、雍、栎阳等几十个有名的商业性城市③。在这些城市中,以宋国的定陶最为繁荣,它东北临商业发达的濮阳,东接鲁、齐两国,西邻韩、魏两国,是中原水陆交通的中心和"货物所交易"的"天下之中"。范蠡就曾在此"三致千金"④。虽然,在上述这些商业性城市中店铺林立,有"鬻金者之所"⑤,有"悬帜甚高"的"酤酒者"⑥,有专门卖履

---

① 高凯:《从性比例失调看南越国的建立与巩固》,《佗城开基客安家》文集,中国华侨出版社,1997年。

② 《盐铁论》。

③ 杨宽:《战国史》,上海人民出版社,1980年。

④ 《史记·货殖列传》。

⑤ 《吕氏春秋·去宥》。

⑥ 《韩非子·外储说》。

的[①],有"贩茅者"[②],有"积兔满市"的卖兔者等[③]。但是,作为真正拥有雄厚经济实力、使用大量奴隶劳动、具有明显奴隶主阶级性质的大工商业主,还是以盐、铁的冶铸和销售为主要手段,"结驷连骑,束帛之币以聘享诸侯,所至,国君无不分庭与之抗礼"的盐铁工商业商人集团[④]。关于这一点,司马迁《史记》的相关记载可以有力地证明之。《史记·货殖列传》记载的战国时期的大工商业商人有八九人之多,他们的致富途径可以分为以盐铁冶铸致富、以屯积粮食致富、以擅长畜牧业致富和以几代人擅长"丹穴"之术致富等四种类型,然而这八九人当中竟有六人是以盐铁冶铸致富,他们分别是鲁国商人猗顿,"用盬盐起";邯郸商人郭纵,"以铁冶成业,与王者埒富";赵国商人卓氏,"用铁冶富";山东商人程郑,"亦冶铸","富埒卓氏";梁国商人孔氏,"用铁冶为业";鲁国商人曹邴氏,"以铁冶起,富至巨万"。由于这些商人集团拥有雄厚的经济实力和鲜明的阶级性,所以,他们往往成为封建统治国家中极不安定的因素。因此,他们之中的主要人物才会成为秦始皇强制迁徙的对象。同时,由于他们迁徙之后仍然与迁徙之前的商人集团的残余势力以及分迁各地商人存在着千丝万缕的政治、经济联系,也由于秦始皇对强制迁徙的盐、铁工商业主没有采取严格的限制,所以,他们很快便在被迁徙当地发展起来,如迁入四川的卓氏,依然是"即铁山鼓铸,运筹策,倾滇蜀之民,富至僮千人。田池射猎之乐,拟于人君";同样迁入四川的程郑"亦冶铸,贾椎髻之民,富埒卓氏"[⑤]。又如迁徙至南阳的孔氏,也在"大鼓铸,规陂池,连车骑,游诸侯"[⑥]。足见,被秦始皇迁徙各地的商人不仅进行着相当规模的工商业经营,而且念念不忘地从事着政治活动。正如《史记》《汉书》等诸多史籍所记载的那样,从秦末农民战争到西汉初年的异姓诸侯王与中央政府对抗再到"七国之乱",几乎每一次历史事件都有盐、铁工商业大商人插手、资助的痕迹。所以,从这一事实分析,不仅秦代迁徙边远地区的商人及其子孙是战国时期的商人阶层的直接延续[⑦],而且也显示出秦代被谪戍商人及商人子孙的极为顽强的生命力和辐射力。

其次,战国时期商品经济的繁荣还表现在商品经济意识的强化上。

众所周知,战国时期商业经济的繁荣,实际早在春秋中后期已奠定了良好的基础,而战国时期商业经济意识的强化,也同样是在春秋中后期所奠定的基础上发展起来的。春秋中后期的各列国涌现了许多对中国历史产生过重大影响的政论家、思

---

① 《韩非子·外储说》。
② 《韩非子·内储说》。
③ 《吕氏春秋·慎势》。
④ 《史记·货殖列传》。
⑤ 《史记·货殖列传》。
⑥ 《史记·货殖列传》。
⑦ 高敏:《试论汉代抑商政策的实质》,《秦汉史论集》,中州书画出版社,1982年。

想家,如孔子、孙子、管子、庄子、商鞅等人,他们的著述中都有多少不等的经济思想,如孔子在《论语》中所宣扬的"君子喻于义,小人喻于利"、"见利思义"和"不义而富且贵,于我如浮云"的思想;荀况在《荀子》中宣扬的"省工贾,众农夫"和打击工商业主并使之最终从社会分工的职业中消失的思想;孙武在《孙子》中阐述的军队与市场供给及市场物价等关系的军事经济学说;商鞅在《商君书》中宣扬的重农抑商的"农战"论思想等。这些思想和言论,大多是在当时商业经济意识强化过程中引发出来的众多反对者的声音。至于直接宣传商业经济意识者为数并不多。管仲在其《管子》中认为:"士、农、工、商四民者,国之石民也。""凡人之情,见利莫能勿就,见害莫能勿避。其商人通贾,倍道兼行,夜以继日,千里而不远者,利在前也……故利之所在,虽千仞之山,无所不上,深渊之下,无所不入焉。"同时,他认为"商无废利",主张大力发展商业,尤其主张发展对外商业活动,为此齐国应该"为诸侯之商立客舍,一乘者有食,二乘者有刍菽,三乘者有伍养……",给予外商以经济上良好待遇;然而,在农业与商业的对等关系问题上,管仲则认为应该以"杀正商贾之利而益农夫之事,则请重粟之价"价格政策达到重农抑商的目的,甚至他设想用"非诚贾不得食贾"的办法取缔奸商伤农现象;还有,《管子》之中的"富民"思想、崇俭思想、货币的轻重思想、"天下下我高"的价格思想以及"币有轨""国有轨"的计划统计思想等,都是春秋时期商业经济思想中的重要组成部分。但是,值得注意的是:以上诸子有关经济方面的思想基本上是从治国安邦和如何更好地维护本国统治阶级统治的角度来阐发的,如《管子》《商君书》等就是很好的例证。关于这一点,正如《韩非子》中所记载的那样:"今境内之民皆言治,藏管、商之法者家有之。"可见其思想流传之广,影响之深。然而,这些思想对如何更好地促进商业经济的蓬勃发展和商人商业资本的极力扩张并没有很直接的关系,那么,春秋时期有没有出现促进商品经济大力发展的商业经济理论出现呢?回答是肯定的。这种理论就是"计然之策"①。据《史记集解》引《范子》称:"计然者,葵丘濮上人,姓辛氏,字文,其先晋之公子。范蠡师事之。"另据《史记·货殖列传》记载,计然之策的中心思想有四条:其一是他的经济循环理论。计然根据自己的观察以为:农作物丰歉规律是"六岁穰,六岁旱,十二岁一大饥",所以,为国者必须有因势利导的清醒认识。其二是他的商业贸易理论。计然以为在了解了农作物丰歉规律的基础上,才能更好地实行"待乏"原则,即所谓"水则资车,旱则资舟",才能达到"积著之理,务完物,无息币"的获取高额利润的目的。其三是他的"平粜法"理论。计然以为在掌握农业丰歉规律的同时,国家应当控制谷价的波动,使其既不伤农,又有利于农产品的流通,即所谓"夫粜,二十病农,九十病末。末病则财不出,农病则草不辟矣。上不过八十,下不减三十,则农末俱利,平粜齐物,关市不乏,治国之道也"。其四是适应市场需要而生产适销对路产品的理论,计然认为"知斗则修备,时用则知物,二者形则万物之情可得而观已",即了解战争的人,知道

① 杨宽:《战国史》,上海人民出版社,1980年。

如何去准备；了解人们生活何时需求什么的人，才算是懂得商品的奥妙，那么，抓住了“时”与“用”，则各种商品销售情况便可预见了。

进入战国时期，在各种商业经济思想的感染下，在“自利”观念的极度膨胀下，战国时期商业经济获得了高速的发展，不仅大量的商业性城市涌现出来，而且商人资本也获得了急剧的扩张。就是在这种形势下，白圭的商业贸易论便应运而生了。据《史记·货殖列传》记载：“白圭，周人也”，主张“乐观时变，故人弃我取，人取我与。夫岁熟取谷，予之丝漆；茧出取帛絮，予之食。太阴在卯，穰；明岁衰恶。至午，旱……欲长钱，取下谷；长石斗，取上种。能薄饮食，忍嗜欲，节衣服，与用事僮仆同苦乐，趋时若猛兽鸷鸟之发。故曰：‘吾治生产，犹伊尹、吕尚之谋，孙吴用兵，商鞅之行法是也。是故其智不足与权变，勇不足以决断，仁不能以取予，强不能有所守，虽欲学吾术，终不告之矣。’”具体分析白圭的商业贸易的致富思想，大致有下面六个层次：其一是白圭商业贸易致富理论的总原则是“乐观时变”；其二是阐述其“人弃我取，人取我与”的具体经营方法；其三是阐述其农业经济循环和注重良种选取的理论；其四是阐述其“忍嗜欲，节衣服，与用事僮仆同苦乐”，以收买人心、获取高额利润的思想；其五是阐述其商场如战场、“趋时若猛兽鸷鸟之发”和“犹伊尹、吕尚之谋，孙吴用兵，商鞅之行法”的思想；其六是阐述其经商的要诀是“智”“勇”“仁”“强”的思想。把白圭的商业贸易思想与春秋中后期出现的“计然之策”相对比来看，两者既存在惊人的相似，又存在严格的区别：首先，一方面计然讲求个人致富的同时，还制定了巩固封建统治“平粜”政策以平抑物价，而白圭讲求的只是个人致富、追求高额商业利润的理论①；同时，白圭和计然都讲到农业经济循环论思想，其表述方式虽然不同，但是其内容与主旨都是相通的②。其次，白圭的“人弃我取，人取我与”思想与计然的“旱则资舟，水则资车”思想基本上相通，所不同是计然注重的是通过商业政策的运作来充实封建国家的财政收入，而白圭则注重的是个人商业致富之术③。其他诸如白圭所宣扬的商业贸易应当讲究智谋、把握机遇和“欲长钱、取下谷”以及“长斗石、取上种”等商业致富思想都是“计然之策”所没有涉及的。这无疑是一种理论上的新突破。

二、秦代商人及子孙谪戍岭南后对商业经济意识的传播及其影响

据《史记·货殖列传》记载，岭南地处“楚越之地，地广人稀，饭稻羹鱼，或火耕而水耨，果隋蠃蛤，不待贾而足，地埶饶食，无饥馑之患，以故呰窳偷生，无积聚而多贫……无冻饿之人，亦无千金之家”，同时，其气候“卑湿”，有“丈夫早夭”现象；另据《汉书·严助传》引淮南王刘安上书称：岭南“林中多蝮蛇猛兽，夏月暑时，呕泄霍乱

① 杨宽：《战国史》，上海人民出版社，1980 年。
② 胡寄窗：《中国经济思想史简编》，中国社会科学出版社，1981 年。
③ 高敏：《范蠡与计然》，《河南社会科学》，1998 年第 1 期。

之病相随属”。据此分析,秦以前岭南地区自然条件不利于人类的生产与生活,不仅其农业经济处于“饭稻羹鱼”“火耕水耨”的落后阶段,而且也根本没有商业经济存在的必要和商业活动存在的痕迹,更没有商人这一社会阶层。但是,自从秦始皇将商人及子孙谪戍岭南后,尤其是兴起于秦汉兴亡之际的南越国建立之后,岭南地区的这一系列落后局面有了一个突变的过程。

首先,秦王朝商人被谪戍岭南以后,尤其是秦末汉初南越国建立以后,岭南地区社会经济出现了突变的局面。这种突变局面除了表现在商人阶层、商业经济的发展和海外贸易的萌芽之外,还大大推动了南越国农业经济的发展,有力地巩固了南越国的统治。

正如拙文《从性比例失调看南越国的建立和巩固》中分析的那样,南越国的建立并不具有天时地利的优势;至于汉初偏安岭南的南越国之所以能够获得发展的重要原因,那是其能够经常不断地从汉越关市贸易中获得维持岭南经济发展所必需的铁制农具、马匹等。然而,吕后当政以后,西汉对南越实施了“别异蛮夷,隔绝器物”①的军事和经济封锁,具体来讲就是“禁绝南越关市金铁田器及马牛羊畜,毋得关以牝”②。这种封锁,给南越国的发展造成了极大的困难。为了生存,南越国唯一的办法就是摆脱西汉中央政府的经济、军事封锁的阴影,在加强内部团结的基础上,积极发展对外贸易。考古发掘的情况和诸多史籍所反映的事实证明,南越国确实有效地采取了这一措施。而在此过程中,秦代被谪戍岭南的商人及其商人子孙发挥了重要的作用。众所周知,汉初亦采取了严格的重农抑商政策,这招致了商人阶层的刻骨仇恨,而南越国的商人就是利用与被秦代强制迁徙四川临邛的商人程郑对西汉政府的共同仇恨心理和商业经济上的固有联系,使南越国摆脱了铁制工具短缺的困境。前引《史记·货殖列传》记载“程郑,山东迁虏也,亦冶铸,贾椎髻之民,富埒卓氏,俱居临邛”。这里的“椎髻之民”,指的就是南越国民。南越国时期,为了团结当地越人,甚至南越国王赵佗亦采用“椎髻”方式结扎头发。关于这一点,东汉人王充在《论衡》中记载:“南越王赵佗,本汉贤人也,化南夷之俗,背叛王制,椎髻箕坐,好之若性。”同时,结合考古发掘岭南地区汉初古墓出土文物的情况看,广州南越王墓出土铁器246件、广西贵具罗泊湾1号汉墓出土铁器25件、平乐银山岭汉初墓群出土铁器有206件,数量、品种之多实属空前。铁器的大量引入和运用,有力地促进了岭南农业经济的发展。据《汉书·两粤传》记载:汉武帝南征吕嘉、建德叛乱时,楼船将军杨仆“破石门,得粤船粟”。可见,其时南越国已有植物粮食取代动物食品的趋势,也从侧面反映了铁器农具广泛使用后岭南农业经济的发展状况。至于南越国海外贸易的萌芽,南越王赵眛墓中所出土文物就更具说服力,《广东考古十年概述》中总结:南越王墓中出土的“一些象牙器、银器及玛瑙、水晶、玻璃珠饰,其质料、工艺风格

① 《汉书·南越传》。
② 梁廷柟:《南越五主传》。

殊于中国,显然为海外所产,这是南越国与海外通商的实证”。另外据《汉书·两粤传》记载:汉武帝平定吕嘉叛乱时,“吕嘉、建德以夜与其属数百人亡入海。伏波又问降者,知嘉所之,遣人追”。这亦可证明当时确有与外界进行联系的固定海道存在。从上面的几个例证看,秦代被谪戍商人及商人子孙利用了同为“迁虏”者的共同的逆反心态,利用了商人唯利是图的本性,并且通过与越人“陆事寡而水事众”地区优势相结合,顺利地开拓了海外贸易的新财路,从而大大地促进了南越国的巩固与发展①。由此也充分证明了秦代谪戍岭南的商人及商人子孙的确是熟练掌握了白圭的商业技能和“乐观时变”的商业原则的成功商人。

其次,通过秦代谪戍岭南的商人及商人子孙的广泛商业活动,促使两汉岭南商业城市出现了一个飞速发展的局面。而商业城市的增多,不仅意味着商业贸易领域的拓展和战国以来所形成的商业经济意识的传播,而且也意味着海外贸易的发展和“海上丝绸之路”萌芽的出现。

据《史记·货殖列传》记载:岭南由于自然条件的特殊性,故其人民“无积聚而多贫”,又由于岭南“地广人稀,饭稻羹鱼”的特点,故其境内“无冻饿之家,亦无千金之家”。但是,岭南这种缺乏“积聚”思想、商业意识和商业经济的落后局面,在秦始皇强制迁徙商人及商人子孙到岭南之后,有了根本的改观。具体体现在以下几个方面:其一,在秦代统一岭南时,岭南尚无商业城市存在,但是,到了汉武帝平灭南越国叛乱时,南越国都——番禺,已是闻名全国的商业性都会,是“珠玑、犀、玳瑁、果、布之凑”商品集散地。随着汉武帝元鼎六年设立合浦郡和商业活动的增加,岭南的合浦、徐闻两地也成为当时对外交通和贸易的商业性港口②。此外,岭南的交趾也是南海诸国“自汉武以来朝贡必由之道”③,《后汉书》亦记载有四次外国来贸易者是在交趾登岸,可见,两汉时期的交趾亦是岭南地区重要的商业性港口④。《史记》记载:从“汉兴,海内为一,开关梁,驰山泽之禁,是以富商大贾周流天下,交易之物莫不通”之后,战国时期商业繁荣的城市在经过十几年的沉寂后,又重新繁荣起来。与战国时期商业城市的分布情况相比较,广大的楚越地区除了吴、宛仍是商业发达的城市外,又增加了江陵、陈、寿春、番禺、交趾、合浦、徐闻等城市。这些城市中的江陵、寿春原是楚国的国都;陈,亦是地处“楚夏之交”的交通要道。只有岭南的番禺、徐闻、合浦、交趾发展的历史最短,而且,在汉武帝实行“杨可告缗”、盐铁官营等重农抑商政策和全国其他许多商业城市出现萎缩的情况下,这四座商业城市的商业贸易仍然有扩张趋势,这不能不与秦代被谪戍岭南商人及商人子孙对战国商业经济意识的传

① 《淮南子·原道训》。

② 《汉书·地理志》。

③ 《旧唐书·地理志》。

④ 周连宽、张荣芳:《汉代我国与东南亚国家的海上交通和贸易关系》,《秦汉史论集》(外三篇),中山大学出版社,1995年。

播和卓越非凡的商业贸易活动有着密切的联系。其二,商业贸易的领域有了相当的拓展。在南越国建立之初,南越国商人的贸易对象主要是西汉中央政府,此后随着高后实行“别异蛮夷,隔绝器物”政策,南越国商人的贸易对象便转向四川地区的秦代“迁虏”——程郑,并与蜀地、夜郎等地建立了稳定的贸易联系。关于这一点,《史记·西南夷列传》亦记载:“建元六年,大行王恢击东越……恢因兵威使番阳令唐蒙风指晓南越。南越食蒙蜀枸酱,蒙问所从来,曰道西北牂柯,牂柯江广数里,出番禺城下。蒙归至长安,问蜀贾人,贾人曰:独蜀出枸酱,多持窃出市夜郎……南越以财务役属夜郎……”此即是证明。同时,南越国商人还开辟了海外贸易的航道。虽然没有史料表明南越商人的贸易对象是海外什么国家的商人,但从南越王墓出土的工艺、质地显系海外所产的象牙器、银器及玛瑙、玻璃制品等器物看,可能南越国商人的商业贸易活动已发展到东南亚地区;南越国灭亡以后,岭南地区商人的贸易范围又有所扩大。《汉书·地理志》明确记载:“自日南障塞徐闻、合浦船行可五月,有都元国;又船行可四月,有邑卢没国;又船行可二十余日,有谌离国;步行可十余日,有夫甘都卢国。自夫甘都卢国船行可二月余,有黄支国,民俗略与珠崖相类。其州广大,户口多,多异物。自武帝以来,皆献见。有译长,属黄门,与应募者俱入海,市明珠、壁流离、奇石、异物,赍黄金、杂缯而往……”从这条史料看:汉代岭南商人的海外贸易活动至少涉及以上5个国家。关于“黄支国”的具体位置所在,中外学者做过许多考证,大体有两种意见:一种认为是印度东海岸,另一种认为还未出东南亚范围。但是不管怎样,都充分证明汉代岭南商人的商业活动范围和商业贸易种类有了实质性的发展。其三,商业经济意识得到了传播和光大。在战国和秦王朝时期,虽然统治阶级生活亦是很奢侈,但其奢侈品多是来自周边各地,如“昆山之玉”“随和之宝”“明月之珠”“太阿之剑”“纤里之马”“翠凤之旗”“灵鼍之鼓”“江南金锡”及“西蜀丹青”等①。进入西汉,来自岭南的“犀、象、玳瑁、珠玑、银、铜、果布”等稀为中原所见的物产②,开始大量进入统治阶级的消费领域,而且,从《三国志·吴书》的记载看,中原统治阶层对这些奢侈品的消费热潮一直延续到曹魏时期。但同时,这些中原统治阶级孜孜以求的珍贵物产和奢侈品,在岭南又都是十分容易获得的东西,所以,自从秦代商人及商人子孙被谪戍岭南后,这些精明的商人便利用中原统治者的精神向往和物质享受的需要,做足了这种异地贸易,且“中国往商贾者多取富焉”③。众所周知,汉代丝织业十分发达,从长沙马王堆一号汉墓发掘和丝织品保存至今的情况看,汉初丝织品的种类“有绢、罗纱、锦、绣、绮等,丝织品的颜色有茶褐、绛红、灰、朱、黄棕、浅黄、青、绿、白等。花纹的制作技术有织、绣、绘等,纹样有各种动物、

---

① 《史记·李斯列传》。
② 《汉书·地理志》。
③ 《汉书·地理志》。

云纹、卷草、变形云纹及菱形几何纹等……”①，种类繁多，精美绝伦！所以，无怪乎汉朝国家精美的丝织品一直备受包括大秦、天竺等西方国家和东南亚国家统治阶级的喜爱，由于这种原因，秦代商人及商人子孙便又利用海外国家对汉朝丝织品的喜爱，开始了通过番禺等岭南商业城市向外输出丝绸并买回中原更为稀见的香料、琉璃等物产的海外商业贸易活动，从而推动了两汉时期“海上丝绸之路”的萌芽和初步发展。从上面岭南商人从岭南向中原输出“犀、象、玳瑁、珠玑、银、铜、果布”等物产和从岭南向海外输出丝织品的商业贸易活动，以及这两种输出形式中的丝织品输出一直延续到唐宋时期的情况看，秦代被谪戍岭南商人及商人子孙的这种“人弃我取，人取我与”的商业手段和“乐观时变”的商业技能，教育和感染了他们之后的岭南地区一代又一代商人。所以，从这种相互影响和商业文化的传播的角度看，秦代被谪戍岭南的商人及商人子孙的成功的商业贸易活动本身就是最好的传播载体。

（刊发于《史学月刊》2000 年第 4 期，曾先在 1998 年 8 月周秦汉唐史国际学术讨论会上公开宣读）

① 《长沙马王堆一号汉墓发掘简报》，文物出版社，1972 年。

从居延汉简看汉代的“女户”问题

居延汉简是属于汉代张掖郡肩水和居延两都尉辖区的行政文书档案,为研究两汉的政治、经济、军事和典章制度等问题,提供了极为珍贵的第一手资料。[①] 自居延汉简公布后,国内外发表了大量的有重要价值的论著。然而,根据居延汉简来研究特定地理环境下土壤微量元素的变化及其与汉代边关戍卒的疾病状况的关系,进而探索其与汉代数量较多的“女户”的关系等问题,都还没有人进行深入的研究。有鉴于此,笔者愿就此提出浅薄的见解,以请教方家。

两汉居延地区和当时中国北方的其他地区一样,既经历了从西汉中期之前比较温暖、湿润的阶段,也经历了之后逐渐趋于寒冷的时期。在这一大的气候变动和社会人为因素的双重作用下,使居延的地理环境发生了巨变。其结果不仅造成当地土壤微量元素有效锌含量减少,而且造成居延边关戍卒疾病和死亡现象增多,进而带来因戍卒死亡而形成的两汉时期“女户”问题。

一、学术史回顾及两汉居延的地理环境概况

目前,学术界利用居延汉简材料来研究汉代边关戍卒的疾病和死亡状况的论著,大致有罗福颐的《祖国最古的医方》[②],陈直的《玺

① 谢桂华、李均明、朱国炤:《居延汉简释文合校》,文物出版社,1987年。

② 罗福颐:《祖国最古的医方》,《文物参考资料》,1956年第9期。

印木简中发现的古代医学史料》[①],张寿仁的《居延汉简、敦煌汉简中所见之病例与药方值》[②],马明达的《汉代居延边塞的医药制度》[③],戴应新的《解放后考古发现的医药资料考述》[④],李均明的《居延汉简中的"病书"牒》[⑤],徐元邦的《居延汉简中所见记吏卒病伤述略》[⑥],张寿仁的《居延汉代医简之证、方、药值再探》[⑦],孙其斌的《居延汉简中的医务制度》[⑧],赵宇明、刘海波的《〈居延汉简甲乙编〉中医药史料》[⑨],高大伦的《居延汉简中所见疾病和疾病文书考述》[⑩],李振宏的《汉代居延屯戍吏卒的医疗卫生状况》[⑪],李戎的《居延汉简医、药、伤、病简文整理研究报告》[⑫],张寿仁的《居延医方略论稿——居延新简》[⑬],孙其斌的《〈居延新简〉中的医药简》[⑭],王子今的《居延汉简所见"戍卒行道物故"现象》[⑮]等,都从不同角度做了相关的研究,取得了许多成果。然而以上学者都没有注意到居延地区的地理环境,尤其是在西汉中期气候变化以后,当地土壤中微量元素的变化对汉代边关士卒生命健康所造成的威胁。同时,疾病造成了屯戍将士的高死亡率,必然形成家庭失去丈夫或儿子造成的"女户"问题。

居延地区位于今内蒙古自治区阿拉善高原荒漠地带,汉代隶属于张掖郡。张掖是汉武帝打败匈奴浑邪王后于元鼎六年相继设置的河西四郡之一。《史记·平准书》云:"初置张掖、酒泉郡,而上郡、朔方、西河、河西开田官,斥塞卒六十万人戍田

---

① 陈直:《玺印木简中发现的古代医学史料》,《科学史集刊》,1958年第1期。

② 张寿仁:《居延汉简、敦煌汉简中所见之病例与药方值》,《简牍学报》,1978年第6期。

③ 马明达:《汉代居延边塞的医药制度》,《甘肃师范大学学报》,1980年第4期。

④ 戴应新:《解放后考古发现的医药资料考述》,《考古》,1983年第2期。

⑤ 李均明:《居延汉简中的"病书"牒》,《文物天地》,1988年第2期。

⑥ 徐元邦:《居延汉简中所见记吏卒病伤述略》,《中国历史博物馆馆刊》,1989年第12期。

⑦ 张寿仁:《居延汉代医简之证、方、药值再探》,《简牍学报》,1985年第9期。

⑧ 孙其斌:《〈居延汉简〉中的医务制度》,《中华医史杂志》,1993年第2期。

⑨ 赵宇明、刘海波:《〈居延汉简甲乙编〉中医药史料》,《中华医史杂志》,1994年第3期。

⑩ 高大伦:《居延汉简中所见疾病和疾病文书考述》,《简牍学研究》,1998年第2期。

⑪ 李振宏:《汉代居延屯戍吏卒的医疗卫生状况》,《中原文物》,1999年第4期。

⑫ 李戎:《居延汉简医、药、伤、病简文整理研究报告》,《医古文知识》,2001年第4期。

⑬ 张寿仁:《居延医方略论稿——居延新简》,《国际简牍学会刊》,2001年第3期。

⑭ 孙其斌:《〈居延新简〉中的医药简》,《甘肃中医》,2002年第4期。

⑮ 王子今:《居延汉简所见"戍卒行道物故"现象》,《史学月刊》,2004年第5期。

之。中国缮道馈粮,远者三千,近者千余里,皆仰给大农。边兵不足,乃发武库工官兵器以赡之。"[①]关于汉代居延地区的地理环境,《文献通考·舆地考八》"甘州"条说:"《禹贡》曰'导弱水,至于合黎,余波入于流沙',即此地也。又黑水之所出焉。春秋及秦,并为狄地。汉初,为匈奴所居,武帝开之,置张掖郡。后汉、魏、晋并同。沮渠蒙逊始都于此。"注云:"合黎水、弱水并在张掖县界。其北又有居延泽,即古流沙也。"到宋代时仍有"麝香、野马革、冬柰、枸杞实"等物产,说明至少宋代之前,居延地区既有流沙,又有居延泽,还有灌丛、疏林的存在。然古地理学家1983年对内蒙古额济纳旗的汉代烽燧遗址实地考察后认为:地处巴丹吉林沙漠北缘和额济纳河下游的居延地区,现代植被已经属温带荒漠区,植物区系成分和植被组成均以适应荒漠生存环境的植物科属为特征,其中以麻黄、白刺、藜、藁为主。通过对在烽燧遗址距地表30—80厘米之间地层出土的"建平四年(前3)"和"河平四年(前25)"汉简和对地层中孢粉的分析,发现西汉晚期的花粉组合中以沼生、水生植物的香蒲、眼子菜的花粉占优势(64.4%),其次是旱生的禾本科。这说明当时该地区尚有一定量偏淡的湖沼,但缺少森林,有中旱生的草本或小灌木,也可种植禾本科谷物。同时,也说明该地区在汉代的气候远较今日温暖而湿润,周围环境水源比较充足[②],是比较适合人类生产、生活的农牧交错区。

二、两汉时期居延地区的历史气候变化

宋代沈括、明代刘献廷以及清末欧美气象学家和地理学家亨丁顿、苏韦佩、斯文赫定、魏特夫等人都曾研究过中国历史上的气候问题[③]。1920年蒙文通先生发表《中国古代北方气候考略》[④],1926年竺可桢先生发表《中国历史上气候的变迁》[⑤],1944年胡厚宣先生发表《气候变迁与殷代气候之检讨》[⑥],以及引发对中国历史时期气候变化进行研究热潮的1972年竺可桢先生的《中国近五千年来气候变迁的初步研究》[⑦]一文。

竺可桢认为,直到公元之初,历史气候"有趋于寒冷的趋势……但东汉的冷期时间不长",三国气候要比西汉武帝时代寒冷。然而,台湾学者刘昭民认为,秦汉时期

---

① 司马迁:《史记》,中华书局,1959年。

② 张丕远:《中国历史气候变化》,山东科学技术出版社,1996年。

③ 刘昭民:《中国历史上气候之变迁》,商务印书馆(台湾),1982年。

④ 蒙文通:《中国古代北方气候考略》,《史学杂志》,1930年第2卷第3期。

⑤ 竺可桢:《中国历史上气候的变迁》,《中国科学社论文集》,中国科学社出版社,1926年。

⑥ 胡厚宣:《气候变迁与殷代气候之检讨》,《中国文化研究汇刊》,1944年第4卷上册。

⑦ 竺可桢:《中国近五千年来气候变迁的初步研究》,《考古学报》,1972年。

的气候变化，实际上从西汉末年即已开始；从西汉末至隋初，“气候转寒旱，为中国历史上第二个小冰河期”，反映在“史书记载中只有大寒大雪及大旱之记录，而无‘冬无雪’、‘夏大燠’或‘冬暖无冰’等之记载，可见当时气候寒旱之甚”①②。笔者根据《汉书》及《后汉书》的记载，从汉“文景之治”后，恶劣气候变化之现象确实屡见于史籍。如《汉书·五行志》中之下：“文帝四年六月，大雨雪……武帝元光四年四月，陨霜杀草木……武帝元狩元年十二月，大雨雪，民多冻死……元鼎二年三月，雪，平地厚五尺……元鼎三年三月水冰，四月雨雪，关东十余郡人相食……元帝建昭二年十一月，齐、楚地大雪，深五尺……建昭四年三月，雨雪，燕多死……阳朔四年四月。雨雪，燕雀死……元帝永光元年三月，陨霜杀桑；九月二日，陨霜杀稼，天下大饥”③，等等。又《后汉书·襄楷传》记桓帝延熹七年“其冬大寒，杀鸟兽，害鱼鳖，城傍竹柏之叶有伤枯者”④。《后汉书·五行志·大寒》云：“灵帝光和六年冬，大寒，北海、东莱、琅邪井中冰厚尺余……献帝初平四年六月，寒风如冬时。”⑤这说明西汉中期至东汉的气候确实有渐趋寒冷的趋向。不仅中原，具体到位于今内蒙古阿拉善高原的居延地区的气候，肯定也会有一个渐趋寒冷的变化过程。看《汉书·晁错传》，即令在气候较为温暖湿润的秦王朝，士兵屯戍的“胡貉之地”也有“木皮三寸，冰厚六尺”，而“秦之戍卒不能其水土，戍者死于边、输者偾于道”⑥的记载。此外，关于两汉时期居延地区的气候条件，我们还可以参考前苏联学者彼斯帕洛夫对蒙古国气候和环境研究的成果。今蒙古国南部的戈壁，即两汉正史中经常提及的“大幕”地区，据20世纪四五十年代对该地区的调查：戈壁7月最高温度常达39℃—40℃，冬季最低温度在-35℃左右。年平均降水不超过110—130毫米，夏季降水量大，且普遍以暴雨的形式出现；春、秋两季较少，冬季最少，只有4—7毫米。同时，与汉代居延相连的南部戈壁地区，每年4—5月间白天温度达22℃—23℃，凌晨常降至-4℃—-6℃；北部4月凌晨温度可达-10℃；5月上旬，戈壁上强烈变热达25℃—35℃，但这一时期草木尚未萌发。冬季北风烈烈，风力常达很高速度。7—8月为夏季，干燥无风。9月至10月上旬为秋季，10月中下旬小溪和河流就结冰⑦。由此不难看出：汉代居延地区虽然有河流、湖泊存在，似乎比较适合屯戍，但从其大面积戈壁、荒漠存在的环境特征和干旱、少雨、多风以及夏季酷热、冬季漫长而寒冷的气候特征看，其生存环境实际十分脆弱，并不适合大规模屯戍活动的开展。从西汉武帝前中原气候年均温度较今

---

① 竺可桢：《中国近五千年来气候变迁的初步研究》，《考古学报》，1972年。
② 刘昭民：《中国历史上气候之变迁》，商务印书馆（台湾），1982年。
③ 班固：《汉书》，中华书局，1962年。
④ 范晔：《后汉书》，中华书局，1965年。
⑤ 范晔：《后汉书》，中华书局，1965年。
⑥ 班固：《汉书》，中华书局，1962年。
⑦ 彼斯帕洛夫著，方文哲译：《蒙古人民共和国的土壤》，科学出版社，1959年。

约高2℃、冬季温度约高3℃—5℃的情况看[①],秦王朝至西汉前期的居延地区,应该较现在温暖、湿润一些,但终不能改变其冬季严寒、夏季酷暑、降水少和蒸发量大的基本气候特点。至于中原地区在气候日趋寒冷之后,居延地区的气候肯定会更加恶劣。同时由于东汉初期匈奴加剧了对边关的骚扰冲击,以致东汉王朝不得不于公元39年将雁门、代郡、上谷三边郡居民迁到常山关(今河北唐县西北倒关马)、居庸关以东[②]。另据学者研究,居延新简反映的汉王朝年号始于西汉武帝太始(前96—前93),止于东汉和帝永元(89—105)[③]。可见,居延烽燧的设置时间不应晚于汉武帝太始年间,汉军最后撤离居延塞的时间当在东汉和帝年间。东汉之所以放弃长期驻守的居延塞,除王莽新朝对匈奴政策改变所造成的负面因素外,还与气候变冷、生存环境恶化、军队后勤保障困难等原因不无关系。

三、两汉居延土壤微量元素的变化及其规律

人体由40多种元素组成,这些元素可根据其在体内含量的多少大致分成常量与微量两大类。其中常量元素占人体体重的99.5%,它们包括碳、氢、氧、磷、硫、钙、钾、镁、钠、氯等十余种,主要构成机体组织,并在体内起电解质作用。微量元素只占人体体重的0.5%,包括铁、铜、锌、铬、钴、锰、镍、锡、硅、硒、钼、碘、氟、钒等14种,虽然它们在人体内的含量微乎其微,却能够起到非常重要的生理作用[④]。然而,人体内微量元素与土壤微量元素是两个不同的概念范畴。由于人类生活在生物圈中,就必定要与周围环境的所有成分发生关系,即人类要与生物圈、水圈、大气圈和岩石圈中的无机物产生频繁的交换关系。而且,在生物圈中,人类最基本的生存条件都来自土壤,所以土壤中的微量元素水平必定要决定着生长、生活于此的人类本身及其周围动植物体内的微量元素水平,会影响到人类自身的疾病发生和死亡等问题。同时,医学研究的成果表明:人体内微量元素虽有14种之多,但各元素在人类一生中所起的生理作用各不相同[⑤]。锌作为构成人体26种必需元素之一和14种微量元素中唯一一个没有生理毒性的元素,它与人体中80多种酶的活性有关。它不仅参与200多种酶、核酸及蛋白质的合成,而且与DNA、RNA聚合酶关系密切。锌可通过含锌酶的作用,促进核酸和蛋白质的合成,加速激素的产生和释放,进而促进细胞的生长和分裂。锌能改善人类的食欲及消化机能,缺锌则会提高大肠、肺、肝等部位肿瘤的发生率,会导致神经衰弱等疾病的发生。微量元素锌不仅是人体生长、发育以及拥有智力、生殖、遗传、免疫、内分泌、神经、视觉等生理过程的必须物质,还是癌症、

---

① 竺可桢:《中国近五千年来气候变迁的初步研究》,《考古学报》,1972年。

② 邹逸麟:《中国历史地理概述(修订版)》,上海教育出版社,1995年。

③ 李振宏、孙英民:《居延汉简人名编年》,中国社会科学出版社,1997年。

④ 王夔:《生命科学中的微量元素》,中国计量出版社,1996年。

⑤ 王夔:《生命科学中的微量元素》,中国计量出版社,1996年。

冠心病和胎儿遗传病及很多疑难杂症的防治因子和预防胎儿畸形的重要药剂①。

相关研究成果证明:土壤微量元素有效锌的含量变化与成土母质、河水、大气、有机质含量、土壤酸碱度(pH 值)以及人类不合理的开发、利用密切相关。我们可以根据土壤微量元素有效锌的变化规律及国家 20 世纪八九十年代在内蒙古地区所进行的土壤微量元素含量的调查资料,来了解两汉时期居延地区土壤微量元素有效锌的含量及其变化规律。

两汉时期的居延地区属于阿拉善高原荒漠地带,灰漠土、灰棕漠土是这一地区的主要土壤类型。其一,灰漠土是发育在温带沙漠边缘地区的地带性土壤,属荒漠土范畴,是内蒙古西部分布广泛的土壤类型。这里的气候属于温带干旱荒漠气候带,干旱、少雨、多风沙是其特征,年降水量 100—150 毫米,蒸发量是降水量的 10 倍以上。植被属于草原化荒漠,地表多砂质,属于无径流区,地下水质差且矿化度高。土壤有机质平均含量在 3.5—5 克/千克之间,pH 值在 8.8—9.2 之间,有效锌 0.34 毫克/千克,属于有效锌极缺土壤②。其二,灰棕漠土是我国西北荒漠地区重要的土壤类型之一,它广泛分布在内蒙古和甘肃、青海、新疆的漠境地带。其气候极度干旱,大部分地区年降水在 50 毫米左右,蒸发量是降水量的 50—100 倍。植被以旱生及超旱生的深根、肉质、具刺的灌木和小半灌木为主,属于典型的荒漠植被。该区属于贫水区,地下水深且矿化度高,地表水主要为祁连山冰雪融水沿黑河水系的弱水流入境内,但水量逐年减少,以致东西居延海已干涸多年。该区在极端干旱少雨的条件下,土壤的淋溶作用甚微,成土母质粗骨性强,壤质中黏质土极少,土壤多砾石,植物生长极为困难。所以其有机质含量在 1.7—4.1 克/千克之间,pH 值在 8.3—9.5 之间。有效锌 0.16 毫克/千克,属于有效锌极缺土壤③。两汉时期居延土壤有效锌的日趋减少,除气候变干变冷和成土母质等自然因素外,还应与这种脆弱环境中人类的破坏有密切关系。从居延汉简反映的情况看,当时戍卒的日常工作就是"画沙中天田",即将土壤中本来生长着的草类和灌丛拔去,沿边境开辟一条平坦开阔的细沙地,以观察是否有人类或动物穿越边界的痕迹。这对本属于半干旱或干旱荒漠地区的居延环境来说,是一种极为恶劣的破坏。植被作为土地的保护伞,具有拦截雨滴、缓和雨水冲击、阻挡雨水流速、固结土壤、增加土壤有机质、改善土壤结构的功能。植被一旦被破坏,土壤侵蚀随即就会发生。土壤侵蚀可分为水蚀和风蚀两种。水蚀

---

① 徐国平:《妊娠与锌营养》,《国外医学卫生学》,1988 年第 1 期;涂明华、王野坪:《微量元素锌的生理作用及其临床》,《九江医学》,1995 年第 3 期;管宁等:《微量元素锌与儿科疾病》,《微量元素与健康研究》,1995 年第 3 期。

② 内蒙古自治区土壤普查办公室、内蒙古自治区土壤肥料工作站:《内蒙古土壤》,科学出版社,1994 年。

③ 内蒙古自治区土壤普查办公室,内蒙古自治区土壤肥料工作站:《内蒙古土壤》,科学出版社,1994 年。

由降水和地表径流造成,风蚀与气候干旱、缺少植被保护和风速大及一年中大风日数多有关。居延所在的阿拉善高原,现当代牧区年降水仅40—150毫米,而且主要集中在7、8、9三个月;冬春大风日数可达70—80天,环境十分恶劣。所以,植被一旦破坏,土壤在风力、水力等外力的作用下,必然发生严重的侵蚀①。土壤发生严重的侵蚀,即意味着富含有机质、较低pH值的土壤表层的丧失,其结果必然是土壤有效锌降低和生存环境的继续恶化。

总之,汉代居延所在的今内蒙古额济纳旗地区,是生存环境极度恶劣和土壤有效锌极缺的地区。虽然,土壤有效锌的含量会随气温和潮湿程度的升高而增加,且这里公元前1世纪时的气温较今高,河流、湖泊较今水量大,而且因多有禾本植物、水生物和灌丛生长,土壤有机质会高于今天,但由于整体土壤多为风成物,黏度差,故土壤有效锌含量也不会较今天高出太多,仍属于土壤有效锌含量极低地区。而如前所述,如土壤有效锌含量极低,必然造成当地人类生理有效锌水平低下,而易导致人体免疫力下降,最终使疾病和死亡现象多发。这一点从今人对居延疾病简的统计资料中即可得以验证。

四、两汉居延土壤微量元素与戍卒疾病死亡的关系

关于两汉居延屯戍士卒的疾病及死亡与这一地区土壤微量元素的关系,实与两汉戍边服役年限和士卒来源有密切关系。从史籍看,汉武帝之后的戍边制度与秦和西汉前期已有很大差别。据《史记·汉兴以来将相名臣年表》,西汉文帝十三年(前167)曾颁布"除肉刑及田租律、戍卒令"②,有学者认为,晁错之言"也许就是十三年除戍卒令的原因"③。文帝时晁错上书言"守边备塞、劝农力本,当世急务",建言"徙民实边"。汉文帝"从其言,募民徙塞下"。而且,从居延汉简所反映的情况看,晁错所提出的"为置医巫,以救疾病"④的医疗保障制度,在当时也确实存在着。

同时,从有关记载看,文帝"减外徭卫卒,止岁贡"⑤;武帝元狩三年"减陇西、北地、上郡戍卒半"⑥;元狩"四年冬,有司言关东贫民徙陇西、北地、西河、上郡、会稽凡七十二万五千口"⑦。这都说明从汉文帝尤其是汉武帝之后,频繁而大量征发戍卒为大规模"募民徙塞下"所替代。这一政策的施行,不仅使"一岁而更"的戍卒数量

---

① 许志信、李永强:《草地退化对水土流失的影响》,《干旱区资源与环境》,2003年第1期。

② 班固:《汉书》,中华书局,1962年。

③ 熊铁基:《秦汉军事制度史》,广西人民出版社,1990年。

④ 班固:《汉书·晁错传》,中华书局,1962年。

⑤ 班固:《汉书·贾山传》,中华书局,1962年。

⑥ 班固:《汉书·武帝纪》,中华书局,1962年。

⑦ 班固:《汉书·武帝纪》,中华书局,1962年。

大幅度减少和定居型移民数量大幅度增加，而且汉代戍卒的任务也由单纯军事向既戍且田的"戍田"转变①。关于这一点，前引《史记·平准书》言汉武帝元鼎年间"初置张掖、酒泉郡，而上郡、朔方、西河、河西开田，官斥塞卒六十万人戍田之"可证。而从居延汉简看，此时屯戍士卒的任务除屯田外，还包括日常"画沙中天田"、候望、日迹、传送烽火、缮修器物设施、运粮、伐茭运茭等多种活动。

然而，值得注意的是，居延汉简反映出，自从大举"募民徙"以后，边关戍卒及其家属虽然有着如"予冬夏衣，廪食"和"置医巫，以救疾病"的待遇，但仍然多见士卒疾病、病亡和"物故"的事例。如《居延汉简释文合校》②所记：

第廿四燧卒高自当以四月七日病头痛四节不举。

鉼庭燧卒周良四月三日病苦，第二燧卒江谭以四月六日病苦心腹丈满。

第卅一燧卒王章以四月一日病苦伤寒，第一燧卒孟庆以四月五日病苦伤寒。(4·4A)

第卅七燧卒苏赏三月旦病两胠煎急少愈。

第卅三燧卒公孙谭三月廿日病两胠煎急未愈。

第卅一燧卒尚武四月八日病头痛寒炅饮药五齐未愈。(4·4B)

戍卒觚得安国里毋封建国病死官衾一领官绔一两。(287.24)

田卒平干国襄垣石安里李强年卅七本始五年二月丁未疾心腹丈满死右农前丞报□。(293.5)

戍夜僵卧草中以□行谨案德横□到橐他尉辟推谨毋刀刃木索迹德横皆证所言它如爰书敢言之。(T59.638)

建武三年三月丁亥朔己丑城北燧长党敢言之乃二月壬午病加两脾瘫种匈胁丈满不耐食饮未能视事敢言之，三月丁亥朔辛卯城北守候长匡敢言之谨写移燧长党病书如牒，敢言之今言府请令就医。(F22)

其八人物故一人固病先罢见食二百九十一人。(206.24)

右佐史七十人，其四人病六十六人不上功。(265.27)

戍卒行道居署物故……(101.35)

戍卒行道居署物故兵部各有数檄到尉士吏……(新简 EPT56.116)

二月甲申，病肘痈种，丙巳死。(311.8)

从居延汉简所谈及的戍卒疾病看，大致有"头痛四节不举""心腹丈满""苦伤

① 熊铁基:《秦汉军事制度史》，广西人民出版社，1990 年。

② 谢桂华、李均明、朱国炤:《居延汉简释文合校》，文物出版社，1987 年。

寒”“两胠煎急”“头痛寒炅”“两脾雍种匈胁丈满不耐食”“头痛”[①]“挛右胫雍种”[②]“病心腹”[③]“左足瘫□刺”[④]等几种类型。其中“苦伤寒”的“苦”,实际上是表示疾病厉害程度的副词[⑤]。从戍卒病亡看,有“心腹丈满死”等类型;从戍卒“物故”看,有“戍卒行道物故”“戍夜僵卧草中”等类型。王子今认为,居延汉简中所见“戍卒物故”,其死因多属于非战争因素,在某种程度上或许与来自内地的军人未能完全适应当地环境有关[⑥]。

为了更进一步研究居延汉简事例中造成戍卒疾病、病亡的原因,鉴别此中所涉及的疾病名称,并尽可能找到它们与现代疾病分类之间的对应关系,就显得尤为重要了。而从现代流行于内蒙古地区疾病的传播范围、传播特点、主要症状等入手,来与居延汉简所提供的疾病信息相对比,无疑是最好的研究方法之一。因此,可将居延汉简中戍卒所患疾病归纳为以下三种类型。

其一,从居延汉简中“头痛四节不举”“苦伤寒”“头痛寒炅”“头痛”等疾病名称看,应与今天的伤风、感冒疾病有关。

单纯从汉简看,“头痛四节不举”一句,实为因头痛而引起的四肢无力症,当由严重的伤风感冒所引起。“苦伤寒”中之“伤寒”与现代医学中作为急性传染病的“伤寒”是两个概念。此处的“伤寒”,应以汉代张仲景《伤寒杂病论》中的概念来解释,即“太阳病,或已发热,或未发热,必恶寒,体病,呕逆,脉阴阳俱紧者,名为伤寒”。其症状“头痛至七日以上自愈者,以行其经尽故也……风家,表解而不了了者,十二日愈;病人身大热,反欲得衣者,热在皮肤,寒在骨髓也;身大寒,反欲不近衣者,寒在皮肤,热在骨髓也”。关于治愈“伤寒”的方剂,《伤寒杂病论》列举了“桂枝汤方”“桂枝加葛根汤方”“桂枝加附子汤方”“桂枝麻黄各半汤方”等,其中多桂枝、生姜、甘草、大枣、芍药、附子、麻黄、细辛等,多有主治伤寒咳嗽、解辛发汗和去风寒之用[⑦]。我们对比居延汉简中“□□蜀椒四分桔梗二分姜二分桂□□□……”(136.26)、“伤寒四物乌喙十分、细辛六分、术十分、桂四分,以温汤饮。一刀到日三,夜再行解不出汗”(89.20)、“大黄十分、半夏五分、桔梗四分……”(T9:7AB)等药方材料,两者所用

① 甘肃省文物考古研究所、甘肃省博物馆、文化部文献研究室、中国社会科学院历史研究所:《居延新简》,文物出版社,1990年。

② 甘肃省文物考古研究所、甘肃省博物馆、文化部文献研究室、中国社会科学院历史研究所:《居延新简》,文物出版社,1990年。

③ 谢桂华、李均明、朱国炤:《居延汉简释文合校》,文物出版社,1987年。

④ 甘肃省文物考古研究所、甘肃省博物馆、文化部文献研究室、中国社会科学院历史研究所:《居延新简》,文物出版社,1990年。

⑤ 高凯:《从吴简蠡测孙吴初期临湘侯国的疾病人口问题》,《史学月刊》,2005年第12期。

⑥ 王子今:《居延汉简所见“戍卒行道物故”现象》,《史学月刊》,2004年第5期。

⑦ 马馨、林锦堂等:《名方医典:解表方》,黑龙江人民出版社,2006年。

草药的种类、药性有惊人的相似。可见,汉简所言“伤寒”类似于今天的伤风、感冒、咳嗽等症状。又汉简“头痛寒炅”病名中的“炅”,裘锡圭以为就是“热”的异体字,与《说文》“炅”字形同实异①。朱德熙认为“‘炅’由‘日’‘火’二字合成,火和日都能发热,‘日’字的读音也与‘热’很相近”②。故这里“头痛寒炅”中的“寒炅”实指今天病人因身体某个部位炎症而引起的发热过程,也属于严重的伤风感冒。

两汉时期的居延地区离海远,加上四周山脉的阻挡,很少有湿润气流到达。现代气候调查资料显示,古居延所在的阿拉善高原年降水量仅 50—100 毫米,而蒸发量是降水量的 10 倍以上。冬春多北风,年有风日数在 70—80 天。1 月份平均气温零下 10℃—12℃,4 月份平均气温 7℃—8℃,7 月份平均气温 23℃—26℃,10 月份进入秋季,平均气温 7℃—8℃。冬季漫长在 6 个月以上,春、秋、夏三季则都很短促③。干旱、少雨、冬季寒冷、夏季酷热无风就成为这里的气候特征。现代医学证明,在干燥、寒冷、风沙很大的地区,人体水分蒸发极快,皮肤要分泌脂肪来防止干裂。人体皮下积蓄比较厚的脂肪,还可以防止冬季冻伤。因此,这些地区的居民要多吃脂肪和肉类,多喝水,才能保证身体所需要的正常体能,否则感冒、皴裂和冻伤就会袭击其身④。从居延汉简反映的情况看,士卒虽然能得到正常的粮食供应,但少有牛、羊、猪等肉类食品,副食供应极为单调。其次,由于夏季酷热无风,戍卒日常巡逻中汗液排泄量极大,人体保有的盐分和微量元素有效锌、钙质等也必然大量流失。而在居延干燥的环境和缺乏副食的生活中,随时补充也显得极不可能。据何双全对汉简中涉及戍卒籍贯所进行的研究⑤,他们多来源于长江以北、燕山以南的暖温带地区。所以,严寒酷暑的生存环境和年复一年极其辛苦的劳作,如“日迹行廿三里,久视天田中,目玄”(《新简》E.P.T51:411)等,身体质量必然下降。故此,士卒冬春季节罹患伤风感冒等病症是不可避免的。从居延汉简中多见“苦候望春”(《合校》45.6B)、“始春未和”(《合校》435.4)、“始春不节”(《新简》E.P.T43:56)、“方春时气不调”(《新简》E.P.T.50:50)等记录和前引有关戍卒的罹病记录来看,也确实多见春季四月患病的事例。这样李振宏论证两汉居延戍卒有 4.28% 的罹病率⑥和王子今论证两汉居延戍卒有约 3%—15% 的死亡率⑦也就显得毫不奇怪了。

其二,从居延汉简中“心腹丈满”“病心腹”“两脾雍种匈胁丈满不耐食”“挛右胫

---

① 裘锡圭:《古文字论集》,中华书局,1992 年。

② 朱德熙著、裘锡圭、李家浩整理:《朱德熙古文字论集》,中华书局,1995 年。

③ 王文辉、王长根:《内蒙古气候》,农业出版社,1990 年。

④ 迟钝:《我国的地方病》,新华出版社,1956 年。

⑤ 何双全:《汉简·乡里志及其研究》,甘肃省文物考古研究所《秦汉简牍论文集兰州》,甘肃人民出版社,1989 年。

⑥ 李振宏:《汉代居延屯戍吏卒的医疗卫生状况》,《中原文物》,1999 年第 4 期。

⑦ 王子今:《居延汉简所见“戍卒行道物故”现象》,《史学月刊》,2004 年第 5 期。

雍种”“左足瘫□刺”等记载看，这种症状可能与地方病的克山病和大骨节病发作有关连。

单纯从疾病记载看，这种症状“心腹丈满”“病心腹”“两脾雍种匈胁丈满不耐食”三种病灶皆在心脏、腹腔部位，其中“心腹丈满”的“丈”是“胀”字的通假字，有鼓胀之意。《黄帝内经·灵枢·胀论》称：“夫胀者皆在藏府之外，排藏府而郭胸胁，胀皮胃。故命曰胀。”[①]又王充《论衡·道虚》亦称：“人或咽气，气满腹胀，不能厌饱。”“两脾雍种匈胁丈满不耐食”中的“雍种”“匈胁”“丈满”三词，也都采用了通假字，分别应是“臃肿”“胸胁”“胀满”。连缀起来，戍卒所患疾病应为“两脾臃肿、胸胁胀满、不耐食”[②]（F22）。以现代医疗知识解之，应属于两脾和心脏及肺部器官发炎肿胀，以致病人不能饮食的重症。然而，以上“心腹丈满”“病心腹”“两脾雍种匈胁丈满不耐食”三种病症的发生部位和发病特征都与地方病中的克山病特征相类似。此外，“挛右胫雍种”亦使用通假字，实为“挛右胫臃肿”。其中“挛”，按《辞海》之解，应为痉挛，即蜷曲不能伸直状[③]。故“挛右胫壅肿”之意，应为自右膝至脚跟的胫骨部分发炎肿胀而引起腿部蜷曲不能伸直的症状。另“左足瘫□刺”中的“瘫”字，按《辞海》所解，应为“手足不灵活之病”[④]。从“挛右胫雍种”、“左足瘫□刺”两种病症的发生部位和发病特征看，与克山病的“姊妹病”大骨节病相类似。

地方病，又称风土病，是与气候、地形、土质、水源、动植物、寄生虫种类及其分布等因素有着极为密切关系的疾病类型，其中克山病、大骨节病、碘缺乏病等都属于会造成严重危害的地方病类型。据现代医学研究：克山病是一种原因不明的慢性地方性心血管病，病人有恶心、呕吐、胸闷、烦躁不安、四肢发冷、心力衰竭、口吐黄水等症状，病情严重者可在一两天内因心力衰竭而死亡。该病因 1935 年 11 月首先在黑龙江省克山县所发现，故称之为“克山病”。克山病可根据其发病的急缓程度和心脏功能的代偿情况分为四种类型：一为在一两天内死亡，多发于 11 月至翌年 1 月之间的急性型克山病。二为发病缓慢在一周左右，多发于每年的 3—4 月份，以充血性心力衰竭为特征的亚急型克山病。三为发病缓慢，多发于寒冷季节，以充血性心力衰竭和心肌坏死为特征的慢型克山病。四为平常无明显症状，常在劳动后有头晕、心悸、气短及乏力感和心脏扩大不明显、心肌有轻度坏死的潜在型克山病。大骨节病主要是关节软骨和骺板软骨的一种慢性退行性坏死的骨关节病。它发病缓慢，在不知不觉中发病，主要症状为关节疼痛，食欲不振，常感疲劳，并逐渐出现手指、踝、腕关节变形等现象。因克山病、大骨节病共生于同一自然环境中，故这两种地方病被称为

---

① 郭霭春：《黄帝内经素问校注》，人民卫生出版社，1992 年。
② 谢桂华、李均明、朱国炤：《居延汉简释文合校》，文物出版社，1987 年。
③ 辞海编委会：《辞海（缩印本）》，上海辞书出版社，1980 年，第 1913 页。
④ 辞海编委会：《辞海（缩印本）》，上海辞书出版社，1980 年，第 1784 页。

“姊妹病”①。据调查,在我国东北、西北、西南地区,凡饮用沼泽泥炭、淤泥层地下水的人群容易罹患此病,而饮用基岩裂隙水者则基本无病。医学资料表明,两种病的病区,多位于低洼的沼泽草甸中,土壤多为草甸土和沼泽土,成土母质以淤积物为主,也有少数洪积物和河湖相沉积物。病区土壤中如果锶、锰、钡、铬、亚铁离子的元素含量较高,而硒、钼、磷、锌含量较低,则与克山病和大骨节病相关。一般来说,病区刚开垦的沼泽土,由于土壤长期浸水,性湿冷,不适宜农作物的生长。这种土壤里生长的农作物果实蛋白质总量低,发热量不够,脂肪含量仅为非病区粮食含量的二分之一至三分之一,且维生素 A、B、C 均缺乏。病区饮用水包括土井水、河水及土泉水,水体浑浊,水中微量元素以锶、钡、锰、铜等含量为高,而钼、锌、硒、磷等则显著缺乏。常饮此水,开始多感困乏,逐渐发展到关节疼痛、软骨增粗,形成大骨节,同时伴有头晕、心跳过速及气短等症状,最后发展成为心血管病变的克山病②。

两汉时期的居延不仅处在今天克山病和大骨节病的发生区,而且也确实处在内陆河与内陆湖泊交错的湖沼低洼区。通过对地层中孢粉的分析,发现西汉晚期居延地区的花粉组合以沼生、水生植物香蒲、眼子菜的花粉占优势(64.4%),其次是旱生的禾本科,这说明该地区尚有一定偏淡的湖沼存在③。同时。从对两汉时期居延地区烽燧分布情况的分析看,当时有许多烽燧分布在居延泽及今额济纳河下游河道两侧④。想必当时居延地区的屯田,从生产和生活的需要出发,也主要是分布在居延泽及河流附近。而这种居延泽附近长期浸水、性湿冷、不适宜农作物生长的沼泽土壤,所生产的农作物果实不管在蛋白质总量、发热量、脂肪含量,还是在维生素 A、B、C 含量等方面均应处在较低水平。再加上居延地区有偏淡的水体存在,这种水体也会是多重金属、多盐碱成分而缺少硒、钼、锌、碘等生命元素的低质水源。所以,这时的戍卒,不仅生存环境恶劣,劳动强度大,而且饮水和食物不洁及营养缺乏,因此他们大量罹患疾病甚至死亡都是难以避免的。

其三,从现代碘缺乏病的分布区域、碘缺乏致病类型和土壤微量元素变化规律来看,居延汉简中“挛右胫瘫种”、“左足癃□刺”等疾病也有可能与身体中微量元素碘的缺乏有关。

据现代医学调查,我国碘缺乏病的主要流行区为东北的大小兴安岭、长白山山脉,华北的燕山山脉、太行山、吕梁山、五台山、大青山,西北的秦岭、六盘山、祁连山

---

① 符国禄:《地方病与水土》,民族出版社,1988 年。

② 符国禄:《地方病与水土》,民族出版社,1988 年。

③ 张丕远:《中国历史气候变化》,山东科学技术出版社,1996 年。

④ 甘肃省文物工作队:《额济纳河下游汉代烽燧遗址调查报告·汉简研究文集》,甘肃人民出版社,1984 年。

和天山南北,西南的云贵高原、喜马拉雅山等地带①。关于历史上的碘缺乏病问题,国内亦有研究者②。现代医学的实验结果证明,碘是通过甲状腺素而发挥作用的,人体甲状腺素具有促进蛋白质合成、调节能量转换、加速生长发育、维持中枢神经系统结构、保持正常的生理机能和新陈代谢等重要功能③。人对碘的吸收可以从土壤及饮水中获取,一般来说,砂质土和沼泽土含碘最少。人体碘的来源中,80%—90%来自食物,10%—20%来自饮水,5%左右来自空气。植物中的碘主要是无机碘,以碘化物或碘酸盐形式存在。动物体的碘量取决于饲料中的含量,淡水鱼的含碘量远低于海鱼,动物体的碘主要以有机络合物形式存在。医学调查表明,现代缺碘地区大都是生产落后、经济不发达、食品单调,人们主要以谷物维持生命,所以碘的摄入量极低④。而从1988年编绘的全国碘缺乏病分布图来看,内蒙古西部、新疆东部及其附近均属于碘缺乏病的分布区⑤。两汉时期的居延地区由于气候的逆转和人为破坏等因素的共同影响,造成土壤微量元素有效锌极为缺乏,由此影响了戍卒对微量元素的吸收,造成免疫力下降,加剧了疾病的侵害。所以当时完全有可能是因为医学知识的贫乏和商品经济不发达,人们没有机会进食含碘和含锌量高的食物,因此造成"挛右胫雍种""左足瘴□刺"等严重的疾病问题。

总之,从上面的分析看,两汉居延地区不仅气候有严寒酷暑、降水少的特点,而且生存环境多沙,土壤中微量元素有效锌、碘严重缺乏,加之饮食条件差和戍卒劳动强度大等因素,造成戍卒的高患病率和高死亡率。而成年男性戍卒的大量死亡,又与汉代的"女户"问题有着必然联系。

五、从居延汉简戍卒的疾病问题看两汉时期"女户"问题

关于汉代的"女户"问题,在张家山汉简公布之前很少有人论及。实际上,日本学者西嶋定生对汉代"女户"问题的研究早在20世纪60年代即已完成⑥。随着大量地下简牍材料的面世,国内学者也开始关注与"女户"问题相关的现象,如于琨奇《"赐女子百户牛酒"解——兼论秦汉时期妇女的社会地位》,从文献与考古发现相结合的角度,论证了"女子"是政府对女性户主家庭的代指,是秦汉时期妇女政治、经

---

① 安笑生、符绍莲主编:《环境优生学》,北京医科大学中国协和医科大学联合出版社,1995年。

② 邢光熹、朱建国:《土壤微量元素和稀土元素化学》,科学出版社,2003年。

③ 安笑生、符绍莲主编:《环境优生学》,北京医科大学中国协和医科大学联合出版社,1995年。

④ 邢光熹、朱建国:《土壤微量元素和稀土元素化学》,科学出版社,2003年。

⑤ 邢光熹、朱建国:《土壤微量元素和稀土元素化学》,科学出版社,2003年。

⑥ [日]西嶋定生著,武尚清译:《中国古代帝国的形成与结构——二十等爵制研究》,中华书局,2004年。

济、社会地位明显高于后世的表现①。笔者也曾从张家山汉简的材料出发，对汉代"女户"问题的形成、特点、类型和影响等方面进行分析，发表《〈二年律令〉与汉代女性权益保护》一文②。但综观前人研究此问题者，尚无人从居延戍卒大量患病及死亡的角度来探讨两汉时期的"女户"问题。

关于汉代"女户"一词，汉章帝元和二年五月诏曰："其赐天下吏爵，人三级。高年、鳏、寡、孤、独帛，人一匹。《经》曰：'无侮鳏寡，惠此茕独。'加赐河南女子百户牛酒，令天下大酺五日。"唐李贤注："此女子百户，若是户头之妻，不得更称为户。此谓女户头，即今之女户也。天下称庆，恩当普洽，所以男户赐爵，女子赐牛酒。"③所谓"女子"，即是以女子为户主，并且这种现象汉唐社会都存在。

在整个两汉时期，涉及赐"女子百户牛酒"的事例开始于西汉文帝即位之初，此后的武帝、宣帝、元帝、成帝、王莽新朝以及东汉王朝的章帝都曾实行，加起来有20余次。对"女子百户牛酒"的理解，除上述唐代李贤的观点外，尚有《史记·文帝纪》"女子百户牛酒"条下司马贞《索隐》引"乐彦云：妇人无夫，或无子，不沾爵，故赐之也"④的观点与之相近。此外，还有两种不同的观点：其一是《史记集解》引苏林语，称此事实际上是"男赐爵，女子赐牛酒"。这里苏林并没有明言"女子"到底是何种身份。其二是同条《汉书音义》引南朝姚察语，云此事实则是"女子谓赐爵者之妻"。至于"百户牛酒"的数量问题，《史记·封禅书》有"百户牛一头，酒十石"的记载。又据《汉书·文帝纪》中"朕初即位，其赦天下，赐民爵一级，女子百户牛酒，酺五日"文下师古注："赐爵者，谓一家之长得之也。女子谓赐爵者之妻也。率百户共得牛若干，酒若干石，无定数也。"⑤仅从传统文献的相关记载来看，还不能对汉代"女子百户牛酒"中"女子"的身份定性给一个确定的答案。然而，随着《张家山汉墓竹简》⑥的出版发行，这一问题随之明晰。

《张家山汉墓竹简·二年律令》就是西汉高祖五年到吕后二年施行的法律，是反映西汉初年政治、经济和社会关系的最原始、最真实的史料。从《二年律令》内容看，汉代存在着女子可以为户主，女子可以继承父亲、丈夫、儿子的爵位和财产等的法律规定。这直接体现在《户律》和《置后律》中。汉初国家在"为人妻者不得为户"的律令前提下，又能够制定出详细的法规，来保护寡妇、女儿、母亲、女同产和祖母在财产继承和家庭控制方面的权益，这并不是偶然的现象，而是顺应时代社会要求的正常

---

① 于琨奇：《"赐女子百户牛酒"解——兼论秦汉时期妇女的社会地位》，《中国历史博物馆馆刊》，1999年第1期。

② 高凯：《〈二年律令〉与汉代女性权益保护》，《光明日报》，2002年11月5日。

③ 范晔：《后汉书》，中华书局，1965年。

④ 司马迁：《史记》，中华书局，1959年。

⑤ 班固：《汉书》，中华书局，1962年。

⑥ 张家山汉简整理小组：《张家山汉墓竹简》，文物出版社，2001年。

措施。从《二年律令》中《户律》和《置后律》的相关法律规定看,汉初"女子"不仅拥有依照法律顺序继承家业的权利,而且还拥有继立成为户主并组建为国家法律所承认的正式编户中的一员——"女户"的权利。同时,结合长沙走马楼吴简《嘉禾吏民田家莂》中所反映的情况,嘉禾四年、五年租佃国有土地的"女户"竟然有86户之多,这反映以女子为户主的现象在孙吴初期的长沙郡临湘侯国中亦普遍存在着[①]。所以,从历史的延续性来看,从西汉初年到三国孙吴初年的400多年中,"女户"普遍存在和保护"女子"继承权及家庭控制权方面的法规能长期实施,都不是偶然的,而是反映一种突出的社会问题。同时,从《户律》和《置后律》的相关法律来看,汉初"女户"的构成至少可归纳为以下几种情况:1."孙死,其母而代户"[②](337),不过限定其母"令毋敢逐夫父母及入赘及道外取其子财"[③](338)。2.父死,及"毋子男代户",又无(死者)父亲代户者,可以母亲继立为户主[④](379)。3.丈夫死亡,无子男、父母"代户"者,可以寡妇继立为户主[⑤](379)。4.父死,无子男、祖父母、母亲"代户"者,可以由女儿继立为户主。5.孙死,无子男、父母、妻子、女儿、玄孙、祖父者,可以祖母继立为户主[⑥](380)。6."其弃妻,及夫死,妻得复取以为户。"[⑦](384)而在确定了"女户"的构成有上述六种类型后,我们便可以认定唐代李贤认为汉唐都存在"女户"、赐"女子百户牛酒"中的"女子"即是以女子为户主的观点确实是真知灼见!

那么,为什么"女户"现象会长期存在?产生这些"女户"的原因是什么呢?这些"女户"的存在又对汉代社会产生了怎样的影响?

首先,汉代国家之所以能够制定出一系列保护"女子"户权益的律令,就在于存在着制定这些律令的广泛的社会经济基础。

早在秦朝即有"女子"出现在社会经济和军事领域中。如为秦始皇所夸奖的"巴寡妇清",她不仅继承了累世的家产,而且继立户主后"能守其业,用财自为"。在军事领域,亦有女子的身影出现。《史记·淮南衡山列传》:"又使尉佗逾五岭攻百越。尉佗知中国劳极,止王不来,使人上书,求女无夫家者三万人,以为士卒衣补。秦皇帝可其万五千人。"《史记·平津侯主父列传》:"当是时,秦祸北构于胡,南挂于越。宿兵无用之地,进而不得退。行十余年,丁男披甲,丁女转输,苦不聊生,自经于道树,死者相望。"《二年律令·置后律》:"寡为户后,予田宅。比子为后者爵";"女

---

① 高凯:《从走马楼吴简看孙吴时期长沙郡的人口性比例问题》,《史学月刊》,2003年第8期。

② 张家山汉简整理小组:《张家山汉墓竹简》,文物出版社,2001年。

③ 张家山汉简整理小组:《张家山汉墓竹简》,文物出版社,2001年。

④ 张家山汉简整理小组:《张家山汉墓竹简》,文物出版社,2001年。

⑤ 张家山汉简整理小组:《张家山汉墓竹简》,文物出版社,2001年。

⑥ 张家山汉简整理小组:《张家山汉墓竹简》,文物出版社,2001年。

⑦ 张家山汉简整理小组:《张家山汉墓竹简》,文物出版社,2001年。

子比其夫爵”。不仅仅汉初从法律上保护以寡妇为户主的“女户”的各项政治、经济和社会权益,同时也说明当时妇女与男子一样承担着国家的算赋、徭役①。同时,结合三国吴简反映孙吴长沙郡存在大量女户的现象和“女户下品之下不任调”的规定②,也充分证明“女户”对国家所应承担的各项义务与男子相同③。所以,《二年律令》相关律条的制定,不仅仅是为了笼络人心、安定社会,而是国家统治利益的需要。

其次,汉初国家之所以制定一系列烦琐的保护“女子”户权益的律令,还在于汉初国家需要以之来扩大政治和经济基础。

秦末之所以发生大规模的农民起义,直接的原因是秦王朝所实行的横征暴敛、严刑酷法和连年征战的政策,造成了“父战死于前,子斗伤于后,女子乘亭鄣,孤儿号于道,老母寡妇饮泣巷哭”的人间惨剧。④ 大批青壮男性战死、累死和病亡之后,留下了大量的“女户”家庭。西汉不仅承继了秦的政权,也承继了秦王朝大量的“女户”。这些“女户”既是暴秦的受害者,也是刘邦政权建立过程中的支持者。汉朝建立后,没有理由不保护她们,同时这些“女户”也是国家部分赋役的提供者。因此,汉初国家所制定的保护“女子”户权益的律令,不仅符合汉朝国家的政治经济利益,也是收买人心确立政权合法性的需要。

再次,从西汉文帝到东汉章帝的260多年中,以女子为户主的现象长期存在,这其中除一般的家庭自然人口的增减外,还因为大量戍卒离乡远征,由于水土和疾病造成男性户主的过多不正常死亡。关于这一点,居延汉简为我们提供了很好的佐证。其实,居延汉简所反映的情况还仅仅是汉帝国庞大的边关防御系统的一个缩影。所以,从某种程度上讲,大量存在着的“女户”,实际上是两汉政权与匈奴、鲜卑、羌、蛮之间长期战争和边防士卒所处恶劣生存环境下的必然产物。

于此,在两汉时期的边关戍守制度中还有一个值得注意的方面,即“女户”与男子一样,承担着对封建国家履行着几乎相同的赋役义务。《汉书·晁错传》所载晁错建议“募民徙塞下”的上奏中,也确实言及在“募民”中有“寡妇”的存在。他说:“予冬夏衣,廪食,能自给而止。郡县之民得买其爵,以自增至卿。其亡夫若妻者,县官买予之。人情非有匹敌,不能久安其处。”这里所谓“其亡夫若妻者”即指寡妇。其后凡募刑徒戍边,除以“妻子自随”来处理刑徒妻子和子女徙边的问题外,对于女刑徒也没有见明显的可不戍边的优待政策。如《后汉书·明帝纪》记永平八年(63)诏令称:“诏三公募郡国中都官死罪系囚,减罪一等,勿笞,诣度辽将军营,屯朔方、五原之边县。妻子自随,便占著辽县;父母同产欲相代者,恣听之。其大逆无道殊死者,

---

① 高凯:《〈二年律令〉与汉代女性权益保护》,《光明日报》,2002年11月5日。

② 长沙走马楼吴简整理小组:《长沙走马楼三国吴简(壹)》,文物出版社,2003年。

③ 高凯:《从走马楼吴简看孙吴时期长沙郡的人口性比例问题》,《史学月刊》,2003年第8期。

④ 司马迁:《史记》,中华书局,1959年。

一切募下蚕室。亡命者令赎罪各有差。凡徙者,赐弓弩衣粮。”①

然而,东汉自章帝之后,女刑徒戍边政策有所改变。据《后汉书·章帝纪》记建初六年(81)规定:“天下系囚减死一等,勿笞,诣边戍。妻子自随,占著所在;父母同产欲相从者,恣听之;有不到者,皆以乏军兴论。及犯殊死,一切募下蚕室;其女子宫。系囚鬼薪、白粲已上,皆减本罪各一等,输司寇作。”②这里明确规定女刑徒不用戍边而“输司寇作”,从事“使择米白粲粲然”③的劳作。又元和元年(84)再次下诏称:“郡国、中都官系囚减死一等,勿笞,诣边县。妻子自随,占著在所。其犯殊死,一切募下蚕室;其女子宫。系囚鬼薪、白粲以上,皆减本罪一等,输司寇作。”④《后汉书·安帝纪》记元初二年(115)亦下诏称:“郡国中都官系囚减死一等,勿笞,诣冯翊、扶风屯,妻子自随,占著所在;女子勿输。亡命死罪以下赎,各有差。其吏人聚为盗贼,有悔过者,除其罪。”⑤从章帝两次诏令到安帝再次下诏,除说明刑徒戍边、“妻子自随”已成定制之外,女刑徒不用戍边也已成为定制。然而,根据居延汉简所反映的情况看,从西汉武帝元鼎年间初置“张掖、酒泉郡”到东汉安帝、顺帝时期将陇西、安定、北地、西河、上郡等郡治和居民内迁至渭水流域和山西中部,在此200多年的时间里,虽有汉武帝大举“募民徙塞下”之举,如《汉书·武帝纪》记元狩“四年冬,有司言关东贫民徙陇西、北地、西河、上郡、会稽凡七十二万五千口”云云,但并不代表所募之民和刑徒及其“妻子自随”可以完全替代边关戍卒的存在。关于这一点,我们从所有的居延汉简中仅能找到65条载有戍卒家庭人口的资料⑥,便可证明。即使排除其中简文缺损的因素,也还是可以说明两汉时期以“妻子自随”方式“募民徙塞下”的规模相当有限。所以,从这一角度看,因为募民和刑徒亡故于边关而形成的“女户”数量应当是比较少的。

与之相对应,由国家根据兵役制度统一调发的边关戍卒在阵亡和病死后所造成的“女户”是大量的。事实上,由居延汉简戍边士卒疾病问题的严重性,即可了解他们非战斗减员的数量一定是非常惊人的。《汉书·武帝纪》记元狩三年“减陇西、北地、上郡戍卒半”;元狩“四年冬,有司言关东贫民徙陇西、北地、西河、上郡、会稽凡七十二万五千口”;《汉书·食货志》言汉武帝元鼎年间“初置张掖、酒泉郡,而上郡、朔方、西河、河西开田,官斥塞卒六十万人戍田之”。那么,汉武帝元鼎年间仅“陇西、北地、上郡”三地,就至少有100万人的屯戍大军。“北地、上郡”因位于当时还有森林

---

① 范晔:《后汉书》,中华书局,1965年。

② 范晔:《后汉书》,中华书局,1965年。

③ 范晔:《后汉书》,中华书局,1965年。

④ 范晔:《后汉书》,中华书局,1965年。

⑤ 范晔:《后汉书》,中华书局,1965年。

⑥ 贾丽英:《从居延汉简看汉代随军下层妇女生活》,《石家庄师范专科学校学报》,2004年第6期。

分布的鄂尔多斯高原上,地理环境应比“陇西”优越一些。而敦煌汉简中就不时有“春时风气不和”(779)、“方春不和时”(1448)和“莫乐于湿莫悲于寒”(1409B)的记载①,说明两汉敦煌地区戍边士卒所处的恶劣环境当与居延相似。而按当时居延戍边士卒的病死率计算,汉武帝元鼎年间在西北边防每年也至少会有3万人死于疾病。如再加上战斗减员的戍卒人数,每年这会是一个相当惊人的数字。由此,会使每年平添成千上万的“寡妇”,即出现成千上万的“女户”。可见,两汉时期“女户”问题的产生和存在有着深厚的社会基础和历史背景,决不是偶然的,因此这才有国家制定出一系列保护“女子”户权益的律令颁布。汉代“女户”现象的大量存在,也对汉代社会产生了三个方面的影响:

其一,汉初国家所制定的保护“女子”户权益的律令,虽然并不等同于《汉书·高帝纪》记载的从高祖五年到十二年(前202—前195)所采取的发展生产、安定社会和实行轻徭薄赋的一系列政策,但从实质上来看,它也会起到安定军心和民心的双重作用。所以,这些律令虽然不为正史所记载,但它们与从西汉文帝开始至东汉章帝时所颁布的赐“女子百户牛酒”的诏令,在精神上是一脉相承,具有历史的连贯性。

其二,从西汉文帝即位到东汉章帝元和二年的265年间,历代一共颁布20多次赐“女子百户牛酒”的诏令。它一方面反映了汉代政权对“女户”的重视,另一方面也反映了大量产生“女户”的不良社会背景仍长期存在。

其三,由汉代国家所实行的赐“女子百户牛酒”的政策,往往成为统治者施行德政或弥补政策过失的措施。汉代颁赐“女子百户牛酒”次数较多者为西汉宣帝的10次和元帝的6次。以汉宣帝为例,他作为汉武帝的曾孙,即位后面临汉武帝造成的国家基础动摇的危难局面。虽然昭、宣两代都采取一系列措施,使之出现了“昭宣中兴”的局面,但是来自西北边陲的匈奴入侵和西羌叛乱等巨大战争压力和国内水旱灾害频仍的统治危机始终存在。所以汉宣帝屡屡采取赐吏民爵位和赐“女子百户牛酒,鳏寡孤独高年帛”的优抚政策,这对于汉代国家笼络百姓人心、安定社会生活和缓和社会矛盾都起到了一定的作用,并且后继的元帝亦曾6次颁布赐“女子百户牛酒”的诏令,都体现了汉代这一合理政策的连续性。

(本文首先在2002年在西北大学举行的中国秦汉史学会上以《从张家山〈二年律令〉看汉代的“女户”问题》为题发表,受到学界关注。2007年以《从居延汉简看汉代的“女户”问题》为题在《史学月刊》上发表)

---

① 甘肃省文物工作队:《额济纳河下游汉代烽燧遗址调查报告·汉简研究文集》,甘肃人民出版社,1984年。

中国历代改革有哪些经验教训?

在中国历史发展的长河中,改革和变法是永恒的时代主题。虽然历朝历代的改革有不同的特色,但也有一些普遍性的规律和经验值得我们研究和借鉴,甚至让我们常看常新。

历史上的革命和改革都是源于生产力与生产关系的互动,促使社会变革的决定力量始终是人民群众。但改革与革命不同,革命的方式是自下而上,而改革则是自上而下。改革是统治者顺应时代潮流,在一定的制度框架内,主动调整生产关系中旧的不合理的部分以适应新的客观情况。这就决定了真正的改革者,必须是国家权杖的真正持有者,改革方能成功。比如,秦国变法时,因为有秦孝公的全力支持,商鞅才能在未来"接班人"惠文王犯法时,依然能对其左膀右臂割鼻刺字以示惩戒;后来的北魏孝文帝,在太子元恂强烈反对改革时将其赐死。也就是说,只要社会有了改革的必要,而最高统治者又能真心厉行改革,即使中途有所变故,也是具体执行层面的个人(如吴起、商鞅)不幸,却无损于改革的整体成功。

与此相反,那些起自大臣或者王朝最高统治者半推半就的改革,无一例外都是失败的。如北宋王安石变法,主动者是他,其改革主张历经仁宗、英宗二朝而未受重视,到了神宗时才被采用;清末戊戌变法,看似有光绪皇帝的倾力支持,殊不知,国家权杖的真正持有者却是慈禧,故难免在 103 天后遭到血的清算。

在最高统治者真心改革的基础上,执行力成了另一个重要的制约因素。凡属成功的改革,无一不是君主广纳人才、与贤臣群体齐心协力的结果。齐桓公的执行层，不仅有管仲，还有鲍叔牙；魏文侯不仅有李悝，还有吴起、西门豹；秦孝公任用商鞅，还有景监支持；汉武帝用人，文有主父偃、桑弘羊、董仲舒，武有卫青、霍去病；北魏孝文帝用人，则有任城王拓拔澄、安定王拓拔休等一干贵族；张居正主政之时虽然强势，却能重用潘季驯治河，李成梁、戚继光治边。相反的例子，如王莽改制，却任用洛阳富商薛子仲、张长叔和临淄大贾姓伟等执掌"五均六筦"财政大权，《汉书·食货志》载其"乘传求利，交错天下，因与郡县通奸，多张空簿，府藏不实，百姓愈病"，不仅改革无望，反而使社会经济日益恶化，阶级矛盾更加尖锐。

改革虽不是革命，但打破的不仅仅是形式上的藩篱，更重要的是切断既得利益者的利益链条，动摇其经济基础，因而必然会有剧烈的社会反作用，残酷时也会以血为代价。综观历代改革，无论成败，几乎均涉及打击豪强、利益调整。但根本的区别在于，成功的改革，无一不是刚中带柔、刚柔并济、谋定后动、循序渐进的。汉初体制造成刘姓诸侯王割据和地方豪强坐大，文帝采纳贾谊建议"众建诸侯而少其力"；景帝削藩，七国叛乱幸有周亚夫平定；汉武帝则兼用之——对于拥兵的诸侯王采取更加稳妥的"推恩令"，使其因诸子继承而内部瓦解；对于并无兵将的地方豪强，则一方面迁于关中置于掌控之下，一方面派刺史监督郡国以打击"强宗豪右"。与此相反，失败的改革，既有过于集中推出大量改革措施而急于求成的问题，同时其许多措施又堪称无厘头。如王莽改制，先于公元 9 年实行"王田""私属"制，并统一度量衡；公元 10 年实行五均、赊贷之法；公元 7 年到 14 年进行三次币制改革，同时为显威德而对东方高句丽、西方西域各国、西南句町和北方的匈奴广泛用兵。戊戌变法，在 103 天里颁布的新政"上谕"如雪片飞下，广泛涉及政治、经济、军事、文化教育诸方面，操之过急且不分重点，而其中改革科举制度一项，甚至阻断了当年与康梁一起"公车上书"者的仕进之路，从而使得以慈禧太后为首的顽固势力反扑时可以一夜奏功。

强大的军事和国家的稳定，是成功改革的又一共同特征。战国时，魏文侯变法，有吴起大败秦国的虎狼之师；齐威王变法，有孙膑在马陵之战大败魏军。汉武帝大败匈奴，武则天镇压徐敬业，忽必烈击败幼弟阿里布哥、平定新疆海都叛军、戡平东北乃颜之乱，巩固了政权，也震慑了反对派。而失败的改革，无一不伴随着军事上的失利。王莽于公元 11 年兵分十路发动对匈奴战争，结果损失惨重，《汉书·匈奴传》载："数年之间，北边虚空，野有暴骨矣"；镇压赤眉起义，兵力占绝对优势，结果却是主帅更始将军廉丹被杀，王匡败走；昆阳之战以号称百万之众，攻不下八九千人的小城，却反被刘秀搬来的 3000 名救兵冲乱阵脚。王安石改革中曾两度下野，朝廷两次对西夏用兵失败，宋神宗忧惧而死，包括军事方面在内的改革逐项被废，42 年之后，金军甚至掳走了徽、钦二帝，以致北宋灭亡。

综观历代王朝改革，只靠统治者一时兴起、头脑发热肯定是不行。那些失败的改革，无不与人才不足、执行不力、发动不够、准备欠缺、孤立无援有关。王莽所推进的土地国有、禁贩奴婢等今天看来依然有进步意义，改革币制、盐酒铁国营等从本质上与汉武改革并无不同，可是他外无良将、内无贤臣，仅靠趋炎附势的刘向、刘歆父子等人，根本不足以担当改革重任。王安石变法时的“天变不足畏，祖宗不足法，人言不足恤”的提法，树起了巨大的对立面；在改革前期连正直的苏轼、司马光也不能团结，执行过程中遇到阻力时改革派内部的吕惠卿与韩绛竟然发生矛盾，再加上所任用的中坚力量章惇等人多是利欲熏心之辈，以致改革功败垂成；至于后来继任者乃奸相蔡京，居然成其改革的拥护者，则不能不令人啼笑皆非了。

（本文由2012年原中国社会科学杂志社主编高翔约稿，因故一直没有刊发，今文刊发于2014年4月28日《中国社会科学报》，由我与我的博士生赵鹏璞合作完成，特此说明）

人口地理与医学地理篇

论中国古代人口性比例失调问题

一

中国古代社会存在着相当严重的性比例失调问题。虽然历史典籍中关于这方面的直接数字材料奇少，但是，有关性比例失调的间接史料屡见于史书，如《墨子·辞过》载战国时期有“男多寡无妻，女多拘无夫”现象，《史记·货殖列传》载秦汉时期江南地区有“丈夫早夭”现象，谢承《后汉书》载西汉后期燕赵地区有“三男共娶一女”现象，《太平经》载东汉后期社会有“男多而女少不足”现象，樊绰《蛮书》载唐朝西南地区有“多女少男”现象，清代赵翼之《簷曝杂记》载甘肃省有“多男少女”“兄弟数人合娶一妻”现象，等等。这些现象都属于我们今天人口学概念中性比例失调的范畴，都是直接或间接影响中国古代人口繁衍的重要因素。那么，中国古代社会产生这种失调问题的具体原因是什么呢？我认为既有政治、经济、文化、风俗习惯等人为化和社会性因素，又有自然条件、生存环境恶劣等因素造成的地域化差异。

二

（一）因自然环境恶劣而造成的性比例失调问题

在宗法观念、宗法制度十分严格的中国古代，男性是维系家庭和血缘关系的根本因素，因此，早在三代时期，人们已形成很强的重男轻女的思想，《诗经·小雅·斯干》中的“乃生男子，载寝之床，载衣之裳，载弄之璋，其泣喤喤，朱芾斯皇，室家君王。乃生女子载寝之地，载衣之裼，载弄之瓦，无非无仪，惟酒食是议，无父母诒罹”就是很好的证明。到了春秋、战国时期，社会更是形成了“产男则相贺，产女则杀之”①的风气，然而，这种种做法和风气还是不能改变劳动生产过程中成年男性高死亡的局面，其主要原因，就是经常性地受到生产力水平低下和自然环境恶劣的共同影响。众所周知，生产力就是人类适应自然和改变自然的能力，而能够体现生产力水平高低的是劳动工具，从三代到明清，无论是农业生产技术，还是手工业生产技术都有一定的提高，但是，终不能脱离简单地重复性劳动、“人海战术”和缺乏劳动保护措施的生产模式，而且，有很多的劳动工具几千年一贯制。在这种简单、重复、缺乏劳动保护作业和使用陈旧劳动工具的生产条件下，大量的成年男性劳动力的死亡是不可避免的。同时，社会生产力的水平越低，自然环境对人类的制约力就越强，如中国古代的采矿业、冶铸业、造船业等手工业，大都布点于山高路远、条件恶劣的边远地区，受恶劣的自然环境和社会生产力极为低下的共同制约，成年男性的高死亡更是难以避免。据《周礼·职方》载，西周统治初期，全国范围内普遍存在着程度不等的性比例失调问题(男)74:(女)100，天下九州之中除雍州、冀州外，其余七州的人口中都有女多男少的现象，而扬州、荆州女多男少的现象尤为严重，其性比例分别为(男)40:(女)100、(男)50:(女)100。扬州、荆州远在长江流域，在西周灭商纣的战争中受到的影响最少，战争消耗其男性的因素几乎不成立，所以，扬州、荆州女多男少的主要原因只能归结为社会生产力水平低下和自然环境恶劣这两个方面了；《史记·货殖列传》载“楚越之地，地广人稀，饭稻羹鱼，或火耕水耨”，可见，与黄河流域相比，江南地区采用的还是“火耕水耨”的落后生产方式，再加上“江南卑湿”的恶劣环境，“丈夫早夭”是必然的。再例如，公元8世纪南诏国阁罗凤在位期间，由于自然条件十分恶劣，性比例失调问题非常严重，据唐樊绰《蛮书》载其部民“裸形蛮”聚居地区，“多女少男，无农田，无衣服，惟取木皮以蔽形，或五妻十妻其养……”，从而证明这一时期云南地区确有女多男少的现象存在。

(二)因战争而造成的性比例失调问题

历史上的战争，无论规模大小，无不对人口的自身发展产生轻重不同的影响，以往曾有人根据历史资料对全球的战争进行过统计：从公元前1496到1861年，人类共打了3130年的战争，仅有227年人们才生活在比较平和的环境里②。中国也没有能逃脱战争对她的残酷蹂躏，而且持续数十年、杀伤数十万甚至上百万的大战争屡见于史册③。如《逸周书·世俘解》载周武王伐商，共杀死、俘虏殷商国人48万多，

---

① 《韩非子·六反》。

② 高学训：《全世界军事精粹》，国防大学出版社，1990年。

③ 葛剑雄：《中国人口发展史》，福建人民出版社，1991年。

占晚商人口总数780万的十六分之一[①]。再如在战国后期到秦始皇完成统一全国的战争期间,见于史书记载的死亡人数达三四百万。如此惨烈的战争,对当时的人口繁衍产生了巨大的负面影响。其具体表现如下:

1.在战争的准备和进行当中,需要数倍于军队实际人数的精壮劳动力进行后勤保障工作,这种费工费时的保障工作,使得大批男性婚姻失时,社会上也会出现高女性率,而高女性率的出现,实际上就是一种特殊的性比例失调现象。如汉武帝在位前期,连年征伐,仅对匈奴的战争就持续了30多年,动用的汉军最多达30多万,最少也有数万人;同时,武帝还征发数倍于军队的农民转运粮食给养,并多次征调农民到边境筑城、屯田,如元朔二年(前127)兴十万余人迁徙朔方,元狩四年(前119)迁徙山东贫民72万到新秦中等地。由于大批的农民被迫离开了土地或家园,奔波于千里迢迢之外,所以武帝"外事四夷,内兴功利"[②]的举措,不仅浪费了汉代大量的人力物力,而且也使百万人以上的丁壮男性丧失了婚配或生育的机会,这难道不是因战争而造成的性比例失调问题吗?

2.战争开始以后随着战争的深入,交战双方大批男性死于战火,从而使社会上出现一代甚至几代人的性比例失调问题,例如炀帝在位期间,除赋税和徭役十分繁重外,还大事征伐四方:东征流求,"士卒深入,蒙犯瘴疠,馁病而死者十八九,西讨吐谷浑,士卒死者十二三焉"[③];大业八年(612)起又连续三次侵伐高丽,第一次发兵为113万人,先锋宇文述所部30万5千人渡过鸭绿江,因萨水战败,"及还至辽东城,唯二千七百人"[④],其他两次对高丽的战争,也以隋军的惨败而告终。隋炀帝大规模的征调和战争,不仅使得"耕稼失时,田畴多荒"[⑤],社会经济遭到严重破坏,而且也直接导致了隋末农民大起义的爆发。在隋统治的最后十几年的战乱中,往日社会经济十分繁盛的黄河流域,呈现出"宫观鞠为茂草,乡亭绝其烟火,人相啖食,十而四五"[⑥]的惨象。李唐代隋之后,又进行了长达11年之久的统一战争,到贞观初年时,黄河流域更加荒凉,连当时的重臣魏徵上书唐太宗时都说:"今自伊、洛以东,暨乎海岱,灌莽田泽,苍茫千里,人烟断绝,鸡犬不闻,道路萧条,进退艰阻。"[⑦]可见自隋后期到李唐初期人口损耗有多么严重。在以上所举的历次战争中,男性的死亡,尤其是丁壮男性死亡尤为严重,所以,在隋末、唐初所损耗的人口中,丁壮男性应占有其中很大的比例,这样的结果,必然造成唐初年女多男少的性比例失调问题,而唐初女

---

① 宋镇豪:《夏商人口初探》,《历史研究》,1991年第4期。

② 《汉书·食货志》。

③ 《隋书·食货志》。

④ 《隋书》卷61《宇文述传》。

⑤ 《资治通鉴》卷181《隋纪》。

⑥ 《隋书·食货志》。

⑦ 《旧唐书·魏徵传》。

多男少的局面也必然会成为唐朝人口增长的不利因素。事实证明:虽然唐初,尤其是唐太宗时期颁布许多发展生产、鼓励人口生育的政策法规,采取“均田制”、租庸调制等与民休息的措施,出现了历史上少有的“贞观之治”的盛世,但是,由于女多男少的限制,唐朝直到开元二十二年(734),人口才达到隋朝人口最盛时(大业五年,即609年)4600多万的记录。按唐律“男十五,女十三以上得嫁娶”规定计算,大约三十年为一代人,而唐代人口正好经历了四代人的努力,才达到隋朝人口最盛的记录,这不正好说明性比例失调是限制人口增长的重要原因吗?

(三)因徭役而造成的性比例失调问题

众所周知,徭役是古代国家强迫平民(主要是农民)从事的无偿劳役,一般有力役、军役及其他杂役的区别。中国古代的徭役起源很早。《礼记·王制》中就已有关于西周征发徭役的规定,《孟子》中也有“力役之征”的记载。不过三代以前,国家的徭役负担较轻,所谓“古者使人,岁不过三日”①就是例证。随着时间的推移,国家疆域的扩张和统治者个人私欲的极度膨胀,封建国家越来越频繁地强迫农民为其从事繁重而无偿的劳役,这不仅使农民不得不常年累月奔波在外,影响农业生产的发展,而且负担徭役的多是丁壮男性,他们背井离乡地出外服徭,必然影响婚配和生育事实的完成,这实际上也是一种性比例失调问题。例如:秦统一六国后没有采取任何与民休息、发展生产的措施,反而更变本加厉地奴役广大农民,在秦王朝统治的短短二十几年里不仅农民的租税负担“二十倍于古”,而且农民的力役负担也“三十倍于古”②,秦朝除修建“东西一百步,南北五十丈,上可以坐万人,下可以建五丈旗”③的阿房宫和动用“吏徒数十万人旷日十年”,建成“下彻三泉,合采金石,冶铜锢其内,漆涂其外,被以珠玉,饰以翡翠,中成观游,上成山林”④的规模庞大、极尽奢华的骊山墓外,还有许多大规模的徭役征发,其中如筑长城、开灵渠、戍边塞、修驰道等,虽然它们在客观上对国家统一有一定的积极作用,但由于秦王朝是短期内百役并兴,且旷日持久,则必定占用生产、生活领域中大多数丁壮男性。据统计,秦朝全国人口约两千万,而每年被迫服役的不下二百万人⑤。按正常的性比例计算,秦朝的男女各半;在一千万人男子中,老年、稚童、少壮(十五始服役、六十岁老免)各占三分之一,这就是说秦朝三百万左右的少壮男子之中,每年至少有二百万人不得不去服役;按同样的计算方法,秦朝成年女性也应有三百万人左右,那么除去二百万成年男子服役的因素后,秦朝成年男女的实际比例应在(男)67:(女)100左右。这么严重的性比例失调问题,怎么能不影响人口的繁衍呢?无怪乎当时的歌谣这样唱道:“生男

① 《晋书·范宁传》。
② 《汉书·董仲舒传》。
③ 《史记·秦始皇本纪》。
④ 《汉书·贾山传》。
⑤ 白寿彝、高敏、安作璋主编之多卷本《中国通史·秦汉卷》上册。

慎勿举，生女哺用脯，不见长城下，尸骸相支柱。”①暴君隋炀帝在位期间，也是无休止地滥征徭役：掘长堑、筑西苑、建东都、开运河、修长城、治离宫等不一而足，每一项工程大的要役使一二百万人，少的也要征发一二十万人，而且有时几项工程还同时并举，以致“丁男不供，始以妇人从役”②，死者不计其数。单就营建东都时，由于东都“役使促迫，僵仆而毙者十四五焉，每月载死丁，东至城皋，北至河阳车相望于道”③。隋炀帝修东都，“每月役丁二百万人”，到东都建成后，役丁就死亡八十万到一百万。

当然，在漫长的封建社会里，徭役征发的对象，并不完全都是丁男。在统治者剥削程度极度加重，或人口总量较少，可供征发徭役的丁男又缺乏之时，丁女也往往成为徭役的征发对象。丁女服役与丁男服役一样也会影响人口的繁衍，只是影响的程度有轻重之别。例如秦隋两朝在大规模征用丁男以外也都使用过丁女服役，秦每年征发二百万以上的丁男服役，所以秦的大部分农业生产和家庭手工业的重任只能落在丁女身上，再加上秦在对匈奴、岭南十几年的征战中，丁女充当着后勤保障的重任，《汉书·严安传》载：“秦王……使蒙恬将兵以攻强胡，辟地进境，戍于北河，飞刍挽粟，以随其后同，又使尉屠睢将楼船之士攻越，使监禄凿渠运粮，入越地……行十余年，丁男被甲，丁女转输，苦不聊生，自经于道树，死者相望。”可见，在秦王的暴政下，丁女的损失也十分惨重，以至到汉初，黄河南北的广大地区出现了男多女少的性比例失调问题。④《汉书·惠帝纪》所载惠帝诏令“女子年十五以上至三十不嫁，五算”就是证明。汉代对成年人每年征一百二十钱的算赋，对商人和奴婢征收二百四十钱的算赋，而对“女子年十五以上至三十不嫁”者，惠帝却征收六百钱的算赋，我们认为惠帝此举，除了反映鼓励早婚早育的政策外，还反映了当时社会男多女少的现状，反映了惠帝极为反感社会上以未婚女子为奇货，借婚姻之机横加敛财的做法。同时，汉代盛行的妇女再嫁改嫁之风⑤，汉初后妃出身的低贱以及文帝在位期间多次下令放免“后宫美人令得嫁”⑥的做法，也从侧面反映了汉代男多女少的性比例失调问题。与秦汉相对比，隋唐时期的性比例失调问题又有不同的特点。隋朝虽然也使用丁女服役，但是时间较短，规模也要小一些，再加上隋朝人口基数大，人口数有4600多万，比秦朝人口多一倍以上，所以，丁女的损失程度较轻，延至李唐，社会才出现女多男少的局面。

---

① 《长城谣》。

② 《隋书·食货志》。

③ 《隋书·食货志》。

④ 《史记·货殖列传》载“江南卑湿，丈夫早夭”，加之江南受战争的破坏较少，故汉初江南仍维持女多男少局面。

⑤ 彭卫：《汉代婚姻形态》，三秦出版社，1988年。

⑥ 《汉书·文帝纪》十二年冬二月诏令：“出孝惠后宫美人，令得嫁。”

（四）因统治者多妻制而造成的性比例失调问题

中国古代最高统治者的后宫制度历来都是很完备的。《礼记·昏义》载："古者天子后立六宫，三夫人，九嫔，二十七世妇，八十一御妻。"所以，远在春秋、战国之交，著名的思想家墨翟就对此提出了严厉的批评，他说："当今之君，其蓄私也，大国拘女累千，小国累百，是以天下之男多寡无妻，女多拘无夫，男女失时，故民少。"并尖锐地指出："君实欲民之众而恶其寡，当蓄私不可不节。"[①]然而，统治者为了自己荒淫无耻和毫不节制的生活，根本不会考虑人民的生活，更不可能接受墨翟一厢情愿的政治主张。首先，从史书记载看，历代统治者后宫的妃嫔人数有增无减，如秦"除皇后，自昭仪以下，秩至百石凡十四等"[②]。到西汉，除上承秦之称号外，还有美人、良人、八子、长使、少使之号；至武帝，制婕妤、侄娥、容华、元使各有爵位，而元帝加昭仪之号，凡十四等[③]。其次，统治者除拥有数目众多的妃嫔外，还在皇宫内霸占了成千上万的宫女。如秦始皇的后宫中有列女万余人；汉武帝时，又多娶好女，至数千人以充后宫；三国时，吴孙皓"后宫数千，而采择不已"，其后又增至万余；西晋武帝"内宠甚众，掖庭多至万人"；到穷奢极欲的隋炀帝刚即位时，即营建西苑，内有宫女上万人，"游江都，从幸宫掖，常十万人"[④]。其次，从历代宫掖的来源看，统治者霸占妇女的手段极为无耻。如荒淫侈靡的晋武帝在泰始九年（273）"诏聘公卿以下子女，以备六宫采择，未毕，权禁断婚姻"[⑤]；"太康二年（281）诏选孙皓妓妾五千入宫"。更有甚者，为了霸占女色，某些统治者竟然厚颜无耻地抢夺吏民妻子，如魏明帝"录夺士女前已嫁为吏民妻者，还以配士，既听从生口自赎，又简选其有姿色者，内之掖庭"[⑥]。又如五胡乱华时，石季龙曾"夺人妇九千余人"，"百姓妻有美色，豪势因胁之率多自杀"，"自初发至邺，诸杀其夫及夺而遗之，缢死者三千余人"[⑦]。手段之毒辣，影响之恶劣，无不令人发指。当然，统治者有时也会根据社会状况对采选宫女作某些调整，如朱元璋洪武二十九年（1396）规定："所取女子，除富豪不用，其余不问贫难之家，女子年十五至二十岁，送进洒扫宫院……其在京军民之家，有女子及无夫妇人能写会算者，不论贫富丑陋，皆许进用，赏与前同，不许将体气恶疾及已曾进到者一概进来。"[⑧]估计朱元璋此举可能与长江中下游遭受战争破坏严重，女性人口较少的原因有关。

---

① 《墨子·辞过》。

② 《史记·秦本纪》注引《正义》。

③ 《汉书·外戚传》。

④ 《隋书·食货志》。

⑤ 《晋书·武帝纪》。

⑥ 《三国志·魏书·明帝纪》引《魏略》。

⑦ 《魏书·石季龙载记上》。

⑧ 《明会典》卷37。

与最高统治者的皇宫对照,历代达官贵人的府第之中妻妾成群的现象也非常严重,而且贵族之间豪侈相竞、以多为尚之例举不胜举。如两汉公卿豪民以蓄妾相尚,据《盐铁论·散不足篇》载:“今诸侯(妻妾)百数,卿大夫十数,中者侍御,富者盈室,是以女或旷怨失时,男或放死无匹。”另据《后汉书·仲长统传》载:“豪人之室连栋数百膏田满野,奴妇千群……妖童美妾,填乎绮室。”进入魏晋南北朝,豪门权贵竞相蓄妾之风愈演愈烈。如《洛阳伽蓝记》载“石崇伎妾千余人”,《晋书·陶侃传》载“(侃)媵妾数十,家僮千余”,《晋书·殷仲文传》载“后房伎妾数十,丝竹不绝音”。南朝门阀士族更是侈风相承,姬妾益盛:《宋书·南郡王义宣传》载其“多畜嫔媵后房千余,尼媪数百”,《宋书·臧质传》载其“据妾百房,尼僧十计,败道伤俗,悖乱人神”。又《梁书·曹景宗传》载:“景宗好内,妓妾至数百,穷极锦绣。”北魏献文以后,社会风气渐趋侈靡,贵族公卿蓄妾之盛丝毫不亚于南朝:《魏书·献文六王列传上》载:“(咸阳王)姬妾数十,意尚不已。(高阳王雍)伎侍盈房。”

从以上所列举的十几个事例中可以看出,中国历代最高统治者和达官贵人霸占了当时社会上众多的女性人口,这对当时社会的人口繁衍造成了极大的危害。首先,统治者虽然霸占了众多的女性,但真正能够有生育机会的女性却寥寥无几,正因为这众多女性只有很少的婚姻机会,则必定造成社会上局部范围内的性比例失调问题,从而影响了人口繁衍。其次,每一历史时期社会上女性人口数是一定的统治者霸占的女性多,社会上就必然会有与之相当的男性处于无妻状态,有时成年男子为了完成婚姻和解决生理上的需要,不得不数人合娶一妻。如西汉后期,燕、赵之间便有一妻多夫的现象。据《太平御览》卷 231 引谢承《后汉书》载:“范延寿,宣帝时为延尉。时燕、赵之间有三男共娶一女,生四子,长,各求离别,争财分子……至闻于县,县不能决。”成书于西汉后期的《焦氏易林·节》中也记述了类似的现象。西汉后期之所以出现这种一妻多夫现象,与当时宫庭和达官贵人府第中多蓄养燕赵女子有极大的关系①。另据清代赵翼之《詹曝杂记》载:“甘(肃)省多男少女,故男女之事颇阔略。兄死妻嫂,弟死妻女,比比皆是……有兄弟数人合娶一妻者。”可见迟至清代,中国的边远地区仍有一妻多夫现象。

(五)因杀婴行为而造成性比例失调问题

中国古代社会各个历史时期都有程度不同的杀婴行为,且这种杀婴行为不仅仅限于杀溺女婴,有时杀溺男婴的现象也很多见。虽然杀溺男婴的做法,与儒家思想和历代统治者增殖人口的政策相违背,但是在不同历史时期、不同历史背景下的杀溺男婴现象还是屡见于史册。如汉武帝时期“重赋于民,民产子三岁则出口钱,故民重困,至于生子辄杀”②。汉宣帝时,由于“聘妻送女无节,则贫人不及,故不举子”③。

---

① 彭卫:《汉代婚姻形态》,三秦出版社,1988 年。

② 《汉书·贡禹传》。

③ 《汉书·王吉传》。

到东晋，由于徭役负担十分沉重，百姓中致有“生子不复举养，鳏寡不敢妻娶”①的现象，降至北宋，民间为了规避丁税，“往往生子不举”②。

相对于杀溺男婴的做法，中国古代社会杀溺女婴的恶习则起源更早，这其中除中国古代重男轻女思想的原因外，还和统治者的剥削政策有密切关系。成书于东汉中后期的《太平经》载：“天下失道以来，多贱女子，而反贼杀之”，以致女婴大量死亡，从而造成了东汉后期“男多而女少不足”③的社会问题。正是由于这个社会问题，不仅使人口的繁衍受到遏制，而且也造成了魏晋时期十分严重的性比例失调问题。《三国志·魏书·后妃传》载曹操的夫人郭氏约束宗族不要纳妾，其原因是“今世妇女少，当配将士，不得因缘娶以为妾”；同书《杜畿传》注引《魏略》载杜畿和赵俨相继做河东太守时，曾多次录夺民间寡妇和士妻之寡者以嫁士家④；西晋武帝在泰始九年(273)下诏令“制女年十七父母不嫁者，使长吏配之”⑤，不仅如此，西晋武帝还在咸宁元年(275)下诏“以将士应已娶者多，家有五女者给复”⑥，想借减免赋税的办法来奖励百姓多育女儿。

(六)因人牲、人殉及守丧习俗所造成的性比例失调问题

中国古代各个历史时期有不同的丧葬制度，它们或多或少地影响着当时的人口繁衍，造成了一定范围的性比例失调问题，其具体表现在以下两个方面：1.三代直至秦王朝时期，由于统治者残酷的人牲、人殉暴行而造成的性比例失调问题。作为奴隶制社会，三代时期奴隶主的人牲、人殉现象十分严重，殷商卜辞中记载的“伐羌”“刖羌”，一次便要杀死几个到几十人，卜辞中所谓妾、沉妾、伐妾，指的就是以斩杀女奴隶祭祀神灵的几种仪式⑦。据胡厚宣先生研究，殷商卜辞中反映商代统治者用羌人做人牲的达 7426 人之多，其中最多的一次便杀了 400 个羌人作祭品，而卜辞中记载以女奴作为祭品的只有 173 人，另有 68 条未记人数⑧。另据 1976 年考古工作者在安阳武官村殷商王陵区发掘的 191 个商代祭祀坑，这些祭祀坑共埋葬奴隶 1178 人；同时，通过对人骨的性别年龄鉴定后考古工作者发现这些人骨中绝大多数为 15—35 岁的青壮年男性，此外还有少数的青年女性和 14 岁以下的儿童⑨。春秋、战国时期社会上的杀殉现象更为普遍，由于“天子杀殉，众者数百，寡者数十，将军、大

---

① 《晋书·范宁传》。
② 《蔡忠惠公传》卷 22、《应斋杂著》卷 1、《东莱吕太史文集》卷 3 均有记载。
③ 《太平经·分别富贵法》。
④ 高敏：《曹魏士家制度的形成与演变》，《历史研究》，1989 年第 5 期。
⑤ 《晋书·武帝纪》。
⑥ 《晋书·武帝纪》。
⑦ 翦伯赞：《中国史纲要》，第一册，人民出版社，1982 年。
⑧ 胡厚宣：《中国奴隶社会的人殉和人祭》，《文物》，1974 年第 8 期。
⑨ 《安阳殷墟祭祀坑人骨的性别年龄鉴定》，《考古》，1977 年第 3 期。

夫杀殉，众者数十寡者数人"[①]，所以遭到社会上许多有识之士的严厉谴责。到二世统治时期，为了埋葬始皇帝，二世下令始皇后宫凡无子者，一律殉葬；同时，为了防止工匠泄密，二世还下令将全部工匠闭死在墓内[②]，故史称秦始皇葬于郦山之阿，曾"多杀宫人，生埋工匠，计以万数"[③]。2.丧葬制度中十分烦琐的守丧规定影响了人口的繁衍，造成了一定时间范围内的性比例失调问题。按照儒家礼法，"君死，丧之三年；父母死，丧之三年；妻与后子死者，五皆丧之三年。然后伯父、叔父、兄弟、孽子其族人五月，姑姐甥舅缘皆有月数。则毁瘠必有制矣，使面目陷陬，颜色黧黑，耳目不聪明，手足不劲强，不可用也。又曰上士操丧也，必扶而能起，杖而能行，以此共三年。若法若言，行若道，苟其饥约，又若此矣，是故百姓冬不仞寒，夏不仞暑，作疾病死者，不可胜计也。此其为败男女之交多矣"[④]。在丧期中的男女，不仅需要缩减衣食，抑忧寡欢，而且还严禁谈婚论嫁、生儿育女。由于古代社会丧期太长，居丧名目繁多，且丧期内严禁婚嫁的规定为历代法律所重视，所以守丧之礼必然造成成年男女的婚嫁失时，从而形成一定时间范围的性比例失调问题。

（七）因婚姻制度或婚姻习俗而造成的男女性比例失调问题

各个历史时期，既有不同的政治制度，也有与之相适应的不同婚姻制度或婚姻习俗，它们共同决定了占据当时社会主流的婚姻行为的完成。但是，由于历史的局限性和制度本身的片面性，必然会对当时人口的繁衍产生影响，并可能由此衍生出新的性比例失调问题。试举例加以说明：魏晋南北朝时期是豪门士族对社会政治、经济长期垄断、控制的时期。在这一时期里，豪门士族为了维护自己至高无上的政治地位，便千方百计地限制其他阶层的介入，这一时期的婚姻制度和婚姻习俗即反映了这一特点。如北魏文成帝、孝文帝曾多次下令严禁百工卑姓与贵族吏民为婚，就是很好的例证。据《魏书·高宗文成帝纪》载：和平四年（464）诏："夫婚姻者，人道之始，是以夫妇之义，三纲之首，礼之重者，莫过于斯，尊卑高下，宜令区别。然中代以来，贵族之门，多不率法，或贪利财贿，或因缘私好，在于苟合，无所选择，令贵贱不分……今制，皇族、师傅、王公侯伯及士民之家，不得与百工伎巧卑姓为婚，犯者加罪。"北魏孝文帝在位期间又分别于太和二年（478）和太和十七年（493）两次下诏再次强调文成帝之令，太和二年五月诏："皇族贵戚及士民之家，不顾氏族下与非类婚偶，先帝亲发明诏，为之科禁，而百姓习常，仍不肃改。朕今宪章旧典，只案先制。著之律令，永为定准，犯者以违制论。"[⑤]太和十七年九月下诏："厮养之户不得与士民

① 《墨子·节葬下》。

② 司马迁：《史记·秦始皇本纪》，中华书局，1959 年。

③ 《汉书·刘向传》。

④ 《诸子集成·墨子·节葬》上海书店，1986 年第 7 期。

⑤ 《魏书·高祖孝文帝纪》。

婚。”①从文成帝、孝文帝三条诏令看，至少是在文成帝到孝文帝统治的四五十年间，“皇族、贵戚及士民之家，不顾氏族下与非类婚偶”已颇成风俗；同时，从深一层看，北魏的“皇族贵戚及士民之家”存在着男多女少的性比例失调问题，否则他们怎么肯自降身价而与“百工伎巧卑姓”相婚偶呢？

关于这一点笔者统计过《魏书·皇后列传》：北魏时期共有皇后28人，其中四分之一的皇后是微贱出身或坐事入宫者；另从孝文帝太和三年(479)春秋两次放免宫女，以配代郡(今大同附近地区)鳏贫之人看，北魏鲜卑族确实存在着男多女少的性比例失调问题。而文成帝、孝文帝多次下诏严禁“皇族贵戚及士民之家”与“百工伎巧卑姓”为婚，并诉诸法令，必然使民间很多适龄男女不敢婚嫁，这难道不是因北魏婚姻制度的局限性、片面性而造成的新的性比例失调吗？

又如东晋南朝盛行财婚习俗：据《晋书·阮籍传附从子修传》载：“修居贫年四十余，未有室，王敦等敛钱为婚。”《宋书·颜延之传》载：“颜延之，字延年，少孤贫，居负郭，室巷甚陋，好读书……年三十，犹未婚。”《梁书·刘勰传》载：“刘勰，字彦和，东莞莒人……早孤，笃志好学，家贫不婚嫁，依沙门僧，与之居处，积十余年。”《南齐书·刘王献传》载：“刘王献……宋大明四年举秀才……住在檀桥，瓦屋数间，上皆穿漏……年四十余，未有婚对。建元中，太祖与司徒褚为娶王氏女。”从上面四例看，东晋南朝盛行财婚习俗，守贫者虽博学知名之士亦不能得妻。可见，财婚习俗的盛行，使东晋南朝出现了新的性比例失调问题。

(八)由于古代社会宗教信仰而造成的性比例失调问题

宗教，作为一种特殊的社会文化现象，在特定的历史时期和一定的历史背景下，也会影响人口的繁衍，从而造成古代社会因宗教信仰而衍生出新的性比例失调问题，如魏晋南北朝佛教大为盛行，据李唐法琳《辩证论》载：南朝到萧梁时，共有僧尼82700人，比东晋时寺院增加一千余所，僧尼数量增加三倍多；另据《魏书·释老志》载，北魏孝文帝太和元年(477)时魏全境寺院6478所，僧尼77258人；到宣武帝延昌中(512—515)，寺院增加一倍多，达到13272所；又经过30多年，到东魏末年，魏“僧尼大众二百万矣，其寺三万余”。又例如在藏传佛教十分兴盛的西藏地区，喇嘛的人数在总的人数中占有很大的比例，据清代《藏志》载，乾隆元年(1736)西藏地区的喇嘛人数占西藏总人口的31.5%—33.7%；而内蒙古地区，在明、清数百年间，蒙古族喇嘛也占蒙古族人口的三分之一②。由此可见，中国古代大量寺院的修建，不仅浪费了巨大的社会财富，影响了社会的进步程度，而且也使得从佛教传入中国后历朝历代都有数以万计僧侣由此丧失了婚配生育的宝贵机会，从而形成了因宗教信仰而产生的性比例失调问题。

---

① 《魏书·高祖孝文帝纪》。

② 张天路：《西藏人口的变迁》，中国藏学出版社，1989年。

三

综上所述,形成中国古代社会的性比例失调问题的原因很多,既有自然条件方面的因素,又有社会方面的因素;而其中经常占据主导地位的还应当是社会方面的因素。同时,与形成性比例失调的诸多因素相对照,中国古代的性比例失调问题也表现出两个显著的特点,即绝对化与相对化的区别。如战争、徭役、杀婴、杀殉等造成人口大量死亡,从而形成永久性、绝对化性比例失调;战争、徭役等在一定时间范围内占用大量劳动人口或因守丧、婚姻制度、婚姻习俗延缓婚嫁时间,而形成的暂时性、相对化性比例失调问题。而且,这两种性比例失调问题贯穿中国古代历史始终,对中国古代人口的繁衍起了巨大的作用。此外,从另一个侧面看,不同历史时期的性比例失调问题,还可划分为一定阶段的、一定民族的、一定地域的和一定时间范围的性比例失调问题。这几种类型的性比例失调问题,或同时出现,或单独作用,无不以自己特有的方式影响了中国古代的人口繁衍。

(本文最早以《从性比例失调看中国古代人口繁衍的稳定性与曲折性》为题,于1996年8月在广州中山大学举行的“中国秦汉史学会第七届年会暨国际学术讨论会”上公开发表,受到当时学术界前辈及同行高度赞扬。最值得牢记的是《中国经济史研究》杂志的原主编、著名经济史专家李根蟠先生对拙文的修改与提高做了详细的点评;西北大学原校长、中国思想史权威专家张岂之先生,中国社会科学院历史所原党委书记、著名的历史学家和现任社科院历史所学部委员林甘泉先生,都对我个人进行过十几年悉心的指导,这些都令我至今难以忘怀!同时,蒙《史学月刊》朱绍侯先生、李振宏教授不弃,拙文得以在粗略修改后发表,特致感谢!)

从性比例失调看南越国的建立与巩固

在秦汉史研究中，关于南越国的诸多问题，国内许多专家都做过深入细致的研究。但是，从性比例失调问题入手来探讨南越国的建立和巩固，前人及今人都没有很好地做过这一工作。鉴于此，我觉得有必要提出自己的见解。

在南越国的建立和巩固过程中，性比例失调起了极为特殊的作用。这种失调不仅存在于广大的岭南越人居住区，而且在秦代征服岭南的中原人当中也十分突出。正是由于越人和来到岭南的中原人中都存在性比例失调问题，就为南越国的建立和巩固提供了必不可少的契机。那么，在岭南地区的越人和中原人中到底存在怎样的性比例失调？这种失调又是怎样为南越国的建立和巩固提供契机？下面将分别论述之。

一、秦汉前期岭南地区的性比例失调问题

众所周知，岭南作为一个历史地理名称，主要是指今天湖南、广西、江西、广东等省区交界的五岭以南地区，即包括今广东、广西、海南三省区和越南北部的广大地区。这一地区在“禹平水上，定九州，计民数”①时，属于九州之中扬州的管辖区域，裴骃的《史记集解》称岭南为“扬州之南越也”，唐代张守节的《史记正义》也称岭南“本属扬州，故称扬越”。就是这个扬州古地，很早就有女多男少的性比例

① 《史记·夏本纪》，中华书局，1959 年。

失调问题。据《淮南子·隆形训》载:夏禹“定九州,计民数”时,扬州名“曰大穷,曰众女”,《太平御览》注此条称其“民少男多女”。到西周统治时初期,扬州仍维持女多男少的性比例失调状况。据《周礼·职方》载,当时全国范围存在着程度不同的性比例失调①:

扬州	二男五女	荆州	一男二女
豫州	二男三女	青州	二男三女
兖州	二男三女	雍州	三男二女
幽州	一男三女	冀州	五男三女
并州	二男三女		

九州之中,除雍州、冀州存在男多女少的性比例失调问题外,其余七州的人口中都有女多男少的现象,而幽州、扬州、荆州女多男少的现象尤为突出,其中扬州的性比例为(男)40:(女)100。岭南地属扬州,所以有理由认为岭南地区在夏禹至西周初年无疑也存在女多男少的现象。另据《史记》《汉书》等典籍的记载,至迟到秦汉前期,长江以南包括岭南地区的女多男少现象仍没有改变。《史记·货殖列传》载,“楚越之地,地广人稀,饭稻羹鱼,或火耕而水耨”,并且有“丈夫早夭”的现象。这说明秦汉前期的“楚越之地”与采用先进农耕技术的中原地区相比,还处在使用“火耕而水耨”的原始、落后的生产方式阶段,再加上“南方暑湿,近夏瘅热,暴露水居,蝮蛇蠚生,病疠多作”②的环境,越人生存条件的恶劣是难以想象的。③ 此外,根据现代医学研究的成果和现代人口的统计资料,男女染色体方面的差异(男子的染色体为XY,女子的染色体为XX),使男子的一生中,在出生率、存活率、抗病率、忍病率、事故率及长寿率等方面都比女子低数个百分点。由此我们可以想见在缺乏医疗条件和生命保障的秦汉前期,在恶劣的自然条件和落后的生产方式下,岭南越人出现“丈夫早夭”现象,具有其必然性。

与秦汉前期岭南地区越人有女多男少的失调问题相对应,秦王朝征服岭南的中原人中存在男多女少的性比例失调问题。

众所周知,秦始皇南征岭南的大规模军事行动最早开始于秦将王翦率领60万大军进攻楚国,“掳荆王负刍”④,灭楚国之后。这些军事行动大体可分为以下几个

---

① 《周礼》相传是周公旦所著。康有为《新学伪经考》认为它是西汉末年刘歆伪造。近代学者多认为其是战国时代的作品,但其内容基本上反映的是西周的政治经济制度,这一点似无可疑之处。

② 《汉书·严助传》引淮南王刘安上书言。

③ 高凯:《试论中国古代产生性比例失调问题的原因及其特点》,《史学月刊》,1997年第6期。

④ 《史记·秦始皇本纪》,中华书局,1959年。

步骤:第一步是由秦将王翦“略定扬越,谪戍五万,南守五岭”[①],为秦军大举进兵奠定了基础;第二步为秦始皇命令“尉屠睢发卒五十万,为五军,一军塞镡城之岭,一军守九嶷之塞,一军处番禺之都,一军守南野之界,一军结余干之水。三年不解甲驰弩”[②];第三步是为了保证正常的后勤保障,秦军监御史禄在今湘桂边境的兴安县境内,“又以卒凿渠而通粮道”[③];第四步是秦军在完成军队集结和后勤保障线畅通之后,举兵“以与越人战,杀西瓯君译吁宋”[④],取得巨大的军事胜利,从而逼迫“越人逃入深山丛林,不可得攻”,秦军只得“留军屯守空地,旷日持久,士卒劳倦”[⑤],于是,“相置桀骏以为将,而夜攻秦人,大破之,杀尉屠睢,伏尸流血数十万”[⑥];第五步是秦军转入战略防御,“发适戍以备之”[⑦],更为具体地讲,是派遣“尉佗将卒亦戍越”[⑧];第六步是秦始皇于“三十三年(前214),发诸尝逋亡人、赘婿、贾人取陆梁地,为桂林、象郡、南海,以谪遣戍”[⑨]。至此,秦王朝完成了南征南越的军事行动,并以设置桂林、南海、象郡三郡而胜利告终。之后,为了巩固对岭南三郡的统治,秦王朝又多次移民实边。有明确记载的以谪徙民计有五次:一为秦始皇三十三年“发诸尝逋亡人、赘婿、贾人取陆梁地......以谪遣戍”;二是秦始皇三十四年“谪治狱吏不直者,筑长城及南越地”[⑩];三是秦始皇三十五年“益发谪戍边”;四是秦始皇三十七年“徙天下有罪谪吏民,置南海故大越处,以备东海外越”[⑪];五是陈胜、吴广起义前“不一年”,应赵佗上书之请,“求女无夫家三万人,以为士卒衣补。秦皇帝可其万五千人”[⑫]。总之,秦王朝灭六国、统一天下、在岭南设立三郡之后,第一批谪徙民被派到岭南,他们“与越杂处”,到秦二世元年时已有十三年之久[⑬]。

从上面的史料,我们不难得出以下结论:一是秦始皇统一岭南的进程是十分艰苦的,虽然秦王朝最终完成了征服岭南的大业,但也为之付出了惨重的人员伤亡。

---

① 杜佑《通典》,顾祖禹《读史方舆纪要》,仇池石《羊城古钞》,梁廷楠《南越五主传》均记有此事。

② 《淮南子·人间训》,中华书局,1989年。

③ 《淮南子·人间训》,中华书局,1989年。

④ 《淮南子·人间训》,中华书局,1989年。

⑤ 《汉书·严助传》引淮南王刘安上书言。

⑥ 《淮南子·人间训》,中华书局,1989年。

⑦ 《淮南子·人间训》,中华书局,1989年。

⑧ 《史记·平津侯主父列传》,中华书局,1959年。

⑨ 《史记·秦始皇本纪》,中华书局,1959年。

⑩ 《史记·秦始皇本纪》,中华书局,1959年。

⑪ 袁康:《越绝书》。

⑫ 《史记·淮南衡山列传》引伍被言。

⑬ 《史记·南越列传》,中华书局,1959年。

二是秦始皇统一岭南,采取的是“步步为营”的战略,先有王翦“南征百越之君”①,打开岭南的门户,并派兵五万驻守南雄;然后再由尉屠睢发兵50万大举进攻,从而进入岭南的纵深地区;派监御史史禄开灵渠,以保障秦军的后勤保障;最后才是秦军与越人的多次正面交锋。三是从《淮南子·人间训》与《史记·平津侯主父列传》中对同一事件的记载看,《淮南子》所载秦军“伏尸流血数十万”,显系夸大之词。事实上尉屠睢所率领的50万秦军并未全部战死,而是还有残兵由赵佗率领转入了战略据点的重点防御中。四是自秦始皇三十三年后,秦王朝曾多次徙民实边,“与越杂处”,以达到巩固对岭南统治的目的。

与上面的这些结论,尤其是和秦王朝大批移民岭南的问题相关的,是何维鼎先生提出的自秦始皇三十三年后岭南地区的中原移民多是以家庭形式迁徙的观点。②这种观点具有一定的普遍性,我觉得要了解秦汉前期岭南地区中原人当中的性别构成情况,就必须对这种观点加以澄清。

从《史记·货殖列传》《汉书·晁错传》《史记·淮南衡山列传》和《越绝书》等书的记载看,秦王朝向岭南迁徙的中原人共有九种人。根据西汉晁错的总结:秦王朝“先发吏有谪及赘婿、贾人,后以尝有市籍,又后以大父母、父母尝有市籍者,后入闾取其左”。③ 这里晁错列举了七种人。如果再加上《史记·货殖列传》所载的“诸逋亡人”和《史记·淮南衡山列传》所载的“求女无夫家三万人以为士卒衣补”,那么,他们一共是九种人。其中所谓“诸逋亡人”,根据云梦秦简便可知又包括“盗亡”者、“囚亡”者、兵士亡者、服徭役“逋事”者及“乏徭”者、隶臣妾亡者、刑徒亡者等多种情况,故称之为“诸逋亡人”,他们占迁徙岭南对象中的绝大部分。④ 同时,这九种人中的前八种,又是秦王朝谪戍岭南的对象。戍,是指屯戍边疆之徭役。正常的戍边,又谓之“徭戍”,其名可见于秦简中的《除吏律》;⑤谪,《说文》释之“罚也”。可见,秦王朝时期的谪戍岭南,实际上是采取强制手段把“诸逋亡人”“吏有罪”“赘婿”“贾人”“故有市籍”“父母有市籍”“大父母有市籍”等八种人遣送到岭南执行戍边任务的军事措施。至于谪戍者到达岭南地区的主要任务,卢星先生认为主要有三:一为征战,二为从事各种带有军事性质的劳役,三为守边。⑥ 卢星先生的观点甚有道理。如《史记·秦始皇本纪》载始皇三十四年“谪治狱吏不直者筑长城及南越地”和云梦秦简中《戍律》中规定“戍者城及补城”,均可证明秦代的戍边者确有修筑城

---

① 《史记·秦始皇本纪》,中华书局,1959年。

② 方志钦、蒋祖缘:《广东通史》(上册),广东高等教育出版社,1996年。

③ 《汉书·晁错传》,中华书局,1962年。

④ 参见高敏:《云梦秦简初探》(增订本),河南人民出版社,1981年。

⑤ 参阅白寿彝、安作璋及高敏主编之《中国通史·秦汉卷》,上海人民出版社,1995年。

⑥ 卢星:《试论秦汉谪戍的几个问题》,《江西师大学报》,1988年第4期。

墙、关塞的任务。既然上述八种人均属于秦代谪戍的对象，那么，这些谪戍者从身份和任务上都等同于秦的正卒。从云梦秦简的《戍律》规定“同居毋并行”的政策看，每户已婚男子是不同时服兵役的，须至少留一人在家从事农业劳动。这就说明在秦代正常的兵役制度下，是不可能出现举家服兵役现象的。更何况军队法律的严密性和繁重的防卫任务，也不允许士兵在戍边的同时还能享受到家庭生活的快乐，从而也决定了秦王朝的戍边士卒，只可能是单身男子。另外，云梦秦简中还有两名士兵写的家书，他们在信中都向家里索取钱物以便缝制衣服，或者给丝、布之“可以为禅襦者”。① 这条史料不仅反映出秦代的士卒在服兵役期间的衣服和费用都是自备的，而且，把这条史料与赵佗“使人上书，求女无夫家三万人为士卒衣补”②的史料相对照，便不难看出，如果秦代谪戍岭南的中原人均有妻室，又怎么会需要“使人上书，求女无夫家三万人为士卒衣补”呢？这也从侧面反证了秦王朝谪戍岭南者多为单身男子。诚然，秦代也有“中县之民”迁徙岭南，但是，应当看到当时“中县之民”在全部迁徙岭南的中原人中所占的比例很小，即举家迁徙岭南的“中县之民”很少。关于这一点，唐穆宗时龙川县进士韦昌明所写的《越井记》中的叙述就是很好的例子。韦昌明在他的书中写道：“秦徙中县之民于南方三郡……而龙川有中县之民四家。昌明祖以陕中人来此，已几三十五代矣。”③了解秦汉史的学者都知道，秦始皇统一岭南后所建立的南海郡，共有番禺、龙川、博罗、四会、揭阳五县。龙川县是当时战略地位仅次于番禺的军事要地。秦制：县有民万户以上设县令，民万户以下则为县长。赵佗为龙川令，如龙川人口以每户五口计，则至少有五万人之多，但是，在这样一个有重兵把守的坚固城池中，“中县之民”仅四家，可见秦代谪戍岭南的多是单身男子。

总之，生存条件的恶劣、生产方式的落后等因素，秦汉前期岭南越人居住区有女多男少的性比例失调问题。同时，由于秦王朝派遣至岭南作战、戍边的多是单身男子，所以造成了秦王朝统一岭南后，岭南地区的50万中原人中存在十分严重的男多女少的性比例失调问题。④

二、越人和岭南中原人中的性比例失调在南越国建立和巩固过程中的作用

西汉前期割据岭南的南越国，起于秦汉兴亡之际，存世几达百年之久，时与北方之匈奴冒顿称北强、南劲，在政治、军事上可谓称霸一方、盛极一时。然而，综观南越

---

① 《湖北云梦睡虎地十一座秦墓发掘简报》附录《睡虎地四号墓木牍释文》，载《文物》杂志，1976年第9期。

② 《史记·淮南衡山列传》引伍被言。

③ 《全唐文》，中华书局，1983年。

④ 林剑鸣先生《秦汉史》认为秦始皇先后向岭南发兵100万人左右，我十分赞成此说。考虑战争和疾病的损耗，秦统一岭南后至少还有50万中原人留在岭南地区与越人一起劳动、生活。

国史,它在建立之前的险恶形势丝毫不让人乐观:首先,在赵佗“行南海尉事”之前,“项羽、刘季、陈胜、吴广等州郡各共兴军聚众”①的地区,正是地接岭南的江淮地区。他们割地称王,拥兵纷扰,不仅使中原秦军无暇南顾,而且还截断了岭南秦军的后勤保障供给线,从而使岭南秦军处在弹尽粮绝、缺乏后援的危险境地。其次,五岭地区山高林密,虽有数条通往中原的“新道”,但是“其道如堑”②,崎岖难行,其路况质量远远不能同“东穷燕齐、南极吴楚……道广五十步,三丈而树”③的岭北驰道相提并论。正因为如此,秦军自跨五岭后获取补给十分困难。再次,赵佗初“行南海尉事”时,虽“颇有中国人相辅”,但相对于岭南地区的众多越人来说,“与越杂居”的50万谪戍者很可能还处在少数民族的地位。更何况秦王朝“所置长吏”④并不都服从赵佗的领导,所以,此时的赵佗,既要解决秦军在岭南的后勤保障问题,又要防备在岭南的秦军中可能出现内讧,更要防备岭南的土著越人趁机再一次奋起反抗中原汉人的统治。在此情势下,赵佗“行南海尉事”的当务之急,就是在获得谪戍者的支持的同时,如何迅速获得南越人的拥护。而要得到土著越人的支持,最实用、最快捷的办法,就是采取同越人联姻以促进汉越民族感情的措施。岭南地区自然条件恶劣,“林中多蝮蛇猛兽,夏月暑时,呕泄霍乱之病相随属”⑤,同越人联姻,驻守岭南的秦军可以向他们学习适应这种自然环境的办法。“楚越之地,地广人稀,饭稻羹鱼,或火耕而水耨,果隋蠃蛤,不待贾而足”⑥。越人这种以渔猎为业的生活方式,可以为在岭南的秦军提供解决粮食短缺问题。与越人联姻,还有利于中原地区先进的农耕技术在岭南的传播,有利于越人与中原人在劳动中建立真正的友谊。同时,与越人联姻,赵佗能够利用越人对秦王朝统治的敌对情绪,实现其成为“一州之主”、一国之主的抱负。事实上,赵佗确实采取了“和辑越人”、与越人联姻以促进汉越民族融合的办法。而土著越人中女多男少的性比例失调与岭南中原人中男多女少的性比例失调,为越人与在岭南的中原人的联姻创造了条件。汉越联姻为南越国的建立和巩固创造了和谐的民族团结氛围,这可从以下几个方面看出。

首先,与越人联姻,南越国得以广泛地吸收越人参政、参军。赵佗十分重视与越族上层的联姻。虽然我们今天无法得知他本人在位的67年中是否娶有越妻,但文帝赵眜娶越女为妻,必是在赵佗生前促成的。赵眜在位16年,死后殉葬者之一有右夫人“赵蓝”。有关专家证其为越女从夫姓,且古人尚右,以右为尊,此处之越妻“赵

---

① 《史记·南越列传》,中华书局,1959年。
② 《水经注·洭水》,巴蜀书社,1985年。
③ 《汉书·贾山传》,中华书局,1962年。
④ 《史记·南越列传》,中华书局,1959年。
⑤ 《汉书·严助传》引淮南王刘安上书言。
⑥ 《史记·货殖列传》,中华书局,1959年。

蓝”应为文帝后宫中诸嫔妃之首。①《汉书·两粤传》载南越国末年,南越丞相吕嘉反叛,杀南越王赵兴及太后,“立明王长男越妻子术阳侯封德为王”,可见,明王婴齐除娶中原人摎氏女为王后外,尚有越女为妻。如果我们将这个史料与《史记·南越列传》所载吕嘉“相三王”,其“男尽尚王女,女尽嫁王子兄弟宗室,及苍梧秦王有连”的史料相对照,那么不难看出:“相三王”的吕嘉必是越人首领,他的政治地位应是早在赵佗统治年间便确立了,而且文帝赵眛及明王婴齐所娶之越女为吕嘉之女的可能性极大。所以难怪吕嘉会“居国中甚重,越人信之,多为耳目者,得众心愈于王”,也难怪吕嘉“宗族官仕为吏者七十余人”。由赵氏和吕氏的婚姻群体看,赵佗通过与越人吕嘉家族的联姻,不仅得以吸收以吕嘉为首的众多越人参与南越国国政,并由此达到以越治越和获得越人的支持的目的,而且也通过吕嘉与苍梧秦王的连襟关系,加强了南越国与苍梧秦王赵光的联盟关系。

与南越王室的后宫多采取越女的建制相对应,岭南50万谪戍者也多与土著越人通婚。秦末陈胜、吴广农民起义前一年,赵佗曾使人上书秦皇帝,“求女无夫家三万人以为士卒衣补。秦皇帝可其万五千人”。但是,对50万谪戍者来说,15000名“无夫家”女子不过是杯水车薪,必然会有许多“与越杂处十三岁”②的士卒另寻越女为偶。他们寻觅越女为偶,也为越人充实当地驻军创造了和谐的氛围。1974年在广西平东银山岭,考古工作者曾发掘132座属于秦王朝到南越国时期的越式墓葬群,出土许多实用的如铜戈、铜矛、铜镞等兵器和铁凹口锄、铜或铁的刮刀等生产工具。其中出土的一把“江鱼”铜戈和一支“孱陵”铜矛,都是典型的秦兵器。③古代的平乐地属西瓯,位于湘桂走廊的要冲,是秦军“守九嶷之塞”时由湖南进入广西的必经之地。所以有关专家研究确定,这一百多座墓葬的墓主是留守西瓯的秦军和南越国时期当地屯戍的西瓯族人。④

其次,同越人联姻,使赵佗更有机会糅合越族传统,建立具有浓厚地方色彩的割据自治政权。

由于赵佗“行南海尉事”后推行了与越联姻的政策,从而使南越国在建立和巩固过程中,除政治体制基本上袭秦仿汉外,其他诸如礼制、葬制、乐制和饮食等方面都或多或少地糅合了越族的传统。在礼制方面:“楚之东为断发文身之民,楚之南及西为椎髻之民。”⑤岭南越人的这种“椎髻”之俗,便为赵佗本人所借用。《史记·陆贾列传》载,汉高祖时,陆贾首次出使南越国,“尉佗魋结箕踞见陆生”。《索隐》释魋

① 麦英豪、黎金:《考古发现与广州古代史》,《广州文博》,1990年第3期。

② 《史记·南越列传》,中华书局,1959年。

③ 广西壮族自治区文物队:《平乐银山岭战国墓》,《考古学报》,1978年第2期。

④ 麦英豪:《象岗南越王墓反映的问题》,《岭南文史》,1987年第2期;《考古发现与广州古代史》,《广州文博》,1990年第3期。

⑤ 蒙文通:《越史丛考》,人民出版社,1983年。

结:“谓夷人本被发左衽,今佗同其风俗,但魋其发而结之。”汉文帝元年,赵佗回书文帝自称:“蛮夷大长老夫臣佗。”这说明赵佗在南越国建立和巩固过程中,十分注意尊重越人的民族感情,同时也反映了南越国浓厚的地方色彩。关于这一点,东汉人王充称赞道:“南越王赵佗,本汉贤人也,化南夷之俗,背叛王制,椎髻箕坐,好之若性。”[①]在葬制方面,南越国的墓穴形制、随葬品的组合等均有依照越人习俗的地方。如象岗山南越王赵眜墓中6名殉葬人的铜镜覆面的葬俗,便是越人一种特有的民俗葬俗。[②] 在乐制方面,南越国不仅同时采用了楚地和中原地区的律制,而且也采用了越族特有的乐器和越人的歌舞。如南越王赵眜墓中出土一套8件铜句鑃,就是越人特有的乐器。至于同时出土的两个玉雕舞人,则是赵眜生前后宫之中越女长袖善展、载歌载舞的真实写照。在饮食方面,南越国的中原人对越人的诸多饮食习惯也多有学习之处。如南越王赵眜墓中所出土的食品就是极好的例证。赵眜的墓中出土的食品除有哺乳类中的猪、牛及家鸡、禾花雀外,其他均为水产品,而水产品中又以青蚶、龟足、楔形虎蛤等海产品为最多。[③] 这些出土的食物既从侧面反映了南越国“陆事寡而水事众”[④]“广为水国,人多以辑为食”[⑤]的生活面貌,也反映了南越国中的中原人久处岭南后在饮食习惯、食物品种方面的变化。

再次,同越人联姻,使岭南得以摆脱战争的侵扰,社会经济也获得一定的发展。

在秦王朝统一岭南时,越人对秦人怀有强烈的敌对情绪,他们不仅纷纷逃入山林,“莫肯为秦虏”,而且还“相置桀骏以为将,而夜攻秦人”[⑥]。与此同时,岭南众多的部落越人,还有“好相攻击”[⑦]的陋俗。在此情势下,赵佗作为“与越杂处十三年”的中原人的代表人物,由于能够入乡随俗,与越人联姻、广纳越人为官,所以他很快就能在岭南建立比较稳定的政治秩序和社会秩序,从而大大减少了汉人与越人、越人与越人之间的对立。同时,在安定的政治、社会秩序下,岭南社会经济也获得了发展。这种发展主要体现在铁器的广泛使用,农业、手工业的发展和海外贸易的扩大等几个方面。秦以前,岭南的铁器很少,秦末及南越国时期中原地区的铁器大量引进岭南,使铁器应用于社会生产的各个部门。仅以秦末到汉初古墓中出土的铁器看,广州南越王墓出土铁器246件、广西贵县罗布泊湾1号墓出土铁器25件,平乐

---

① 王充:《论衡·率性》,上海人民出版社,1974年。

② 吕烈丹:《南越王墓的人殉》,《广州文博》,1984年第1期。

③ 黄杰玲:《象岗南越王墓出土动物食品初探》,《广州文博》,1985年第1期。

④ 《淮南子·原道训》,中华书局,1989年。

⑤ 屈大均:《广东新语·舟楫为食》,中华书局,1985年。

⑥ 《淮南子·人间训》,中华书局,1989年。

⑦ 《汉书·高帝传》,中华书局,1962年。

银山岭墓群出土铁器206件,数量、品种之多确属空前。① 铁器的广泛使用,促进了岭南农业的发展。《汉书·两粤传》载,汉武帝南征吕嘉、建德叛乱时,楼船将军杨仆"破石门,得粤船粟"。从这个史料看,南越国时期已有植物粮食取代动物食品为主的趋势。至于当地手工业和海外贸易的发展,南越王墓中出土的1000多件(套)精美绝伦的青铜、铁、玉器等,最具说服力。所以,《铢积寸累——广州考古十年出土文物选萃》总结道:"大量有本地特点的青铜器,说明当时岭南地区铸铜技术已达到很高水平。大型越式铁鼎的出现,反映了南越人对铸铁技术的掌握。一些象牙、银器及玛瑙、水晶、玻璃珠饰,其质料、工艺风格殊于中国,显然为海外所产,这是南越国与海外通商贸易的实证。"②

综上所述,秦汉时期岭南地区越人女多男少的性比列失调和同一时期岭南中原人当中男多女少的性比例失调,是赵佗"行南海尉事"之后,实行汉越联姻提供了必不可少的前提。有了这种前提,才使赵佗有能力结束内外交困的局面,才能真正促进汉越民族的融合和社会秩序的安定,才有南越国建立和巩固的可能性。所以,从这种意义上看,我们完全可以断定:秦汉前期岭南地区汉越双方出现的性比例失调,确实为南越国的建立和巩固提供了十分有利的契机。

(本文收在《佗城开基客安家》文集,1997年12月由华侨出版社出版。论文曾寄给西北大学原校长、时任清华大学传统文化研究中心的终身教授、著名的中国思想史权威专家张岂之先生,他对拙文大加称赞。后论点为1998年《历史学年鉴》所收录。而拙文首先发表在1998年1月在广东龙川县举行的"客家先民南迁龙川"的客家学会议上。本次会议是由香港崇正总会黄石华理事长与北京大学刘华祝教授联合举办,参加会议的还有北大的郭华榕教授、华东师大的王东教授等)

---

① 麦英豪:《广州地区秦汉考古的发现与收获》,中国秦汉史学会广州讨论会论文,1996年。

② 广州市文物考古研究所编《铢积寸累——广州考古十年出土文物选萃》,文物出版社,2005年。

从性比例失调看北魏时期拓跋鲜卑与汉族的民族融合

在魏晋南北朝史研究中,民族大融合的问题历来为史家所重视。其中关于北魏时期北方地区拓跋鲜卑与汉族的融合问题,老一辈史家利用传统的史学研究方法,进行过颇为细致和有益的探索、研究。但是,从人口学角度中的性比例失调问题入手去探讨北魏的民族融合,前人及今人都没有很明确做过。有鉴于此,我愿以绵薄之力,做一些抛砖引玉的尝试性理论推测工作。

一、北魏时期拓跋鲜卑族的性比例失调问题

众所周知,魏晋南北朝时期是门阀士族长期垄断控制政治、经济特权的历史时期。在这一时期里,无论是汉族地主建立的王朝,还是少数民族建立的政权,都毫不例外地被大小门阀操纵着,他们享受着无比的荣耀、高贵的地位和最大份额的经济实惠。同时,为了维护门阀士族至高无上的政治特权,他们千方百计地限制其他阶层的介入,严格的等级婚姻制就成了这一时期门阀政治的重要表现之一。在这种大的外部环境里,北魏政权却反映出与之相背的情况。

公元4世纪末,拓跋鲜卑建立北魏政权时,中国的北方正处在十六国割据的动荡中,北魏不过是一支力量较小的国家。但是这不排斥它建立自己的门阀政治系统。事实上,自从道武帝拓跋珪在政治上广泛吸收汉族地主知识分子参政和在经济上“离散诸部、分土定

居"①、走上封建化道路之后,汉族地主中根深蒂固的门阀政治意识便开始随着北魏封建化进程渗透北魏国家的各个角落。然而,进入北魏中期,作为门阀政治的重要标志——等级婚姻制,仍没有能够在北魏社会得以顺利实施。据《魏书·高宗纪》载文成帝和平四年(463)诏曰:"夫婚姻者,人道之始。是以夫妇之义,三纲之首,礼之重者,莫过于斯,尊卑高下,宜令区别。然中代以来,贵族之门,多不率法,或贪利财贿,或因缘私好,在于苟合,无所选择,令贵贱不分,巨细同贯,尘秽清化,亏损人伦,将何以宣示典谟,垂之来裔。今制皇族、师傅、王公侯伯及士民之家不得与百工、伎巧、卑族为婚,犯者加罪。"另据《魏书·高祖纪上》载孝文帝太和二年(478)夏五月诏曰:"皇族、贵戚及士民之家,不惟氏族,下与非类婚偶。先帝亲发明诏,为之科禁,而百姓习常,仍不肃改。朕今宪章旧典,祗案先制,著之律令,永为定准。犯者以违制论。"再据《魏书·高祖纪》载太和十七年(493)孝文帝"又诏厮养之户不得与士民婚"。

通过上面文成帝拓跋濬和孝文帝拓跋宏的三条诏令,我们可以清楚地看出:(一)到文成帝统治时期,北魏的门阀阶层已经形成,北魏政权也已进入门阀世族政治时期;(二)在北魏社会中"贵族之门多不率法",常有"令贵贱不分巨细同贯""与非类婚偶"的现象存在;(三)在文成帝拓跋濬和孝文帝拓跋宏的脑海里等级婚姻的观念非常强烈,以至于多次颁布法令,坚决限制"与非类婚偶"的婚姻形态存在;(四)从文成帝的诏令看"中代以来贵族之门多不率法""与非类婚偶""令贵贱不分"的现象,至迟不晚于文成帝统治时期,即应开始于北魏统治前期。同时从孝文帝诏令中有"百姓习常,仍不肃改"之词看,我们完全可以断定这种"令贵贱不分"的婚姻形态,一直沿续到孝文帝太和二年(478)甚至非常有可能沿续到太和十七年(493)孝文帝迁都洛阳之前。

与以上的这些现象有关的,我们不禁要问:为什么北魏政权的"皇族、师傅、王公侯伯及士民之家"需要与"百工、伎巧、卑姓"之人保持婚姻关系呢?他们到底指代的是北魏社会中什么阶层的人?他们为什么需要与"百工、伎巧、卑姓"之人为婚呢?下面我们就分别来看一看。

首先,关于北魏政权的皇族。我们知道,它应该是早在献帝拓跋邻带领拓跋鲜卑从呼伦湖西迁阴山的过程中便形成了。据《魏书·官氏志》载:拓跋邻分别把纥骨氏、普氏、长孙氏、达奚氏、伊娄氏、侯氏交给自己的兄弟统摄,又让"叔父之胤"执掌乙旃氏,让远亲统摄车焜氏。他们相加共为九姓,再加上献帝拓跋邻自统的拓跋氏,这便是北魏政权所谓的皇族"帝室十姓"。"帝室十姓"中,有七姓与献帝拓跋邻存在直接的父系血亲关系,而乙旃氏和车焜氏也与献帝有间接的血亲关系。所以,他们之间相互"百世不通婚",且直至北魏孝文帝太和年间以前,"国之丧葬祠礼,非十族不得与也"。他们共同构成了北魏政权的核心集团。

---

① 《魏书·外戚·贺讷传》。

其次,关于"师傅"。它的起源很早,西周时"师傅"是乐师的代称;春秋、战国时期"师傅"是国君教官的代名词。秦汉以后,尤其是魏晋以后的历朝"师傅"一词又成了"三师""三少"等官职的统称①,即成为辅导太子学问的专有官名。在北魏,能够担任此职的人,多为当朝或当时德高望重、学问精深的儒士和重臣。所以,他们地位显贵,有高官和爵位,且爵位可由儿孙承袭。如《魏书·儒林列传》中所载北魏统治前期的梁越和卢丑便是"以师傅之恩"分别赐爵"祝阿侯""济阴公"的。尤其是卢丑,因为他本人是"襄城王鲁元"的族人,所以,世祖拓跋焘特别恩遇他,赐爵济阴公后,还"除镇军将军,拜尚书,加散骑常侍,出为河内太守"等。从梁越和卢丑的事例看,北魏时期的"师傅"无疑属于北魏政权中的达官贵人阶层。

再次,关于"王公、侯伯"。如果我们仔细考察《魏书》的有关"王公侯伯"的记载,便可发现北魏前期的"王公侯伯"也多在"帝室十姓"范围之中。再从《魏书·官氏志》载北魏初年的封爵制度称"皇子及异姓元功上勋者封王宗室及始蕃王皆降为公,诸公降为侯,侯子亦以此为差……王第一品,公第二品,侯第三品,子第四品。"这些人和拓跋氏有直接或间接的血缘关系。所以,他们无疑属于北魏政权的核心领导阶层。至于文成帝和孝文帝诏书中"士民之家"所指的"士",在魏晋以前具有多种含义:如《尚书·多士》有"用告商王士"的说法,即指低级贵族而言;又如在《荀子·王制》中有"霸者富士"的记载,这里的"士",即指从事军事战斗的人员;再如《汉书·食货志》中所载"士、农、工、商,四民有业;学以居位曰士",这里的"士"当如《穀梁传·成公元年》何休注所称"学习道艺者",即指掌握一定知识和技能的人员。而同时,"士"在古代又是执掌刑狱的官名,所以,从这种角度再去理解,"士民之家"应泛指北魏前期具有自由身份的且有相当地位的统治阶层。

由以上的记载和分析看,北魏的"皇族""师傅"和"王公侯伯"鲜卑族血统应占绝大多数,而"士民之家"中鲜卑族血统也要占到一定的比例。既然"皇族、师傅、王公侯伯及士民之家"绝大多数为鲜卑族血统的、具有自由身份和高贵地位的统治阶层,那么和他们结为婚姻的"百工、伎巧、卑姓"之人又属于什么血统的阶层呢?他们的阶级地位又是怎样的呢?

首先,关于"百工"的理解,从各种史籍记载的情况看,它的身份具有多重变化:西周时期的"百工"专指主管营建、制造等事务的官吏,正如《周礼·考工记·总序》称:"国有六职,百工与居一焉……审曲面势,以饬五材,以辨民器,谓之'百工'。"郑玄注此条称:"百工,司空事官之属……司空事营城部,建都邑,立社稷宗庙,造宫室车服器械。"春秋、战国时期,"百工"又成为各种手工业工奴的总称。进入秦汉时期,"百工"的地位有所提高,他们不仅具有自由之身,而且在秦简《均工律》中甚至

① "三师"指太师、太傅、太保,"三少"指少师、少傅、少保,始设于西晋,魏、齐均沿置这些官职。

还出现了把传授他人技术的工匠称为"工师"的记载①。但是,到东汉末年,随着封建依附关系的加强,社会上又出现了官府强迫工匠服役的趋势,并且工匠也有了专门隶属于官府的特殊户籍。尤其是进入魏晋南北朝时期,工匠更成了各割据政权纷纷争夺的对象。如《三国志·吴书·孙策传》注引《江表传》载:周瑜袭破皖城时,"得袁术百工及鼓吹、部曲三万人"。从这段记载看,原来由袁术控制的"百工",因袁术战败而成为孙策的战利品。这种事例在魏晋南北朝时期还有很多。如《太平御览》卷815引《丹阳记》载:"斗鸡锦署平关右迁其工也。"此即指的是刘裕平灭后秦后,迁后秦之"百工"于南朝。又如《魏书·太祖纪》载拓跋珪天兴元年(398)灭前燕后"徙山东六州民吏及徒何、高丽杂夷三十六万,百工伎巧十余万口以充京师"。再如《魏书·世祖纪》载拓跋焘太平真君七年(446)"徙长安城工巧二千家于京师",都属于掠夺他人控制下的"百工"作为自己战利品的事例。把以上记载与魏晋南北朝时期的其他史料所反映的情况结合起来看,从东汉前期到魏晋初期"百工"的身份、地位都有许多的变化,他们从自由身份的手工业者再到成为官府强迫服役的对象直至其后成为各军事集团争相控制的战利品。他们不仅有隶属于官府的、有别于编户齐民的特殊户籍而且还是子孙相继、不许改业且必须服务于官府的被严格管制对象②。三国结束和西晋统一后各地"百工"多被集中强制迁往中原,他们在西晋灭亡后成了北方各少数民族政权争相掠夺的人口资源。所以从这个角度讲,魏晋南北朝各割据政权争相掠夺、控制的"百工"实际上是东汉中后期以来就早已形成的、被政府严格控制下的"百工"的后代。而从东汉中后期政府所控制的"百工"的来源看,他们作为自由人身份,多来自城市里汉族血统的能工巧匠,虽然,在魏晋南北朝时期"百工"中也掺入了少数民族血统的工匠,但毕竟所占的比重不大。因此,我们基本上可以肯定北魏前期被拓跋焘强制迁往平城和其后不准与"皇族、师傅、王公侯伯及士民之家"结为婚姻的"百工",实际上是身份卑微且多为汉族血统的手工业工匠。另外,从词语的释义情况看"伎巧"也多指有技术的手工业巧匠;同时"伎"又通假于"妓",即指宫廷的"女乐"。"女乐"在东汉中后期和魏晋南北朝时期被称为"鼓吹"或"乐户",它同"伎巧""百工"一样具有相同身份低贱化的转变过程。至于"厮养"的理解,据《史记·苏秦列传》引司马贞索隐称:"厮养马之贱者。"又《公羊传》引何休注称:"炊烹者曰养。"所以作为同"百工"一样起源甚早,主要从事家庭内部劳动的"厮养"之户也是魏晋南北朝时期形成的地位卑贱的杂户之一。至于"卑姓"的理解,我认为它应当是涵盖北魏时期所有非拓跋鲜卑族的身份贱的下层百姓。但是就具体情况看,在文成帝和平十年诏令中的"卑族"应当专指家富钱财而身份低贱的商人。从战国早期的李悝实行"禁末"政策开始到秦汉魏晋时期封建国家多采取"重

① 《睡虎地秦墓竹简·均工律》。

② 高敏:《魏晋南北朝社会经济史探讨》,人民出版社,1987年。参见其中《杂户考》一文。

农抑商”政策，尤其是秦汉时期，国家不仅在经济上针对商人实行重税、算缗、告缗政策和均输平准法、官营盐铁制度以及禁止商人拥有土地外，还在政治上采取刻意贬低、歧视商人的政策。例如秦汉时期的商人及其后代作为“七科谪”的主要对象之一往往被国家强制征调，并承担谪戍边疆的任务。同时商人及其子弟不得仕宦为吏，而且不得衣丝乘车，可见其社会地位非常低下。魏晋时期以后商人和百工、伎巧一样也成为各割据政权争夺的对象。进入北魏政权前期，由于北魏国家没有统一的俸禄制，所以北魏各级官吏为了搜刮更多的民财便纷纷选择地位卑贱但颇有钱财的商人作为婚偶的对象，于是北魏社会出现了文成帝诏书中所谓“贵族之门，多不率法，或贪利财贿，或因缘私好，在于苟合，无所选择，令贵贱不分”的现象。所以，如果说北魏中期以前“贵族之门多不率法”长期与身份卑贱的商人保持婚姻关系是出于经济利益考虑的话，那么作为地位同样卑贱、被北魏政府长期强制劳动的对象和不可能拥有很多钱财、且多为汉族血统的“百工、伎巧”怎么也会成为拓跋鲜卑“皇族、师傅、王公侯伯及士民之家”屡禁不止、长期婚偶的对象呢？这是不是可以说明北魏拓跋鲜卑族存在男多女少的性比例失调问题呢？否则拓跋鲜卑贵族怎么肯自掉身价而与“百工、伎巧”相婚偶呢？

如果说单凭北魏前期及孝文帝迁都洛阳之前北魏政权的“皇族、师傅、王公侯伯及士民之家”长期以来多与“百工、伎巧”为婚，不足以推测说明拓跋鲜卑存在男多女少的性比例失调问题的话，那么我们还可以从北魏宫廷多次放免宫女“以配鳏民”、北魏前期掠夺他族妻女班赉将士以及北魏中期以前皇后出身的卑贱化等史实来补充说明这个推论。

首先，关于北魏中期以前皇后出身的卑贱化问题，《魏书·皇后列传》记载得很详尽。如道武帝时期的皇后慕容氏、太武帝时期的皇后赫连氏等虽然最初出身高贵，但后来均是以战俘的身份而入主北魏皇帝后宫的；又如太武帝拓跋焘的皇太后窦氏、文成帝拓跋濬的皇太后常氏、文明皇后冯氏、元皇后李氏、孝文帝拓跋宏的贞皇后林氏、幽皇后冯氏、昭皇后高氏等不是出身微贱就是作为社会罪犯的家属被籍没入宫而后成为皇后的。据粗略统计，从北魏开国皇帝道武帝时期开始到孝文帝统治的一百多年里，共有皇后、皇太后 16 人，其中出身微贱的就有 9 人之多，所占比率高达 50%以上。而且从这一时期皇后、皇太后的姓氏角度看，窦、常、冯、李、林、高等姓也多是北方地区汉族居民经常使用的姓氏。

众所周知，从秦王嬴政建立中央集权的秦王朝以后，皇帝制度也随之建立起来，中国不仅有皇帝而且也有皇后这一尊贵的称呼。《白虎通》有称：“天子之配谓之后。后者何也？明海内之小君也。”蔡邕《独断》有称：“帝嫡妃曰皇后。”作为“母仪天下”的皇后，出身和地位自然应当尊贵无比。但是，作为北魏前期汉化很深并长期接受儒家思想熏陶的北魏历代皇帝却频频挑选战俘身份和罪犯家属身份的微贱女子充任皇后，这是不是太让世人迷惑不解了！我想：如果不是拓跋鲜卑族中存在严重的男多女少的性比例失调问题，那么北魏前期的诸代皇帝是不会自掉身价而草草选妻定后的！

其次，关于北魏政权多次放免宫女问题，《魏书》诸帝纪有详细的记载，如《魏书·太宗纪》载拓跋嗣永兴三年（411）二月戊戌诏："其简宫人非所当御及执作伎巧，自余悉出以配鳏民。"《魏书·世祖纪》载拓跋焘太延元年（435）春正月癸未"出太祖、太宗宫人令得嫁"。《魏书·高祖纪》载孝文帝拓跋宏太和三年（479）"二月辛巳……幸代郡温泉问民疾苦鳏贫者以宫女妻之"。同年"秋七月壬寅诏宫人年老及疾病者免之"。太和五年（481）二月拓跋宏诏曰："免宫人年老者，还其所亲。"太和十三年（489）"8月出宫人赐北镇人贫鳏无妻者"。及太和二十三年（499）拓跋恪在"秋八月戊申遵（拓跋宏）遗诏高祖三夫人已下悉归家"。从上面拓跋嗣、拓跋焘、拓跋宏到拓跋恪即位的不到90年的时间里，北魏皇帝曾先后七次放免宫女的史实看，其中至少有四例可以让我们清楚地看出北魏政权放免宫女的目的是"以配鳏民"，而且这四次放免宫女全部集中在北魏孝文帝迁都洛阳之前。具体分析这四次放免又不难发现，虽然拓跋嗣永兴三年（411）及拓跋焘太延元年（435）放免宫女"以配鳏民"没有特定地区，但是孝文帝太和三年（479）及太和十三年（489）的诏令均有放免宫女"以配鳏民"的确切地区，即一为"代郡"，二为"北镇"。代郡治所在平城（今大同市北），一直是北魏前期和孝文帝迁都洛阳之前的政治中心，也是鲜卑族各部集中居住的地区；北镇又称六镇，是道武帝拓跋珪至太武帝拓跋焘时期北魏为了有效防止北方柔然的入侵而特设的六个重要的边镇，戍镇的将士多是地位很高的拓跋鲜卑族人。关于这一点，正如《北史·广阳王建附深传》所记载的那样，北镇初设时"以移防为重，盛简亲贤，拥麾作镇，配以高门子弟，以死防遏。不但不废仕宦，至乃偏得复除"以至"当时人物忻慕为之"。但是到孝文帝迁都洛阳之前，这两个北魏国家的重津要地却需要北魏皇帝放免宫女"以配鳏民"，这是不是从一个侧面反映了拓跋鲜卑族存在男多女少的性比例失调问题呢？同时由北魏皇后的入宫途径看，从拓跋珪到拓跋宏时期的16位皇后中，被掳掠和被作为罪犯家属籍没入宫者有9人之多，占皇后总数的50%以上。而且这9人之中有5人为汉族女子。由北魏皇后多出身汉族和地位卑贱的情况看，北魏的宫女中汉族女子也应该占到多数。从这种角度看，北魏政权放免宫女"以配鳏民"实际上促成了汉族女子与拓跋鲜卑族贫民的婚姻。

再次，关于北魏前期掠夺他族妻女以班赉将士为妻问题，《魏书·世祖纪》记载甚详细：始光四年（427）北魏军队击败赫连昌，俘虏"昌群弟及其诸母、姊妹、妻妾、宫人万数"。拓跋焘在自取赫连昌的三个姊妹作为贵人之后，便"以昌宫人及生口、金银、珍玩、布帛班赉将士各有差"。同书同传又载拓跋焘于延和三年（434）"破白龙余党于五原"，并"虏其妻子班赉将士各有差"。与上面两条北魏军队虏掠他族女子的记载相关，沈约《宋书·索虏传》也有两条相似记载：宋少帝刘义符景平元年（423）即北魏明元帝拓跋嗣泰常八年，"虏（北魏）悦勃大肥率三千骑破高平郡所统高平、方舆、任城、金乡、亢父等五县，杀略二千余家，杀其男子，驱虏女弱"。此后不久"虏又破邵陵县，残害二千余家，尽杀其男丁，驱略妇女一万二千口"。另据《宋书·序传》中记载，当时刘宋盱眙太守沈璞的评论称：被北魏军队所驱略的高平、任城、金乡、邵陵等六县汉族女子“不过得驱还北国作奴婢耳”。把《宋书》与《魏书》所记载的五条史料结合起来看，在北魏明元帝到太武帝的对外战争中外族女子均是被北魏军队所驱略的主要对象。虽然明元帝拓跋嗣泰常年间被虏掠的汉族女子仅仅是充当“奴婢”而没有明言是班赉将士为妻，但是也无法排除存在北魏将士强娶这些汉族女子为妻的可能性。同时，把这五条史料与《魏书·世祖纪》记载拓跋焘“太延元年（435）癸未出太祖、太宗宫人，令得嫁”的史料相对照，我们便不难发现：如果北魏前期拓跋鲜卑族不存在男多女少的性比例失调问题的话，拓跋嗣和拓跋焘是不会命令驱略他族妻女并班赐将士为妻的。

综上所述，从北魏中期以前北魏国家的“皇族、师傅、王公侯伯及士民之家”与汉族血统、地位低下、身份不自由的“百工、伎巧、卑姓之人”保持长期婚姻关系，以及北魏中期以前皇后出身的卑贱化、历代魏帝多次放免宫人“以配鳏民”等历史记载看，北魏中期以前拓跋鲜卑族中非常有可能存在着男多女少的性比例失调问题。

二、北魏时期拓跋鲜卑与汉族融合的阶段性和阶级性特点

关于北魏时期拓跋鲜卑族与汉族的融合问题，史学界传统的观点认为有三大途径：其一是孝文帝迁都洛阳以后鲜卑贵族与汉族门阀士族间的政治婚姻；其二是在鲜卑族由草原游牧经济向农业经济转变的过程中，由于胡汉杂居而促进的交流与融合；其三是在北魏末年的农民起义中，鲜卑族、汉族及其他北方少数民族被压迫人民共同反抗北魏统治者的压迫从而在斗争中增进了友谊、了解和融合。近年来随着史学研究的不断深入又涌现出许多新观点，如牟发松先生认为北魏的民族融合“可以说主要体现为北方少数民族逐步接受汉族文化的过程”①，又如钱国旗先生把鲜卑族与汉族的融合划分为两个阶段，并认为北魏鲜卑与汉族的融合主要体现在共同心理素质的形成上。② 这些论断和探索无疑是正确的和富有建设性意义的。但同时我认为以上论断似乎都忽视了一个重要的方面，那就是忽视了民族的发展和民族的融合都会受到人类自身生产规律的制约。而这种制约主要体现在两性必须有一个相对均衡的比例上。换句话讲：在生产力水平极为低下的古代社会里，一个要发展、要前进的民族其先决条件是必须保证正常的种的繁衍。如果该民族内部缺乏这种机制就需要这个民族勇敢地面对现实，积极地寻找完成种的繁衍的必备条件，即去促进两性均衡的结合。而在这个方面北魏拓跋鲜卑族的祖先就做得很好。

首先，北部鲜卑在由大兴安岭西迁至匈奴故地的过程中，积极与匈奴遗部融合

---

① 牟发松：《南北朝交聘中所见南北文化关系略论》，《魏晋南北朝隋唐史料》，1996 年第 10 期。

② 钱国旗：《论南迁拓跋鲜卑与汉族融合过程中共同心理素质的形成》，《南京大学学报》，1991 年第 2 期。

从而完成了向拓跋鲜卑转变的过程。

众所周知,鲜卑族最初居住在蒙古草原的东北部,是东胡的一个支系。因为其"国有大鲜卑山",故"因以为号"称之鲜卑。① 东汉和帝永元年间大将军窦宪击败匈奴,北单于逃走,东部"鲜卑因此转徙据其地",而北部鲜卑也在首领推演的带领下,由大兴安岭北段向西迁居"大泽",即今呼伦湖;到东汉桓灵时期,北部鲜卑又在献帝邻及其子诘汾的带领下,横穿蒙古草原到达匈奴故地,即冒顿发迹的阴山一带。②此时这里的"匈奴余种尚有十余部落"③,北部鲜卑在此与匈奴遗部频繁交往通婚融合。因为其时"匈奴女名托跋"且"胡俗以母名为姓"④,所以,北部鲜卑与匈奴遗部的通婚融合最终形成了以鲜卑父、匈奴母为内涵的"拓跋"族族名。⑤ 同时,鲜卑与匈奴遗部的联姻,不仅使得匈奴遗部"皆自号鲜卑"壮大了鲜卑的势力,而且也使得拓跋鲜卑在北单于逃走后留下的权力真空中获得了一席之地,从此拓跋鲜卑走上了"汉人逋逃为之谋主,兵利马疾过于匈奴"⑥的强盛之路。

其次,拓跋鲜卑在入主中原的过程中积极主动地与汉族百姓交往、融合,不仅建立起融拓跋鲜卑和汉族地主为主体的北魏政权,而且开始了逐步把拓跋鲜卑族自身完全融入中原汉族的历程。

早在东汉末年拓跋鲜卑族与汉族便有了"汉人逋逃为之谋主"的交往阶段,但是真正与汉族友善交往应开始于拓跋力微统治时期。魏黄初元年(220)曹丕正式代汉。正是此时拓跋诘汾之子力微也继位做了首领,他总结前人得失制定了通好南夏的邦交政策。据《魏书·序纪》记载,力微"告诸部大人曰:'我历观前世匈奴、蹋顿之徒,苟贪财利,抄掠边民,虽有所得,而其殆伤不足相补,更招寇仇,百姓涂炭,非长计也。'"在力微的既定方针指导下,不仅中原先进的技术和文化得以源源不断地输往拓跋鲜卑族,而且拓跋鲜卑的部落结合体也不断膨胀,形成了以"帝室十姓""内入诸姓""四方诸姓"为中心的部落联盟圈,为以后拓跋魏的建立奠定了初步的基础。

拓跋鲜卑与汉族友善交往的第二个时期是西晋末年。此时正是力微的孙子猗卢统率拓跋各部的时期。西晋并州刺史刘琨借用拓跋鲜卑的力量与刘渊、石勒对抗,猗卢因此被西晋王朝封为代公,后进为代王,并割马邑、楼烦等五县之地给猗卢,从而使拓跋鲜卑的扩张到并州北部地区。同时由于中原内乱外扰不断,大批晋人避

---

① 《魏书·序纪第一》。

② 黄烈:《中国古代民族史研究》,人民出版社,1987年。参见第五章所推断北部鲜卑西迁匈奴故地应在东汉桓灵时期的观点。

③ 《后汉书·鲜卑传》。

④ 《南齐书·魏虏传》。

⑤ 马长寿:《乌桓与鲜卑》,上海人民出版社,1962年。参见此书的考证结果。

⑥ 《后汉书·鲜卑传》。

祸并效力于拓跋鲜卑,卫操、卫雄、姬澹、莫含便是其代表。他们为猗卢出谋划策,使拓跋鲜卑在国家政权的确立、法律的制定和官吏的设置等方面获得了经验,从而为郁律次子什翼犍正式确立国家规模奠定了较为坚实的基础。

拓跋鲜卑与汉族友善交往的第三个时期是什翼犍即代王位拓跋代国,从混乱中摆脱出来、走上复兴道路的时期。什翼犍的母亲是身份低下的汉族女姓,对什翼犍的兴复大业起过决定性作用①。同时什翼犍曾在后赵多年,接受汉文化的影响,所以他继位以后便立即组建新的国家机构。据《魏书·官氏志》载:"昭成之即王位,已命燕凤为右长使,许谦为郎中令矣。余官杂号,多同于晋朝。建国二年初置左右近侍之职,无常员,或至百数,侍直禁中,传宣诏命;皆取诸部大人及豪族良家子弟仪貌端严机辨才干者应选……"总之从上面的记载看,什翼犍作为《魏书》中记载的第一个拓跋父、汉族母拓跋鲜卑族首领,他所建立的权力机构完全是融拓跋鲜卑贵族与汉族地主知识分子的政权形式,同时结合北魏文成帝诏令中"然中代以来贵族之门多不率法",常有"令贵贱不分""与百工、伎巧卑姓为婚"的记载看,我们就不难判断:作为猗卢建代国首任代王、什翼犍复兴代国、再到拓跋珪即代王位的代国兴亡三大时期看,什翼犍时期是一个重要的转折点,因为这一时期已有"皇族、师傅、王公侯伯及士民之家"与"百工、伎巧、卑姓"为婚现象存在了。所以什翼犍时期又是拓跋鲜卑与汉族开始血缘交融的时期。

然而拓跋鲜卑与汉族交往和血缘交融的最重要、最关键的时期,应是拓跋魏正式确立之后,直至孝文帝迁都洛阳之前的一百多年间。在这一个多世纪的时期里,拓跋鲜卑从上到下勇敢而广泛地同北方的汉族百姓结为婚姻,不仅解决了拓跋鲜卑正常的种的繁衍,而且也使得拓跋鲜卑在与汉族百姓融合的过程中提高了自身的汉化程度,促进了北魏社会的文明程度。关于这一百多年里拓跋鲜卑与汉族的血缘交融,根据《魏书》有关记载和本文第一部分的分析看,可主要划分为三个层次:一是根据《魏书·皇后列传》记载的情况,从拓跋珪到拓跋宏统治时期,拓跋鲜卑皇帝多娶汉族女性为后,从而使这一时期中拓跋鲜卑父、汉族母的皇帝人数大为增加。二是结合文成帝、孝文帝的三条诏令看,拓跋鲜卑的"皇族、师傅、王公侯伯及士民之家"多与汉族出身、地位卑微的"百工、伎巧、卑姓"为婚到孝文帝迁都洛阳之前已达到"百姓习常"、屡禁不止的程度。三是北魏多次放免宫女以配代郡和北镇拓跋鲜卑贫鳏无妻者,促进了拓跋鲜卑族贫民与汉姓女子的通婚。正因为北魏存在这种由上至下与汉族百姓联姻、进行血缘融合的事实,不仅为北魏皇室成员及王公侯伯的汉化提供了条件,而且也为北魏在政治、经济、文化等方面的汉化改革创造了和谐的氛围。关于这一点我们可以从以下两大方面看出:

首先,拓跋鲜卑皇族及贵戚与汉族的联姻,其直接的后果是拓跋鲜卑父、汉族母

---

① 《魏书·官氏志》载:"平文皇后王氏,广宁人也。年十三,因事入宫,得幸于平文,生昭帝。"广宁,今河北涿鹿。

的拓跋皇帝及拓跋贵族子弟增多。综观北魏社会民族融合的历史我们不难发现:北魏孝文帝迁都洛阳之前,有三位皇帝是汉族女子所生,即拓跋焘、拓跋弘、拓跋宏。而拓跋焘时期和拓跋宏时期都是北魏汉化改革突飞猛进的重要时期。在太武帝拓跋焘时期北魏不仅基本上统一了北方,确立了以崔浩为代表的北方汉族知识分子群体在北魏军政事务中参政、议政的地位,而且更为重要的是拓跋焘通过他的一系列诏令,在北魏国家及社会坚决地确立了汉字使用的机制,并确保了儒学在皇族、贵族子弟教育中的中心地位。拓跋焘时期这一系列汉化措施的重大意义,在某种程度上和孝文帝时期改汉姓、穿汉服、说汉话、迁都洛阳等汉化改革相比较是毫不逊色的。而这两个北魏历史上大力推行汉化改革的均是拓跋鲜卑父、汉族母的北魏皇帝,这难道仅仅是历史的巧合性问题吗?加之北魏宫廷中汉族儒学师傅、汉族母亲、汉族保姆及汉族宫人在点滴生活中潜移默化的影响,必然使得北魏皇帝自小到大对汉族先进文化抱有崇敬和亲近的心理,这使得北魏皇帝有机会提高自己的汉化水平。事实上,拓跋皇帝的汉化水平确实是随着北魏政权的成长而不断提高。从《魏书》诸帝纪的记载看,北魏的皇帝在他们的诏书中常引用《诗》、《易》、《礼》、《春秋》等儒家经典;史称明元帝拓跋嗣"礼爱儒生,好览史传。以刘向所撰《新序》《说苑》于经典正义多有所阙,乃撰《新集》三十篇,采诸经史,该洽古义,兼资文武焉"。又据《魏书·高祖纪》载拓跋宏"雅好读书,手不释卷。五经之义,览之便讲……史传百家,无不该涉。善谈老庄,尤精释义。才藻富胆好为文字诗赋铭颂任兴而作。有大文章马上口授,乃其成也,不改一字。自太和十年以后,诏册皆帝之文也"。试想如果不是拓跋皇帝自小经历严格的汉文化影响和教育,能有这么高的汉化程度吗?

与此同时,这些从小经历严格、正规的汉文化教育的皇帝们正式继位后对他们的皇子们也十分重视进行汉文化的教育。根据《魏书》诸帝纪记载的情况看,在道武帝拓跋珪初定中原时,"便以经术为先,立太学,置五经博士,生员千余人"。天兴二年(399)又"增国子太学生员至三千"。《魏书·世祖纪》称拓跋焘太平真君五年(444)诏曰:"今制自王公已下至于卿士,其子息皆诣太学。"到孝文帝统治时期对儒学和皇家汉化教育尤为重视,并特开"皇子之学"以提高其汉文化程度。孝文帝太和九年(485)令曰:"皇子皇孙训教不立温故求新盖有阙矣!可于闲静之所,别置学馆,选忠信博联之士,以匠成之。"①由于孝文帝以前的历代拓跋皇帝非常重视对当时皇室及贵族子弟的汉文化教育,使得拓跋魏的皇室成员和贵族阶层的汉文化水平逐步提高,从而为拓跋鲜卑与汉族的融合和孝文帝迁都洛阳后实行彻底地汉化改革奠定了坚实的思想基础和政治基础。

其次,拓跋鲜卑与汉族百姓的联姻,使得作为统治民族的拓跋鲜卑与作为被统治民族的北方汉族百姓之间的民族仇恨情绪,处在逐步淡化的过程中。正是在这种民族融合的氛围里,一方面促使越来越多的北方汉族士人得以服务于北魏政权,另

① 《魏书·咸阳王传》。

一方面也促使位于社会低层的“百工、伎巧、卑姓”之人有了改善社会地位的可能性，从而最终促进北魏社会的文明程度的提高。

关于汉族士人服务于北魏政权的情况，我们仅从《魏书》诸帝纪的记载便可知其大概：北魏建立之初，拓跋珪除了“以经学为先，立太学置五经博士”笼络北方汉族士人外，还对投靠北魏的汉族士人“留心慰纳”，史称“诸士大夫诣军门者无少长皆引入赐见存问周悉人得自尽苟有微能咸蒙叙用”。汉族士人的投靠和加盟使拓跋珪在天兴元年(398)得以“诏尚书吏郎中邓渊典官制，立爵品，定律吕，协音乐；仪曹郎中董谧撰郊庙、社稷、朝觐、飨宴之仪；三公郎中王德定律令，申科禁；太史令晁崇造浑仪，考天象”。而“尚书崔玄伯奏从土德服色尚黄，数用五，未祖辰腊，牺牲用白，五郊立气，宣赞时令，敬授民时，行夏之正”，使北魏政权在建立之初便得以走上了树立正统的轨道。拓跋嗣也十分重视招纳汉族士人参政，史称永兴五年(413)，拓跋嗣“诏分遣使者，巡求俊逸，其豪门强族为州闾所推者，及有文武才干，临疑能决，或有先贤世胄、德行清美、学优义博，可为人师者，各令诣京师，当随才叙用”①。太武帝拓跋焘在位期间更是注意网罗北方汉族士人。神䴥四年(431)他一次就征用“范阳卢玄、博陵崔绰、赵郡孝灵、河间邢颖、渤海高允、广平游雅、太原张伟等……及州郡所遣数百人，皆差次叙用”。大批汉族士人加盟北魏政权统治，不仅加重了北魏政权中汉族官吏的比重，而且也使得北魏国家和社会越来越依赖汉民族政治、经济和文化统治的丰富经验。这样的结果必然促进北魏社会文明程度的提高。同时由于北魏“皇族、贵戚及士民之家”多与“百工、伎巧、卑姓”之人结为婚姻，使得统治者不得不面对“舅氏轻微”的现实，切实改善和调整对待“百工、伎巧、卑姓”之人的态度，从而使得北魏中期以后“百工、伎巧”的社会地位有了逐步的改善。北魏前期“百工、伎巧”作为被政府严格控制下的卑贱户籍，是被压迫的社会低层百姓。尤其是太武帝拓跋焘统治时期，“百工、伎巧”的子弟甚至被剥夺了读书、写字的权力。据《魏书·世祖纪》记载：太平真君五年(444)，太武帝下令：“百工伎巧、驺卒子息，当习其父兄所业，不听私立学校。违者师身死，主人门诛。”足见当时“百工、伎巧”身份之低。但是随着北魏拓跋鲜卑贵族日益与“百工、伎巧”联姻，使得“百工、伎巧”的身份有所变化，且这种变化在孝文帝继位后的北魏社会里尤为明显。据《魏书·高祖纪》记载：延兴二年(472)“夏四月庚子，诏工商、杂伎尽听赴农”。太和十一年(487)“诏罢尚方锦绣绫罗之工四民欲造任之无禁”。另据《魏书·肃宗纪》载：神龟元年(518)“诏以杂役之户或冒入清流，所在职人，皆五人相保，无人任保者，夺官还役”。再据《魏书·孝庄纪》载：普泰元年(531)“百杂之户，贷赐民名，官任仍旧……出身，皆授实官，私马者优一大阶”。从以上孝文帝至前废帝时期的四条诏令看“百工、伎巧”等杂户的地位身份变化的轨迹十分明显。这些诏令说明，孝文帝统治早期“百工、伎巧”已可“尽听赴农”恢复编户齐民的自由之身；太和中期“百工、伎巧”有了自己生

① 《魏书·太宗纪》。

产、经营的权力;孝明帝时期“百工、伎巧”等“杂户”已有脱籍现象且有了入仕为官者;而前废帝元恭普泰元年(531)诏令,显然是一次大规模放免包括“百工、伎巧”在内的各类杂户的诏令,并且证明杂户还有同一般平民一样当兵和为官的权力。[①]“百工、伎巧”身份和社会地位在孝文帝统治和其后时期里的变化,不仅意味着北魏政权封建化进程的逐步完成,而且也意味着北魏社会文明程度的逐步提高。

值得注意的是:北魏拓跋鲜卑与北方汉族百姓的融合在孝文帝统治中期出现了片面化倾向,那就是拓跋鲜卑贵族与北方汉族高门士族间的婚姻关系比重大大加强。关于这一点中外学者也有研究。如日本学者长部悦弘在他的《北朝隋唐时代胡族的通婚关系》一文中认为:孝文帝迁都洛阳之后“汉族士大夫之女进入后宫的倾向增强了”,而此前的胡汉婚姻中“不偏重于特定之家,在崔、卢、李、郑、王汉族士大夫中看不到这五姓耀门第最高”[②]。再如,国内学者施光明先生在他们的《〈魏书〉所见拓跋鲜卑婚姻关系研究》一文中,详细统计了《魏书》记载的147起涉及拓跋鲜卑的婚姻关系。通过研究,他认定这147起婚姻关系有86%以上发生在北魏且多属于拓跋鲜卑的上层贵族;同时他还认定“拓跋鲜卑与汉族建立的婚姻关系主要发生在孝文帝统治之后”,“几乎无一不带有政治色彩”。[③] 这些观点和研究是有益的和富有启迪的。但同时,我们又注意到他们文章中的某些观点很容易给人造成误解。如日本学者长部悦弘在文中说:“胡族中(鲜卑族)积极、大量与汉族通婚则是由北魏的宗室元氏开创了先河。”“元氏正式与汉族缔结的缘戚关系是开始于5世纪末从平城迁都洛阳的孝文帝时代吧!”而施光明先后也在文中表达了相似的观点。如果我们把这两篇文章的所有结论结合起来看,就不能不形成这样一种错觉,那就是北魏时期拓跋鲜卑与汉族的融合仅仅限于拓跋鲜卑的上层贵族和北方高门汉族之间的政治婚姻。这不能不说是个误区。事实上从前文列举的文成帝和孝文帝的三条诏令所表明的情况看,北魏时期拓跋鲜卑与北方汉族的融合最重要、最广泛和最持久的应该是拓跋鲜卑中“皇族、贵戚及士民之家”与汉族血统的“百工、伎巧、卑姓”之人中的婚姻。这种婚姻绝不是一个“政治婚姻”的概念可以涵盖的。它应当是人类自身再生产过程中两性均衡结合规律的具体表现。至于孝文帝时代拓跋鲜卑贵族与北方高门汉族地主间的婚姻大大增加,则反映了孝文帝在民族融合政策上的一种偏见。其具体标志是太和二十年,咸阳王禧娶任城王隶户之女为妻“深为高祖所责”后孝文帝所下的诏令。孝文帝的诏令称:“皇子茂年宜简令正,前者所纳可为妾媵。”接着孝文帝在诏书称其弟子咸阳王禧、河南王、广陵王羽、颍川王雍、始平王勰、北海王

① 高敏:《魏晋南北朝社会经济史探讨》,人民出版社,1987年。参见书中的《杂户考》一文。

② [日]长部悦弘著,冯继钦译:《北朝隋唐时代胡族的通婚关系》,《北朝研究》,1992年第1期。

③ 施光明:《〈魏书〉所见拓跋鲜卑婚姻关系研究》,《北朝研究》,1992年第3期。

详应聘当时北方汉族高门士族李氏、卢氏、郑氏、王氏和胡族穆氏女为妻。同时孝文帝在诏令中不得不承认，以前的皇子迎娶了身份卑贱的女子，他的态度是这些身份卑贱的女子只能作为“妾媵”。这和孝文帝对拓跋鲜卑皇族择偶对象中“族非百两，拟匹卑滥，舅氏轻微”现象的深恶痛绝的狭隘婚姻观是相吻合的。正是在孝文帝狭隘婚姻观的影响下，自此之后拓跋鲜卑贵族在北方汉族高门士族中择偶的倾向得以持续了下来，从而使得孝文帝迁都洛阳以后，拓跋鲜卑与汉族的融合打上了深深的阶级烙印。

至于拓跋鲜卑族在游牧经济向农业经济转变过程中与北方汉族人民增进的融合，以及北魏末年拓跋鲜卑族及其他北方少数民族与北方汉族贫苦百姓在共同反抗北魏拓跋鲜卑贵族和高门汉族地主联合统治中增进的友谊、了解和融合问题，史学界前辈已做过充分、细致的论述，这里就不再赘述了。

（本文最早发表于1998年夏在苏州大学举办的“中国社会史学会年会”上，当时受到中国社会史学界的好评。后本文在《史学理论研究》2000年第2期刊发，并为《人大复印资料·魏晋南北朝隋唐史》全文复印）

从人口性比例失调看蜀汉政权之败亡
——兼论刘备、诸葛亮为政之失

关于蜀汉政权的人口问题，学者多有研究，且成果卓著。但是，综观其研究方法与内容，不难发现其存在着某种缺陷。至于把现代人口学中性比例失调问题的分析方法引入研究蜀汉人口问题，以及把蜀汉人口中的性比例失调问题作为切入点去综合分析蜀汉政权失败的原因，至今无人尝试。有鉴于斯，本文拟由此入手做一些探索性工作，以求教于大方之家。

三国时期偏安巴蜀地区的蜀汉政权存在着相当严重的人口性比例失调问题，这一问题的存在，不仅使得蜀汉人口增殖长期处于停滞状态，而且还使得颇具优越自然条件、生存环境和战略优势的蜀汉国家首先跨入败亡之途。那么，蜀汉国家到底存在怎样的人口性比例失调问题呢？这个问题又是怎样促使蜀汉国家首先跨入败亡之途的呢？下面将分别论述之。

一、关于蜀汉国家人口与性比例失调问题

据《三国志·蜀书·后主传》注引王隐《蜀记》记载：公元263年蜀汉政权灭亡之时，后主刘禅曾派遣尚书郎李虎给曹魏大将邓艾奉送“士民簿”，其时蜀汉仅有“领户二十八万，男女口九十四万，带甲将士十万二千，吏四万人”。可见，当时蜀汉的人口不过100万人口。另据《三国志·蜀书·庞统传》注引《九州春秋》记载：建安十七年(212)，庞统曾劝告刘备攻占巴蜀以成三国鼎立之大业，其时庞统称：“荆州荒残，人物殚尽，东有吴孙，北有曹氏，鼎足之计，难以得志。今

益州国富民强，户口百万，四部兵马，所出必具，宝货无求于外，今可权借以定大事。”可见，刘备在没有侵占刘璋地盘前，巴蜀地区已有100万人口。再据《晋书·地理志》记载：“章武元年(221)，亦以郡国封建诸王……其户二十万，男女口九十万。”从公元212年到公元263年，其间经历了刘备、刘禅和诸葛亮、蒋琬、费祎、姜维等名臣扶佐的51年的苦心经营，蜀汉始终保持着100万人口的规模，着实让人迷惑不解。为此，现代许多学者做了许多细致的考证和研究，例如唐长孺、高敏、袁祖亮等撰文以为蜀汉灭亡时裴注引王隐《蜀记》记载的户口数偏低，与实际数据有一定距离，如不是蜀汉隐瞒了人口，那便是王隐所据失实①；已故人口学家王育民先生为代表的一些学者则认为该时期的佃客、部曲、官私奴婢、兵户、隶户、百工、鼓吹、流散户、屯田客以及少数民族等均不入政府管理之户籍，为此王育民先生在他的《中国人口史》一书中从四个方面做了详细的论证，他认为：由国家控制的蜀汉编户齐民仅仅是当时蜀汉整个户口数的一小部分而已②；赵文林、谢淑君在其《中国人口史》一书中，则以《晋书·地理志》所载刘备章武元年蜀汉有民户20万与裴注引王隐《蜀记》所载刘禅炎兴元年向曹魏受降时的28万民户这两个数据，推算出蜀汉人口的年均增长率为8‰；葛剑雄先生在他的《中国人口发展史》中则干脆认为：三国时期户口数无正式记录，仅有散见史书中的几条，故不足为信。同时，他认为王育民先生对三国人口的论证是“最全面的研究”③。

以上专家、学者的意见在很大程度上否定了《三国志·蜀书》裴注所引王隐《蜀记》中关于蜀汉灭亡时人口数的真实性。这些观点无疑都具有合理性。但经过详察三国历史和估算蜀汉人口的相关数据后，可以推论：与蜀汉国家经年不断、穷兵黩武的军政政策相对应，蜀汉国家出现了严重的性比例失调问题，而最终造成蜀汉人口陷入停滞状态是完全可能的，所以，《三国志·蜀书》所引王隐《蜀记》的记载应当是合乎史实的。理由如下：

首先，由于长期处于战争状态，使得绝大多数青壮年男性丧失了人口再生产的机会，并直接造成了蜀汉人口长期处于停滞状态。

根据《三国志·蜀书》及裴注所引史籍的记载看，自刘备章武元年(221)称帝之后直至后主刘禅炎兴元年(263)的42年里，蜀汉国家至少有26年处在内外战争状态。如把刘备建安十九年侵吞蜀汉的时间考虑进来，那么从公元214年到公元263年的49年里，蜀汉至少有30年处于战争状态。从这个角度看，建国仅40余年对外战争时间就占26年，其沉重负担对于一个泱泱大国也难堪其负，何况是人口只有100万的小小蜀汉割据政权呢?！从另一角度看，长期的内外战争占用了大量的青壮男性。根据《蜀书·先主传》记载：建安二十年刘备与孙权对峙荆州，一次就“引兵

① 高敏：《魏晋南北朝社会经济史探讨》，人民出版社，1987年。

② 王育民：《中国人口史》，江苏人民出版社，1995年。

③ 葛剑雄：《中国人口发展史》，福建人民出版社，1991年。

五万”；又据《后主传》注引《诸葛亮集》记载：建兴五年诸葛亮首次北伐时，竟然“统领步骑二十万众”；再据《诸葛亮传》裴注引郭冲曰建兴十二年，“魏明帝自征蜀……（诸葛）亮时在祁山，旌旗利器，守在险要，十二更下，在者八万”。即此时蜀汉将士共有8万守卫于此。众所周知，一个国家、一个地区的人口在正常情况下性比例是相对均衡的。以蜀汉所控制百万编户人口计，男女人口各半；男口中老年、儿童、青壮年应各占三分之一，则蜀汉男性青壮年应在17万人左右。把以上三条史料记载的用兵数与蜀汉男性青壮年人口数相对照计算，则吴蜀对峙荆州时，可能动用了蜀汉近30%的青壮年男性；建兴五年诸葛亮首次北伐则可能动用了蜀汉全部的青壮年男性；到建兴十二年诸葛亮与魏明帝对峙时，蜀汉动用将士也要占到男性青壮年的近50%。此外，后主刘禅投降曹魏时，蜀汉“士民簿”记载其有“带甲将士十万二千”，也可看出蜀汉“带甲将士”占到蜀汉青壮男性总约数的60%。把上面蜀汉将士所占青壮年男性的百分比与蜀汉政权长期处于内外战争的历史结合起来看，蜀汉国家的青壮年大多都婚姻失时，从而形成了蜀汉社会中因青壮年男性忙于战争、疏于婚育的严重的性比例失调问题①。同时，与战争中需要众多士兵相对应，为准备和完成战争则需要数倍的劳动力来专门从事后勤保障工作。事实上，蜀汉国家无论是平南中、定汉中，还是竭尽全力频频跋涉千里、兴师动众地去讨伐曹魏，都要在后勤保障方面比孙吴、曹魏花费更多的人力和物力。按古代战争中后勤保障人员当是作战人员的3倍这一比例计算，蜀汉每出动10万将士出征，就须有30万劳动力为之前后奔忙，那么，蜀汉几乎所有的有劳动能力的男性齐民都必须参与进来。虽然《三国志》及裴注没有明确记载蜀汉每次战争调动后勤保障劳力的具体情况，但根据唐诗所云“蜀道之难难于上青天”和其周围恶劣地形的实际情况看，30万后勤保障人员的确难以在崎岖不平的蜀道上进行，所以我们估计蜀汉国家战争的后勤保障人员可能不会很多。关于这一点，我们可通过《诸葛亮传》注引《汉晋春秋》记载建兴六年（228）出祁山，仅“拔西县千余家还于汉中”后诸葛亮总结经验教训所称：“大军在祁山、箕谷，皆多于贼，而不能破贼为贼所破者，则此病不在兵少也，在一人者。今欲减兵省将，明罚思过，校变通之道于将来。”可见，其时诸葛丞相已深知兵多并非一定能打胜仗之道理。同时，也可以通过《三国志·蜀书·诸葛亮传》记载的后主建兴六年、建兴九年和建兴十二年蜀汉讨伐曹魏，因后勤保障不力，军队断粮后无功而还的史实，以及为解决军粮供应十分紧张之矛盾，诸葛亮特意制造了便于山道运粮的“木牛流马”的史实来侧面印证之。据《诸葛亮传》裴注引《诸葛亮集》记载他所发明的“木牛”可以“载一岁粮，日行二十里，而人不大劳”；同时，还有“载多而行少”和“特行者数十里，群行者二十里”等优势。其“流马”，“形制如象”，“每枚受米二三斗”。可见，为了保证当时的军粮供应，诸葛亮确实是用心良苦。但即令是蜀汉每出动10万将士无须3倍的人提供后勤保障，也至少需10万人提供后勤供应。按一名将士

① 高凯：《论中国古代人口性比例失调问题》，《史学月刊》，1998年第3期。

对应一名后勤保障人员的比例计算，蜀汉在建兴五年首伐曹魏时，除“统领步骑二十万众”外，还应有 20 万人左右的青壮年劳动力为其提供后勤供应，则此时蜀汉很可能除无劳动能力的稚童以外，几乎所有男性编户齐民都要参与进来。而建兴十二年，“魏明帝自征蜀……亮时在祁山，旌旗利器，守在险要，十二更下，在者八万”[①]之时，蜀汉除军队有 8 万之众外，至少应有同样数量的后勤保障人员与之并肩作战，则此时调动的青壮年男性应是蜀汉所控制青壮男性的 90%左右。从以上的综合分析看，由于蜀汉国家连年战争，极可能占用了蜀汉社会绝大多数编户齐民中的青壮年男性，从而使这些青壮年男性没有或很少有时间进行家庭人口的再生产，从而直接导致蜀汉国家形成暂时的、相对的性比例失调问题。

其次，战争的直接后果必然是参与战争的青壮年男性的大量死亡，并且进一步造成人口的性比例失调，从而制约了人口的增长。

以刘备东征孙吴的战役为例，虽然《蜀书 · 先主传》和《吴书》中没有明言刘备出兵时所率蜀兵的具体人数，但据《吴书 · 吴主传》记载：陆逊大破蜀汉军队时，“临阵所斩及投兵降首数万人”；同书《陆逊传》亦记载其时蜀汉军队“死者万数……尸骸漂流塞江而下”，而刘备仅以只身逃归白帝城。据《蜀书 · 先主传》记载，刘备建安十六年入蜀时有“步卒数万人”；另据同书同传记载，建安二十年刘备与孙权对峙于荆州时，刘备“引兵五万下公安，令关羽入益阳”。由此两条史料看，刘备侵吞益州后，至少拥兵 5 万以上。而刘备章武元年大兵征吴是蓄谋已久的军事举动，他没有理由不倾注全力，故刘备此次讨伐孙吴总兵力不应少于 5 万。关于刘备讨伐孙吴之事，《资治通鉴》卷六十九《魏纪》黄初二年秋七月条记载：“汉主遣将军吴班、冯习攻破(孙)权将李异、刘阿等于巫，进军秭归，兵四万余人。”再加上由黄权指挥的防备曹魏军队的江北军，亦可证明此次刘备东征孙吴的总兵力规模不低于 5 万人。同时，结合《蜀书 · 先主传》所载建安十七年“质诸将并士卒妻子”的史料看，蜀汉军队将士的妻室并非随军，而是由蜀汉国家集中进行控制的[②]。把《蜀书 · 先主传》《吴书 · 吴主传》和《吴书 · 陆逊传》前后几条史料结合起来分析可知，蜀汉章武元年至章武二年东征孙吴的战争造成了十分严重的性比例失调问题：一方面，蜀汉军队有万人以上的青壮年男性直接死于战火，终身丧失婚育的机会；另一方面，蜀汉军队向孙吴和曹魏投降者有数万人之多，而他们的妻室则由蜀汉国家集中控制，这就意味着这些投降孙吴和曹魏的军人也有可能终身丧失与妻室团聚和生育的机会，从而形成了蜀汉国家特殊的、长久的、绝对化的性比例失调问题[③]。而且，我们看到的仅仅是章武元年至章武二年蜀汉东征孙吴的战争所造成数万青壮年男性长久地、绝对地丧失婚育机会的情况，但蜀汉从章武三年(223)以后至后主炎兴元年(263)的 40 年

---

① 《三国志 · 蜀书 · 诸葛亮传》，裴松之注引郭冲言。

② 高敏：《魏晋南北朝兵制研究》，大象出版社，1998 年。

③ 高凯：《论中国古代人口性比例失调问题》，《史学月刊》，1998 年第 3 期。

间,共有24年处于战争状态,其间必定每次战争都会有新的将士成为战争的牺牲品,则蜀汉就始终不断地在制造着长久的、绝对的性比例失调问题。既然如此,蜀汉国家建国40多年,为政府所掌握的编户人口增殖始终处于停滞状态就毫不奇怪了。

二、人口性比例失调问题在蜀汉败亡过程中的特殊作用

早在两汉时期,益州便是天下最为富庶的地区之一。据《史记·货殖列传》记载:"巴蜀亦沃野,地饶卮、姜、丹沙、石、铜、铁、竹、木之器。……然四塞,栈道千里,无所不通……"《华阳国志·蜀志》亦记载:巴蜀地区"家有盐铜之利,户专山川之材居给人足,以富相尚。故工商致结驷连骑,豪族服王侯美衣,娶嫁设太牢之厨膳,妇女有百两之从车,送葬必高坟瓦椁,祭奠而羊豕夕牲……箫鼓歌吹,击钟肆悬,富侔公室,豪过田文,汉家食货,以为称首"。当公元184年"众徒数十万,连结郡国,自青、徐、幽、冀、荆、杨、兖、豫八州之人,莫不毕应"的黄巾农民大起义爆发和原来人口稠密的黄河中下游地区出现"名都空而不居,百里绝而无民者,不可胜记"①的局面之时,偏安西南的巴蜀地区,除有"马相、赵祗等于绵竹县自号黄巾,合聚疲役之民……旬月之间"②迅速被扑灭之外,多处于不为外界干扰的封闭状态里。由于巴蜀地区社会安定、经济发达,所以一直吸引着外来移民移居这里。仅刘焉、刘璋父子经营巴蜀之时,南阳及三辅的移民大量涌入,以至达到了"流入益州数万家"的规模③。可见,益州确实是百姓安居乐业、休养生息的风水宝地。但尽管有优越的自然条件和充足的物资财富,还是没能使自建安十九年(214)吞并益州和建安二十三年(218)占据汉中的蜀汉政权实现诸葛亮《隆中对》中所说的战略目标,也未能完成法正向刘备所提出的"广农积谷,观衅伺隙,上可以倾覆寇敌,尊奖王室;中可以蚕食雍、凉;下可以固守要害,为持久之计"的预定方针④,甚至最终无法使蜀汉国家摆脱首先跨入败亡之途的可悲命运!

综观蜀汉的败亡史,我们认为其原因是多样的,其中既有客观存在的历史条件的多重限制,又有蜀汉国家领袖人物主观认识上的错误。而且,在很大程度上,蜀汉国家的迅速败亡是蜀汉第一代领导人刘备和诸葛亮等人错误认识形势,实行主观盲动、穷兵黩武军国政策而引发蜀汉社会十分严重的人口性比例失调并进而造成兵员缺乏等一系列问题造成的。对此,可从以下两方面来具体说明。

首先,由蜀汉第一代领导人刘备和诸葛亮及其继承人的穷兵黩武政策所引发的十分严重的性比例失调,使得蜀汉人口再生产陷入停滞并直接造成了蜀汉后续兵源的减少,从而给蜀汉国家的安全防卫造成了困难。

---

① 《后汉书·皇甫嵩传》和仲长统的《昌言·理乱》。
② 《蜀书·刘焉传》。
③ 《蜀书·刘焉传》裴松之注引《英雄记》。
④ 《蜀书·诸葛亮传》和《蜀书·法正传》。

众所周知,战争的胜败与否,除与领导者正确的战略、战术有关外,还与该国家、该地区雄厚的人力、物力资源有着密切的关系。尤其是在生产力水平低下的冷兵器时代,众多人口的支撑和雄厚财力、物力的保障就显得尤为重要。而这一切,蜀汉国家都显得先天不足。其一,从历史背景所提供的条件看,蜀汉国家的统治基础相对薄弱。章武元年刘备称帝时,吞并巴蜀仅仅数年,其间各种政治势力对国家权力的分配尚未调整到位,新的国家统治秩序也未完全走上正轨。而与它处在同一时期的孙吴政权,为了延揽人才,孙权并没有过早称帝,以至称帝时间晚于刘备。[①] 但其父兄孙坚、孙策早在东汉灵帝至献帝时期便一直经营着江东地区,而且江东地区在孙权继承其兄孙策之位后获得了稳定的发展,所以,仅以孙权建安五年(200)继承兄位的时间计,东吴实际的立国时间要比蜀汉早近15年。与曹魏政权相比,蜀汉政权就更不能与之同日而语了。单以曹操在建安元年(196)定都许昌、取得“挟天子以令诸侯”的政治优势的时间计,也要比刘备吞并刘璋、建立蜀汉政权的时间早近20年。其二,从三国鼎立后各方所实际控制的国土面积看,曹魏国土面积最大,孙吴次之,蜀汉最小。其三,从国家所掌握的人口多寡看,蜀汉国家也是三国之中最少的。仅以蜀汉炎兴元年(263)投降曹魏时的人口计,仅“领户二十八万男女口九十四万,带甲将士十万二千,吏四万人”,合计不过110万人口[②];而司马彪《续汉书·郡国志》作注称:“(魏)景元四年(263)与蜀通计,民户九十四万三千四百二十三,口五百三十七万二千八百九十一。”以此人口数减去同年蜀汉降户的口数,则知曹魏景元四年所实际控制户663423口4290891人,其人口总量正好是蜀汉国家的4倍。另据《晋书·地理志》记载,孙权赤乌五年(242)“其户五十二万三千,男女口二百四十万”;又据《吴书·孙皓传》注引《晋阳秋》记载,吴天纪四年(280)受降于西晋时,有“户五十二万三千,吏三万二千兵二十三万,男女口二百三十万……后宫五千余人”。以孙吴的人口总量看也是蜀汉国家的2倍多。从以上三个方面看,蜀汉国家无论是在立国基础的巩固程度、立国时间的长短,还是在国土面积大小、所统人口的多少上均没有令人信服的优势。但偏偏就是在这样的历史背景下,刘备、诸葛亮等错误地制定了与巩固蜀汉政权和完成一统江山、恢复汉室大业背道而驰的穷兵黩武政策,屡屡兴师动众、劳民伤财去征伐在人力、物力资源远胜于己的曹魏政权。同时,由于蜀汉国家连年对外用兵,不仅使蜀汉国家的男性青壮年齐民总量减少,造成了因男性青壮年死亡、投降孙吴或曹魏后形成的性比例失调问题,而且也引发了蜀汉军队在兵源补充方面的困难。事实上,早在章武二年蜀汉东征孙吴的“夷陵之战”后,蜀汉国家便已深深感到兵源补充的严重不足,即一方面刘备自己从荆州带进巴蜀的军队损失殆尽,原刘璋政权所遗留下来的军队又无法完全信任;另一方面,跟从刘备远涉巴

---

① 蒋福亚:《由诸葛亮青年时代的政治理论谈其躬耕地》,丁宝斋主编《诸葛亮躬耕地——有关史料和考证》,武汉大学出版社,1998年。

② 《三国志·蜀书·后主传》裴松之注引王隐《蜀记》。

蜀的兵户，其后代还未成年或有的根本来不及生育。所以，刘禅继位后，为了解决兵源不足这一突出的矛盾，诸葛亮便迫不及待地恢复了与孙吴的联盟关系，借以缓和来自孙吴在东南方向的巨大军事压力。此后，在后主建兴三年(225)，诸葛亮才有可能具备安定的环境和充足的精力去率军平定南中地区，并征集南中各少数民族中强壮者为兵，来缓解兵源短少的矛盾。从上面"夷陵之战"大败后所带来兵源补充方面的困难看，单单一次动用5万将士的失败战争，便给蜀汉造成了如此巨大的困难，那么，正如前文所述，自章武二年至后主炎兴元年40年里，共有24年处于战争状态，则蜀汉国家所控制的兵户，其性比例失调问题便更是无法解决，而其兵源补充困难的矛盾只能越来越突出。再次，蜀汉军队既有隶属中央的政府军，又有隶属地方的郡县兵，其中政府军负责国家的战略防卫与进攻，而郡县兵负责守卫郡县、镇压反叛等事务。[①] 据《蜀书·马忠传》记载："先主东征，败绩猇亭，巴西太守阎芝发诸县兵五千人以补遗阙，遣忠送往。"从这条史料不仅可看出蜀汉存在相当数量的郡县兵，而且也进一步证明了刘备东征失败后兵源后续困难的窘况。此外，从蜀汉章武三年以后的战争能够支配的政府军的数量看，建兴五年(227)诸葛亮首次北伐尚有"步骑二十万众"；到建兴十二年(234)时，"十二更下，在者八万"，加上休假士兵2万，则蜀汉此时有政府军10万人。[②]《吕乂传》记载：由于"丞相诸葛亮连年出军，调发诸郡"，以致出现了"多不相救"、顾此失彼的局面。同书同传还记载诸葛亮死后，吕乂"累迁广汉、蜀郡太守"，其时"士伍亡命，更相重冒"的现象十分严重。另据《王平传》记载延熙"七年(244)春魏大将军曹爽率步骑十余万向汉川……时汉中守兵不满三万……"。仅仅通过建兴五年、建兴十二年和延熙七年三次蜀汉能够支配、部署的政府军人数日趋减少的态势和《吕乂传》所反映的史实看，蜀汉军队兵源补充之困难程度便可一目了然！

其次，由于蜀汉第一代领导人刘备和诸葛亮及其继承者实行的穷兵黩武军政策而引发的性比例失调，不仅直接造成了青壮年男性难于进行物质资料的生产，而且也使得蜀汉缺乏后续的徭役承担者。由于蜀汉在物质资料生产领域缺乏充足的青壮年男性劳动力，一方面使得蜀汉国家防卫经费极度匮乏，另一方面也促使蜀汉加重了对南中地区少数民族的盘剥，从而使蜀汉国家处于内外交困的危险境地，最终大大加速了蜀汉国家的灭亡。

蜀汉实行穷兵黩武、连年征战的政策，就必然占用生产领域内进行正常物质资料生产的青壮年男性去从事战争后勤保障，那么这些青壮年男性既无暇进行物质资料的再生产，也难于进行人类自身的再生产，则必然造成蜀汉国家出现物资财力的严重匮乏和劳动力资源的严重短缺局面。谈及物资财力方面的极度匮乏，刘备死后力主北伐的诸葛亮深有感触。《诸葛亮传》记载建兴五年诸葛亮所作《出师表》称：

---

① 高敏：《魏晋南北朝兵制研究》，大象出版社，1998年。

② 《三国志·蜀书·诸葛亮传》裴松之注引郭冲言。

“今天下三分,益州疲弊,此诚危急存亡之秋也。”又据《太平御览》卷八百一十五《布帛部》“布锦”条记载,诸葛亮论及当时蜀汉社会的形势称:“今民贫国虚,决敌之资唯仰锦耳。”众所周知,早在《隆中对》中,诸葛亮盛赞巴蜀“民殷国富”,其后庞统说刘备亦称“益州国富民强”,而前引《华阳国志·蜀志》亦载巴蜀“家有盐铜之利,户专山川之材,居给人足,以富相尚”。但是,自建安十九年蜀汉政权确立在巴蜀地区的统治和实行穷兵黩武、连年征战政策到后主建兴五年的短短十几年时间里,蜀汉国家财力匮乏竟到了“民贫国虚,决敌之资唯仰锦耳”的境地,这难道不是对诸葛亮所谓的治蜀功绩的巨大讽刺吗?!然而,即使是这样,诸葛亮本人及其继承人蒋琬、费祎、姜维等人也没有丝毫的反省,仍然一意孤行地执行着先主刘备生前所谓一统天下、光复汉室的遗志,所以与曹魏在炎兴元年(263)夏“大兴徒众”地进攻蜀汉前所采取“息役六年,治兵缮甲”的举措相比较①,诸葛亮及其继承者实在让人难以想象其高明之处!也无怪乎孙吴大鸿胪张俨在其《默记》中猛烈抨击诸葛亮“空劳师旅无岁不征,未能进咫尺之地、开帝王之基,而使国内受其荒残,西土苦其役调”了!同时,由于蜀汉大量的青壮年男性忙于役调而无暇生育,又严重影响了蜀汉新生劳动力的增殖。以蜀汉百万人口计,男女各半,除去老弱病残,育龄夫妇应当占到总人口的一半以上,可组成至少25万个有生育能力的家庭;以每对育龄夫妇10年生育3胎计,25万有生育能力的家庭至少可繁衍75万人;又以蜀汉建国42年计,每对有生育能力的家庭可繁衍两代人,则蜀汉国家可能再增加75万人。由以上推论看,如蜀汉国家不实行“空劳师旅,无岁不征”政策的话,那么蜀汉国家就根本不可能出现“连年出军,调发诸郡,多不相救”和“男子当战,女子当运”的被动局面②,也不可能有《晋书·王濬传》中所说原隶属巴郡兵户的“兵士苦役,生男多不养”习俗及令王濬采取“严其科条,宽其徭课,其产育者皆与休复”措施的记载。

南中指蜀汉南部的益州、永昌、牂牁、越雟四郡,即包括今天云南、贵州及四川东南部地区。这一地区,自秦汉以来,一直是少数民族与汉族杂居地区。为了有效地缓解蜀汉国家十分严重的财政困乏和劳动力资源紧张的矛盾,保障其所谓的统一中原、恢复汉室战争的胜利,蜀汉国家在后主建兴三年(225)平定南中地区少数民族的反抗后,大大加强了对这一地区少数民族与汉族百姓的盘剥。《华阳国志·南中志》中所记载的“移南中劲卒青羌万余家于蜀,为五部,所当无前,号为飞军。分其羸弱,配大姓焦、雍、娄、爨、孟、量、毛、李为部曲,置五部都尉,号五子……以夷多刚狠不宾,大姓富豪,乃劝令出金帛,聘策恶夷为家部曲,得多者奕世袭官。于是夷人贪货物,以渐服属于汉,成夷汉部曲”,即掠夺其人口资源为己用。此外,还在经济方面进行了大肆的盘剥,如《诸葛亮传》记载:“三年春,亮率众南征,其秋悉平。军资所出,国以富饶。”又如《李恢传》记载,南中平定后,诸葛亮回师成都,而“南夷复叛,杀害

① 《资治通鉴》卷七十八“景元三年”条。

② 《蜀书·吕乂传》和《蜀书·杨洪传》。

守将”，作为蜀汉的安汉将军和汉兴亭侯的李恢“身往扑讨，锄尽恶头”后，不仅下令强制迁徙南中少数民族首领到成都居住以便集中控制，还“赋出叟、濮耕牛战马金银犀革，充继军资”，使得蜀汉国家“于时费用不乏”。《华阳国志·蜀志》亦记载其时“出其金银丹漆耕牛战马，给军之用”，以至蜀汉出现了“南中平，军资所出，国以富饶”局面。同时，蜀汉国家对南中地区的盘剥，也引起了南中地区人民的不断反抗。① 如自公元225年诸葛亮平定南中后，南中少数民族首领刘胄、兴古的僚族、涪陵郡大姓徐巨、汶山平康夷等相继起来反抗蜀汉国家的经济盘剥和军事压制，其中发生于延熙十年(247)的汶山平康夷反叛和延熙十一年(248)涪陵郡大姓徐巨的反叛均发生在蜀汉日趋败亡的后期，所以使得蜀汉处在内外交困的艰难局面，从而大大加速了蜀汉国家的灭亡。

总之，蜀汉领导人刘备、诸葛亮及后继者错误地执行了不切实际的穷兵黩武、连年征战政策，直接造成了蜀汉十分严重的性比例失调问题；而这一问题的长期存在，不仅使得蜀汉社会人口增殖处于停滞状态，形成了兵源补充困难、社会生产领域中劳动力资源极度匮乏和物力、财力严重削弱等一系列问题，而且也使得蜀汉不得不加强对南中地区人力、物力资源的依赖和盘剥，并由此激化了蜀汉国内的民族矛盾，加速了蜀汉的灭亡。可见，在蜀汉国家首先跨入败亡之途的过程中，十分严重的人口性比例失调问题确实起到了非同小可的破坏作用。

（本文刊发于《郑州大学学报》1999年第3期，同时被《全国高校文科学报文摘》摘要）

① 周一良：《魏晋南北朝史论集》中《论诸葛亮》一文，北京大学出版社，1997年。

20世纪90年代以来中国古代人口性比例失调问题研究综述

中国古代人口问题的研究，自20世纪70年代末至今已20余年，业已取得丰硕的成果。具体分析这些成果，人们不难发现人口史的研究与现代人口学相比较，存在着某些盲点和误区。例如，20余年来人口史研究备受关注的是历代人口数量、人口规模、人口消长规律、人口消长原因、人口移动轨迹、家庭规模等显而易见的问题，虽然近年来移民史、少数民族人口史、边疆人口史等领域得以拓展，但从总体情况看，仍没有改变人口史研究的方式。同时，与现代人口学研究相比较，历史人口的研究对人口性比例、出生率、死亡率及人口质量等相关问题很少关注，对自然与人类的关系和人类自身因素对人类自身再生产的影响等方面也没有给予足够的重视。其次，许多学者在研究历代人口规模和人口消长规律及消长原因时，往往看到了生产力和生产关系的决定作用，而常常忽视人类自身再生产规模的作用，以至作为人口史研究中重要内容之一的古代人口性比例问题和人口性比例失调问题对当时社会人口消长、政治、经济、民族交往以及诸多文化现象产生的影响等一系列重大问题，一直为学术界所遗忘，其相关成果屈指可数。有鉴于斯，笔者以个人所能掌握的材料，对自90年代以来关于中国古代人口性比例失调问题的研究做一回顾，或可推动对这一问题的进一步研究。不当之处，敬请方家指正！

一、1991—1995年关于中国古代人口性比例失调问题的研究

葛剑雄在其《中国人口发展史》第十三章“性别构成”一节中，用

两页的篇幅，阐述了他对古代人口性比例失调问题的初步认识：《周礼·职方》所载男女数不可信，有关性别的统计数只见于明代以后的地方志；中国古代就人口总数的性比例而言，是男多于女。同时，在第十三章“婚姻状况”一节中，他又用两页篇幅说明了影响男子平均初婚年龄的因素之一是人口中性比例的不平衡和造成严重的性比例失调问题的因素是多妻制的观点①。

冻国栋在其《唐代人口问题研究》第六章第三节及第四节当中，对敦煌及吐鲁番文书中所见唐代前期西州、沙州两地区的户口簿籍材料进行了详细的分析和研究。他认为：从吐鲁番文书看唐太宗、高宗朝西州地区，“男多女少的现象十分突出”，到武后、中宗、睿宗时期，西州地区人口则出现了“女性明显多于男性”的现象，特别是中宗神龙年间《点籍样》中的女性人口比男性多出近一倍，玄宗开元、天宝时期，虽然四件户籍册中总的“男女性别比约略相等”，但户籍亦反映出“丁男多数无妻”和“丁寡居多”现象；其原因大致与逃避赋役和户籍作伪有关。同时，他认为：从敦煌文书看唐沙州地区人口在武后至玄宗开元年代的男女性别比大体均衡；到天宝年间，亦出现女明显多于男子的现象；到代宗大历年间，沙州人口中男口在全部口数中有所上升，占六成左右；至于天宝年间敦煌文书中所见女口的激增，应与军机调发的严重、男丁死而不返和伪籍密不可分②。

宋镇豪在其《夏商社会生活史》第二章第三节“夏商王邑人口分析”当中，利用殷墟商代后期王邑“中小平民墓的几批人骨年龄、性别鉴定报告”的材料进行定量分析与研究后认为：殷墟王邑的人口性别构成是以青壮男性为多，女性以青年为多，壮、中、老三个级别的女性呈急剧减少趋势，男女性别比为183:100，男性人数大大高于女性。同时，他认为：男多女少现象早在史前社会就已十分突出。为此他统计了裴李岗文化、仰韶文化、龙山文化及大汶口早中晚期文化等遗址中人骨年龄与性别鉴定的情况，从而得出史前社会的“性别比约为199:104，男子几乎多出女子一倍”的结论。出现这一结果的原因有三：从受精开始，女就少于男；史前女性早婚早育，加之卫生条件差，故“常导致女性过早夭亡”；商代有重男轻女的社会痼俗，妇女社会地位低下，受折磨和摧残尤甚，以致寿命短促，加剧了男女性比例失调③。

姜涛在其《中国近代人口史》第十二章“性别与年龄结构”一节中，对人口性比例问题的认识主要来自对美籍学者何炳棣《1368—1953年中国人口研究》一书以及陈长蘅《清末民政部户口调查之新研究》、江桥《清朝前期宗室人口状况的初步统计与分析》等文的研究和评价。他认为何氏着力搜集的1748—1845年能够反映人口性别与年龄结构的32条统计资料，是经过精心筛选的，“因为同期一些人口性别比过高的资料竟一条也未在此出现”。至于江文所论宗室人口“系小范围的特殊人群，

---

① 葛剑雄：《中国人口发展史》，福建人民出版社，1991年。
② 冻国栋：《唐代人口问题研究》，武汉大学出版社，1993年。
③ 宋镇豪：《夏商社会生活史》，中国社会科学出版社，1994年。

不足以说明清代整个人口性别比偏高的原因，更不能否定清代普遍存在的溺女婴和女性少报、漏报的根本事实”。同时，他认为：清代中叶（太平天国革命前），中国人口性别比约在113—119之间。而民国时期各种人口调查数据中关于性别方面的材料，可信性较差①。

李中清（美）、郭松义主编《清代皇族人口行为和社会环境》一书中，收录了13篇研究清代皇族人口相关问题的论文，其中刘素芬《清代皇族婚姻与宗法制度》一文涉及皇族人口中的性比例问题。她利用记录近300年清代皇族宗谱——《玉牒》中约8万人的相关资料，对皇族婚姻进行了量化分析，进而认为："18世纪中叶之后皇族男性可能有晚婚的趋势"，19世纪以后重男轻女匿报女婴或以性别选择进行人为生育控制的现象日益严重，造成了男女性比例失调，进而导致了皇族内部生育率的下降②。

袁祖亮在其《中国古代人口史专题研究》的"中国古代人口的自然增长率"部分，利用他人在《李绿园生平及家世》一文中所整理的清康熙年间《歧路灯》的作者李绿园家庭人口材料，研究并认为："中国与世界上男女性别比例关系相似，一般是男性略高于女性。"这亦反映了每个家庭在性别比上都有一个基本相同的固定数额。故此可以断言"一个家庭的性别比例与一个地区、一个国家乃至全世界的性别比例基本上是一个常数"。另外，在"中国古代的制土分民思想"部分，引用《周礼·职方》所载男女性比例失调数据，认为：对此数据"不要轻易持否定态度，也许是古代人口增长率低，人口繁衍是由女性的多少来主宰，所以女性多丁男性"③。

综观1991—1995年中国古代人口性比例失调问题的研究情况，我们不难看出：从葛剑雄、袁祖亮等人对性比例失调问题的推断，到姜涛对前人为数不多的成果的评价，再到冻国栋利用敦煌吐鲁番文书对唐前期西州与沙州人口性比例状况的研究、宋镇豪利用殷墟商代王邑人骨性别鉴定材料与史前遗址人骨性别材料对史前社会和商代人口性比例失调状况的研究，以及李中清、郭松义、刘素芬等人利用清代皇族《玉牒》材料对性比例失调对生育率的影响所做的研究等，均反映了学者们对这一问题的敏锐思考和十分可贵的探索。这种思考和探索无疑为1995年以后人口性比例失调问题的进一步研究奠定了相当的基础。

二、1996—2000年中国古代人口性比例失调问题的研究

高凯在其《从性比例失调看南越国的建立和巩固》一文中，将古代人口性比例失调问题的研究与政治史、民族融合史结合起来，并就性比例失调和南越国时期的政

① 姜涛：《中国近代人口史》，浙江人民出版社，1994年。

② ［美］李中清、郭松义：《清代皇族人口行为和社会环境》，北京大学出版社，1994年。

③ 袁祖亮：《中国古代人口史专题研究》，中州古籍出版社，1994年。

治与民族融合的关系研究做了有益的尝试。他认为:秦王朝针对岭南的大规模军事行动,使得大批戍守岭南的将士中出现了十分严重的男多女少的性比例失调问题,而岭南由于自然条件恶劣、生产力水平低下等,出现了“丈夫早夭”的女多男少的性比例失调问题,这就为秦末赵佗在岭南越人原居地实行“和辑越人”政策创造了条件,进而亦为南越国的建立与巩固提供了良好的契机①。

李晓玲的《人口动态平衡的历史分析》一文,将现代生态学中逻辑斯缔方程运用到历史人口学研究中,对人口性比例问题做出了一些估测性分析。她认为:性比例的变化既有生理的原因,也有社会的原因。引起性比例失调的社会原因很多,既有生活贫困、卫生条件差和战争频繁的原因,又有多妻制和宗教信仰的因素②。

高凯《论中国古代人口性比例失调问题》一文,探讨了中国古代人口性比例失调问题的特点和产生原因。他认为:形成中国古代人口性比例失调问题的原因主要有八个方面,其中既有自然原因,又有社会原因,且经常占主导地位的是社会原因。同时,中国古代人口性比例失调问题还表现出两个显著的特点,即绝对化与相对化的区别。如战争、徭役、杀婴、杀殉等造成人口大量死亡,从而形成永久性、绝对化的性比例失调问题;战争、徭役等在一定时间内占用大量劳动力或因守丧、婚姻制度、婚姻习俗延缓婚嫁时间,而形成暂时性、相对化的性比例失调问题。而且,这两种性比例失调问题贯穿中国历史始终,对历史上人口的繁衍起了巨大的作用③。

姜涛在其《人口与历史——中国传统人口结构研究》一书的“‘乾道成男,坤道成女’——传统人口的性别与年龄结构”一章中,在大量引用、评价他人研究成果的基础上,论述了他对传统人口性比例问题的认识。他认为:中国传统人口的性别结构,处于不断的变动之中,而这种变动,又是有规律可循、可以认识的,中国传统人口的性别结构在总体上并非男女持平,而是明显呈男多女少的高性别比。这种性别比结构,是男尊女卑、重男轻女的传统礼教,尤其是溺弃女婴习俗长期作用的结果;此外,育龄妇女卫生条件差以及女性人口的漏报也是造成传统人口高性别比的重要原因④。

高大伦在其《尹湾汉墓大牍〈集簿〉中户口统计资料研究》一文中,针对1993年江苏连云港东海县尹湾六号汉墓出土的《集簿》所提供的东海郡102:100的男女性比例材料做了研讨。他认为:汉武帝时代战争频繁,男性死亡率大增,人口性别比中男性比重降低。但汉武帝末年到西汉末年有近百年,既无大的战争,社会又相对安定,性别比应恢复至正常水平。故此他断言尹湾汉简“《集簿》的人口性别统计数字

---

① 高凯:《从性比例失调看南越国的建立和巩固》,收入《佗城开基客安家》文集,华侨出版社,1997年12月出版。

② 李晓玲:《人口动态平衡的历史分析》,《史学月刊》,1998年第1期。

③ 高凯:《论中国古代人口性比例失调问题》,《史学月刊》,1998年第3期。

④ 姜涛:《人口与历史——中国传统人口结构研究》,人民出版社,1998年。

不确”。同时,《集簿》所提供的性别比中女性比上一年多出7000余人的原因,“应与当时男女对国家承担的赋税义务种类有别相关”,由此他认定“当时隐瞒丁口的情况是颇为严重的”①。

高凯在《从人口性比例失调看蜀汉政权之败亡——兼评刘备、诸葛亮为政之失》一文中,从分析三国时期蜀汉人口性比例失调状况入手,就蜀汉人口与国家治理的关系提出了新的观点。他认为:统治者采取了穷兵黩武、连年征战的军政策略,不仅造成了严重的性比例失调问题,使得人口繁衍长期出现停滞局面,而且还带来兵源补充困难、劳动力资源匮乏和物力、财力的严重削弱等一系列问题。为了摆脱危机,蜀汉不得不加强对南中地区人力、物力的依赖和盘剥,并由此激化了民族矛盾,进而大大加剧了蜀汉国家灭亡的步伐②。同一作者在《从性比例失调看北魏时期拓跋鲜卑与汉族的融合》一文中,从人口学中的性比例失调问题入手去研究北魏拓跋鲜卑与汉族的融合途径,并做了尝试性的理论推导研究③。

综观1996—2000年关于中国古代人口性比例失调问题的研究,人们不难发现在人口性比例失调问题的研究中出现了一些新迹象:首先,高凯对产生性比例失调的诸多因素、性比例失调问题的特点与类型的研究,姜涛对前人自史前社会到清朝末年人口性比例状况研究的概括与总结,高大伦利用尹湾汉简材料对汉代人口性比例状况及户籍真实性的研究,都要比90年代初期的研究深入一些。其次,李晓玲对生态学与人类性比例关系的研究,高凯对秦汉魏晋南北朝时期人口性比例失调与政治史、民族融合史之间关系的研究,反映了性比例失调问题的研究领域有所拓展。所以,我们完全有理由相信:随着研究领域的拓展,研究深度的推进,研究方法的改进和家谱与考古材料的不断发掘、利用,关于人口性比例失调问题的研究,定将进一步受到学术界的关注和重视。

(本文最早于2000年8月在西南师范大学举办的“全国第三届青年史学工作者会议”上宣读,后发表在《中国史研究动态》2000年第9期,同年被《人大复印资料·人口及人口史研究资料》全文复印)

---

① 高大伦:《尹湾汉墓大牍〈集簿〉中户口统计资料研究》,《历史研究》,1998年第5期。

② 高凯:《从人口性比例失调看蜀汉政权之败亡——兼评刘备、诸葛亮为政之失》,《郑州大学学报》,1999年第3期。

③ 高凯:《从性比例失调看北魏时期拓跋鲜卑与汉族的融合》,《史学理论研究》,2000年第2期。

从走马楼吴简看孙吴时期长沙郡的人口性比例问题[①]

关于三国孙吴长沙郡的人口性比例问题，史家极少论及，以至有关这一时期人口性比例问题的形成特点、类型和对孙吴长沙郡地区人口繁衍所产生的影响，几乎不为人知。大量地下简牍材料的面世，尤其是长沙走马楼吴简（以下简称“吴简”）的公布，为解开这些谜团提供了有力的证据。有鉴于斯，敝人拟从吴简所提供的姓名方面的信息入手，做一些探索工作，以求教于方家。

一、吴简中与人口性比例问题相关的姓名信息

据考证，吴简不仅是长沙郡临湘侯国吏民租佃国有土地的契约，而且还是官府收受田家纳税米、布和钱的凭证[②]。所以，吴简作为受当地严格保护的政府档案，它所提供的各方面材料具有很强的真实性。尽管吴简存在正如整理小组在初步研究中已经发现它“不是某几个乡的田家莂的全部，而只是其中一部分”的问题[③]，但仍然收集了孙吴嘉禾四年、五年涉及长沙郡临湘侯国约 141 个不同丘里、总数达 2300 多条字数不等的简文。

---

① 本文属于国家“十五”规划青年自选项目“秦汉魏晋南北朝人口性比例专题研究”中系列性研究成果之一。

② 高敏:《读长沙走马楼简牍札记之二》,《郑州大学学报》,2000 年第 4 期。

③ 《嘉禾五年吏民田家莂解题》,《长沙走马楼三国吴简》,北京文物出版社,1999 年。

通过对吴简所涉及户主姓名的具体统计，我们发现：简文中除提供孙吴时期长沙郡吏民姓氏有敖、毕、蔡、曹、昌、陈、呈、程、谷、葱、戴、邓、丁、董、杜、顿、樊、范、逢、冯、高、龚、宫、谷、光、郭、昊、何、侯、胡、桓、辕、黄、纪、靳、椎、巨、雷、李、礼、利、廖、林、刘、龙、娄、庐、卢、鲁、吕、罗、马、毛、梅、米、苗、聂、区、番、潘、彭、棋、启、钱、秦、仇、屈、壬、任、石、史、舒、蒴、松、宋、孙、潭、唐、田、涂、王、卫、文、吴、五、伍、武、先、向、谢、徐、许、焉、严、杨、殷、尹、应、勇、由、于、原、张、赵、这、烝、郑、周、朱、诵、史等多达110多个姓氏的信息之外，还提供了嘉禾四、五两年141个不同丘里中共计有“大女”87户的信息。其中姓名皆全的大女有：李汧、五市、黄市（2人）、利妾、廖思、左玉、唐妾（2人）、蔡糜、烝兼（2人）、张妾（2人）、烝汝、潘茑、由合、黄昌、娄系、李思、郭妾、谢领、何素、朱妾、谢妾、五妾、刘妾（3人）、谢述、杨妾、谢烝、蔡妾、文妾、谷仨、赵陵、李金、张河、李婢、梅端、烝肥、黄妾（4人）、周张、文旨、番朱、石黑、潘银、李阿、烝殷、田柘、黄番、钱任、烝愁、区银、李妾、黄情、区采、吴员、廖姑、谢阿、烝沽、郑满、刘紫、刘蚕、李姑（2人）、陈命、唐黝、周妾、烝锯、谢勉、吴还、周悬、卫蔡、高禄、唐堆，和姓名不全的“大女”户共计87例。此外，大女“烝兼”在利丘嘉禾四、五两年田家莂的户主名中都曾出现过，只是佃田亩数相异，可能为同一人，故此已公布的吴简中至少有以“大女”为户主的租佃户86户。

据前四史的诸多记载和地下简牍材料，从先秦、秦汉再到三国时期，宗法制度和宗法观念都十分严格，男性是维系家庭和血缘关系的根本所在，妇女的地位相对低下。妇女除要遵守“未嫁从父，既嫁从夫，夫死从子”①的礼教外，在先秦时期，妇女甚至连私名的权利都没有。两汉以后，虽然史籍中出现了妇女的私名，如班昭、蔡琰等，但妇女姓名皆全的现象仍不普遍。如《居延汉简甲乙编》②和范晔《后汉书·列女传》所记③。因此，像吴简中出现如此大量的妇女私名，甚至以妇女充当户主租佃国有土地的实例，在存世典籍和已出土材料中都极为少见。

既然吴简中反映了孙吴时期长沙郡存在大量以“大女”为户主、租佃国有土地的现象，那么我们不禁要问：这种以“大女”为主体的特殊户籍是否存在历史渊源？它又和两汉时期的“女户”有何内在联系呢？

二、两汉以来以女子为主体的“女户”问题的由来

从文献记载的情况看，关于两汉时期存在以女子充当户主的看法，最早是唐代李贤提出的。出处是《后汉书·肃宗孝章帝纪》元和二年（85）五月诏之下所引按语。针对章帝诏令中“加赐河南女子百户牛酒”一句，李贤认为：“此女子百户，若是户头之妻，不得更称为户。此谓女户头，即今之女户。”在这里，李贤最早提出了“女

① 《仪礼·丧服·子夏传》，《十三经注疏》，中华书局，1980年。

② 谢桂华等：《居延汉简释文合校》，文物出版社，1987年。

③ 范晔：《后汉书》，中华书局，1965年。

子百户牛酒”中的“女子”即是以女子为户主和汉唐社会都存在“女户”现象的观点。

那么,汉代社会是否真的存在以女子为户主的“女户”现象呢?这种现象与孙吴时期长沙郡所出现的以“大女”充户主、租佃国有土地的现象有何内在联系呢?

首先,从2001年11月文物出版社出版的《张家山汉墓竹简·二年律令》所公布的法律条文内容看①,早在西汉初年社会就存在一系列严格保护“女子”在继承权和家庭控制权的详细的法律法规。② 如在《二年律令·户律》中简337、338号规定当儿子为户主时死亡,其母在不得驱逐丈夫的父母、招郎入赘和不得私下处置儿子的财物的情况下,可以由“其母而代为户”主。又如《户律》规定:“为人妻者不得为户(简345)。”即国家明确规定“为人妻者”不得另立户头;而要成为真正的“女户”主,其先决条件必须是不为“人妻”。这些充分证明:汉代“女户”的确立,必须是在家庭中缺乏其他男子为户主的条件下才能实现。同时,在《二年律令·置后律》中就“女子”的继承权问题和立户条件也有着数条详细的法律规定。如简369、370、371号简文规定,国家对待因公受伤致死的男性,可以“令子男袭其爵”并继立为户主,在无子男、父、祖父、男同产的情况下,有由其女儿、母亲、女同产、妻子和祖母依次享有继承爵位、充当户主的权利。又如《置后律》简379、380号简文规定男户主死亡后,应由“子男代户”,在无子男、父、孙、耳孙的情况下,其母、寡妻、女儿及祖母,依次享有继承权和充当家庭户主的权利。关于尚未出嫁的女户主,在出嫁后如何恢复对原有财产的控制和如何恢复其户主身份的问题,《置后律》也有相关的法律规定。由此不难看出:西汉初年由政府控制的《二年律令》,不仅给了我们证明唐代李贤认为汉唐都存在“女户”的观点以及在赐“女子百户牛酒”中“女子”即是以女子为户主观点的正确性的有力证据,而且也反映了在经历几十年战乱和深刻社会动荡之后,汉初社会存在着大量的以女子为户主的“女户”现象的可能性③。

其次,在整个两汉时期,涉及赐“女子百户牛酒”的事例开始于西汉文帝即位之初,在此后经历了从西汉武帝、宣帝、元帝、成帝、王莽新朝再到东汉王朝的章帝元和二年,历时265年的统治时间,其间一共颁布有多达22次赐“女子百户牛酒”的诏令。这些诏令的颁布,一方面反映了汉代社会“女户”现象长期并大量存在的事实,

---

① 张家山汉简整理小组:《张家山汉简》,北京文物出版社,2001年。

② 关于《二年律令》中“二年”的解释,张家山汉简整理小组的李学勤、彭浩、李均明等先生均认为应是吕后二年,即公元前186年。

③ 关于汉代的“女户”问题,参见《光明日报·历史版》2002年11月5日所发表的拙文《〈二年律令〉与汉代妇女权益保护》和“中国秦汉史学会第九届年会暨国际学术讨论会”参会论文《从张家山汉简〈二年律令〉看汉代的“女户”问题》两文中的相关论点。

另一方面也反映了大量产生“女户”现象的不良社会背景仍长期存在着①。

再次，两汉与三国，虽属两个不同的时期，但两者之间的联系是显而易见的。这种联系不仅仅是三国时期与东汉时期在时间上具有密不可分的承续关系，更为重要的是魏、蜀、吴三国为了昭示各自在政治上的正统地位，纷纷采取了承袭汉统的措施。以孙吴政权为例：在吴简当中出现了建安二十五年至建安二十八年等东汉献帝时期的年号②，而事实上，东汉献帝建安年号只有二十五年；吴简中之所以有建安二十五年之后的年号，就在于孙权为了标榜自己的正统地位而否定曹丕代汉后在纪年方面的正统性。试想一下：孙权在曹丕代汉、东汉王朝已正式灭亡的情况下，仍然延续着东汉王朝的建安年号，那么，为了达到昭示自己正统地位的政治目的，对于东汉王朝遗留下来的政治和社会制度，孙吴政权会轻易地放弃吗？！所以，从历史的延续性规律来看，西汉初年到三国孙吴初年的400多年的时间里，以“女子”为主体的特殊户籍和保护“女子”继承权及家庭控制权方面的严密法律法规都一直保存着。

总之，结合反映汉初法律的《二年律令》和正史相关记载与吴简所反映的材料看，吴简中以“大女”为户主、租佃国有土地的特殊户籍，就是两汉时期长期存在和受到政府严格保护的“女户”实例不对；而吴简则提供了86户有关“女户”姓名、住址、佃田和交纳租税数量等详细的实例材料，所以显得尤为珍贵。同时，对照汉代《二年律令》所规定“为人妻者不得为户”的法律条文看，吴简中存在大量的以“大女”为户主的现象，实际上意味着孙吴初期长沙郡中存在着女多男少的人口性比例失调问题。

三、长沙郡产生性比例问题的原因和表现形式

既然吴简中“大女”为户主意味着长沙郡临湘侯国存在着女多男少的性比例失调问题，那么形成这一问题的原因是什么？它是否存在不同的表现形式？

首先，孙吴初期长沙郡临湘侯国“大女”户的姓名特征，有可能暗示这一时期的人口性比例失调具有两种不同的表现形式。

通过对吴简中“大女”户的统计，我们发现“大女”户共涉及李、五、黄、利、廖、左、唐、蔡、谢、烝、张、潘、由、娄、郭、何、李、梅、周、谷、赵、番、石、钱、郑、朱、刘、吴、

① 关于汉代的“女户”问题，参见《光明日报·历史版》2002年11月5日所发表的拙文《〈二年律令〉与汉代妇女权益保护》和“中国秦汉史学会第九届年会暨国际学术讨论会”参会论文《从张家山汉简〈二年律令〉看汉代的“女户”问题》两文中的相关论点。

② 关于走马楼吴简当中出现建安二十五年至建安二十八年的问题，由宋少华等人在《文物》杂志1999年第5期《长沙走马楼简牍整理的新收获》中首先公布出来；高敏先生在《郑州大学学报》2000年第3期所发表的《读长沙走马楼简牍札记之一》一文中，以唐代许嵩《建康实录》中的相关记载为依据，认为孙吴确实采用了建安二十五年至二十八年的纪年方式。

文、高、区、田、陈、卫、杨等35个姓氏。其中,“大女”名字中有“妾”或“婢”者,涉及13个姓氏,分别涉及利、唐、张、郭、朱、五、刘、杨、蔡、文、李、黄、周姓共有22户。另有56户“大女”具有正常的姓名,涉及李、五、黄、廖、左、蔡、烝、由、娄、谢、何、谷、赵、张、梅、周、文、潘、番、石、田、钱、区、吴、郑、刘、唐、陈、高、卫等30个姓氏。从以上“大女”姓名的情况看,大致分为两个层次:其一是“大女”名中多有“妾”字(其中有一例称“婢”者),难免出现“大女”户主同名同姓的现象,如称“黄妾”者4人,称“刘妾”者3人,称“张妾”者2人,称“唐妾”者2人。出现“妾”“婢”,应说明这些“大女”是已婚妇女,而且丈夫必然是已死亡者。其二是“大女”均有正常的名字,如周张、黄布、谢领、左玉、张河、赵陵、郑满、烝肥、烝锯、高禄、石黑、唐堆等,应当是尚未嫁娶并已成为户主的成年女子①。这就是说,透过对“大女”名字的分析,暗示着孙吴初期长沙郡临湘侯国的人口性比例失调问题应当存在两种形式:其一是丈夫死亡,造成已婚妇女过剩而形成的性比例失调问题;其二是成年女子多于成年男子,造成未婚妇女过剩而形成的性比例失调问题。

其次,与性比例失调问题的两种表现形式相关联,孙吴初期长沙郡临湘侯国产生性比例失调问题的原因应主要有两个大的方面。

与已婚的妇女过剩相关联的,是孙吴初期的长沙郡地区男子的大量死亡或残疾。究其原因甚多,但主要的原因是当时社会频繁战争和繁重徭役所带来的人身伤害。据《三国志·吴书》记载,从东汉中平三年(186)“时长沙贼区星自称将军,众万余人,攻围城邑,乃以(孙)坚为长沙太守。到郡亲率将士……旬月之间,克破(区)星等”之后②,相继又有中平五年(188)“长沙、零陵、桂阳等三郡贼周朝、苏马等”人起义所带来的社会动荡③,以及其后在长沙郡附近发生的“赤壁之战”和孙刘对峙等大型战役。因此,在“军兴日久,民离农畔,父子夫妇,不听相恤”的背景下④,长沙郡出现大量青壮年男性死于战火的现象是必然的结果。

与成年未婚妇女过剩相关联的,是孙吴初期长沙郡临湘侯国女多男少的性比例失调问题。其产生的主要原因是生产力水平低下和自然条件的高热高湿。我们对吴简中86户“大女”中各个姓氏出现的次数和56户“大女”姓名皆全者的姓氏出现次数分别进行统计,便不难发现处于前列的黄姓、烝姓、李姓、谢姓、刘姓以及出现次数较少的左姓、潘姓、番姓、邓姓、梅姓、区姓、吴姓等,其姓氏起源与聚居地均分布在

---

① 关于孙吴初期长沙郡“女户”问题,我认为至少有两种类型,相关观点可参见《寻根》杂志2002年第9期《从走马楼吴简看孙吴初期长沙郡吏民的联姻》一文。

② 《三国志·孙破虏讨逆传》。

③ 《三国志·朱然传》。

④ 《三国志·吴主传》。

淮河到长江流域的"楚越之地"[1]。而"楚越之地"存在女多男少现象,历史典籍中早有记载。如淮水至岭南,古称扬州,而长沙地处荆州,《周礼·职方》和《汉书·地理志》[2]均记载西周初年,扬州与荆州的人口性比例分别为"二男五女"和"一男二女";司马迁《史记·货殖列传》亦记载,秦汉时期"楚越之地,饭稻羹鱼,或火耕而水耨",且有"丈夫早夭"的现象[3]。此外,刘安《淮南子·隆形篇》亦称"南方阳气之所积,暑湿居之",不仅有"泽气多女"现象,而且男子亦是"早壮而夭"[4]的相关的事例,仅西汉时期相继就封长沙王的吴氏和刘氏的记载就足以说明。据《汉书·吴芮传》记载:"吴芮,秦时番阳令也……(汉初)徙为长沙王,都临湘,一年薨,谥曰文王。"传四世,至孝文后七年,因"无子,国除"。另外,在"孝惠、高后时,封芮庶子二人为列侯,传国数世绝"。又如西汉孝景帝之子刘发"孝景前元二年"(前155)被封为长沙王。据《汉书·景十三王传》记载:"长沙定王发,母唐姬,故程姬侍者……以其母微无宠,故王卑湿贫国。"又据《史记·五宗世家·集解》引应劭言,到孝景帝后元二年(前162),景帝又把武陵、零陵、桂阳三地纳入其子长沙王刘发的管辖之下[5]。武帝元朔二年(前127)实行"推恩令",即允许诸侯王推"私恩",将各王国土地分给其他子弟为列侯。长沙王刘发的15个王子在元光六年后相继建立各自的侯国。据《史记·建元以来王子侯年表》《汉书·王子侯表》和《水经注》等史籍的相关记载,除4个王子分封于长沙王所辖地域之外,在长沙国、武陵郡、零陵郡、桂阳郡中,相继有安成、宜春、容陵、攸舆、茶陵、建成、夫夷、春陵、都梁、洮阳、泉陵等11个王子建立了侯国。其中,茶陵节侯刘欣、洮阳靖侯刘拘均因传两代而无嗣,遭遇到了"国除"的命运。由《汉书》所载长沙王吴芮和刘发后代因无嗣而"国除"的事例看,即使是生活优裕的王公贵族,也无法逃避江南"泽气多女"与"丈夫早夭"的厄运。同时,通过对吴简的统计,嘉禾四年至五年中女多男少的性比例失调问题很有可能是以未婚妇女的过剩为主,这也可以从侧面说明孙吴初期长沙郡的性比例问题可能主要是高温高湿的自然生存条件造成的。

四、孙吴中后期长沙郡性比例问题的发展趋势和对长沙郡人口增殖的影响

首先,与产生女多男少性比例失调问题的主要因素相关联,无论是自然生存条

---

① 关于黄、烝、谢、潘、番、邓、梅、区、吴等姓氏的姓氏起源与聚居地的分布问题,参见拙文《走马楼吴简看长沙郡吏民的联姻》,《史学月刊》,2002年第9期。

② 班固:《汉书》,中华书局,1959年。

③ 司马迁:《史记》,中华书局,1959年。

④ 冯逸:《淮南鸿烈集解》,中华书局,1959年。

⑤ 关于东汉人应劭所言西汉景帝在后元二年是否将武陵、零陵、桂阳三郡划入长沙王刘发管辖范围一事,周振鹤先生认为值得怀疑。具体论述参见周振鹤所著《西汉政区地理》一书(人民出版社,1987年8月版)和《学腊一十九·第三代学人自选集》(山东教育出版社,1999年7月1版)。

件的进一步恶化，还是孙吴中后期来自社会方面的诸多压力，都可能决定孙吴中后期长沙郡的性比例失调问题将日趋严重。

随着时间的推移，长沙郡的自然生存条件也有进一步趋向恶化的记载：从《吴书》的相关记载看，从孙权嘉禾四年到孙皓后期的40多年里，各种自然灾害反复无常、频繁发生。如嘉禾五年“自十月不雨，至于夏”；赤乌“四年春正月，大雪，平地深三尺，鸟兽死者太半”；赤乌五年“是岁大疫”；赤乌十一年“二年，地乃震”；建兴二年“大疫，兵卒死者太半”；五凤“元年夏，大水”；太平“二年春二月甲寅，大雨，震电，乙卯，雪，大寒”；太平三年“自八月沈阴不雨四十余日”；五凤二年“自改年及是岁，连大疫”①等，不一而足。据现代医学研究的成果和现代人口的统计资料，男性一生中，其生存率、抗病率、忍病率、事故率及长寿率等都要比女子低数个百分点，尤其是在生产力水平低下、缺乏医疗条件和基本生命保障体系的孙吴时期，青壮年男性出现高死亡率具有其历史的必然性。

其次，与孙吴政权的穷兵黩武的军政举措相关联，长沙郡女多男少的性比例失调问题也将日趋严重，从而对孙吴长沙郡人口的增殖产生了抑制作用。

从《吴书》的相关记载看，孙吴中后期，战事、兵乱频仍，与之相关的兵役、劳役负担也日趋加重，尤其是在孙权统治中后期，徭役及兵役负担已经到了无以复加的程度。从嘉禾四年到神凤年间的17年里，相继有“鄱阳贼彭旦为乱”、诸葛恪平灭山越叛乱、赤乌二年廖式兵乱、赤乌四年全琮攻淮南与诸葛恪攻六安等重大战事以及赤乌八年“屯田及作士三万人凿句容中道，自小道至云阳故城，通会市，作邸阁”和赤乌十年“改作太初宫，诸将及州郡皆义作”等重大工程不断兴建。虽然孙权也多次意识到“顷年以来，民多征役，岁又水旱，年谷有损，而吏或不良，侵夺民时，以致饥困”的严重性②，但大规模的军事活动和土木工程仍接连不断，从而造成大量青壮年男性的死亡，形成了孙吴国家永久性、绝对化的女多男少的性比例失调问题。

频繁的战争又带给人民沉重的徭役负担，而其结果必然是占用青壮年男性婚育的时间，减少他们婚育的机会。《吴书》记载：由于当时“征役繁数，重以疫疠”，以致“民户浸寡，又多残老，少有丁夫”和民间“生产儿子，多不起养，屯田贫兵，亦多弃子”之事不绝于耳③，并由此形成暂时性、相对化的性比例失调问题，最终抑制了人口的有效增殖。关于这一点，《长沙走马楼二十二号井发掘报告》中所公布的“郡吏黄士，年十二”户籍记载，不仅说明孙吴的服役年龄至少是从尚未成年的12岁男子起征的事实，而且也说明孙权统治中后期确实对长沙郡男性劳动力资源采取了破坏性利用的措施。这种破坏性利用劳动力资源的做法，不仅必然造成直接死于战争、瘟疫等灾害的男性增多，而且也由于婚育机会减少和人为杀婴的盛行，使得社会上

---

① 《三国志·吴书·三嗣主传》。

② 《三国志·骆统传》。

③ 《三国志·孙皓传》引《晋阳秋》。

劳动力资源出现严重短缺局面，从而带来国力衰退和物资财力严重匮乏等一系列问题，其结果使得女多男少的性比例失调问题更加严重，最终大大制约了人口的繁衍。无怪乎孙吴灭亡时，全国在编的民户人口只有“男女口二百三十万”，与当时东吴领县312个的情况极不相称！

综上所述，吴简中与人口性比例失调问题密切相关的“大女”户材料的发现，意义重大，有助于推动我们对整个孙吴时期政治史、经济史、军事史等方面的理解和研究。

（本文刊发于《史学月刊》2003年第8期，是长沙走马楼吴简出版后第一篇利用吴简材料研究孙吴时期人口性比例问题的文章）

从人口性比例失调看“姜”“姬”等女字部首姓氏的产生背景

关于炎黄时代早期姓氏的产生问题，无论是从汉代王符《潜夫论》、应劭《风俗通义》、许慎《说文解字》、王充《论衡》，唐代高士廉《氏族志》、林宝《元和姓纂》等，还是百年以来的学术界，这个问题都历来是备受关注的问题之一。撇开前面的不讲，单就近十年来学界围绕着许慎《说文解字》中所涉及的包括姜、姬、姚、姒、妘、妫、姞、嬴、姺、娸、妞等从“女”字部首的姓氏，就有多篇论文涉及。如：许万宏认为《说文・女部》收录的姓氏多为古老的姓氏，虽然可能产生于父系社会，但正好说明远古时代存在着一个以女性为中心的社会①。赵爱武认为《说文解字》收女部字 238 个，从中可窥探出女性社会地位的变化体现在三个方面：一是母系氏族社会时期，女性是氏族的核心，享有崇高的地位；二是进入父系氏族社会，妇女地位一落千丈，唯母亲受到尊重；三是姣好的女子只是男子的玩物或繁衍后代的工具②。许结玲认为，从《说文解字・女部》的部分字为对象，既可从“姜”“姬”等姓氏上看出女性地位的尊贵，又可从“婚”“姻”“奸”“淫”等字上看出商周以后女性被鄙视、侮辱和贬斥的地位变化③。又有康国

---

① 许万宏：《古老的姓氏》，《黄山学院学报》，2004 年第 1 期。

② 赵爱武：《从〈说文解字〉女部字看女性社会地位的变迁》，《信阳师范学院学报》，2005 年第 2 期。

③ 许结玲：《从〈说文解字〉女部看古代女性社会地位的变迁》，《语文学刊》，2006 年第 7 期。

章亦有观点相似的文章刊发,此不赘述①。此外,尚有何幼琦《姓氏探源——中国原始时期的姓氏》一文,从图腾崇拜和古音转化的角度研究华夏先民的姓氏问题,发人深思②;李都荣《从古汉字透视女性的"女神"时代》从文字学的角度分析了早期妇女的姓氏及地位问题等③。然而,从上引文章和学术界目前及以往的研究看,均未言及从人口性比例失调角度来研究远古时代"姜""姬"等女字部首姓氏的产生背景问题。有鉴于此,拙文拟由此论之。

实际上,以人口性比例问题为切入点,在缺乏文字和文字记载的远古时期几乎是无稽之谈。然而,有了科学考古学的发展与大量实践之后,研究原始时代的人口和人口性比例状况成为可能之事。从目前的考古界的现状看,学界对新石器时代人口性比例的研究很早就已开始了。这些研究大致可分为两大方面:一是各新石器遗址原始的发掘者对墓葬中人骨资料的整理、鉴别和统计,如已出版《石安半坡》④《姜寨》⑤等大量发掘报告中所见。一是各新石器遗址发掘报告公开刊行之后,学者对人骨资料的研究工作。关于这一方面的例证很多,拙文略做列举。如宋镇豪认为:男多女少现象早在史前社会就已十分突出。为此,他统计了裴李岗文化、仰韶文化、龙山文化及大汶口早中晚期文化等遗址中人骨年龄与性别鉴定的情况,从而得出史前社会的"性别比约为199:104,男子几乎多出女子一倍"的结论。至于出现这一结果的原因,他认为有三:从受精开始,女就少于男;史前女性早婚早育,加之卫生条件差,故"常导致女性过早夭亡";商代有重男轻女的社会痼俗,妇女社会地位低下,受折磨和摧残尤甚,以致寿命短促,加剧了男女性比例失调⑥。陈铁梅教授对中国新石器时代32处墓地的人骨鉴定进行统计,性别比整体值为1.75:1⑦;日本学者知原对人骨鉴定超过50例的26处新石器时代墓地进行了统计,发现性别比平均值为1.82:1。由此他认为"黄河流域的新石器时代在公元前4500—公元前2000年这样一个时段范围内,人口中的性别比例明显表现出男性多出女性的特点,性别比在有的地方高达2.30:1以上(不计性别比特高在5.0:1以上的例证),性别比异常的平均值可达1.82:1。新石器时代异常性别比还表现有地区性特点,黄河上游甘肃地区性别

① 康国章:《从〈说文解字〉看中国古代女性社会地位的变迁》,《殷都学刊》,2008年第4期。

② 何幼琦:《姓氏探源——中国原始时期的姓氏》,《南方论丛》,2006年第1期。

③ 李都荣:《从古汉字透视女性的"女神"时代》,《文教资料》,2009年第6期。

④ 西安半坡博物馆:《西安半坡》,文物出版社,1982年。

⑤ 陕西考古研究所:《姜寨》,文物出版社,1988年。

⑥ 宋镇豪:《夏商社会生活史》,中国社会科学出版社,1994年第9期。

⑦ 转引自赵宇共:《对中国史前社会性别制度起源的质疑》,《浙江学刊》,2000年第5期。

比稍低，中游附近地区性别比稍高，黄河下游山东地区性别比更高”①。

从以上学者的研究成果看，他们的研究无疑是具有启迪作用的。然而，仔细考量他们的研究成果，又不难发现其结论具有非常明显的缺陷。一是诸多新石器文化遗址中的墓葬群都是该遗址几百年甚至上千年原始人群留下来的，也就是说：所有可鉴别性别的人骨不是某一年份或某几十年的性别状况，而是几百年甚至上千年的性别状况，以致可信度不高；二是诸多新石器文化遗址从七八千年开始至今，年代十分久远，原始人群的人骨已多有腐蚀、鼠害或人为扰动的现象，以致出现多有难以鉴别和资料残缺不全的问题，而以上学者的研究只是将各遗址墓葬材料中人骨资料进行简单的加减乘除后就得出结论，显然是不够的，以致其代表性不强。有鉴于此，笔者以为有必要利用对人骨资料死亡年龄的重新统计与特点分析的新方法来回避这两大缺憾问题。

众所周知，据竺可桢先生《中国近五千年来气候变迁的初步研究》研究，距今约8000年—2500年中国大陆是处在“仰韶温暖期”中，当时年平均气温比今天约高3℃—5℃②，气候远较今温暖而湿润得多。而自公元前5000—公元前3000年的约2000年，正是中国仰韶文化自开始到结束的时期，也与神农氏有天下的时间相当。广布于今河南、陕西、山西、河北，东至鲁西北，北至河套，西至宁夏、陇西，南至鄂西北等地区的大量仰韶文化时期的遗址中的人骨资料反映，当时原始人群和部落存在着严重的男多女少的人口性比例失调问题。而以分布着炎黄二帝大量的遗址与传说的今陕西关中平原西部和陕西中部地区为例，当时原始人群和部落也存在着严重的人口性比例失调问题。

今陕西关中平原西部和陕西中部地区，如司马迁《史记·五帝纪》记“黄帝……西至于空桐，登鸡头……北逐荤粥”所言，亦如司马彪《续汉书》载“西羌之本，出于三苗，姜姓之别也”所记，在先秦时期，这里是炎黄二帝活动最频繁的地区。因此，炎黄部落及其属民也必然与周边的新石器文化的原始人群有着多重交往的关系。从地域相近的角度看，与此相关的今青海、甘肃、宁夏等广大区域的新石器文化遗址中的人骨资料统计，应是我们关注的重点。同时，在先秦时期生产力水平低下、人口稀少的条件下，前后两者所生活过的地理环境不可能产生太大的变化。所以，两者之间也存在可比性。如在今青海、甘肃、宁夏等省区，20世纪七八十年代发掘过大量的新石器时代遗址，许多都有详细的人骨鉴别材料可资参考。

一、青海柳湾新石器时代墓葬材料。柳湾位于湟水中游北岸，西距乐都县17千米，1974—1978年在柳湾共发掘墓葬1500座，其中半山类型257座，马厂类型872

---

① 转引自赵宇共：《对中国史前社会性别制度起源的质疑》，《浙江学刊》，2000年第5期。

② 竺可桢：《中国近五千年来气候变迁的初步研究》，《考古》，1972年第1期。

座，齐家文化 366 座，辛店文化 5 座①。据碳 14 测定，半山类型的年代为公元前 2505±150（树轮校正年代，下同），马厂类型在公元前 2415 至 2040 年之间，齐家文化为公元前 1915±155 年，从半山类型至齐家文化，其间共经历了 590 年，如再加上辛店文化的时间，有一千年左右②。墓葬类型有单人或合葬两种，其合葬墓的人数 2—7 人不等。柳湾 1500 座墓葬人骨保存状况极差，仅就人骨保存较好的 291 座墓葬看，属于马厂类型的最多（见表二），有 198 座墓葬和 228 个人骨骨架之多，其中男性 105 例，女性 86 例，性别不详者 35 例。其次为齐家文化的 77 座墓葬（见表三），86 个人骨架，其中男性 42 例，女性 18 例，性别不详者 26 例。半山文化最少（见表一），仅 16 座，人骨 23 例，其中男性 14 例，女性 4 例，性别不详者 5 例，多为未成年个体。从人种看，柳湾合并组的体质特征显示出明显的蒙古人种特征③。以马厂类型看，不计性别不详者，男女性人骨合计 193 例，男女性比例为 100∶82；按年龄分段计算，15 岁以上男性 96 例，成年平均死亡年龄 40.82 岁；75 例女性平均死亡年龄是 39.27 岁；青年期女性死亡率个体总数占 14.7%，男性仅占 4.7%。齐家文化类型有 60 例可判明性别，男女性比例约为 100∶43；14 岁以下未成年孩童约占 17%，青年期女性死亡率与马厂类型相近④。以柳湾墓葬所有可鉴定性别的男女数相较，男女性比例为 100∶68；以可鉴定柳湾所有男性 161 例计，青年期男性的死亡率仅为5.6%；而以柳湾所有的可鉴别的女性人骨 110 例计，青年期女性死亡率却高达 17.3%，两者相较，差距甚大。可见，育龄期妇女的大量死亡，是造成当时男多女少性比例失调的重要原因。

表一：青海柳湾半山类型墓葬人骨登记表

年龄	男	女	不详者	合计
未成年（14 岁以下）			4	4
青年期（15—23 岁）	1	1		2
壮年期（24—34 岁）	4			4
中年期（35—55 岁）	3		1	4
老年（56 岁以上）				
成年（15 岁以上—？）	6	3		9
总计	14	4	5	23

注：采自《青海柳湾—乐都柳湾原始社会墓地 · 附录一》中《年龄分期统计》（表中“15

① 青海省文物管理处考古队、中国社会科学院考古研究所：《青海柳湾—乐都柳湾原始社会墓地》，北京文物出版社，1984 年。

② 青海省文物管理处考古队、中国社会科学院考古研究所：《青海柳湾—乐都柳湾原始社会墓地》，北京文物出版社，1984 年。

③ 青海省文物管理处考古队、中国社会科学院考古研究所：《青海柳湾—乐都柳湾原始社会墓地》，北京文物出版社，1984 年。

④ 青海省文物管理处考古队、中国社会科学院考古研究所：《青海柳湾—乐都柳湾原始社会墓地》，北京文物出版社，1984 年。

岁以上—?",表示是成年人,但未知具体年龄者,下同)。

表二:青海柳湾马厂类型墓葬人骨登记表

年龄	男	女	不详者	合计
未成年(14 岁以下)	4	2	14	20
青年期(15—23 岁)	5	13	5	23
壮年期(24—34 岁)	30	20	4	54
中年期(35—55 岁)	43	35	7	85
老年(56 岁以上)	15	9	1	25
成年(15 岁以上—?)	8	9	4	21
总计	105	88	35	228

注:采自《青海柳湾—乐都柳湾原始社会墓地·附录一》中《年龄分期统计》。

表三:青海柳湾齐家类型墓葬人骨登记表

年龄	男	女	不详者	合计
未成年(14 岁以下)			15	15
青年期(14—23 岁)	3	4	2	9
壮年期(24—34 岁)	11	4	2	17
中年期(35—55 岁)	21	4	4	29
老年(56 岁以上)	4	2	1	7
成年(15 岁以上—?)	3	4	2	9
总计	42	18	26	86

注:采自《青海柳湾—乐都柳湾原始社会墓地·附录一》中《年龄分期统计》。

二、青海民和核桃庄墓葬。民和核桃庄民和县处在青海省最东部,东与兰州红古区相望,西与乐都接壤,地处黄土高原西部边缘与青藏高原过渡地带的湟水谷地,属于中温带气候,无霜期 140—150 天,年降水量在 300—600 毫米,随地势升高而增加,土壤在湟水流域为灌淤土,浅山地区为占全县土壤一半以上的黄土质的栗钙土,高海拔地区依次为栗钙土、黑钙土、草甸土、黑褐土。民和地区地属《禹贡》所述雍州地,是古羌人聚居的地方。由青海省文物考古研究所、青海省文物管理处和西北大学文博学院共同发掘的核桃庄墓葬,涉及辛店文化,是属于公元前 1000 年左右的羌人文化。考古发掘证实,当时畜牧业发达。专家鉴定该墓地使用了 70 年时间,共发现 367 个墓,有单人墓和合葬墓两种,可鉴别的人骨个体有 363 个(见表四),其中男性 100 个,女性 98 个,不详者 165 个,男女性比例为 100:98。还不难发现男性死亡年龄集中在青年期,占男性 100 例中的 30%,壮年期死亡者占 33%,相比之下,女性死于青年期者37.76%,远比男性高,但在老年人口中,女性人口远比男性人口多。①

表四:青海民和核桃庄小旱地辛店文化墓葬性别年龄统计表

年龄	男	女	不详者	合计
未成年(0—14岁)	2	6	32	40
青年(15—30岁)	30	37		67
壮年(31—45岁)	33	12		45
老年(46岁以上)	2	8		10
成年	33	35	34	102
年龄不详			99	99
总计	100	98	165	363

注:采自《民和核桃庄》表19的内容。

又如在今甘肃地区,也发现了大量的墓葬。1.甘肃民乐东灰山四坝文化墓葬。1987年甘肃省文物考古研究所等对甘肃民乐东灰山四坝文化墓葬进行了发掘。民乐位于河西走廊中部,属张掖—酒泉平原,东临武威—民勤平原,西与玉门相连,南为祁连山,北为龙首山,和内蒙古阿拉善旗相邻。民乐属山前洪积冲积平原,地带性土壤为灰棕荒漠土,气候干燥、干旱少雨,年降水量在50—150厘米,以祁连山雪水灌溉,一年一熟;东灰山位于民乐县西北约27千米处,遗址处在荒漠沙滩中由灰土与沙土堆积而成的沙土丘上,遗址及周围的地表稀疏生产着一些骆驼蓬、苦豆子和一些肉质叶的盐生植物②,相当中原地区的夏代,河西走廊分布着发达的青铜文化—四坝文化;东灰山遗址是继玉门火烧沟遗址之后又一处较大规模的四坝文化遗址。该遗址有两类出土物是值得关注的:其一,出土铜器中,青铜器占71.8%,其余为红铜,即砷铜,含砷量为2%—6%之间;其二,出土的农作物炭化种子,既有小麦,又有大麦,与黄河流域以粟、黍为栽培植物明显不同。此外,还发现墓葬96座,人种测定的结果表明:东灰山人群的主要种系特征与甘青地区的古代居民一致,即接近现代华北类型的东亚蒙古人种;但其较大的面部扁平度则表现出与东亚蒙古人种相分离的倾向,而与某些北亚蒙古人种接近。通过对东灰山炭化小麦标本的碳14测定,发现东灰山遗址的年代为公元前2280±250年。“大约相当于夏代甚至更早到公

---

① 青海省文物考古研究所、青海省文物管理处、西北大学文博学院:《民和核桃庄》,科学出版社,2004年。

② 甘肃省文物考古研究所、吉林大学北方考古研究室:《民乐东灰山考古—四坝文化墓地的揭示与研究》,北京科学出版社,1998年。

元前3000初期至东周时期，在长城沿线存在着一支以细绳纹和细小堆纹为特征的陶器遗存，这类陶器的最远分布地点是外贝加尔湖地区。既因为这类遗存的分布地域，又因为这类遗存时与北方青铜器伴出，学术界一般将其视为与草原牧民有联系的遗存”，在出土器物的器形上，可以看出东灰山遗址既与青海柳湾的新石器时代马厂文化有关，也与约春秋时代相当的甘肃永昌三角城沙井文化有着一定的渊源关系。① 依表中人骨鉴定材料看，男性死亡的高峰期是25—55岁壮年和中年期，占91例男性的67%；而女性死亡于25—55岁中年和壮年只占62例的50%，但死于15—24岁育龄盛年的占45.2%。故朱泓认为“这种现象的存在，可能是当时人们缺乏最起码的医疗卫生条件，致使大量青年妇女在妊娠、分娩和产后褥床患病死亡”。在可以判明男女性别的153例个体中，男女性比例是100:68；尽管存在不少不能判明性别的个体，但它仍然可以在某种程度上反映出当时社会所存在的性比例失调问题②。2.甘肃永昌鸳鸯池墓葬。1973—1974年，甘肃省博物馆文物工作队、武威地区文物普查队在永昌鸳鸯池墓地一共清理了189座墓葬，除去在武威地区清理的13座墓葬，还有176座墓葬，其中单人葬125座，合葬墓17座，儿童墓34座。从对儿童墓的人骨鉴定看，“儿童有数月或一二岁的，大者有的十多岁，但以二至五岁的最多；瓮棺葬都为初生不久的婴儿，可见儿童的死亡率较高”。此表反映：一是男女性比例为100:87，二是女性死于青壮年的人数占女性总人数的42%，而男性死于青壮年者只占33%，两者差距明显③。

表五：甘肃民乐东灰山四坝文化墓葬人骨登记表

年龄分期	男	女	性别不详	合计
未成年（14岁以下）	0	1	17	18
青年（15—24岁）	18	28	13	59
壮年（25—34岁）	31	14	2	47
中年（35—55岁）	30	17	1	48
老年（56岁以上）	0	0	0	0
成年（年龄不详）	12	2	35	49
总计	91	62	68	221

注：采自《民乐东灰山考古—四坝文化墓地的揭示与研究·附录二：东灰山墓地人骨的

① 甘肃省文物考古研究所、吉林大学北方考古研究室：《民乐东灰山考古—四坝文化墓地的揭示与研究》，北京科学出版社，1998年。

② 甘肃省文物考古研究所、吉林大学北方考古研究室：《民乐东灰山考古—四坝文化墓地的揭示与研究》，北京科学出版社，1998年。

③ 甘肃省博物馆文物工作队、武威地区文物普查队：《甘肃永昌鸳鸯池新石器时代墓地》，《考古学报》，1982年第2期。

研究》之表一。

表六:甘肃永昌鸳鸯池墓葬人骨性别年龄统计表

年龄	男	女	性别不详	合计
未成年(0—14 岁)			39	39
青年(15—30 岁)	5	4		9
壮年(31—45 岁)	5	7		12
老年(46—66 岁)	12	10		22
成年	8	5	88	101
总计	30	26	127	183

三、甘肃兰州土谷台半山—马厂文化墓葬。土谷台位于兰州西 72 千米的湟水下游谷地北岸,发现半山—马厂文化类型新石器时代晚期氏族公共墓地墓葬 84 座,其中土洞墓 59 座,木棺墓 14 座,土坑墓 11 座。葬式有成人、儿童和合葬墓三种:单人墓 63 座,其中成人墓 32 座,儿童墓 28 座;合葬墓 19 座,有二人葬、三人葬和五人葬 3 种;成年男女合葬 8 座,成人与儿童合葬 3 座等。经碳 14 测定该墓地应是继马家窑文化之后、兴起于甘青地区的一支新石器时代晚期文化,而夫妻合葬墓的发现,显示该文化已进入父权制社会。84 座墓葬中人骨相对完整保存 106 具,其中成年女性 21 具,成年男性 21 具,性别不详者 11 具,儿童(1—10 岁)53 具,婴幼儿死亡率高达 50%。① 因这批墓葬没有进行详细人骨性别、年龄鉴定,故此无法确知女性的死亡年龄的集中时段,仅知当时儿童死亡率极高而已。

四、永昌柴湾岗沙井文化墓葬。永昌位于今甘肃河西走廊东部,祁连山北麓、阿拉善台地南缘。东邻民勤县,西与山丹、民乐相接连,西北连内蒙阿拉善右旗。永昌县境内山峦起伏,河川纵横,东部为戈壁,中部为绿洲,西部靠近大黄山,境内发现鸳鸯池、二坝、九坝等 20 多处新石器晚期遗址,大多属马家窑文化马厂类型。永昌在商周时期为西戎故地,其后又为匈奴所据,西汉武帝元狩二年(前 121),匈奴昆邪王杀休屠王后率众降汉,此地即归汉土。从 1979—1981 年,甘肃文物考古所分别在永昌西岗清理墓葬 452 座,在永昌柴湾岗清理墓葬 113 座,两处合计 565 座墓葬;据对墓葬石器、青铜器等随葬品的鉴定情况看,石器、陶器、青铜器和铁器并存,应属于早期铁器时代。沙井文化墓葬中大量使用人殉、人祭和大量牲畜殉牲,以及墓主财富不均等现象,均与《史记》《汉书》中的匈奴社会很相似,故从其墓葬所反映的文化特征看,与长城沿线北方草原文化的关系十分密切,应归属典型鄂尔多斯式青铜文化范畴。根据碳 14 测定数据显示,这两处沙井文化的墓葬的年代,大致在公元前 1000

① 甘肃省博物馆、兰州市文化馆:《兰州土谷台半山—马厂文化墓地》,《考古学报》,1983 年第 2 期。

年左右,即相当于中原地区的西周早期阶段①。从对565座墓葬中人骨的统计资料及人骨保存的情况看,发现565座墓葬中有303个人骨鉴别出年龄段(见表七、表八),其中男性有91例,其中年龄不详者43例,年龄小于15岁者8例;女性89例,其中年龄不详者38例,年龄小于15岁者6例;未成年人和成年人性别不详者123例,四种情况合计303例。具体分析各种情况,便不难发现:虽然成年男性(15—60岁)83例与成年女性83例(15—60岁),所反映的男女性别比例大致均衡,但实际上将女性83例中分为成年与15—30岁和31—60岁三个阶段之后,就可十分明显发现其中的问题:确定死于15—30岁之间的女性为19例,确定死于31—60岁的女性26例,余下为无法判断具体年龄的成年女性(15—60岁)38例,则15—30岁19例女性占到成年女性83例的22.89%;31—60岁26例女性占83例成年女性的约31.32%;年龄不详的成年女性34例占全部成年女性83例的约40.96%。以现代女性有生育能力的育龄期以15—45岁的计算方法计,则发现83例全部成年女性人口中,有27例女性死于15—45岁之间,占83例全部成年女性人口的约32.53%,46—60岁18例,占全部成年女性人口的约21.68%;相比较的是男性15—45岁24例只占全部成年男性83例的28.91%。可见,永昌西岗和柴湾沙井文化墓葬的死亡人口当中,成年女性死亡多在生育期。②

表七:永昌柴湾岗沙井文化墓葬人骨性别年龄统计表

年龄	男	女	性别不详	合计
未成年(14岁)	1	4	12	17
青年(15—30岁)	3	1	1	5
壮年期(30—45岁)	1			1
中年期(46—60岁)	11	11		22
老年(61岁以上)				
成年(15岁以上—?)	14	13		27
总计	30	29	13	72

① 李水城:《沙井文化研究》,北京大学中国传统文化研究中心《国学研究》第二卷。

② 甘肃省文物考古研究所:《永昌西岗柴湾岗沙井文化墓葬发掘报告》,甘肃人民出版社,2001年版。

表八:永昌西岗沙井文化墓葬人骨性别年龄统计表

年龄	男	女	性别不详	合计
未成年(0—14 岁)	7	2	65	74
青年(15—30 岁)	11	18		29
壮年(30—45 岁)	9	8		17
中年(46—60 岁)	4	7		11
老年(61 岁以上)				
成年(15 岁以上—?)	30	25	45	100
总计	61	60	110	231

另外,与永昌西岗和柴湾沙井文化墓葬同处在同一时期的另一处沙井文化大型墓葬群是位于永昌的三角城墓葬。根据三角城墓葬人骨性别年龄的统计资料看,三角城已鉴别的男性人骨 30 例,女性人骨 24 例,男女人骨的性比例为 100:80;其中死于青壮期的男性占 46.7%,而死于青壮期的女性却占全部可鉴别女性人骨的 66.7%,同样显示出成年女性多死在青壮年期的倾向。

表九:永昌三角城墓葬人骨性别年龄统计表

年龄	男	女	性别不详	合计
未成年(14 岁以下)	3	0	2	5
青年(15—23 岁)	4	10	0	14
壮年期(24—34 岁)	10	6	3	19
中年期(35—55 岁)	9	2	1	12
老年(56 岁以上)	0	4	0	4
成年(15 岁以上—?)	3	4	2	9
总计	30	24	9	63

注:采用《永昌西岗柴湾岗沙井文化墓葬发掘报告》中表二。

再如,在今宁夏回族自治区内,也发现有大量新石器文化的墓葬,例如宁夏海原县菜园村新石器时代墓地。宁夏海原县位于宁夏南部山区,这里曾陆续发现了相当于马家窑文化、半山文化和马厂文化的一些具有代表性的遗址,而海原县菜园村马缨子梁遗址,相对年代与马家窑"石岭下类型"相当,是一种与半山文化并列的、不为人知的另一种土著文化。海原县地处宁夏南部偏西,黄土高原西部,今属北温带半干旱气候区,年降水量不足 300 毫米,地势高、气温低、雨水少、无霜期短是该地区的主要特点。菜园村墓地发掘于 1985 年,共发掘墓葬 138 座,墓地使用年代距今 4000—4800 年,其间约 800 年。从人骨材料的鉴定的结果看,当时人们的死亡年龄很低,平均寿命仅 30 岁左右;在人种上与现代蒙古人种东亚(或远东)华北类型接近,而与北亚和东北亚代表类型之间存在着明显的差异;特别值得注意的是男女性比例高达100:22,而且女性的死亡年龄几乎全部都在青壮年期:其中女性青年期死亡者占可鉴定女性人骨中的56%,可见,海原县菜园村墓地所反映的男多女少的性比例失调问题尤为严重。①

表十:宁夏海原县菜园村新石器时代墓地人骨性别统计表

年龄	男	女	性别不详	合计
未成年(0—14岁)			8	8
青年(15—30岁)	19	5	1	25
壮年(31—45岁)	10	3		13
老年(46岁—60岁)	4			4
成年(15岁以上)	3	1	2	6
总计	36	9	11	56

总之,从地域相近的角度看,邻近今陕西关中平原西部和陕西中部地区的来自青海、甘肃、宁夏等地的墓葬人骨资料,既有远自新石器时代的资料,又有晚至夏商周三代时期北方游牧民族的人骨信息,都颇具代表性。而且几乎所有的资料都说明从新石器时代到其后的夏商周三代时期,在炎黄二帝及其部落的频繁活动的西方及北方的各原始人群,均不同程度地存在着男多女少的性比例失调。且同样的情况也出现在今陕西、山西、河南、山东等地的新石器时代遗址中,但因学者多有研究,故不赘述。同时,从上述所引的人骨资料统计看,新石器时代及三代时期中国北方地区原始人群的人口性比例失调问题最主要的表现就是青壮年育龄女性人口的大量死亡。虽然当时气候条件良好,气候温暖而湿润,但由于生产力水平极为低下,自然界猛兽丛生,恶劣的生存条件与原始人口的稀少,都使得原始人群要维持种族的繁衍变得十分困难。加之从原始人群人骨资料反映,存在着严重的女少男多的人口性比例失调问题,所以,健康的、有生育能力的女性是不难获得社会尊重的。关于这一点,正如许慎《说文解字》释"姓"而言:"姓"由"女""生"二字会意组成,表示当时是由女性来确定血统关系的,可见当时女性的作用之大。所以,当原始人群中出现严重的女少男多的性比例失调问题之时,当原始人群要求改善生活质量、提高生产力水平,提高抵御外敌能力、扩展部落人群生存空间时候,怎样既能解决女少男多性比例失调问题所带来的婚姻及生育繁衍问题,又能让部落人群回避同婚相婚、其种不蕃的弊端呢?"姜""姬"等女性部首姓氏的出现迎合了这许许多多的需要。所以,在新石器时代人口性比例失调问题的前提下,"姜""姬"等"女"性部首姓氏的出现

① 宁夏文物考古研究所、中国历史博物馆考古部:《宁夏菜园—新石器时代遗址、墓葬发掘报告》,北京科学出版社,2003年。

具有历史的必然性。

（本文《从人口性比例失调看"姜""姬"等女字部首姓氏的产生背景》最早发表在2009年9月18—20日陕西宝鸡举行的由中国炎黄文化研究会和宝鸡人民政府主办、宝鸡炎帝研究会和宝鸡周秦文化研究会承办的"炎帝·炎帝文化与民生高层学术论坛"之上，后来收入《炎帝·炎帝文化与民生学术文集》，2011年由三秦出版社出版）

从吴简蠡测孙吴初期临湘侯国的疾病人口问题

本文拟从新出吴简中所涉及社会生活方面的信息入手，对孙吴初期临湘侯国的疾病人口问题做一些粗略的统计与分析，以求教于方家。

一、吴简中有关疾病人口的信息及其与现代疾病分类之关系

研究中国古代某一时段、某一地区的疾病人口问题需要有大量的诸如家庭成员的数量、性别、年龄、疾病类型等各方面的信息，而这是传统正史材料所无法提供的。虽然自20世纪以来在西北地区以及山东、江苏、湖北等地出土了大量的简牍材料，但仍然缺乏像走马楼吴简那样能够提供大量的、具体到某一家庭的疾病情况的详细材料。目前以新出的走马楼吴简中疾病人口材料为研究对象的论文仅有汪小烜《吴简所见"肿足"解》、于振波《走马楼户籍性别与年龄结构分析》和张荣强《说"罚估"——吴简所见免役资料试释》三篇文章。汪文认为吴简中所反映的"肿足"病是由血丝虫病引起的"橡皮腿肿"，"肿足"病中的"肿"字可与"踵足"病中的"踵"互通，《三国志·吴书·朱然传》所记"魏攻江陵……时(朱)然城中兵多肿病，堪战者裁五千人"的史实是"很令人怀疑"的。这种观点似有进一步商榷的余地。于文则认为走马楼吴简中的"刑手、刑足"应与"腹心病""肿病及肿足""踵足"等疾病相类，故此他把吴简中的疾病人员纳入残疾人员之中来进行统计，以致其统计结果与吴简中实际的疾病人数有较大的出入。关于"肿病"和"踵病"的认识，于文与汪文同。关

于造成残疾人员众多的原因,于文认为“几乎与自然因素无关,而纯粹是社会原因造成的”。于文并没有对吴简中所涉疾病类型做出相应的分析,且观点不乏偏颇之处。张文主要从吴简中所见免役资料入手,结合秦律、汉律和唐律对孙吴免役的对象和“免役的其他场合”进行了研究。其内容涉及了吴简中的疾病类型,然而缺乏对之进行相关的解释和判断。① 有鉴于此,笔者以为有必要再对吴简中所反映的疾病、疾病人口及其对当时社会生活所造成的影响做进一步的研究。

通过粗略的统计,我们不难发现孙吴初期临湘侯国吏民中不仅各种身份和年龄段的人口均有患病的事例,而且也有同一患者患两种严重疾病的事例。如简 5136:“子男淬年十三盲目、雀两足”;简 9506:“义成里户人公乘李城年七十盲两目、风病。”从疾病人口的数量看吴简中除性别、身份或年龄不详的疾病者 35 例外,当时涉及 0—15 岁的未成年男女有 32 例,15 岁以上成年男女有 151 例;同时还有男女奴隶患病者 8 例。② 当时的疾病类型也颇为复杂,单户籍记录中的疾病名称就有“苦腹心病”“腹心病”“肿两足”“苦肿病”“踵两足”“踵左足”“踵右足”“雀两足”“雀手”“眇目”“盲两目”“盲右目”“盲左目”“聋耳”“狂病”“苦狂病”“风病”“苦风病”“苦悳病”“碓病”“苦痈病”等 20 多种。值得注意的是“苦腹心病”“苦肿病”“苦狂病”中的“苦”字实际是表示疾病厉害程度的副词,如简 5336:“东阳里户人公乘乐龙年十八素苦腹心疾病。”以此,吴简中的疾病名称实际只有十几种。就具体疾病在整个 221 个病例中所占的比率看,“肿两足”有 46 例,约占 20.8%;“腹心病”和“苦腹心病”45 例,约占 20.4%;“踵两足”病 44 例,约占 19.9%;“盲两目”“盲目”“盲左目”“盲右目”等 34 例,约占 15.4%;“雀两足”“雀手、雀右足、雀左足”10 例,约占 4.5%;“风病”“苦风病”8 例,约占 3.6%;“聋两耳”病 8 例,约占3.6%;“狂病”“苦狂病”5 例,约占 2.3%。而且以上所列举之和占到全部病例的90.5%。所以要研究孙吴初期疾病人口问题及其对当时社会生活所造成的影响,如何鉴别这些主体疾病的名称,并尽可能找到它们与现代疾病分类之间的对应关系就显得尤为重要。而从现代仍然流行于江南地区的疾病的传播范围、特点、主要症状等入手来和传统文献的记载以及和走马楼吴简所提供的疾病信息相对比,无疑是最好的研究方法之一。为此我认为可将孙吴初期临湘侯国吏民所患疾病归纳为以下三种类型。

① 张荣强《说“罚估”》一文发表在《文物》2004 年第 12 期,并于同年 10 月 29 日友情发给我参考,特此致谢。同时对提供有关信息的国家文物局王素先生也表示感谢。

② 经笔者粗略统计,吴简反映长沙郡临湘侯国吏民中 0—15 岁的未成年男女有疾病人数为 32 人,15—75 岁成年女性有疾病人数为 39 人,75—100 岁成年男性有疾病人数为 112 人,性别、身份或年龄不详者有疾病人数为 35 人,四类人等合计 218 人。其中成年男性中有两例、未成年男性中有一例患两种疾病。故此吴简中有 221 例患病事例,男女奴隶所患疾病不在本文讨论范围之内。

表一:吴简中性别、身份或年龄疾病不详者资料统计

简号	身份	年龄	疾病类型
362	?	89	“盲右目”
876	?	?	“□两足”
1244	?	?	“肿两足”
1676	?	?	“盲左目”
2539	?	58	“苦腹心病”
2580	?	67	“肿两足”
2651	?	?	“雀左手”
2987	?	15岁以上	“踵(肿)两足”
3043	?	15岁以上	“肿两足”
3776	?	15岁以上	“肿两足”
3790	?	30	“腹心病”
3833	妻	?	“苦□□”
4328	?	23	“雀右足”
4902	?	43	“踵两足”
5392	?	?	“肿两足”
5410	?	31	“踵两足”
5517	?	?	“苦慝病”
5551	?	?	“苦□病”
5558	?	15	“苦腹心病”
7563	?	28	“肿两足”
7632	?	19	“踵两足”
7635	?	43	“盲右目”
7715	?	18	“苦腹心病”
7963	?	?	“肿两足”
8156	?	?	“被病物故”
8434	?	?	“目病”
8514	?	?	“盲右目”
8900	?	20	“苦腹心病”
8901	?	28	“聋病”
8903	?	30岁以上	“□腹心病”
9237	?	?	“苦腹心病”
9240	?	25	“踵两足”
9254	?	?	“盲两目”
9258	?	20	“踵两足”
9869	?	?	“盲右目”

表二:吴简中0—14岁未成年男女疾病资料统计

简号	身份	年龄	疾病类型
3	侄子	7	“踵两足”
20	兄弟	8	“苦靡病”
1315	子男	7	“聋两耳”
2603	士伍	10	“踵两足”
2635	子男	7	“踵足”
2905	男弟	10	“踵右足”
2988	子男	8	“聋两耳”
3052	公乘	10	“腹心病”
4979	子男	8	“肿两足”
5136	子男	13	“盲目、雀两足”
5441	男弟	4	“盲右目”
5498	子男	15	“苦腹心病”
5537	女弟	14	“苦真狂病”
7407	男弟	13	“聋□耳”
7681	男弟	14	“腹心病”
7706	仕伍	5	“腹心病”
7708	侄子	7	“腹心病”
7716	妻	15	“踵两足”
8618	子男	7	“□病”
8649	男弟	9	“两耳聋病”
8939	子男	11	“闇”
9127	男弟	11	“苦腹心病”
9158	子男	5	“苦腹心病”
9174	子男	12	“腹心病”
9189	男弟	7	“踵左足”
9229	男弟	8	“苦腹心病”
9331	男弟	15	“苦腹心病”
9374	男弟	11	“踵两足”
9513	男弟	5	“肿两足”
9657	乘	11	“肿两足”
10154	子男	10	“苦狂病”

表三:吴简中15—75岁妇女疾病资料统计

简号	身份	年龄	疾病类型
1	妻大女	24	"肿两足"
2	女弟	21	"肿两足"
932	妻大女	49	"肿两足"
932	小妻大女		"肿?"
938	妻大女	50	"肿两足"
1318	大女	55	"肿两足"
2657	妻大女	58	"肿两足"
2896	妻大女	23	"肿两足"
2904	妻大女	45	"肿?"
2938	妻大女	33	"肿两足"
2941	小女	28	"肿两足"
3024	妻大女	22	"盲右目"
3059	小妻大女	22	"肿两足"
3067	妻大女	25	"肿两足"
3286	妻大女	33	"肿两足"
3320	妻大女	36	"肿两足"
3759	妻大女	20	"肿两?"
3958	妻大女	58	"肿两足"
3981	妻大女	33	"肿右足"
4222	妻大女	45	"盲两目"
5395	大女	20	"肿两足"
5480	妻大女	48	"肿两足"
6435	妻	31	"肿两足"
7680	母	71	"雀两足"
7759	妻大女	31	"肿两足"
8399	大女	72	"肿右足"
8514	妻大女	53	"肿右足"
8634	妻大女	20	"雀两足"
8643	妻	60	"肿两足"
9048	母大女	50	"肿两足"
9126	母大女	75	"肿两足"
9326	妻大女	71	"肿两足"

续表

简号	身份	年龄	疾病类型
9343	妻大女	28	“肿两足”
9488	子女	23	“苦惪病”
9844	妻大女	27	“肿?”
9880	妻大女	55	“肿两足”
10200	妻大女	29	“雀右足”
10233	妻大女	55	“盲两目”
10242	小妻	30	“肿两足”

表四:吴简中15—75岁成年男性疾病资料统计

简号	身份	年龄	疾病类型
10	公乘	50	“肿两足”
14	公乘	60	“肿两足”
798	户人	80	“盲目”
935	公乘	62	“聋耳眇目”
938	子男	29	“腹心病”
953	公乘	20	“腹心病”
2529	公乘	24	“苦腹心病”
2539		58	“苦腹心病”
2619	公乘	30	“肿两足”
2629	公乘	16	“肿?”
2769	公乘	33	“肿两足”
2853	公乘	43	“苦?”
2872	公乘	45	“盲左目”
2910	公乘	61	“肿两足”
2957	公乘	54	“肿两足”
2979	公乘	33	“苦腹心病”
3041	公乘	18	“肿两足”
3048	公乘	40—50	“盲右目”
3053	公乘	15—20	“肿两足”
3075	公乘	28	“苦腹心病”
3945	公乘	41	“苦腹心病”
4540	公乘	40	“腹心病”

续表

简号	身份	年龄	疾病类型
4477	公乘	32	"苦风病"
4738	公乘	61	"肿两足"
4843	男弟	21	"雀两足"
4976	公乘	42	"聋两耳"
5162	老男	61	"肿两足"
5178	大男	52	"肿两足"
5181	大男	47	"肿两足"
5199	老男	72	"肿两足"
5234	公乘	24	"肿两足"
5336	公乘	18	"素苦腹心病"
5419	男弟	22	"苦腹心病"
5443	公乘	25	"苦腹心病"
5456	公乘	23	"？右足"
5458	公乘	59	"盲左目"
5512	公乘	39	"苦腹心病"
5564	公乘	21	"苦腹心病"
5697	大男	59	"被病物故"
6026	大男	20	"肿两足"
6158	侄子	20	"聋耳"
6754	大男	35	"被病物故"
6782			"被病物故"
7141	男弟	28	"？两足"
7325	公乘	43	"肿两足"
7377	男弟	20	"肿两足"
7633	民	35	"盲左目"
7651	侄	22	"肿两足"
7652	男弟	20	"盲左目"
7663	小父	56	"肿两足"
7671	民	63	"腹心病"
7686	父	71	"碓病"
7719	男弟	20	"苦腹心病"
8410	小父	30	"苦腹心病"

续表

简号	身份	年龄	疾病类型
8419	父	66	“肿病”
8433	兄	61	“腹心病　肿两足”
8441	公乘	69	“肿两足”
8443	公乘	27	“苦肿病”
8446	公乘	48	“苦腹心病”
8448	公乘	41	“苦腹心病”
8515	公乘	58	“肿两足”
8524	公乘	37	“肿两足”
8631	男弟	16	“苦腹心病”
8920	兄	31	“腹心病”
8934	男弟	50	“腹心病”
8986	民	72	“肿两足”
8987	民	60	“肿两足”
9043	民	40—45	“盲右目”
9054	公乘	25	“苦风病”
9133	男弟	31	“雀两足”
9136	父	60	“盲两目”
9160	从兄	82	“盲左目”
9163	男弟	20	“腹心病”
9212	公乘	48	“雀左手”
9234	公乘	52	“肿两足”
9462	公乘	62	“苦风病”
9465	公乘	50	“风病”
9472	公乘	56	“苦腹心病”
9473	公乘	39	“苦腹心病”
9506	公乘	70	“盲两目　风病”
9555	子男	23	“苦？病”
9656	公乘		“肿两足”
9707	公乘	41	“盲左目”
9740	子男	20	“苦狂病”
9744	子男	27	“苦狂病”
9752	子男	22	“盲左目”

续表

简号	身份	年龄	疾病类型
9778	从父	65	“苦风病”
9860	民	30	“雀右足”
9886	民	50	“盲？目”
10040	公乘		“肿两足”
10061	公乘	30	“盲左目”
10089	公乘	71	“盲右目”
10135	叔父	22	“肿两足”
10142	父	62	“苦腹心病”
10162	子男	17	“肿两足”
10230	公乘	35	“肿两足”
10231	男弟	23	“盲左目”
10238	公乘	63	“盲右目”
10250	公乘	51	“苦腹心病”
10255	子男	20	“苦肿病”
10263	公乘	36	“盲左目”
10321	公乘	76	“肿两足”
10327	公乘	38	“苦狂病”
10345	子男	17	“肿两足”
10368	子男	20	“盲两目”
10385	公乘	41	“肿两足”
10448	男弟	17	“肿两足”
10480	公乘	32	“肿两足”
10495	公乘	36	“苦腹心病”
10544	公乘	21	“雀两足”

其一，从吴简中“肿两足”“腹心病”“苦腹心病”“雀两足”等疾病名称看，孙吴初期临湘侯国的许多疾病应与血吸虫病有着密切的关系。

按照钉螺孳生地的不同特点，今天我国血吸虫病流行区可分为湖沼、水网以及山丘三大类。从湖沼型血吸虫病来看，今天湖南洞庭湖、江西鄱阳湖、湖北江汉平原、长江沿岸洲滩等都是它的流行区，而在历史时期上述地区血吸虫病同样十分流行。关于这一点，一方面可从考古发现来验证，如早在战国秦汉时期血吸虫病就已有在今湖南、湖北两地肆虐的痕迹。1979 年在长沙马王堆一号汉墓距今约 2100 年，年龄约 50 岁的女尸肝脏、直肠以及乙状结肠组织中发现了血吸虫、肝吸虫等寄生虫的成堆虫卵,每堆虫卵的数量从几个到几十个不等。尤其是在女尸肝组织中,虫卵分布于血管分叉或小血管内,不仅造成纤维组织的增生,而且它们多互相重叠,堆积成团,造成了血管阻塞。① 1975 年在湖北江陵凤凰 168 号汉墓距今约 2100 多年的一具年龄 55 岁男尸肝脏中也发现有许多血吸虫、肝吸虫等寄生虫虫卵。② 1982 年在湖北江陵发现一战国中期、距今约 2300 年的墓葬中女尸,其身上也发现了肝脏血吸虫的痕迹。③ 这些古尸的身份均属当时的豪门贵族,他们在养尊处优的生活条件下都难免被血吸虫感染,那些常年累月劳作不息的普通百姓与疫水反复接触,血吸虫病的广泛流行是必然的。另一方面,传世典籍的相关记载也可以证明当时血吸虫病的流行,同时也反映出古人对血吸虫病的认识与防治有一个由浅而深的过程。殷墟的甲骨文中就已有"蛊"字出现。汉代许慎《说文解字·虫部》释"蛊"字,称其为"腹中虫也,从虫从皿"。段注称"蛊"乃"腹中虫者,谓之腹中食蛊之毒也,自外而入,故曰中,自内而蚀,故曰虫"。④《周礼·秋官·壶涿氏》:"掌除水虫。"郑玄注:"水虫,狐蜮之属也。"1973 年长沙马王堆三号汉墓发现成书于秦汉之际的医书《杂禁方》中有一剂"蜮毋射"药方。《说文》:"蜮,短狐也。似鳖,三足,以气射害人。"⑤帛书此方实际上是防治"之荆南者为蜮"的血吸虫的药方。到东晋葛洪才认识到"蜮"实际上是"水虫"即血吸虫。他在《抱朴子·内篇》中称:"今吴楚之野,暑湿郁蒸,虽衡霍正岳,犹多毒悪也。又有短狐,一名蜮,一名射工,一名射影,其实水虫也……以气为矢,则因水而射人。中人身者即发疮,中影者亦病,而不即发疮。不晓治之者煞人,其病似大伤寒,不十日皆死。"⑥同时葛洪又在《肘后救卒方》中记载南楚之野有沙虱,"沙虱水陆皆有,其新雨后及晨暮前,跋涉必著人……其大如毛发之端,初著人便入其皮里……便周行入身,其与射工相似,皆杀人"。由葛洪之说看,当时或其后虽然不乏相关记述,但其观念仍然模糊不清。但也有学者认为,葛洪的记述应是中国历史上最早同时又是与孙吴时代最近的关于血吸虫病病因和流行情况的记录。⑦

根据现代临床医学,血吸虫病可分为三个阶段:第一是幼虫侵入期,侵入处奇

---

① 湖南医学院:《长沙马王堆一号汉墓古尸研究》,北京文物出版社,1980 年;徐永庆、何琴:《中国古尸》,上海科学技术出版社,1996 年。

② 魏德祥、杨文远、马家骅:《江陵凤凰山 168 号墓西汉古尸的寄生虫研究》,《武汉医学院学报》,1980 年第 3 期。

③ 李友松:《中国古尸寄生虫学研究之综述》,《人类学学报》,1984 年第 3 期。

④ 许慎:《说文解字》,中华书局,1963 年。

⑤ 许慎:《说文解字》,中华书局,1963 年。

⑥ 马伯英:《中国医学文化史》,上海人民出版社,1994 年,第五章《疾病流行与灾难激发机制》(第 581—582 页)认为:葛洪实际上是将恙虫病与血吸虫病混为一谈了。

⑦ 王定寰主编:《血吸虫病中医证治研究:血吸虫病源流及进展》,湖南科学技术出版社,1991 年。

痒,病人随即出现畏寒、高热(40℃以上)、气胀、腹泻等症状。第二是病人进入痢疾期,即在病人传染一月有余后,相关症状多出现在腹部。轻则消化不良、轻度腹泻,大便次数增多,多数表现有痢疾样症状;重则肝脏肿大,时有触痛。第三是进入晚期,即肝硬化期。这时距初次传染三五年至十数年不等。在肝硬化初期,常有肝脾明显肿大和腹壁静脉显露的症状;后期常有贫血、腹水、腹痛、呕血、肢肿等严重的并发症状。儿童患者常有严重的发育障碍,而出现血吸虫侏儒症。二十多岁的青年面容衰老,第二性征缺乏,无生育能力,发育程度类似十二三岁的儿童。过去在中国重流行区此发病率高达4%,患病妇女感染血吸虫病可影响生育。所以临床上把晚期血吸虫病分为巨脾型、侏儒型、腹心型,有时病人兼有两类以上的表现。由于虫卵在静脉及脏器中沉着等引起结肠增厚或肝组织纤维化、腹部痞块、腹水等,严重威胁患者生命。如虫卵进入脑部可出现癫痫样发作、头痛、恶心、呕吐等症状。① 因此,无论是从血吸虫病流行的自然地理分布,还是从考古发现与传世典籍的相关记载,孙吴初期长沙郡临湘侯国所处位置正是古今血吸虫病流行的地区。而且比照现代临床医学成果,也说明吴简所记的疾病名称符合血吸虫病的主要症状。

实际上,在先秦至魏晋的正史中,吴简所涉及的"肿两足""腹心病""雀两足"等多种疾病名称都未见记载,但在古医书和秦汉简牍中却可以找到一些旁证。如"雀两足",其关键在"雀"字。《说文》释"雀":"依人小鸟也,从小从隹。"《说文》释"隹":"鸟之短尾,总名也,象形。"②以此看吴简中的"雀两足""雀右足"等实际上是指病人两足的短小症状,这与晚期血吸虫造成青壮年侏儒症的体征相类。而且"雀两足""雀右足、左足"在吴简全部疾病中所占的比例仅为4.5%,这也与解放初期国家在血吸虫病重灾区统计的侏儒症所占4%的比率相近。关于"肿两足""腹心病"或"苦腹心病",不仅从疾病名称上便可判别其发病的主要部位,而且从古医书和简牍中也可找到某些与之相关的痕迹。如1986年发掘的湖北荆山包山二号楚墓竹简上有5处关于"腹心疾"的记录③,与吴简中的"腹心病"仅一字之差。《张家山汉墓竹简·脉书》记载着西汉初期所出现的六十多种疾病名称,并依照从头部至足部的次序来排列。其中在记述腹部的病症时有"其腹胗胗如肤胀状,鸣如蛙音"④的记述,即与晚期血吸虫病、肝腹水的症状相类。另《脉书》中还有"身、面、足、胻尽盈,

---

① 浙江人民卫生实验院寄生虫病研究所:《血吸虫病、钩虫病、丝虫病、钩端螺旋体病和疟疾的防治》,浙江人民出版社,1978年;浙江省卫生厅编:《中医药防治疾病方法》,1959年。

② 许慎:《说文解字》,中华书局,1963年。

③ 湖北省荆沙铁路考古队主编:《包山楚墓》,文物出版社,1991年。

④ 王定寰主编:《血吸虫病中医证治研究:血吸虫病源流及进展》,湖南科学技术出版社,1991年。

为肤胀;腹盈,身、面、足、胕尽肖(消),为水(肿)”①的记述,也分别与晚期血吸虫病的湿浊型和淤热型症状相类。②《黄帝内经·灵枢·水胀》有言,“肿胀者,塞气客于皮肤之间鼓鼓然不坚,腹大,身尽肿”。水肿在《灵枢·水胀》中被称之为“水始起也,目窠上微肿,如新卧起之状,其颈脉动,时咳,阴股间寒,足胫肿,腹乃大,其水已成矣”。以此论之吴简中“腹心病”“肿两足”等疾病都是相伴而生的,这一点已为汉代人所充分认识。③ 同时,从近几年对在湖北、江苏、湖南疫区发生的血吸虫感染分析的结果看:2000—2001 年湖北仙桃血防医院收治 86 例急性感染者,临床发现感染者有畏寒、头痛、高热 70 例,占 81.4%;腹痛、腹泻、腹胀者 16 例,占 18.6%;以上症状均存在者 14 例,占 16.3%;另有肝脾肿大者 10 例,占 11.6%;出现腹心症 6 例,占约 7%。④ 2001 年 4—8 月武汉市血防办对 99 例晚期血吸虫病的调查发现腹水型 52 例,占 52.5%;巨脾型 45 例,占45.5%;侏儒型 1 例,占 1%;结肠增殖型 1 例,占 1%;同时病人中 33.3%肝功能异常,52.5%有严重的并发症。⑤ 2002 年南京疾控中心收治 12 例晚期血吸虫病患者,其中男性 11 人,女性 1 人,年龄在 18—78 岁之间,腹水史 3—6 年。患者均有肝脾肿大、门脉高压、腹围 80—100 厘米和全身浮肿、贫血等症状。⑥ 湖南益阳第四人民医院 1995—1999 年收治腹水型晚期并发自发性腹膜炎病人 38 例,其中男性 34 例,女性 4 例,年龄在 30—62 岁之间,38 例中死亡率高达 29%。⑦ 这也可从科学调查的角度为血吸虫病是以腹痛、腹泻、腹胀、全身浮肿等为主症,并最终会引发患者高死亡率的事实提供有力的佐证。

其二,从吴简中所反映的“风病”“苦风病”“盲两目”“盲左、右目”“踵左足”“踵

① 张家山二四七号汉墓竹简整理小组:《张家山汉墓竹简》,文物出版社,2001 年。

② 江西省中医药研究所:《“六经”分类治疗晚期血吸虫病经验选辑》,江西人民出版社,1964 年。1956 年 3—6 月江西省中医实验院治疗血吸虫病晚期 38 例。在辨症上有湿浊型、虚弱型、瘀热型三类。所谓湿浊型是以腹满肢肿食后腹胀等为主症;虚弱型是头晕心悸、腹胀而软胃纳不健等为主症;瘀热型是以腹胀大而急肌肤枯瘦甚则肌肤甲错为主症。据不完全统计,经治患者以瘀热型较多。

③ 汪小烜:《走马楼吴简研究:吴简所见“肿足”解》,《历史研究》,2001 年第 4 期;于振波:《走马楼户籍性别与年龄结构分析》,简帛研究(电子期刊)简帛研究网,2004 年 2 月 8 日;张荣强:《说“罚估”》,《文物》,2004 年第 12 期。

④ 黄灿、彭杏娥:《86 例急性血吸虫感染分析》,《中国血吸虫病防治杂志》,2003 年第 2 期。

⑤ 宗俊安等:《99 例晚期血吸虫病人生存状态调查》,《中国血吸虫病防治杂志》,2002 年第 5 期。

⑥ 朱玉芳、王成兰:《12 例晚期血吸虫病纤维化腹水的护理》,《中国血吸虫病防治杂志》,2003 年第 3 期。

⑦ 邓立勇、李鹏金:《38 例腹水型晚期血吸虫病并发自发性腹膜炎诊疗的探讨》,《实用预防医学》,2003 年第 5 期。

右足”“苦痈病”等疾病名称看，孙吴初期长沙郡临湘侯国的许多疾病应与同样在历史上肆虐已久的麻风病有着密切的关系。

麻风病作为世界三大恶性传染病（结核、梅毒、麻风）之一，是由麻风杆菌感染的、以侵蚀皮肤、淋巴腺、骨髓、粘膜组织和周围神经为主要特点的一种慢性传染病。它主要流行于热带和亚热带地区。20世纪50年代，全球麻风病患者有300万—500万之多，我国流行较广的地区有沿海及中南、西南地区，病人在40万左右，个别乡镇麻风病占总人口的1%以上。传染途径是接触性传染。①

历史上，麻风被称作“疠”“疠风”“大风”等，它的传播史也是非常悠久的。从考古发掘的情况看，在今山西朔州平鲁县汉代墓葬群M47号墓中就曾发现一中年女性颅骨之上，有感染麻风病造成面部骨骼发生溶蚀萎缩的实证。② 这一点正好与同时代或较早的医书及简牍记载相吻合。如《黄帝内经·素问·脉要精微论》：“脉风，或为疠”；《素问·风论》：“风寒客于脉而不去，名曰疠风”，“疠者有荣气热缺其气不清，致使鼻柱坏而色败，皮肤疡溃”。关于该病的治疗，《黄帝内经·灵枢·四时气论》：“疠风者，刺其肿上。已刺，以锐针针其处，按出其恶气，肿尽乃止。”③其他典籍也有记录以药物治疗者，如《山海经·西山经》记载肥遗“食之已疠，可以杀虫”，同书《东次二经》记载珠鳖“食之已疠”。《神农本草经》则收录了更多主治麻风病的药物，如“黄芪主大风癞疾。天雄、巴戟天、姑活，主大风。枳实，主大风”等。1975年在湖北云梦睡虎地发现的秦简中有数条关于麻风病的记录。如秦简《封诊式·疠》：“某里典甲诣里人士五（伍）丙告曰：‘疑疠，来诣。’讯丙辞曰：‘以三岁时病疕，麋（眉）突，不可知其何病，毋它坐。’令医丁诊之，丁言曰：‘丙毋眉，艮本绝，鼻腔坏。刺其鼻不嚏。肘膝□□□到两足下奇溃一所。其手无胈。令号，其音气败。疠也。’”④此简详细记述该患者面庞无眉、鼻根溃烂、鼻腔无用、两足行走困难、手臂无毛、声音嘶哑等由于感染麻风病而引起的诸多病变。又秦简《法律答问》中有三条涉及如何对待“疠”者的简文，其中有两条都谈到要将麻风病人送往特设的“疠迁所”⑤即隔离区。这些简文既说明秦时麻风病的传播情况，又说明当时人已对麻风病的传染性有了比较清楚的认识。1983年在湖北江陵发现的张家山汉墓竹简《脉书》中也

---

① 叶干运：《麻风病常识》，上海卫生出版社，1958年。

② 张振标：《中国古代人类麻风病和梅毒病的骨骼例证》，《人类学学报》，1994年第4期。

③ 郭霭春：《黄帝内经素问校注》，人民卫生出版社，1992年。

④ 睡虎地秦墓竹简整理小组：《睡虎地秦墓竹简》，文物出版社，1975年；李均明、何双全：《散见简牍合辑》，文物出版社，1990年。

⑤ 睡虎地秦墓竹简整理小组：《睡虎地秦墓竹简》，文物出版社，1975年；李均明、何双全：《散见简牍合辑》，文物出版社，1990年。

有“四节疕如牛目,麋(眉)突(脱),为疠”的麻风病症状的记述。① 1973年在甘肃武威出土的汉代医简中有东汉时期的《恶病大风方》,当时已经开始以“雄黄、丹沙、礜石、□兹石、玄石、消石、□长□一两,人参”等矿物药为主来治疗麻风病了。② 由此证明,远在孙吴之前麻风病已经在许多地方流行了。

从现代传染病学的角度看,我国麻风病多发地区是广东、江苏、云南、四川、台湾,中等发病地区是山东、浙江、福建、广西、江西、安徽、湖南、湖北。以往的统计资料表明,麻风病的传播有几大显著特点:在分布上麻风病有呈点状、集簇性传染蔓延且多沿气温高、湿度大的地区分布的特点;在北半球,麻风病的分布是热带比温带多、南方比北方多、沿海或沿江平原比内陆山区多。麻风病感染者以青少年发病较多,而且在性别上以男性为多。同时作为慢性传染病采取隔离治疗便可加以控制。从现代临床看麻风病中有足肿病,常发于一侧,基本损害为结节,常引起骨质破坏产生畸形。麻风病还多引发足底溃疡,造成足部畸形或部分足缺失,常见的有爪趾、内翻、短足(蹠骨干的远侧部分吸收骨折以致足短缩)、舟状足(足弓塌陷)等畸形。麻风病也会引发虹膜炎、角膜炎、青光眼等甚至完全失明。在麻风病诸类型中特别是瘤型麻风病引发耳、鼻、咽喉的疾病率高达82%。其对耳朵的伤害主要是耳壳部位,表现为皮肤浸润肿胀、结节、萎缩,偶有溃病。耳垂常为最早检测到麻风杆菌的部位之一,耳轮、耳屏皮肤亦可肿胀肥厚,引起中耳炎者较少见,未见内耳病变情况。③ 总之,无论是从麻风病流行的自然地理分布,还是从考古发现与传世典籍以及秦汉简牍的相关记载来看,孙吴初期的长沙地区气温高、湿度大正是麻风病容易肆虐流行的地区。从吴简《吏民田家莂》反映的情况看,当时人有聚族而居的特点,这就为麻风病的传播流行创造了条件。那么吴简中这些疾病名称又与现代医学确定的麻风病的主要症状有何相关之处呢?

在吴简中所涉及的“风病”“苦风病”“盲左、右目”“踵左足”“踵右足”“雀手”“苦痈病”等十余种疾病名称中,除“风病”“苦风病”可以与简牍和古医书材料有对应关系外,其他疾病名称在汉魏正史中都没有直接记载。但我们可以从《说文》《释名》等辞书对关键字义的解释中得到某种启示。如“踵两足”的“踵”字,《玉篇》释为“足后”;《集韵》称“朱用切音种。跄踵不能行貌”;《释名》释“踵,锺也,锺聚也,上体之所锺聚也”;《淮南子·地形训》称“北有肢踵民”,《注》曰:“肢踵,踵不至地,以五指行也。”这正好与麻风病常见的垂足及足畸形的症状相类似。④ 又如“痈”,《说

① 张家山二四七号汉墓竹简整理小组:《张家山汉墓竹简》,文物出版社,2001年。

② 甘肃省博物馆、武威县文化馆:《武威汉代医简》,文物出版社,1975年。

③ 穆瑞五、李家耿:《麻风病学》,山东科学技术出版社,1980年。

④ 见汪小烜《走马楼吴简研究:吴简所见“肿足”解》、于振波《走马楼户籍性别与年龄结构分析》和张荣强《说“罚估”》的相关部分。

文》释“肿也”[①];《释名》称“痈,雍也,气雍否结里而溃也”;《正字通》释“恶疮也”。此正好符合麻风病致人畸形残疾的溃烂症状。从近年全国许多地方对该病致残率的统计资料看,吴简中所反映的“盲两目、左目、右目”“踵两足、左足、右足”“雀手”等症状确实大量存在。如2001年兴化市皮肤病防治所对全市1575例麻风病患者和治愈者进行统计,发现其上肢神经损害发生率为41%,达641例,单侧损害(23%)高于双侧损害(17.5%)。2001年中国医学科学院皮肤研究所对江苏省11个县市存活的2235例麻风治愈者及现症患者的垂足情况进行了调查,发现发生率约为16%,单足发生率(13.6%)高于双足(2%),男性(16.4%)高于女性(13.8%)。麻风病病期在5年内发生垂足的少菌型麻风(72.4%)高于多菌型麻风(50.5%),发生过麻风反应的患者有垂足现象的占33.8%,垂足中有足底溃疡(21.2%)、足骨破坏(19.2%)、足畸形(27.4%)等症状。河北省作为麻风病的低流行区,1952—1999年累计有1289例患者,其中男性1074例,占83%;其中有Ⅱ级以上畸残者689例,占总病例的53.45%。[②]2002年四川绵阳涪城区对区内96例麻风病存活者进行调查,发现畸残率高达53.3%,畸残男性占74.5%,兔眼占6%,视力减退占9%,失明占6%,强直爪手占10.3%,骨吸收短指占4.86%,足底溃疡占14.6%,垂足占6.5%,短趾占6%,马蹄足占1.1%。[③]以上不仅从科学调查的基础上说明了麻风病是以皮肤溃疡、足底致残、双眼或单眼失明等为主症的,而且也为吴简中“盲两目”“盲左、右目”“踵左足”“踵右足”“苦痈病”等疾病名称与麻风病主要症状之间的对应关系提供了有力的佐证。

其三,吴简中还有一些如“聋两耳”“苦风矢病”“碓病”“苦悥病”“苦悥狂病”“狂病”“苦狂病”等应属于孙吴初期长沙郡吏民中出现的其他类型的恶性疾病。《说文》释“聋”:“无闻也,从耳从龙。”[④]《释名》:“聋,笼也。如在蒙笼之内不察也。”《淮南子》以为“土地各以类生,水气多喑,风气多聋”。由此“聋两耳”之义甚明。“风矢病”之“矢”似通假“湿”。以长沙“卑湿”之地“风矢病”或为今天的风湿病。[⑤]“苦悥病”中的“悥”字,《篇海》:“称人切,音嗔,恚也。”《说文》释“恚”:“恨也,从心,圭声。”[⑥]又《字汇补》称“悥”乃“古文慎字”。以此“苦悥病”或为因怒而生的心脏病之类。“狂病”“苦狂病”仅从字面上便可大致认定其为精神系统的疾病,或为精神

① 许慎:《说文解字》,中华书局,1963年。

② 分别见2003年2月第20卷第1期《中国麻风皮肤病杂志》中的“中国医学文摘”部分。

③ 李小玲:《涪城区麻风畸残调查》,《预防医学情报杂志》,2003年第2期。

④ 许慎:《说文解字》,中华书局,1963年。

⑤ 吴简整理小组:《长沙走马楼三国吴简》,文物出版社,2003年。

⑥ 许慎:《说文解字》,中华书局,1963年。

失常,也可以是癫痫。如是癫痫,又有部分可归结为脑型血吸虫病影响所致。① 至于“碓病”,辞书无解。但从传世文献看,从秦汉时期开始“碓”多谓“水碓”,一直沿用至今。又《史记》卷29《河渠书》有“于蜀,蜀守(李)冰凿离碓,辟沫水之害,穿二江成都之中”的记载,注引晋灼释“碓”曰:“古‘堆’字。”②故以此推测吴简中的“碓病”应与今人所谓的“罗锅”相类。

综上,吴简中虽有疾病名称十余种,但其主体除我们今天常见的疾病类型外,更多的是在当时医疗条件极差、疾病认识水平有限和当地又有疾病传播条件情况下所流行的血吸虫病与麻风病等类型。同时,在现代医疗条件下都难以彻底阻断、消灭的血吸虫病和麻风病,在一千多年前的恶劣生存环境下其肆虐危害之烈是不难想象的。

二、孙吴初期长沙郡临湘侯国的疾病人口问题及其对当时社会生活的影响

通过对《长沙走马楼三国吴简(壹)》的统计,虽然孙吴初期长沙郡临湘侯国的疾病人口仅218人,但是由此所透视出来的信息是不容忽视的,我们至少应关注以下几个方面。

首先,从统计资料看,15岁以上成年男性的疾病率、死亡率远远高出同龄段女性,从而以简牍材料的真实性印证了司马迁《史记·货殖列传》所说江南地区存在“丈夫早夭”的现象。③

吴简中15—100岁成年男性的疾病人数112例,占总疾病数的51.4%;15—100岁成年女性的疾病人数39例,只占总疾病人数的17.9%。从疾病类型看,成年男性中患“肿两足”病者占吴简中全部“肿两足”病例的37%,占“踵两足”病的44.4%,占“腹心病”(吴简中总计45例)的62%,占“风病”的100%,占“雀两足”病的50%,占“盲两目”病的59%,占“聋耳”病的38%,占“狂病”的60%,占“肿病”的50%。与之相比较,成年女性的“肿两足”病占全部患者(总计46例)的39%,占“踵两足”病(总计44例)的27.2%,占“盲目”病(总计34例)的8.8%,占“雀两足”病(吴简中总10例)的30%,占“苦憙病”(总3例)的33%,占“肿病”(总计4例)的50%。以此论之,不仅成年男性的疾病率远远高出成年女性,而且诸如“腹心病”“狂病”“苦风病”等一些疾病,成年女性1例也没有。此外,吴简中有数例反映成年男性“被病物故”的事例,如简5697、简6754所记;而成年女性则少见。吴简中明显有3例身患两种疾病者,除简5136为子男外,余下两例(简8433、简9506)全为成年男性。虽然不排除有登录遗漏的可能性,但也不足以从根本上改变成年男性疾病率、死亡率远远高

---

① 唐嶂龙、唐健:《癫痫1184例临床分析及随防研究》,《实用全科医学》,2003年第1卷第2期。该文调查22例因血吸虫病引发癫痫者约占总数的1.86%。

② 司马迁:《史记》,中华书局,1959年。

③ 司马迁:《史记》,中华书局,1959年。

出成年女性的结论。如前所述,吴简中的“腹心病”“肿两足”“雀两足”等与感染血吸虫病有密切关系,那么在像孙吴初期长沙郡这样的血吸虫病湖沼型流行区,半数以上的急性感染都发生在仅占总人口10%—15%的儿童和20岁以下的青壮年中。这是由于放牛、捕鱼、割草和农耕生产者多为男性,所以男性感染血吸虫病的概率会明显高于女性。①

其次,从各年龄段疾病数的统计资料看,0—15岁未成年男性疾病率高从而为解释中国古代社会儿童高死亡率的现象提供帮助。

在吴简218例疾病人口中,有30例为0—15岁未成年男性,占到总疾病人数的13.7%,这一比率仅次于15—75岁成年女性所占的百分比。如吴简中患“腹心病”的男性45例,而未成年男性就有10例,占整个男性患者人数的22%。又如吴简中患有“踵两足”者44例,而0—15岁未成年男性就有6例,占总数的13.7%。吴简中“聋耳”者8例,未成年男性占50%。但根据同样的统计资料,0—15岁未成年女性患病仅2例,只占总疾病人数的0.91%。而且未成年女性患“踵两足”1例、“狂病”1例,其他诸如“苦腹心病”“雀两足”“肿两足”“盲两目”“苦痈病”等重大疾病均与未成年女性无缘。所以,从某种程度上讲,成年男性的高疾病率是从其未成年时期开始的,中国古代社会儿童的高死亡率实际上是以男性儿童的高死亡率为主体的!

再次,吴简中的许多疾病与血吸虫病和麻风病的传播有密切关系。尤其是血吸虫病的传播必然造成男女青壮年劳动力的高疾病率和儿童的高死亡率,其结果肯定会给当地的人口繁衍、劳动力的供给和经济发展带来许多负面影响。

吴简之所以详细记载吏民疾病状况,是因为这在相当程度上关系到政府财政收入和徭役征发的实现。如秦汉时期对服役对象有明确的规定,在注册户簿时身体羸弱或残疾者被统称为“罢癃”。在《睡虎地秦简·秦律十八种》中有“隶臣、城旦高不盈六尺五寸,隶妾、舂高不盈六尺二寸皆为小”的规定。秦汉一尺约合今23厘米,“六尺五寸”约相当今之150厘米。即秦之“隶臣”“城旦”高不及150厘米者,“隶妾”“舂”高不及143厘米者,均可免除劳役。又如汉律著名的“王杖十简”中即有“孤、独、盲、珠(侏)孺(儒)不属律人,吏毋得擅征召,狱讼毋得系”的规定,其中“盲”“珠(侏)孺(儒)”显系民众可以免除徭役负担的疾病类型。② 故此,在吴简中地方政府有时不得不根据吏民的身体状况来决定是否减免其徭役负担。如简2896:“妻大女訾,年廿三,算一,肿两足,复”;简2938:“妻大女思,年卅三,算一,肿两足,复”;简2957:“富贵里户人公乘胡礼,年五十四,算一,肿两足,复。”比照现代医学的调查结果,患者感染血吸虫病后出现症状的比率只有40%,孙吴初期长沙郡的疾病人口中同样比率就要翻一番。而且以1995年的调查情况看,我国淮河以南的沿江、

---

① 周述龙、林建银主编:《血吸虫学》,科学出版社,2001年。

② 睡虎地秦墓竹简整理小组:《睡虎地秦墓竹简》,文物出版社,1975年;李均明、何双全:《散见简牍合辑》,文物出版社,1990年。

沿湖地区血吸虫病的感染率高达20%以上,其中第一线居民(距湖边500米以内)约为25%,二线居民(500—1000米)为10%,三线居民(1000米以上)约为5%。各年龄段人群都可感染该病。一般说来,5岁以下幼儿与疫水接触的机会少,感染率较低;5岁以上的儿童渐喜在河边戏水、游泳,感染率迅速增加。成年后参加生产经常与疫水接触,故感染曲线高峰值往往在青壮年时期。① 以孙吴初期长沙郡河网密布的环境看,儿童及青壮年的感染率也必定很高。再加上当时40%的高感染比例和古人防治疾病的意识差、医疗卫生条件差等情况,无论是血吸虫病还是麻风病的传播都只能走入恶性循环之中。1995年国家对湖南、湖北、江西、安徽、江苏、四川、云南等血吸虫病流行区进行抽样调查发现,未控制流行地区晚期血吸虫病各型病例的构成比分别是巨脾型64.54%,腹水型33.42%,结肠增厚型1.02%,侏儒型1.02%。②然而这其中的侏儒型比率仍不具备代表性。因为在新中国成立前我国重流行区血吸虫病侏儒症的发病率高达4%,它除引发全身发育不良外,还严重影响内分泌腺和生殖器官的发育。同时,从晚期血吸虫病的症状学看,患者大多有长期腹痛、腹泻和下痢史,随着病情进一步恶化,脾脏会出现巨大肿胀。由于脾大而继发的脾功能亢进或反复呕血、便血,病人常有贫血、劳动后呼吸困难和下肢浮肿的症状,继而出现的是腹水症状。故此,晚期患者中部分丧失劳动力在45%左右,完全丧失劳动力在35%左右。《三国志·吴书·朱然传》记载:"魏遣曹真、夏侯尚、张郃等攻江陵……时(朱)然城中兵多肿病,堪战者裁五千人。"《诸葛恪传》载诸葛恪围攻新城时"士卒疲劳,因暑饮水,泄下流肿,病者太半,死伤涂地"。③ 由此足见血吸虫病在孙吴时期的为害之剧。④ 疾病造成孙吴初期长沙郡临湘侯国的青壮年劳动力资源匮乏,最终可能影响到当地经济的开发并引发人口增殖长期停滞的危机。

总之,研究孙吴时期长沙郡临湘侯国吏民的疾病状况是很有意义的。它不仅有助于我们对当时普通民众的生存环境产生进一步的认识,而且随着吴简研究的深入,也必将不断推动这一时期的人口史、医疗卫生史和社会经济史等相关学科的长足进步。

(本文在2004年8月在武汉大学举行的"魏晋南北朝隋唐史国际学术讨论会"上宣读,之后刊发于《史学月刊》2005年第12期,并被收在《高敏先生八十华诞纪念文集》当中)

① 周述龙、林建银主编:《血吸虫学》,科学出版社,2001年。

② 卫生部全国地方病防治办公室卫生部血吸虫病专家咨询委员会等编:《中国血吸虫病流行状况——1995年全国抽样调查》,人民卫生出版社,1998年。

③ 陈寿:《三国志》,中华书局,1959年。

④ 钱惠、刘约翰主编:《实用血吸虫病学》,四川人民出版社,1982年。

试论土壤微量元素变化与历史时期黄淮海平原的文明进程

黄淮海平原是中国历史上最大、开发时间最早以及人类活动最频繁的平原之一。它北起今河北燕山南麓,南抵河南桐柏山、大别山北麓和通扬运河,西起太行山、嵩山东麓,东临渤海和黄海,并以海拔100—200米等高线与鲁中南山地分界;在地貌上主要包括山前冲积扇平原、冲积平原以及海积平原三种类型;整个平原以黄河干道为分水脊,形成了一个微向渤海、黄海倾斜的大冲积平原;这里光照充足,土层深厚,早在春秋战国时期就是华夏民族活动最频繁的地区。[①]

一、问题的提出

从考古发掘的情况看,新石器时期便有大量人类活动的遗迹出现在黄淮海周边的山麓洪积冲积扇平原之上。随着生产力的发展和人口的增加,人们逐渐离开原有的栖息之地,向着广阔的冲积平原及滨海地区进发。所以,早在春秋战国时期,黄淮海平原已是各国争相垦殖和发展的地区了。秦汉直至盛唐中叶,尽管其间不断有朝代更迭和天灾人祸的发生,但黄淮海平原始终都是古代中国社会人口最密集、经济最繁荣、文化最发达的地区之一。但是,宋代以后,黄淮海平原的经济优势逐渐丧失;尤其是明清时期以后,黄河屡屡决口、改道,使得本区域的自然环境更趋恶化,洪涝、干旱、盐碱、风沙灾害的

① 参见邹逸麟主编《黄淮海平原历史地理》的前言部分,安徽教育出版社,1993年。同时,关于“历史时期”这一概念,亦完全采用此书的定义。

发生更加频繁,成为了社会经济生产停滞、百姓生活困苦、文化发展落后的地区。对于这一变化巨大的历史过程及其原因,前人及今人多从黄河的频繁泛滥、泥沙的大量沉积、全球背景下我国历史时期气候的变迁、人类不合理的开发与利用以及连年战争和人为破坏等方面入手考察,做了大量的研究工作,但以现代土壤学、医学研究的成果看,黄淮海平原文明进程的衰变似乎还有一只看不见的手在起作用,这只手正是黄河泛滥造成的土壤的微量元素的变化所引发的。20 世纪 80 年代,国家启动了"黄淮海平原的治理和开发"重大科研项目,在组织多部门、多学科联合攻关的同时,土地管理部门也相继对黄淮海平原土壤的微量元素状况进行了普查,随着十多年国内外医学对微量元素与人类健康之关系的诸多成果的面世,我们能够在借助相关成果的基础上,来重新认识历史时期黄河泛滥与黄淮海平原文明进程这一重大问题。有鉴于斯,拙文拟就此提出粗浅的见解,以求教于方家。

众所周知,人体是由 40 多种元素组成的,根据其在体内的含量多少,这些元素大致可分成常量与微量两大类。其中常量元素占人体体重的 99.5%,它们包括碳、氢、氧、磷、硫、钙、钾、镁、钠、氯等十余种,主要构成机体组织,并在体内起电解质作用;微量元素只占人体体重的 0.5%,它们包括铁、铜、锌、铬、钴、锰、镍、锡、硅、硒、钼、碘、氟、钒等 14 种。虽然这些所谓的人体微量元素在体内的含量微乎其微,但却能够起到非常重要的生理作用。① 虽然土壤中的微量元素与人体中的微量元素是两个不同的概念范畴,但土壤中微量元素的含量,基本决定了生活在该区域内人群微量元素的摄入水平、动物和植物体微量元素的基本含量。而且从现有土地部门对土壤微量元素的相关检测看,土壤的微量元素多指锌、铜、铁、钼、锰、硼等 6 种元素,如河南省 1982 年和 1987 年两次对全省各类土壤进行微量元素的测定时即是以此 6 种元素为对象的。② 由此我们就不难发现,人体微量元素中的铁、铜、锌、钼、锰、硼与对土壤中微量元素的相关检测之间基本上存在对应的关系。人类生活在生物圈,就必定要与周围环境的所有成分发生关系,即人类与生物圈、水圈、大气圈和岩石圈中的无机物会产生频繁的交换关系。从这一角度看,人体微量元素的来源,也必然只能通过人类本身生存环境中的动物、植物、土壤、水源等途径来汲取了。同样,土壤中微量元素也有其自身的来源。而具体到本文所述及的黄淮海平原,影响其土壤的微量元素含量的因素大致应有成土母质、河水、大气、有机质含量以及人类不合理开发与利用等几大因素。

既然人体所需微量元素与土壤中的微量元素基本上存在对应关系,那么,历史时期的黄河泛滥又与黄淮海平原土壤微量元素的变化有何关系呢?

---

① 王夔主编:《生命科学中的微量元素》(第 2 版),中国计量出版社,1996 年。

② 朱喜梅、郑长训、宁爱民:《河南省土壤微量元素含量分布及施用效果的研究》,《河南职技师院学报》,1994 年 6 月第 22 卷第 2 期;刘勤、张新、曹志洪:《土壤植物营养与农产品品质及人畜健康关系》,《微量元素与健康研究》,2001 年第 18 卷第 2 期。

二、历史时期黄河泛滥与黄淮海平原土壤中的微量元素

如前所述，黄淮海平原是一个冲积平原。而且由于黄河流经土层深厚、土质疏松的黄土高原，所以，河水的含沙量极大，每年至少要携带16亿吨泥沙冲向下游；而明清时期以前，淮河、海河上游植被保护良好，故淮河、海河含沙量较少。因此，从形成黄淮海平原的角度看，黄河径流是最大的功臣。而黄淮海平原土壤中的微量元素也毫无疑问与黄河的关系最大。

从一般情况上讲，河流流经某一地区，必然会汇集来自这一地区的可溶性物质，因此，河流本身也携带微量元素。而且，它的微量元素的组成，也会随着气候、地质和地域的变化而变化。现代实验表明：在温带地区的河流，以含较多钙离子和碳酸氢根离子为特征；在热带潮湿地区，河水各成分被稀释，却含较多的铝、铁、硅和有机质；而流过干旱地区的河流，则以含有较大量的钠离子、氢化物和硫酸盐为特征。[①]黄河的情况即是如此：黄河发源于青藏高原的巴颜喀拉山脉，今天的青海、四川、甘肃、宁夏、内蒙、山西、陕西、河南、山东九个省区都在其流域范围之内；其间既有比较湿润的四川及甘肃东南部地区，也有宁夏、内蒙、陕北等干旱少雨的半干旱、干旱地区。在这一广阔的区域内，不仅气候变化大，降水情况和植被保护程度有别，而且流经地区的地形、地貌和矿产、矿物也有很大的差别；再加上历史上对黄河沿岸的开发程度不同，所以决定了黄河在历史时期中有机质含量、微量元素含量等必然存在差别。虽然，从具体的论据看，今天我们肯定无法复原和求证历史上黄河河水中所含物质的种类与多少，但从理论上讲，这些差别大致又可结合考古发掘和现代科学试验的结果来侧面说明之。

首先，从历史时期气候的诸多变化看，黄河径流所携带物质的变化有其必然的外部条件与背景。

8000—3000年前，中国大地处在“仰韶温暖期”，年平均气温比今天高3℃—5℃，生长在今温暖又湿润的亚热带地区的动植物推至京津地区。种种考古发掘的迹象表明：“在北起黑龙江，南到长江流域以南，西至天山南北、云贵和青藏高原的广大范围内，都处在较今温暖湿润的气候环境之中”（关于古气候的变化，竺可桢等前辈学者已做过大量的研究工作，此不赘述）[②]，不仅黄河的中、下游森林密布，而且人类对环境的扰动也微不足道。这就决定了这一时期黄河径流中所含铝、铁、有机质等含量比较多而钠离子、氢化物、硫酸盐会比较少。与此同时，黄河下游的黄淮海平原也会因为温暖湿润的气候，河流较多、湖沼密布、草木茂盛，土壤盐碱度低而有利于微量元素的保留。进入西周之后的三千年，中国气候经历了数次转寒转暖、交替

---

① 王夔主编：《生命科学中的微量元素》（第2版），中国计量出版社，1996年。

② 邹逸麟先生编著：《中国历史地理概述》第2章第1节（福建人民出版社，1999年）和《中国历史地理概述》（修订版）第2章第1节，上海教育出版社，2005年。

变迁的时期。一般在寒冷期中,气温下降、降水减少;而气候转暖后,气温上升、降水增加。所以,气候条件的变化,必然会使得黄河径流所携带物质产生变化,进而影响到下游黄淮海平原上土壤中微量元素和有机质含量的丰俭程度。

其次,历史时期以来黄河下游河道的变迁是促使黄淮海平原土壤中微量元素发生变化的最主要原因。

据邹逸麟先生研究:"从新石器时代以降至12世纪20年代(宋金之际),黄河下游绝大部分时间流经太行山以东、泰山山脉以北的河北平原上,由渤海湾西岸入海。12世纪开始河道离开河北平原,东南流经黄淮平原合淮入海,前后约700余年。先是流经黄淮平原北部,以后逐渐南摆,至13世纪已达到豫西山地东缘,至此黄河下游河道在华北平原扫了一遍;16世纪中叶,黄河大致固定在今废黄河一线。19世纪中叶,又折而东北流,至渤海湾西岸入海。"①除此之外,黄淮海平原上至少有数十条黄河泛道的痕迹还保留着,可见历史时期黄河下游河道的善变、善徙、善溃的特点。"三四千年黄河的决溢和改道,严重影响了下游平原地区的地理面貌:淤塞了河流,填平了湖泊,毁灭了城市,阻塞了交通;使良田变为沙荒,洼地沦为湖沼,沃土化为盐碱,生产遭受到破坏,社会经济凋敝"②;同时,也极大地改变了黄淮海平原土壤微量元素保有量的外部条件。如前所述,黄淮海平原从宋代开始,无论其经济地位、文化发展以及人口规模等都出现衰弱局面;与此同时,宋元明清时期的文献中也屡屡出现了"地利不足"以致影响农牧业发展的记载。如《续资治通鉴长编》卷192仁宗嘉祐年间有吴奎等上言称:"河北有河防塘泺之患,而土多泻卤,戎马所屯,地利不足,诸监牧多在此路,马又未尝孳息。"《王安石集》卷42《相度牧马所举薛向札子》亦称:"河北有河防塘泊之患,而土多舃卤不毛,戎马所屯,地利不足。"明代《明经世文编》卷202《勘报皇庄疏》记载:"北方地土平夷广衍,中间大半舃卤薄瘠之地……"

现代土壤学方面试验的成果表明:土壤沙化、盐碱化后,不仅土壤中的有机质会大为下降,而且碳酸钙和pH值也会相应提高,从而必然降低土壤微量元素的肥力效能。关于土壤沙化或盐碱化之后土壤肥力下降的结论,亦可以近年来在黄淮海平原上所进行的对微量元素测定的大量数据作为旁证。如安徽寿西湖农场位于沿淮黄泛冲积区,土壤分为潮土类淤土属、两合土属、沙土属3种,通过1981—1997年16年来的3次定点监测发现:淤土属土壤的有机质15.2毫克/千克,属稍

---

① 邹逸麟编著:《中国历史地理概述》第2章第1节,福建人民出版社,1999年;邹逸麟:《黄河下游河道变迁及其影响概述》,《复旦大学学报》(历史地理专辑),1980年;邹逸麟自选集《椿庐史地论稿》,天津古籍出版社,2005年。

② 邹逸麟编著:《中国历史地理概述》第2章第1节,福建人民出版社,1999年;邹逸麟:《黄河下游河道变迁及其影响概述》,《复旦大学学报》(历史地理专辑),1980年;邹逸麟自选集《椿庐史地论稿》,天津古籍出版社,2005年。

缺范围;两合土属和沙土属有机质含量低于 10 毫克/千克,属于极缺范围。全氮含量:在淤土属中属稍缺范围,两合土属和沙土属中属极缺范围。[①] 又如德州地区位于鲁西北的黄河下游,96.6%的土壤为黄河冲积物发育而成的潮土。1981 年中国农科院土壤所在此取样 221 个进行有效锌普查,1988 年德州地区有关部门又在全区取样 127 个进行有效锌分析,发现"全区土壤有效锌含量 0.21—3.37 毫克/千克,平均0.697 毫克/千克,其中小于 0.6 毫克/千克的样品占 55.18%。全区 1082 万亩耕地中缺锌和接近缺锌的土壤仍有 600 万亩左右。土壤的 pH 值 7.4—7.8。缺锌的土壤主要分布在黏质土或沙质土较多的德州市、庆云、平原、齐河、商河等县市。通过增施锌肥后发现:每亩小麦平均增产率为 7.5%,玉米平均增产率为 12.1%。"[②]再如 20 世纪 80 年代土地管理部门对新乡地区卫辉和辉县土壤微量元素进行测试后发现:两市地形均为西北高东南低,随海拔高度及地貌而分布不同类型的土壤,依次为太行山地淋溶褐土、山前丘陵岗地的典型褐土、山前倾斜平原的潮褐土、山前交接洼地及平原分布的黄潮土、洼地盐化潮土、古黄河滩地的褐土化潮土以及黄河故道的冲积风沙土。经过检测后发现:两市有 86%的土壤有效锌含量低于临界值[③],表明该区域的土壤含锌低或极低。其中,冲积风沙土、褐土化潮土和盐化潮土的缺乏率为 100%,黄潮土为 90%。同时,该研究还表明,当土壤 pH 值由 5 升至 7 时,植物吸收锌减少二分之一,这是因为石灰性土壤中的锌容易与钙结合为难以溶解的锌酸钙。该区域为石灰性土壤,有机质含量偏低,故土壤中 6 种微量元素中以锌的缺乏率最高。[④] 由以上例证看,在黄河下游河道发生泛滥、改道后,由黄河冲积物发育而成的风沙土、盐化潮土等,不仅 pH 值高,有机质含量减少,而且土壤中的微量元素含量是所有土壤类型中最低的。

再次,历史时期黄河中游所流经地区植被状况的改变和黄土高原的微量元素含量,既会影响到黄河径流的微量元素含量,也会影响到黄淮海平原土壤中微量元素的含量。

位于黄河中游的今山西中南部、陕西中部和河南中西部地区遍布新石器时代遗址,是史前人类活动比较频繁的地区;进入夏商周三代时期,当时国家的人口及政治、经济中心也大多集中在这一地区,所以,要谈中华民族对自然环境的利用与破坏,应以这一时期为起始点。然而,这一时期的气候温暖湿润,环境自身修复的

---

① 王夔主编:《生命科学中的微量元素》(第 2 版),中国计量出版社,1996 年。

② 柳凤琛、郭传德:《德州土壤有效锌含量现状及冬小麦—玉米轮作田锌肥的合理施用》,《土壤科学》,1994 年第 2 期。

③ 刘秀娣、李继云:《土壤有效态微量元素含量与不同地貌单元关系的研究——以河南省新乡地区卫辉市和辉县市为例》,《环境科学》,第 15 卷第 5 期。

④ 中国土壤学会农业化学专业委员会所编《土壤农业化学常规分析方法》一书中土壤有效锌含量分级以小于 0.5 毫克/千克为极缺的标准,科学出版社,1983 年。

能力较强;加之当时人口较今天来说是很少的,人类生活对周围环境也是利用多、开发少,所以,对黄河中游的自然环境扰动很少。已故史学巨匠谭其骧先生在《关于黄河在东汉以后长期安流的原因》一文中认为,从《汉书·地理志》记载泾洛河上游和山陕峡谷流域的安定、北地、上郡、西河四郡"皆迫近戎狄,修习战备,高上气力,以射猎为先"看,"战国以前黄河下游的决徙很少……山陕峡谷流域和泾渭北洛上游二区还处于以畜牧射猎为主要生产活动方式的时代,所以原始植被还未经大量破坏,水土流失还很轻微";进入秦汉时期后,由于政府积极推行"实关中"和"戍边郡"的移民政策,大批移民进入黄河上游及中游地区进行垦殖,所以这一时期黄河中、上游原始植被破坏严重,而"下游的决徙之患越闹越凶";西汉中期以后,北方气候转向寒冷、干旱①,加之王莽新朝重开边衅,故东汉逐步放弃北地、朔方、五原、云中、定襄、雁门、上谷、代八郡,黄河中下游地区又重入匈奴等北方少数民族之手,他们的游牧经济方式改变了以往农业经济的土地利用方式,"结果使下游的洪水量和泥沙量也相应地大为减少",出现了黄河下游从东汉到唐中期大约800年的安流时间。其间虽北魏对黄河中游农业开发力度较大,但其比重始终不抵畜牧经济。而进入隋唐以后,黄河中游及泾渭中游重开垦殖,为唐后期黄河下游的泛滥与改道积蓄了能量。② 进入宋金时期,为了营建汴京,大肆开采渭河上游的森林资源,据《续资治通鉴长编》卷28记载,当时"春秋二时,联巨筏自渭达河,历砥柱之险,以集京师,期岁之间,良材山积"。又宋、金、夏间长期战争,各方在陕北、陇东为修筑堡垒、屯垦种田、廓清视野,乂大肆砍伐残存的森林;明代在长城以外每年进行烧荒,以致地面覆盖的植被破坏殆尽。从以上对先秦、秦汉至明清时期对黄河中游地区进行不合理开发与利用历史的回顾看,黄河中游地区只有在先秦时期和从东汉到唐后期的800年时间内是处在植被保护较好的时期。而这不仅在很大程度上决定了黄河径流所含泥沙量的多少,和有机质、钠离子、氢化物、硫酸盐及微量元素含量的高低,而且也在根本上决定了黄河下游在这800年间的"长期安流"。同时,从现代科学检测的结果看,黄土高原"有效锌变幅为0.055—1.972毫克/千克,平均为0.388毫克/千克,在临界值0.5毫克/千克以下,缺锌面积在85%以上"③,说明黄土高原本身土壤的微量元素也十分有限;由此观之,即令是黄河中游植被不被破坏,黄河径流中所携带的微量元素也不会太多,只是河

---

① 竺可桢:《中国近五千年来气候变迁的初步研究》,《竺可桢文集》,科学出版社,1979年。

② 谭其骧《长水集》(下)所收《关于黄河在东汉以后长期安流的原因》一文及文后所附邹逸麟先生《读任伯平〈关于黄河在东汉以后长期安流的原因〉后》,人民出版社,1987年。

③ 李芳亭、鲁强、王世国等:《黄土丘陵区土壤钼、锌含量及农作物对钼、锌的反应》,《农业环境保护》,2002年第21卷第6期。

水中有机质含量应该比其他情况下多一些，可以在其流向黄淮海平原时使土壤中pH值降低，并使有限的微量元素发挥出应有的效用。

我们已在一定程度上了解了历史时期黄河泛滥与黄淮海平原土壤的微量元素的关系，那么黄淮海平原土壤中的微量元素的含量是什么状况呢？到底是何种元素会影响到黄淮海平原的文明进程呢？

三、黄淮海平原土壤微量元素的状况及其效用

如前所述，我们今天无法确知历史时期黄淮海平原上土壤中微量元素的状况，但20世纪80年代以后，黄淮海平原各地所进行的土壤中微量元素测定的各项数据，无疑可以作为了解历史上相关状况的最好旁证。

从各地的测定情况看，黄淮海平原土壤中微量元素的含量具有明显的地域差异性。以河南中东部冲积平原为例，便不难发现这一差异。河南位于黄淮海平原西部，是黄河下游河道流经时间最长、造成影响最大的地方。1982年和1987年，河南省两次对全省各类土壤的锌、铜、铁、硼、钼、锰6种微量元素进行了全面的调查和施用效果试验，并与全国土壤有效态微量元素丰缺标准（全国微量元素分级指标为锌小于0.5毫克/千克为极缺，0.5—1.0毫克/千克为缺；硼小于0.2毫克/千克为极缺，0.2—0.5毫克/千克为缺；钼小于0.1毫克/千克为极缺，0.1—0.15毫克/千克为缺；锰1.0—5.0毫克/千克为缺；铜小于0.1毫克/千克为极缺，0.1—0.2毫克/千克为缺；铁小于2.5毫克/千克为极缺，2.5—4.5毫克/千克为缺）相参照后发现：全省全锌含量以水稻土、黄棕壤、黄褐土较高，棕壤、褐土、潮土、砂姜黑土次之，最低的是风砂土和各种盐渍土（盐化潮土、碱化潮土、盐土、碱土）。有效锌含量0.08—1.25毫克/千克，平均含量为0.66毫克/千克，缺锌面积占总土壤面积的88.98%，其中极缺的面积占总土壤面积的44.52%。土壤硼元素高于世界土壤平均含量，各类土壤平均含量由高至低为各类盐渍土、褐土、潮土、砂姜黑土、风砂土、棕壤、黄棕壤、黄褐土、水稻土。有效钼含量不仅低于全国平均水平，而且低于世界土壤平均水平。主要土壤全钼水平由高至低依次是棕壤、水稻土、黄棕壤、黄褐土、褐土、砂姜黑土、潮土、盐渍土、风砂土。缺钼面积占总土壤面积的93.48%，其中极缺面积占总土壤面积的80.53%。土壤锰含量低于全国及世界平均含量，主要土壤全锰含量由高至低为砂姜黑土、棕壤、黄棕壤、黄褐土、褐土、潮土、盐渍土、风砂土、水稻土。土壤有效铜、土壤铁元素基本不缺。就有效锌在河南的具体分布情况看，以伏牛山、大别山的基岩山地较高，多在1.0—3.0毫克/千克之间，个别达到3.0毫克/千克以上；低山丘陵洪积平原和淮北低平原居中，多在0.5—1.0毫克/千克之间。沙丘、沙垅、近代河流冲积平原、黄土丘陵和河湖平原洼地为最低，多在0.5毫克/千克以下。土壤有效锌含量与土壤有机质、全氮、物理性黏粒含

量呈正相关关系。[①] 又如20世纪80年代后期，安徽省农业部门对淮北(蒙城1983—1995年)砂姜土微量元素锌进行测定发现：砂姜土有效锌含量为0.13—0.83毫克/千克，小于0.5毫克/千克的土壤占89.6%。[②]以上所引，虽然各检测的地区不同，但大都位于黄淮海平原之上，其土壤多属于由黄河冲积物发育而成，所以，相关数据具有可比性；而且，与在河南、安徽、山东等地所测定的数据相比照，确实也发现了几个共通的特点：其一，土壤有效锌含量极低的现象非常普遍，均占到土壤面积的50%以上，面积十分大；其二，在各类土壤类型中，砂姜黑土、风砂土、盐渍土往往是有机质含量最低、缺锌程度最高的土壤种类；其三，在各类土壤类型中砂姜黑土、风砂土、盐渍土的pH值最高，pH值都在7之上，而实验发现，土壤pH值由5升至7时，植物吸收锌减少二分之一；其四，以黄淮海平原上各地区所进行土壤的微量元素含量的测定看，土壤有效锌含量，海河流域普遍高于淮河和黄河流域，山前冲积扇及低山丘陵带的土壤有效锌含量高于冲积平原；其五，虽然各地对土壤中微量元素进行检测对象不尽相同，但有效锌含量的检测是重合性最高的元素。

那么，为什么土壤微量元素中的有效锌含量这么受到重视呢？它又何以会影响到历史时期黄淮海平原文明进程的呢？

众所周知，诸如有机化合物中所含的氢、氧、氮、碳、磷、硫、钙、铁、锌、碘等，均属于人体生命元素。它们之所以被称为生命元素，就是因为在人体维持其正常的生物功能过程中，它们是具有不可替代性的元素。而如前所述，土壤中微量元素的含量，基本上决定了人体微量元素的吸收。据生命科学的诸多研究成果看，土壤微量元素中的锌、锰、碘，都与人的智力密切相关；尤其是锌元素还与人的繁殖、遗传及致畸有关，所以，土壤中的有效锌含量受到重视是必然的。

研究表明：锌是构成人体的26种必需元素之一，人体中有80多种酶的活性与锌有关。它不仅参与200多种酶、核酸及蛋白质的合成，而且与DNA、RNA聚合酶关系密切；锌可通过含锌酶的作用，促进核酸和蛋白质的合成，加速激素的产生和释放，进而促进细胞的生长和分裂；锌能改善食欲及消化机能；缺锌会提高大肠癌、肺、肝等肿瘤的发生率；缺锌会导致神经衰弱等，总之，锌不仅是人体生长、发育、智力、生殖、遗传、免疫、内分泌、神经、视觉等生理过程的必须物质，还是癌症、冠心病及很

---

① 朱喜梅、郑长训、宁爱民：《河南省土壤微量元素含量分布及施用效果的研究》，《河南职技师院学报》，1994年6月第22卷第2期；刘勤、张新、曹志洪：《土壤植物营养与农产品品质及人畜健康关系》，《微量元素与健康研究》，2001年第18卷第2期。

② 闫晓明等：《淮北砂姜黑土有效锌含量和锌肥效应的研究》，《安徽农业科学》，1991年第3期。

多疑难杂症的防治因子和延缓衰老、促进长寿、预防胎儿畸形的重要手段。① 大量的医学调查和实验结果证明:微量元素锌对儿童的生长发育意义重大,缺锌会引起儿童智力发育不良;如患神经系统疾病的人锌含量均低于正常人,先天愚型(唐氏综合征)患者都缺锌。② 有人曾以200例儿童(弱智138例、正常36例、超常26例)头发中的四种元素进行了检测,与我国儿童锌含量正常值110—152毫克/千克相比较发现:超常组(平均130.8毫克/千克)和正常组(平均121.3毫克/千克)均在正常范围内,而弱智组(平均104.5毫克/千克)明显低于正常值,从而得出智力低下患者发锌含量或体内锌含量偏低的结论。③ 关于血清锌与女性畸胎率的关系,20世纪60年代国外就有研究发现。与此相关,国内也有不少机构进行了大量的研究。如:1988年包头妇产医院曾对298例已做发锌测定孕妇分娩的新生儿身高、体重、胎龄进行测定,发现小于120ppm低锌组的37例中,有14例正常足月新生儿,占37.8%;早产儿5例,占13.5%;足月小样儿18例,占48.7%,其中1例为低体重畸形无脑儿。正常发锌组段121—220ppm的253例中,正常足月儿有246例,占97.2%,早产儿4例,占1.6%,足月小样儿3例,占1.2%;高锌组大于220ppm的共8例,正常足月新生儿8例,占100%。④ 关于血清锌含量与男、女性不孕症的关系,国内也有不少机构和研究者密切关注。如梁绍先、夏令伟等人对长沙地区86例不育症患者和正常人的精液中锌、铜、镁、钙、锰、铅等8种元素进行测定后发现:不育症组精液的锌、钙、镁3种元素含量显著低于正常对照组。⑤ 关于这一点,医学界早有大量的试验可资证明。⑥ 20世纪90年代,河南医

① 徐国平:《妊娠与锌营养》,《国外医学卫生学分册》,1988年第1期;韦弋媗、江金华:《儿童锌缺乏症防治存在的问题与对策》,《广东微量元素科学》,1995年第2卷;还可参见涂明华、王野坪:《微量元素锌的生理作用及其临床》,《九江医学》,1995年第10卷第3期;管宁等:《微量元素锌与儿科疾病》,《微量元素与健康研究》,1995年第12卷第3期;曲莉莎:《微量元素锌与男性生殖》,《微量元素与健康研究》,1994年第11卷第1期;杨幼易:《锌与妊娠》,《中国优生与遗传杂志》,1994年第2期;齐荣义:《孕妇并发症与孕早期血清锌关系探讨》,《中国优生与遗传杂志》,1994年第2期;高志东等人编译:《锌缺乏与儿童发育》,《国外医学地理分册》,2000年3月第21卷第1期;韩国安等:《母体血清铜锌镉与胎儿神经管缺损的关系》,《中华妇产科杂志》,1990年第25卷第6期。

② 陆费汉倩、吕传真等:《微量元素在某些神经系统疾病中的意义》,《全国微量元素临床研究及测试分析讨论会论文集》(1983年)。

③ 孔祥瑞:《必需量元素的营养、生理及临床意义》,安徽科技出版社,1982年。

④ 包美荣、崔桂勤:《饮食发锌与胎儿发育》,《包头医学》,1994年第18卷第1期。

⑤ 梁绍先、夏令伟等:《不育症患者和正常人精液八种元素含量的测定及锌镉比值的分析》,《生殖医学杂志》,1994年6月第3卷第2期。

⑥ 李逢志、李国仁等:《精液中Mg、Zn、Ca、Fe及Cu与男性不育的关系》,《男性学杂志》,1988年第3期。

学工作者随机选择河南省不孕女患者97例,其中,原发性不孕77例,继发性不孕20例;月经正常64例,月经异常33例;年龄23—40岁,平均29.1岁,结婚时间2—19年。随机选取同一地区正常已育妇女100名作为对照组,其中,月经正常者70例,月经异常者30例,年龄24—40岁,平均31.6岁,全身体检正常者。对两组妇女血清进行测定后发现:不孕组中月经异常者,无论与对照组月经异常者相比,还是与不孕组月经正常者相比,都表现为血清锌的显著减低;此外,其血清铁含量也较两组中正常月经者显著减低[1]。同时,湖北省还有人以有胎儿畸形史的妇女40例为研究对象:其中神经管缺陷11例、无脑儿9例、腭唇裂7例、先天性心脏病6例、先天性巨结肠7例,年龄23—35岁,经病史及辅助检查排除肝、肾、脑及职业病的成年妇女;与健康非孕妇60例作为对照组,进行血清锌的检测,发现有畸胎史的妇女的血清锌值与对照组相比明显偏低,从而证实了孕妇缺锌对胎儿的不良影响。[2] 锌是参与机体免疫功能的一种重要元素,在所有的人体微量元素中,它对机体免疫功能的影响最明显,缺锌不仅使得细胞免疫功能低下,而且使疾病的易感程度大大增加。更为严重的是缺锌还影响免疫记忆效应,当改变锌势态时,只可以部分重建这种免疫记忆能力。[3] 生长发育迟缓、身材矮小、智力低下是锌缺乏患者的突出表现。

除对人类身体有重大的作用外,微量元素锌对动物、植物也有十分独特的作用。如20世纪90年代初,安徽农业大学和利辛县畜牧兽医站联合对淮北地区育龄母牛血清微量元素进行了实测,发现母牛繁殖机能低下的一个重要原因是该地区母牛不同程度地缺锌、锰、碘和硒元素。[4] 而这正是宋代“土多泻卤,戎马所屯,地利不足……马又未尝孳息”的原因。对于农作物来说,锌与植物光合作用和呼吸作用密切相关,缺锌会影响光合作用的正常进行,从而引起缺绿症。锌参与植物生长素的合成,缺锌能使植物的色氨酸显著减少;锌还可促进植物生殖器官的发育,并能促进植物抗病能力的提高。所以,农作物缺锌,不仅植株生长缓慢,而且还会降低产量和质量。常见果树对土壤中缺锌的程度具有敏感度,缺锌往往影响水果的产量和质量。这些常见果树的敏感性依次为柑橘、樱桃、苹果、李子、桃、梨、山核桃、核桃、杏、樟梨、葡萄。[5]

从河南省1982年土壤微量元素的检测情况看,土壤有效铜和铁含量较丰富,而

---

① 高志敏、霍玉清等:《不孕患者血清锌铜等元素含量改变》,《河南医学研究》,1995年9月第4卷第3期。

② 雷世俊等:《胎儿畸形与孕母血清锌、铜值关系的探讨》,《湖北医科大学学报》,1994年第15卷第3期。

③ 王夔主编:《生命科学中的微量元素》(第2版),中国计量出版社,1996年。

④ 周明、章孝荣等:《淮北地区育龄母牛微量元素营养状况及其与繁殖机能的关系》,《安徽农业科学》,1994年12月第22卷第4期。

⑤ 张新生、孙爱君:《果树的锌素营养综述》,《河北果树》,1995年第3期。

锌、钼最缺。[①] 而实际上，微量元素中的有效锰对人类健康也很重要。锰元素缺乏不仅影响人体骨骼的生长与发育，还可引起神经衰弱综合征、影响智能发展，并与思维、情感、行为有一定的关系。如精神分裂症病人头发中锰明显低于正常人。同时，缺锰会降低免疫器官的功能。免疫器官是免疫细胞发生、分化、成熟以及免疫分子合成和分泌的场所，如出现病理改变，必然会影响人体的免疫机能。[②] 土壤中的钼含量也取决于土壤母质的性质、风化程度和有机质的丰度等。由页岩和花岗岩形成的土壤母体中，钼的含量较高，而黄河流域和黄土高原的黄土和冲积层的钙质土壤，含量较低。[③] 缺钼患者有明显神经性异常症状、智力发育迟缓、易患克山病，还可以引发食管癌等恶性肿瘤。如 1971 年在食管癌病因的对比调查时，发现高发区林县饮水中钼含量仅为低发区的 1/23。[④] 其他微量元素铜、硼以及碘也各有作用，这里就不赘述了。

总之，土壤微量元素，尤其是微量元素锌对人类健康以及对其他动植物的生长有着重要作用，那么，由此我们就不难发现土壤微量元素的变化与历史时期黄淮海平原文明进程的关系了。具体地讲，这些关系和影响大致有以下三个方面：

首先，黄淮海平原土壤中微量元素的变化，不仅使得居住在黄淮海平原上的人口数量呈现阶段性下降的特征，而且也使得人口质量日趋下降，最终造成文明发展进程中的最大缺憾。

人是改造自然、发展社会经济、文化的最终力量，在中国几千年的古代社会中，生产力水平长期低下，人类适应和改造自然环境的能力有限，所以，高素质的人口资源与众多的人口数量以及其地域分布的状况都是决定当时社会经济发展和文明程度的重要保证。从中华文明的发展历程看，黄河文明是中华五千年文明史的重要源头之一。虽然早期黄河文明主要集中在黄河中游地区，但紧随其后的大汶口文化和龙山文化及仰韶文化的一部分都分布在黄淮海平原及周边冲积扇平原之上。之后，农业文明也由周边冲积扇平原移向平原地区，如郑州大河村遗址就是很好的例证。实际上，夏商周三代和之后的秦汉、隋唐时期，由于气候适宜，环境破坏不大，所以，黄淮海平原在唐后期黄河下游大改道之前，土壤中的微量元素状况应当是一个最佳的时期。而这一点，正好与史学界所公认的汉唐时期是黄淮海平原经济最发达、文明程度最高的地区之一的结论相吻合。在这一时期里，不仅各国和各地区人口增长最快，农业、手工业和商业水平最发达；而且，诸如先秦的“百家争鸣”局面、汉代文教

---

① 朱喜梅、郑长训、宁爱民：《河南省土壤微量元素含量分布及施用效果的研究》，《河南职技师范学报》，1994 年 6 月第 22 卷第 2 期；刘勤、张新、曹志洪：《土壤植物营养与农产品品质及人畜健康关系》，《微量元素与健康研究》，2001 年第 18 卷第 2 期。

② 颜世铭：《微量元素导论》，同济大学出版社，1992 年。

③ 王夔主编：《生命科学中的微量元素》（第 2 版），中国计量出版社，1996 年。

④ 王夔主编：《生命科学中的微量元素》（第 2 版），中国计量出版社，1996 年。

事业在齐鲁地区的振兴和中央大批官吏的出生地等多出现在黄淮海平原之上。如《汉书·地理志》记载:早在春秋战国时期,地处今山东西南、南部及江苏北部的鲁地,已是“地狭民众,颇有桑麻之业,亡林泽之饶。俗俭啬爱财,趋商贾,好訾毁,多巧伪……然其好学犹愈于它俗”的农业、商业并举,文化事业发达的地区之一,以至于其后出现了“汉兴以来,鲁东海多至卿相”的局面。① 以人口数量与人口质量的变化情况看,从秦汉、隋唐时期到宋、元、明、清时期有一个变化的过程:早在西汉元始二年(2),黄淮海平原的人口数已占到全国人口的57.1%,以后东汉永和五年(140)本区人口数占全国的52.7%,而隋大业五年(609)更占到全国人口的52.8%;但是,宋、元、明、清以后,除北宋太平兴国(976—984)本区人口占全国的30.9%之外,其余多在全国人口的四分之一以下②;同样,以先秦、秦汉、隋唐时期到宋元明清乃至近代为两大阶段,黄淮海平原之上的人口质量水平也有一个日趋下降的过程。关于这一点,文献中可找到许多的证据,如前《汉书·地理志》所引,自汉代以来“鲁东海多至卿相”局面的出现;又如已故著名历史地理学家史念海曾以两唐书中入传人物的籍贯为统计对象,发现北方地区入传者占入传总数的85%,而南方地区入传者只占15%;亦说明隋唐时期经济、文化的重心仍在北方地区。③ 但北宋时,这种官员出身籍贯北重南轻的局面出现了转折:有学者以北宋入传官员1058人为统计对象,并将北宋分为前、中、后三个时期,发现北宋前期的官员有84.5%是北方人,中期有63.9%是北方人,而到了北宋后期,官员中南方人居然占到59.7%④。虽然以上所举两例,均以唐宋时期南、北方入传人数为统计对象,且当时北方也并不等同于黄淮海平原,但其代表性是显而易见的。与此同时,从《宋史·地理志》的相关记载看,似乎可更加清晰地发现黄淮海平原人口质量日趋低下的特点。如《宋史·地理一》载“开封府,京东路,分为东西两路,得兖、豫、青、徐之域……西抵大梁,南极淮、泗,东北至于海,有盐铁丝石之饶”,此地正处在黄淮平原之上,然史称其“人皆朴鲁纯直,甚者失之滞固”;又同书《地理二》记载同处黄淮海平原之上的河北路“盖《禹贡》兖、冀、青三州之域,而冀、兖为多。……人性质厚少文,多专经术,大率气勇尚义,号为强忮”。与之相对应的是《宋史·地理志四》在述及两浙路之百姓时则云“人性柔慧……善进取,急图利,而奇技之巧出焉”。又《地理志五》记载福建路“多乡学,喜讲诵,好为文为辞,登科第者尤多”;川陕四路则是“庠塾聚学者众,然怀土罕趋仕进。……文学

---

① 周振鹤:《中国历史文化区域研究》第3编《风俗文化区·鲁地风俗区》,复旦大学出版社,1997年。

② 邹逸麟主编《黄淮海平原历史地理》第7章《黄淮海平原人口的变迁》中第218页所整理的人口数据。

③ 史念海:《两〈唐书〉列传人物本贯的地理分布》,收入《纪念顾颉刚学术论文集》,巴蜀书社,1990年。

④ 程民生:《论宋以来北方人口素质的下降》,《史学集刊》,2005年第1期。

之士,彬彬辈出焉”,这些例证都充分表明,至少从宋代开始,当时人们已开始注意到黄淮海平原的人口质量远逊于今江浙、福建及四川地区的问题了。关于明清时期官方和民间人士的观点,有学者已详论之,此亦不赘述。①

总之,宋元明清时期,本区人口数量的减少和人口质量水平的下降,除了要考虑研究历史人口变化时所经常提到的战争、饥荒、灾害、温疫、北方人口大量南迁等宏观因素外,也不可忽视因为黄河下游改道,整个黄淮海平原土壤沙化、盐碱化后土壤肥力急剧下降,造成人口数量大为下降的潜藏因素。因为土壤肥力急剧下降后,必然带来农作物产量下降、动植物体内微量元素成分的减少,并通过食物链最终造成当地居民微量元素缺乏的严重后果。以我国现阶段儿童缺锌或锌营养不足的比率28.98%—81.37%为参考值②,与20世纪90年代相继报道的安徽和县(男童锌缺乏率64.32%,女童锌缺乏率67.65%)③、福建福州(0岁儿童锌缺乏率35.02%)④、河南荥阳(6个月至1岁锌缺乏率高达92.56%)⑤、宁夏银川(女童锌缺乏率25%)⑥、广

---

① 程民生:《论宋以来北方人口素质的下降》,《史学集刊》,2005年第1期。

② 吴秦相、王家良等:《解决我国微量元素营养不足的策略和措施的建议》,《中华流行病学杂志》,1992年第1期。

③ 赵怀翠:《1—4周岁儿童锌铁钙铜四种营养元素监测分析》,《安徽预防医学杂志》,2000年第6卷第3期。该文称:1998年安徽和县对城关及三个较大集镇411名儿童(男性241人,女性170人)进行微量元素测定,其中男童发锌小于正常值的比率高达64.32%,女童达67.65%。

④ 福建医科大学附属第一医院儿科陈影等:《福州地区小儿锌、铜、铁、钙缺乏的调查》,《福建医药杂志》,2000年第22卷第6期。该文称:福建医科大以1994年5月至2000年6月就诊小儿4891例,其中男2951例,女1940例,年龄为0—14岁的儿童为对象,对锌、铁、钙、铜四种元素的缺乏情况进行了调查分析:其中0岁儿童3478例,锌缺乏率平均为35.02%,且锌缺乏率随年龄增长而有下降趋势。

⑤ 李文明等:《1139名婴幼儿发锌、钙检测结果分析》,《河南预防医学杂志》,2001年第12卷第4期。该文称:荥阳市卫生防疫站1999年9月至2000年12月通过对1139名婴幼儿发锌检测发现:6个月至1岁年龄段组缺锌率高达92.56%;1—2岁、2—3岁次之,分别为87.75%与86.51%;0—6个月年龄组缺锌率最低,为72.73%。0—6个月是婴幼儿生长发育的高峰期,这一时期作为母乳期,婴儿的缺锌率也反映了乳母的缺锌程度。

⑥ 雷晓平、管文娜:《1100名儿童发锌、铁、钙含量分析》,《宁夏医学院学报》,2001年第23卷第1期。该文称:银川妇幼保健院随机以1996年1月至1997年8月门诊及住院儿童1100人为对象,进行发锌、铁、钙值的测试,发现:银川儿童发锌值以1—3岁最高,低发锌发病女性明显高于男性,约25%。这与1—3岁发育快,而食物单调有关,3岁以后饮食多样化,动物性食物较多,故发锌值提高。

西百色(平均锌缺乏率48.46%)[①]、北京地区(平均锌缺乏率30.9%)[②]、广东省广州市(平均锌缺乏率25.8%)[③]、石家庄(平均锌缺乏率20%)[④]、四川成都(锌缺乏率6.58%)[⑤]、福建泉州(锌缺乏率1.6%)[⑥]、深圳(平均锌缺乏率42.86%)[⑦]、山西平遥

---

① 李胜立、韦红:《1042例儿童发锌含量的分析》,《右江医学》,2001年第29卷第2期。该文称:广西百色地区人民医院以1998年1月至1999年10月送检来自全区的1042名儿童(0—13岁)进行发锌值测定,发现:发锌偏低者为48.46%,其中男孩占41.26%,女孩占57.23%;女孩缺锌率明显高于男孩;按年龄分布情况看1—6岁占55.08%,城乡差别不大。

② 汤光:《现代药物学》,北京中国医药科技出版社,1998年。该书称:北京地区0—7岁儿童缺锌率为30.9%。另据林晓明等人《北京山区学龄儿童机体锌状况及血清锌水平分析》(《中国儿童保健杂志》,2002年8月第10卷第4期)报道:以北京房山区7—14岁儿童进行血清锌检测,发现7—9岁共119人,锌缺乏22人,占18.5%;10—11岁共137人,锌缺乏35人,占25.5%;12—14岁共116人,锌缺乏41人,占35.3%;以12—14岁组锌缺乏检出率最高,接近7—9岁组的2倍。又参见赵瑞蒲、张海兰:《唐山市新生儿发样中5种元素分析》,《微量元素与健康研究》,2001年第18卷第4期。该文称:1999年10月至2000年4月对唐山市新生儿(男367,女351),胎龄平均39周婴儿进行铜、钙、锌、铁、镁元素的测定,发现男婴发锌值略高于女婴,且新生儿发锌、钙、镁值明显高于本地区正常儿童发锌、钙、镁值。这应与孕妇体内高锌、钙、镁值有密切关系。参见陈杰:《地理环境与儿童发中微量元素的关系》,《职业与健康》,1999年5月第15卷第5期。河北抚宁位于海河流域中的滦河流域,北依燕山,南临渤海,山区矿产丰富,沿海平原常吃海产品,故平原和山区儿童锌、铁、钙、铜微量元素含量均在正常范围内。

③ 倪根珊:《药物临床应用撷萃》,北京八一出版社,1994年。该书称:广州市为25.8%;广西7岁以上儿童缺锌率为31.14%,石家庄仅为20%。

④ 倪根珊:《药物临床应用撷萃》,北京八一出版社,1994年。该书称:广州市为25.8%;广西7岁以上儿童缺锌率为31.14%,石家庄仅为20%。

⑤ 汪凤兰等:《729例儿童血清微量元素测定结果分析》,《实用儿科临床杂志》,2001年第16卷第3期。该文称:四川成都华西医科大学对729例儿童做了微量元素测定,其中男437例、女292例,通过测定血锌值发现,有48例儿童属缺锌者,占6.58%。

⑥ 彭纬林等:《500例城市学前儿童血清钙锌铜铁含量调查》,《微量元素与健康研究》,2001年第18卷第3期。该文称:福建泉州儿童医院对500例学前儿童血清钙、锌、铜、铁值进行测定,发现轻度缺锌者仅为1.6%。

⑦ 张文汉:《2786名7岁以下儿童头发6种元素检测分析》。该文称:深圳梅林医院对散居儿童2786名(男1562名,女童1224名)进行微量元素测定,发现缺锌率为42.86%,其中男童为39.5%,女童为47.14%,合计为42.86%。

(锌缺乏率 22.8%)①。对照以上数据,我们不难发现:沿海地区的福建泉州以及内地四川成都儿童的锌缺乏率最低,河北石家庄、北京、福建福州及河北唐山等地紧随其后,而位于黄淮海平原最西端、处在黄河下游的荥阳,6 个月至 1 岁儿童的锌缺乏率高达 92.56%。由于婴幼儿锌营养水平少是由母体锌营养水平决定的,由此可见,黄河下游冲积平原上育龄妇女和儿童高锌缺乏率是十分严重的。而根据现在医学研究的结果看,锌缺乏病对育龄妇女和婴幼儿的生命安全威胁最大。如大量的医学及临床实践证实:孕妇锌营养不良可引起染色体的畸形,会引起分娩并发症、羊水早破和早产危险增加。相反,补锌可使孕期延长、降低羊水早破危险和减少阴道出血②。与正常生育史的妇女相比,有畸胎史妇女血清锌、锰、硒含量显著低于健康妇女③;更为严重的是,锌营养缺乏的孕妇感染人巨细胞病毒的概率远远高于锌营养正常妇女,因为缺锌主要损害 T 细胞功能,降低人体自身杀伤细胞的活性和功能,从而降低了孕妇自身免疫力而增加了感染其他疾病的可能性,而对孕妇进行锌干预措施,对于降低孕妇和胎儿 HCMV 感染具有重要的意义。人巨细胞病毒(简称 HCMV)于 1956 年首次从受染胎儿组织中分离出来,因其感染细胞所呈现的细胞增大的典型病变而命名。医学发现:妊娠期由人巨细胞病毒原发或继发感染导致的宫内和先天性感染,可造成胚胎发育异常、死胎、先天畸形、流产等严重后果;同时,亦对胎儿神经中枢系统的发育影响最大,是小儿智力低下和听力丧失的最危险因素。在"八五"期间,武汉同济医科大学与上海、沈阳两地合作,对三地 5015 例孕妇调查表明:我国大城市孕妇 HCMV 感染率高达 88.93%;在秦巴山区则发现孕妇 HCMV 活动性感染率也达到 19.25%,而宫内对胎儿的传播率高达 33.33%。先天性 HCMV 感染的疾病称为巨细胞包涵体病(简称 CID),常见的症状为新生儿出生后有黄疸,肝脾肿大、小头畸形、淤斑、智力低下、耳聋、生长迟缓、先天性心脏病等。重者新生儿出生呼吸困难、抽搐,数天或数周内死亡。调查统计资料表明:先天性 HCMV 感染在新生儿中仅有 10%出生时有明显症状,但其死亡率高达 30%;其余 90%出生时无症状,仅尿内排毒。这些无症状儿约 10%将在 1—2 年或数年后出现症状。有症状及无症

---

① 乔兆宝等:《平遥县 820 名幼儿发锌、铁、钙、铜含量分析》,《实用预防医学》,2001 年第 8 卷第 1 期。该文称:1999 年 6 月至 2000 年 6 月随机对城镇 820 名幼儿头发样品进行了测定,其中 0 岁 77 人,缺锌 17 人,占 22.8%。

② 王咏梅等编译《胎儿生长发育期的微量元素》,《国外医学(医学地理分册)》,2001 年 3 月第 22 卷第 1 期。

③ 王芳、朱国伟等:《有畸胎史妇女口服复方锌制剂后体内微量元素含量的变化》,《山东医科大学学报》,1994 年第 33 卷第 2 期。该文称:通过测定 31 例有畸胎史妇女血清微量元素铜、锌、锰、硒和镉的含量,并与健康妇女对比后发现,有畸胎史妇女血清锌、锰、硒含量显著低于健康妇女,而镉含量显著增高。从 20 世纪 80—90 年代的研究情况看,大量的成果表明:孕期缺锌会严重妨碍多种动物的生殖过程,子代畸形是重要的表现之一,畸形和生殖过程受累的确切性质与孕期锌缺乏的时间和程度有关。

状感染儿均可留下残留症状,如感觉神经性耳聋、智力低下、视网膜炎、视神经萎缩、脑瘫、癫痫、语言迟缓、学习困难等。其中以单侧或双侧神经性耳聋最为多见。① 试想一下,在现代医学如此发达的今天,仍然不能很好地解决锌营养缺乏者感染人巨细胞病毒、最终对胎儿造成严重危害的问题,那么,在科学不发达而又缺乏医学保障的历史时期,婴幼儿的死亡率如何不高?人口质量如何不低呢?另外,从国外医学界的研究看,腹泻和肺炎是发展中国家儿童死亡的主要原因。据1999年12月出版的《Zinernal-Pediatrlcs》报道,9个发展中国家的儿童每天补锌5—200毫克,共计2—46周,结果发生腹泻和肺炎的危险下降了25%与41%②,由此可见,对婴幼儿锌营养的关注是世界性的话题之一。所以,土壤中微量元素的含量,在某种程度就是一只看不见的手,有着不可忽视的巨大作用。关于这一点,亦可与近年豫东、皖北、苏北地区艾滋病的流传和人口质量低、经济水平差、文化事业不发达、文明程度不高的现状相印证。

其次,黄淮海平原土壤中微量元素的变化,使原本微量元素较缺的状况更为严重,从而使得黄淮海平原文明发展的外部环境逐渐落后于其他地区。

如前所述,土壤的微量元素含量主要取决于成土母质、河流、大气、有机质含量、pH值的高低以及人类不合理开发与利用等几大因素。从世界土壤微量元素有效锌的含量看,其常见范围为0.1—3.0毫克/千克,平均值为0.5—1.0毫克/千克。中国的燕山地区是多金属成矿带,南京附近有栖霞山、甘家港两大铅锌矿,所以,富含铅锌元素的成土母质决定了北京、南京地区的有效锌常见范围为0.5—1.0毫克/千克。广东、广西、湖南、云南、四川、贵州等地,是中国最重要的金属矿藏基地,铅锌矿的分

---

① 郭巧燕等:《秦巴山区孕妇HCMV感染率高的主要原因初步探析》,《中国优生与遗传杂志》,2001年第9卷第4期。该文称:秦巴山区是我国智力低下的高发区之一。医学发现:妊娠期由人巨细胞病毒原发或继发感染导致的宫内和先天性感染,可造成胚胎发育异常、死胎、先天畸形、流产等严重后果;同时,亦对胎儿神经中枢系统的发育影响最大,是小儿智力低下和听力丧失的最危险因素。1999年3月至2000年1月以陕西安康、柞水及宁强三县健康孕妇161例为检测对象,发现秦巴山区孕妇HCMV活动性感染率高达19.25%,而宫内传播率为33.33%,明显高于相关报道。与HCMV感染有关,发现受染孕妇血清锌含量与HCMV感染相关性最强,病例组血清锌值明显低于正常限值0.5mg/L。缺锌主要损害T细胞功能,降低自然杀伤细胞的活性和功能,从而降低了人体自身免疫力而增加了感染其他疾病的可能性。因此,对孕妇进行锌干预措施,对于降低孕妇和胎儿HCMV感染具有重要的意义。

② [英]/Doo1ey E//Euviron Health Pesspect.-2000.108<6>.—A255:《补锌可降低儿童发生腹泻和肺炎的危险》,《国外医学卫生学分册》,2001年第28卷第1期。该文称:"腹泻和肺炎是发展中国家儿童死亡的主要原因。据1999年12月出版的《Zinernal of Pediatrlcs》报道,9个发展中国家的儿童每天补锌5—200毫克,共计2—46周,结果发生腹泻和肺炎的危险下降了25%与41%。"

布十分广泛;从成土母质、雨水的冲刷、江河水流的搬运、土壤有机质的含量等方面,决定了华南和华中地区的红壤以及由石灰岩发育的红色石灰土等最高含锌量达1.0—6.0毫克/千克;玄武岩发育的砖红壤含锌量可达1.5—3.0毫克/千克;花岗岩、紫砂岩、第四纪土、石灰岩等母质发育的红壤都在1.0毫克/千克左右;红砂岩发育的土壤只有0.28—0.63毫克/千克左右①;同样还是从土壤的成土母质看,除铁矿在黄淮海平原上有一些分布外,其他如锌、锰、铜、钼矿几乎全是空白。而且,在黄淮海平原,由于2000多年的过度垦殖,农作物秸秆作为薪材长期不能还田,加之土壤是由黄河冲积物发育而成的风砂土、盐碱土,有效锌含量仅有0.08—1.25毫克/千克②,所以,其有效锌含量水平在全国最低是毫不奇怪的。从土壤有机质含量对微量元素的影响看,大量的实验结果证明,土壤有机质是土壤中最活跃的成分,对肥力因素、水肥气热的影响最大,是土壤肥力的重要的物质基础,也是评价土壤微量元素含量高低的重要指标之一;锌的有效性即是随有机质含量的增加而提高的。以河南为例,通过在省内不同生态类型区典型地区采集土壤样品的化验发现,河南省土壤有机质的平均含量只有12.8毫克/千克;而与之相关的土壤有效锌含量极低,多在0.3—0.5毫克/千克之间;土壤pH值在7.0—8.0之间;从土壤pH值与有效锌的关系看,两者关联极为密切;实验证明:土壤锌的有效性随着土壤酸度的增加而增强。其影响机理为降低pH值会减弱土壤对锌的吸附能力,使吸附态锌的解吸量增加,从而增加有效锌的含量。在农业生产中,作物缺锌多发生在pH值大于6.5的中性和石灰性土壤中;尤其是pH值较高的石灰性土壤因含有较多的碳酸钙,锌易生成不溶解的沉淀化合物,同时,碳酸钙有强烈的吸附和固定作用,从而大大降低了锌的有效性。③ 而如前所述,土壤pH值由5上升至7,植物吸收锌会减少二分之一。由此观之,黄淮海平原土壤沙化、盐碱化之后,无论是微量元素中有效锌的含量还是土壤锌的利用率都是十分低下的。

按照目前国际上通行的人体微量元素吸收的标准看,人体正常锌的需要量:成人每天为15毫克,婴儿及儿童为3—10毫克,在怀孕、哺乳期间应另加5—10毫克的锌营养。④ 不难想象:黄淮海平原土壤有效锌含量如此之低,通过从动植物到人

---

① 王夔主编:《生命科学中的微量元素》(第2版),中国计量出版社,1996年。

② 朱喜梅、郑长训、宁爱民:《河南省土壤微量元素含量分布及施用效果的研究》,《河南职技师院学报》,1994年6月第22卷第2期;刘勤、张新、曹志洪:《土壤植物营养与农产品品质及人畜健康关系》,《微量元素与健康研究》,2001年第18卷第2期。

③ 赵竞英等:《河南主要植烟土壤养分状况与施肥对策》,《土壤通报》,2001年第32卷第6期。关于土壤锌的分类、pH值与锌有效性的关系以及土壤有机质含量的重要作用,孙桂芳等:《土壤—植物系统中锌的研究进展》,《华南热带农业大学学报》,2002年第8卷第2期。

④ 吴水冰、白家驷:《机体的高锌状态》,《国外医学儿科学分册》,1994年7月第21卷第4期。

类食品的传送次序，是根本无法满足人体智力发展所必需锌营养要求的！现代科技已证明，食物中锌含量低，人体吸收不到适量的锌，会导致生长发育期的儿童发育受阻、智力不良等现象的发生①；同时，以医学对儿童智力的测定试验看，儿童IQ大于90者，平均发锌值在155.87微克/克；儿童IQ小于90者，平均发锌值在146.28微克/克，两者差距十分明显。② 国外医学研究和大量的人体实验亦证明：无论是重度、中度还是轻度缺锌，都会一定程度地损伤人脑的功能。学者检测了740名城市和540名农村的6—9岁中国儿童，在每天补锌20毫克以后，发现儿童在注意力、洞察力、推理能力和精神运动方面有很大的改善。缺锌对于成年人的行为也有影响：相关研究者还发现，以男性为受试对象，生活在严格控制的环境下，以35天为期，每天只提供3.5毫克的锌量，结果发现其情绪不稳的情况增加，并同时出现感知和记忆的缺陷。③ 从文明发展历程的角度看，历史时期黄淮海平原土壤中有效锌的含量和利用率都十分低下，加之该地区也是严重的碘缺乏区，所以，在缺乏多种对人体智力水平影响重大的微量元素的情况下，人口的智力水平肯定不会很高；所以，从黄淮海平原由比较先进的文明发展地位，到让位于其他土壤肥力高、适合经济发展的地区的历史过程看，无论是宋元以后黄淮海平原社会经济水平的衰落、文化发展的停滞、人口重心的南移，还是近代和现代落后面貌的难以改观等，都具有难以逆转的必然性。

再次，黄淮海平原土壤中微量元素的变化，不仅使得原有土地承载能力逐步衰减，并由此增加了政府对粮食和漕运的负担，而且也促成了历史时期这一广大区域内各种社会不安定因素的滋长。如前所述，黄淮海平原是中国历史上最大的、开发最早的平原之一，这里光照充足，土层深厚，早在春秋战国以来就是华夏民族活动最频繁的地区。考古资料和大量的文献记载表明，这一地区在先秦、秦汉直至隋唐各王朝当中，一直都是最重要的粮食供应地。这其中一个极为重要的原因，就是汉唐

---

① 朱莲珍译校：《人和动物的微量元素营养》，青岛出版社，1994年；刘勤、张新、曹志洪：《土壤植物营养与农产品品质及人畜健康关系》，《微量元素与健康研究》，2001年第18卷第2期。

② 李波等：《微量元素铁、锌、铜与4—7岁儿童智商关系的研究》，《中国公共卫生》，2000年第16卷第3期。白求恩医科大学预防医学院的李波等人以吉林梅河口市315名儿童铁、锌、铜含量与智商关系为研究对象，调查发现儿童IQ大于90者，平均发锌值在155.87微克/克；儿童IQ小于90者，平均发锌值在146.28微克/克，差异十分明显。与之相关研究还见于都萍、梁维平等：《4—5岁儿童行为与微量元素铁、铜、锌关系的研究》，《中国公共卫生学报》，1997年第16卷第1期；刘晖等：《锌和微量元素对儿童智能和生长发育的影响》，《营养学报》，1998年第20卷第1期；等等。

③ 耿战辉、程义勇编译：《锌营养与脑功能及行为的关系研究—历史和现状》，《国外医学(医学地理分册)》，2001年9月第22卷第3期。

时期，黄淮海平原与关中平原、三河地区一样，是黄河流域集中种植水稻的最重要地区。① 从文献记载的情况看，《周礼·职方》和《汉书·地理志》均记载大禹平天下、定九州时，扬州、青州“谷宜稻麦”。其文称“正东曰青州，其山曰沂，薮曰孟诸，川曰淮、泗，浸曰沂、沭……其畜宜鸡、狗，谷宜稻、麦”；以今论之，古青州正处在黄淮平原之上。至于部分地区处在黄淮海平原之上的豫、兖两州，则“谷宜五种”；颜师古注称所谓五种应指“黍、稷、菽、麦、稻”五类。说明自三代以来，黄淮海平原之上即已有水稻的种植。但黄河下游千百年间不断的改道和频繁泛滥，给黄淮海平原带来了数以千万亩的盐碱地，所以，极为严重地制约了这里的农业生产发展。例如《管子·轻重乙篇》记载：早在春秋时期的齐桓公时，就有“国贫而用不足”的问题。其中重要的原因就是齐地多有“咸卤斥泽”等“不为用之壤”；至于何为“斥泽”，《汉书·刑法志》引颜师古注云：“斥，咸卤之地。”又《汉书·地理志》及《史记·货殖列传》亦称齐国建立之初，便是“负海潟卤，少五谷”的蛮荒之地。所以，早在齐桓公时代，齐人已开始注意土壤的改造问题。如《后汉书·冯衍传》注引《管子》曰“四七二十八尺而至于泉，其水白而甘，宜黍秫；三七二十一尺而至于泉，其水黄而有臭，宜大菽与麦；二七一十四尺至于泉，其味咸，宜稻与麦”，即反映了当时人对土壤、水源与作物之间联动关系的观察和总结。此外，从《吕氏春秋·先识篇·乐成篇》的记载看，今河北临漳地区也遍布盐碱地。故早在春秋战国时期就有史起在河北平原引漳溉邺，改造盐碱为稻田的历史。《汉书·沟洫志》记载：魏襄王时“以史起为邺令，遂引漳水溉邺，以富魏之河内。民歌之曰‘邺有贤令兮为史公，决漳水兮灌邺旁，终古舄卤兮生稻粱’”。《汉书》此条下引苏林释“终古”，称“犹言久古也”；而《尔雅》释“卤，咸苦也”；颜师古释“舄即斥卤也，谓咸卤之地也”；由此观之，春秋战国时期魏国邺地盐碱地的分布是早已有之。正因为盐碱地的分布广泛，而且古人也早已发现广开沟渠以种水稻，可以有效地改良盐碱，所以，汉代以后，在今冀鲁豫地区，水稻的种植十分普遍。从《汉书·沟洫志》的记载看，早在汉哀帝时贾让就提出了治河三策，其文称“若有渠溉，则盐卤下隰，填淤加肥；故种禾麦，更为粳稻，高田五倍，下田十倍；转漕舟船之便：此三利也”，极力主张在黄淮海平原地区开渠灌田、洗碱种稻。而从此后《后汉书》《三国志》《水经注》《魏书》《隋书·食货志》《册府元龟》《旧唐书》《新唐书·地理志》《元和郡县图志》等典籍的相关记载看，在汉唐时期这一做法得到了长期的贯彻，从而为黄淮海平原在汉唐时期成为我国经济最发达和文明程度最高的地

---

① 邹逸麟：《历史时期黄河流域水稻生产的地域分布和环境制约》，《复旦学报》，1985 年第 3 期；邹逸麟自选集《椿庐史地论稿》，天津古籍出版社，2005 年，第 284—301 页；高敏：《古代豫北地区的水稻生产问题》，《郑州大学学报》，1964 年第 2 期；《历史上冀鲁豫交界地区种稻同改良盐碱地的关系》，《人民日报》，1965 年 12 月 7 日；《我国古代北方种稻改碱经验的探讨》，收在《中国社会经济史论丛》第 2 辑，山西人民出版社，1982 年；以上三篇论文均收在高敏《中华古史求索集》，中华书局，2005 年。

区奠定了坚实的农业基础。关于这一点,正如下引典籍所记:《后汉书·张堪传》记载东汉初年,张堪任渔阳太守时,曾“开稻田八千余顷,劝民耕种,以致殷富”。又《后汉书·邓晨传》记载东汉初年,邓晨任汝南太守时“鱼稻之饶,流衍它郡”。《水经注·沁水》条引《魏风土记》记载曹魏文帝时沁水两岸有稻田。《册府元龟·邦计部·河渠门》记载唐高宗永徽年间(650—655)裴行方在幽州引芦沟水灌溉,“广开稻田数千顷”等,均可证明汉唐时期黄淮海平原广开沟渠、广种水稻的盛况。如前所述,“从新石器时代以降至12世纪20年代(宋金之际),黄河下游绝大部分时间流经太行山以东、泰山山脉以北的河北平原上,由渤海湾西岸入海。12世纪开始河道离开河北平原,东南流经黄淮平原合淮入海,前后约700余年。先是流经黄淮平原北部,以后逐渐南摆,至13世纪已达到豫西山地东缘,至此黄河下游河道在华北平原扫了一遍;16世纪中叶,黄河大致固定在今废黄河一线。19世纪中叶,又折而东北流,至渤海湾西岸入海”①,由此在黄淮海平原上至少留下有数十条黄河泛道的痕迹。黄河河水富含泥沙,几乎每条黄河河道在废弃之后,都会以地上河的形式存在;而高高的河床在一望无际的大平原绵延着,从而严重影响了黄淮海平原的地理面貌。由于黄河的善变、善溃、善徙特点,不仅使得原有的良田变为沙荒,洼地沦为湖沼,沃土化为盐碱,生产遭受到破坏,而且泥沙还淤塞了河流,填平了数以百计的湖泊,扰乱了平原上原有的水系,破坏了平原上诸如漕运、灌溉等人工水利工程设施,同时还很大程度地提高了后代兴修水利、改造盐碱地和沙地的成本和难度。正因为从新石器时代到明清及近代的四五千年间,黄河下游河道至少在宋金之际和19世纪中叶,在黄淮海平原上由北向南、由南向北地扫了两遍,再加之宋元明清时期我国古气候变得寒冷,降水量减少,影响到河水径流量缩减,所以,自宋元以后,黄淮海平原之上水稻种植面积迅速萎缩,再也没有达到汉唐时期的水平。

如前所述,土壤中的锌以不同形态存在,根据其组成的结构,大致可分为矿物态锌、吸附态锌、水溶性锌和有机螯合性锌;土壤中能为作物吸收和利用的锌称有效锌,它只占全锌量的极少部分。有效锌一般指水溶性锌以及部分有机螯合态和部分吸附态锌。土壤中锌的有效性受环境等多种因素的共同影响。首先,土壤pH值与有效锌关系极为密切,实验证明:土壤锌的有效性随着土壤酸度的增加而增强。其影响机理为降低pH值会减弱土壤对锌的吸附能力,使吸附态锌的解吸量增加,从而增加有效锌的含量。同时,土壤锌的有效性随着有机质的含量的增加而提高。此外,土壤锌的有效性随气温增高而增强:当光照强度降低时,会抑制锌的吸收,从而

① 邹逸麟编著:《中国历史地理概述》,福建人民出版社,1999年;邹逸麟:《黄河下游河道变迁及其影响概述》,《复旦大学学报》(历史地理专辑)1980年;邹逸麟自选集《椿庐史地论稿》,天津古籍出版社,2005年。

出现缺锌症状。[①] 具体到从先秦、秦汉、隋唐时期到宋元明清乃至近代这两大时期而言，前期（除汉代中期至北魏后期之间外）古气候基本上属于比较温暖、湿润的时期，降水丰沛，河湖密布，植被条件较好，作物所需积温的水平较高，所以，土壤 pH 值必然降低，土壤的有机质含量必然提高，而土壤有效锌含量也必然增强，故此当时人们通过食物链所获得的微量元素水平必定比后期高，这是与当时该地区社会经济、文化发展的程度较高相对应的。至于后期，由于气候趋于干冷，降水和地表径流大为减少，积温水平下降，植被条件趋于恶化；加之黄河下游频繁泛滥，盐碱地、沙地面积的极度扩大，必然使得土壤 pH 值增高，有机质含量减少，不仅必然降低土壤中有效锌的含量，而且也由于水热条件的恶化而影响到作物对有效锌的吸收，最终通过食物链影响到当地人们的健康、智力水平，直至影响到黄淮海平原的文明程度。与此同时，以黄淮海平原盐碱地改种水稻而言，其水稻的产量及质量也无法与南方水稻土种植的效果相比。以战国时期的粮食产量为例：据《汉书·食货志上》记载，李悝估计当时魏国的情况大抵是“一夫挟五口，治田百亩，岁收亩一石半，为粟百五十石”；战国时期的一亩土地，约当今亩制的 31.2%；战国时的一石，约当今制的二市斗，即 20 斤，推算下来，可知战国时一般年景下，今一亩的田地约可产粟九斗六升多，接近 100 斤；最好的年成，可以生产三石八斗五升[②]，约 385 斤。魏国的农业区正地处黄淮海平原西部，即令是以一般年景每亩产粮约 100 斤计，也较明代胡祇遹《紫山大全集》卷 23 所记载当时华北地区百亩土地多者收七八十石，少者收三四十石，平均六十石，每亩平均为 0.6 石[③]，约合今 60 斤左右的水平为多。而且，以当代农业科学实验证明的结果看：水稻在盐碱土中栽种，盐碱往往胁迫水稻株高降低，秆长缩短，并使水稻单株分蘖力明显下降，使分蘖高峰明显推迟或不出现分蘖高峰，从而会影响到水稻的单位面积产量。[④] 另外，鲁西北德州地区对缺锌潮土追施锌肥后发现，每亩小麦平均增产率为 7.5%，玉米平均增产率为 12.1%[⑤]，增产效果十分明显。这一具体例证，反证了历史时期黄淮海平原土壤单位面积产量不高的史实。随着黄河泛滥的不断加剧和黄淮海平原农业水平的不断下降，导致从唐宋时期以后的历朝

---

① 孙桂芳等：《土壤—植物系统中锌的研究进展》，《华南热带农业大学学报》，2002 年第 8 卷第 2 期。

② 复旦大学、上海财经学院合编：《中国古代经济简史》第 2 章第 2 节《战国秦汉的农业》，上海人民出版社，1982 年。

③ 转引自邹逸麟：《我国水资源变迁的历史回顾——以黄河流域为例》注 9，《复旦学报》，2005 年第 3 期。

④ 梁正伟、杨福等：《盐碱胁迫对水稻主要性状的影响》，《生态环境》，2004 年第 3 期。

⑤ 柳凤琛、郭传德：《德州土壤有效锌含量现状及冬小麦—玉米轮作田锌肥的合理施用》，《土壤科学》，1994 年第 2 期。

政府，加大了从东南地区运送漕粮的力度。同时，为了保证漕粮的供应，不断有运河被开挖出来；而运河的开挖又为黄河改道提供了下泄洪水的通道条件，于是，黄淮海平原的生存环境愈来愈走向恶性循环。生存环境的恶劣又必然造成了社会环境的恶化，并加剧贫富的两极分化和阶级矛盾的激化，所以，历史时期的黄淮海平原是促使频繁改朝换代的农民起义发生最多的地区。

综上所述，历史时期黄河下游频繁的改道、泛滥，不仅造成黄淮海平原土壤中微量元素的变化，而且也严重影响了黄淮海平原文明进程的正常发展。

（本文原刊发在《史林》杂志2006年第3期，论点被2006年第18期《新华文摘》论点摘要。本文既是我利用土壤学、化学、历史学、考古学、医学、气候学、地理学和农学进行综合研究的第一篇文章，也是目前国内外利用土壤微量元素研究一万年以来黄淮海平原文明进程的唯一文章）

从人口性比例和疾病状况看西域在汉晋时期佛教东渐中的作用

人体由40多种元素组成,这些元素可根据在体内的含量多少大致分成常量与微量两大类。其中常量元素占人体体重的99.5%,包括碳、氢、氧、磷、硫、钙、钾、镁、钠、氯等主要构成机体组织并在体内起电解质作用;微量元素只占人体体重的0.5%,包括铁、铜、锌、铬、钴、锰、镍、锡、硅、硒、钼、碘、氟、钒等14种。虽然微量元素在体内的含量微乎其微,但却起到非常重要的生理作用。同时人体内微量元素与土壤微量元素是两个不同的概念范畴,但由于人类生活在生物圈中,就必定要与周围环境的所有成分发生关系,人类最基本的生存条件都来自土壤,所以作为与人类生活有着最密切关系的土壤以及土壤中的微量元素水平决定着生长、生活于此的人类本身和其周围赖以生存的动植物体内的微量元素水平,也必定会影响到人类自身的再生产和人类社会、精神生活的许多方面。有鉴于此,本文拟就西域地区人类再生产及汉晋时期西域地区社会中佛教传播①与土壤微量元素②之间的关系做一点探索性的工作。③

一、汉晋时期西域地区土壤微量元素的状况及其变化规律

如本文开始所描述的，虽然土壤微量元素与人体微量元素分属两个不同的概念范畴，但由于土壤与人类之间的密切关系，决定了土壤微量元素水平必定要影响到生长、生活于此的人类本身和其周围赖以生存的动植物体内的微量元素水平。

根据医学研究的成果表明：人体微量元素虽有铁、铜、锌、铬、钴、锰、镍、锡、硒、钼、碘、氟、镉、钒等14种之多而且仅占人体体重的0.5%，但各元素在人类生存的一生中再生产繁衍中所起的生理作用各不相同。④ 研究表明：锌作为构成人体26种必需元素之一，人体中有80多种酶的活性与锌有关。它不仅参与200多种酶、核酸及蛋白质的合成，而且与DNA、RNA聚合酶关系密切；锌可通过含锌酶的作用促进核酸和蛋白质的合成，加速激素的产生和释放，进而促进细胞的生长和分裂；锌能改善食欲及消化机能；缺锌会提高大肠癌、肺、肝等肿瘤的发生率；缺锌会导致神经衰弱

---

① 汉晋时期的西域是一个特定的地理区域。据《汉书·西域传上》："西域以孝武时始通，本三十六国，其后稍分至五十余，皆在匈奴之西乌孙之南。南北有大山，中央有河，东西六千余里，南北千余里。东则接汉阸以玉、阳关，西则限以葱岭。……西域诸国大率土著有城郭田畜与匈奴、乌孙异俗……"据此两汉时期的西域当指西汉宣帝神爵二年（前60）置西域都护府所辖的范围。具体而言大致是指玉门关、阳关以西、葱岭以东、包括乌孙、大宛在内的天山南北地区。从时代相承的角度，本文所论两汉和魏晋时期的西域都指同一地区。历史文献和考古发掘的成果表明，汉晋时期分布于天山南麓、今塔里木盆地周围的于阗、楼兰、龟兹等地是西域佛教的主要传播和兴盛地区。

② 土壤微量元素的构成与气候也有很大关系。因此在这里有必要先介绍一下历史上新疆地区的气候变化情况。根据相关研究与考古发现，在8000—2500年前的"仰韶温暖期"是西域地区气候远较今天温暖，雨水也较为丰沛，森林资源分布较广的时期。这种较为温暖和湿润的时期可能延续到西汉中后期。但之后必定会随着北半球变冷变旱过程会有所变化。具体而言，在新疆封闭和多沙漠、戈壁的特殊地理环境中，西域佛教兴盛区在西汉中期以后的东汉、三国、两晋时期以温暖而干旱的气候为主；与之相对应的是：必定会出现温度升高、干旱事件增多、绿洲面积缩小、大的城邦国家走向分裂与消亡的历程。实际上关于这一点亦可以《史记·大宛列传》和《汉书·西域传上》相关记载印证之。（参见李江风、桑修诚、季元中、陈荣芬：《新疆气候·全新世时期气候》，农业出版社，1991年）

③ 管见所及，前辈学者和当代学者关于西域佛教史的众多研究成果对这一问题均未有专门讨论，当然他们的相关论述对笔者无疑具有启发意义。本文也是国家社科"十五"规划资助项目"秦汉魏晋南北朝人口性比例专题研究"系列研究成果之一，撰写过程中多次得到著名史学家张岂之先生的指教，特此感谢！

④ 王夔：《生命科学中的微量元素（第二版）》，中国计量出版社，1996年。

等。总之,锌不仅是人体生长、发育、智力、生殖、遗传、免疫、内分泌、神经、视觉等生理过程的必须物质,还是癌症、冠心病及很多疑难杂症的防治因子和延缓衰老、促进长寿、预防胎儿畸形的重要手段。① 随着近几十年来生命科学和妇科学的发展,人们发现微量元素对人类的再生产,尤其是在育龄妇女妊娠、生育和喂养过程中也发挥着极为重要的作用。孕妇在妊娠期间须有足够的营养物质供应以满足孕妇自身和胎儿的需要。当孕妇体内锌、锰、碘、铁、铜等微量元素不足时,容易导致流产、早产、死产、胎儿畸形,增加新生儿的患病率和病死率;同时,缺乏微量元素所造成的孕妇妊娠贫血会引起早产儿的概率的增多和影响婴儿智力发育等严重的后果。② 如人体微量元素的 14 种微量元素中,镉、砷、钴、铬、镍、锡等元素都对妇女妊娠有着很大的生理毒性,是胚胎致畸的重要环境因素;而锌、碘、锰、铁、铜等对妇女正常的妊娠有很大关联作用。尤其是锌与人体中 80 多种酶的活性有关,它不仅参与 200 多种酶、核酸及蛋白质的合成,而且与 DNA、RNA 聚合酶关系密切;锌可通过含锌酶的作用,促进核酸和蛋白质的合成,加速激素的产生和释放,进而促进细胞的生长和分裂;总之,锌不仅是人体生长、发育、智力、生殖、遗传、免疫、内分泌、神经、视觉等生理过程的必须物质,还是癌症、冠心病等胎儿遗传病及很多疑难杂症的防治因子和预防胎儿畸形的重要手段。③ 医学研究发现,孕妇需锌量比健康妇女几乎高一倍;锌是人脑中含量最高的一种金属离子,且以皮质及小脑含锌最高;每 1 克脑组织中含锌约 10 微克,为脑铜的千倍及脑锰的 10 倍;而畸形胎儿中大量中枢神经畸形和无脑儿的出现与母血中锌浓度水平过低有着密切的关连。④ 同时,根据现在医学调查和统计的结果看,锌缺乏病对育龄妇女和婴幼儿的生命安全威胁最大。如大量的医学及临床实践证实:孕妇锌营养不良可引起染色体的畸形,会引起分娩并发症、羊

---

① 徐国平:《妊娠与锌营养》,《国外医学·卫生学分册》,1988 年第 1 期;韦弋煊、江金华:《儿童锌缺乏症防治存在的问题与对策》,《广东微量元素科学》,1995 年第 2 期;涂明华、王野坪:《微量元素锌的生理作用及其临床》,《九江医学》,1995 年第 10 卷第 3 期;管宁等:《微量元素锌与儿科疾病》,《微量元素与健康研究》,1995 年第 12 卷第 3 期;曲莉莎:《微量元素锌与男性生殖》,《微量元素与健康研究》,1994 年第 11 卷第 3 期;杨幼易:《锌与妊娠》,《中国优生与遗传杂志》,1994 年第 2 期;齐荣义:《孕妇并发症与孕早期血清锌关系探讨》,《中国优生与遗传杂志》,1994 年第 2 期;高志东等编译《锌缺乏与儿童发育》,《国外医学(医学地理分册)》,2000 年第 21 卷第 1 期;韩国安:《母体血清铜锌镉与胎儿神经管缺损的关系》,《中华妇产科杂志》,1990 年第 25 卷第 6 期。

② 于占洋、侯哲:《微量元素与优生优育》,人民军医出版社,1999 年。

③ 徐国平:《妊娠与锌营养》,《国外医学(卫生学分册)》,1988 年第 1 期;涂明华、王野坪:《微量元素锌的生理作用及其临床》,《九江医学》,1995 年第 10 卷第 3 期;杨幼易:《锌与妊娠》,《中国优生与遗传杂志》,1994 年第 2 期。

④ 徐经采:《食品、微量元素与健康》,贵州科技出版社,1994 年。

水早破和早产危险增加。相反,补锌使孕期延长、降低羊水早破危险和减少阴道出血[①]。与正常生育史的妇女相比,有畸胎史妇女血清锌、锰、硒含量显著低于健康妇女。[②] 镉对孕妇的致畸率最高涉及胎儿颅脑、四肢及骨骼,可致脑积水、露脑、无肢、短肢、缺肢、软骨病及肋骨畸形,也可发生小眼、无眼、唇裂、肾及肠发育不全、脊椎裂、隐睾及中枢神经异常。但锌可拮抗镉的胚胎毒性作用。与此同时,锰、碘、铜、铁在人类再生产过程中亦各有作用。如锰与细胞间质生长有关,是维持人类和动物性功能的必需的微量元素,缺锰时动物生殖功能及卵巢功能障碍,睾丸变性,精子减少,输精管退行性变甚至失去交配力;育龄妇女缺锰时乳汁分泌不足,易发生习惯性流产,也可发生不育、性欲减退、性周期紊乱等症。碘是甲状腺素中的重要组分,而甲状腮素是调节物质代谢和能量代谢的重要激素,碘能通过脂肪进入胎儿体内。羊水及卵巢中亦有碘存在,胎儿体内从第4—8个月即逐渐增加。碘通过甲状腺素加速其生长发育,妊妇及胚胎早期缺碘则可造成生长发育停滞,胎儿出生后即会出现克汀病(呆小病),在妊娠的第10—18周间的神经元增殖期中缺乏碘的供给,可导致神经系统的损害,严重缺碘者可导致细胞代谢异常、能量供应不足、生殖能力低下、智力及精神发育受限、脑电活动降低,甚至痴呆或聋哑,所以孕妇缺碘早产、死产和先天畸形发生率会相应提高。[③] 据统计,在直到20世纪初的中国社会里"产妇常因难产、出血而死亡……因破伤风导致的新生儿死亡率高达50%—70%"。[④] 在"1920—1930年间……产妇死亡率高达14.9‰,约每天死亡500人;婴儿死亡率为250‰—300‰,其中近半数死亡……早在1897年我国已有妊高征的病例报道,当时的发病率为1/71,死亡率为12.1%",新中国成立以后,"孕产妇死亡率由新中国成立前的1500/10万下降到1996年的61.9/10万,婴儿死亡率由200‰降至1996年的17.5‰"。但由于我国地域辽阔,各地经济、地理条件、文化、医疗水平差异较大,"仅以1991年为例,经济较发达的地区如京、津、沪等地,孕产妇死亡为39.9/10万,而西北却多达169.9/10万;城市孕产妇死亡率为47.2/10万,而农村为109.3/10万"[⑤]。这其中的孕妇及婴幼儿的高死亡率,除医疗卫生条件差外,与微量元素营养的缺乏

---

① 王咏梅等编译:《胎儿生长发育期的微量元素》,《国外医学(医学地理分册)》,2001年第22卷1期。

② 王芳、朱国伟:《有畸胎史妇女口服复方锌制剂后体内微量元素含量的变化》,《山东医科大学学报》,1994年第33卷第2期。该文称:通过测定31例有畸胎史妇女血清微量元素铜、锌、锰、硒和镉的含量并与健康妇女对比后发现,有畸胎史妇女血清锌、锰、硒含量显著低于健康妇女而镉含量显著增高。从上世纪八九十年代的研究情况看,大量的成果表明:孕期缺锌会严重妨碍多种动物的生殖过程子代畸形是重要的表现之一畸形和生殖过程受累的确切性质与孕期锌缺乏的时间和程度有关。

③ 付立杰等:《畸胎学》,上海科技教育出版社,1995年。

④ 曹泽毅:《中华妇产科学》,人民卫生出版社,1999年。

⑤ 曹泽毅:《中华妇产科学》,人民卫生出版社,1999年。

不无关系。另外,微量元素铁是一种易得且易失的元素,食用一些富铁食品如动物肝脏、瘦肉等,就能得到适量的铁;缺铁也会造成孕妇缺铁性贫血以致会影响胎儿的体重,但不至于危及孕妇的生命安全;铜能加速铁的吸收利用,但可减少锌的吸收。铜、锌含量在血液中存在着负相关,即铜含量升高,锌则减少。所以与锌、碘在妇女妊娠中的重要作用相比较,微量元素锰、铁、铜的作用相对少许多,加之现代人体微量元素的调查结果显示,中国人普遍不缺铜①;同时土壤中有效锰含量机制与有效锌相近,两者之间没有拮抗关系,所以本文述及汉晋时期西域佛教兴盛区域的土壤微量元素状况及其变化规律时,是以土壤有效锌为主,同时只兼及土壤中碘元素的情况。

要了解汉晋时期西域佛教兴盛区的土壤微量元素有效锌、碘的状况和变化规律,现当代土壤微量元素是其基础;而自20世纪八九十年代以来,国家对相关地区的土壤微量元素研究的成果无疑为我们创造了良好的前提条件。

众所周知,新疆地区是我国最大的干旱区。所谓干旱区是指干燥度系数大于3.5的地区。就我国的情况看,干旱区大致分布在贺兰山以西地区;从行政区划上看,大致包括新疆、甘肃河西走廊地区、青海柴达木盆地以及内蒙古和宁夏的西部等地区。这里的生态系统十分脆弱,除局部高大山脉的降水较多外,大面积地区都为荒漠及流动沙丘所占据,年降水量不足200毫米。同时上述地区的绿洲面积往往不足总土地面积的10%,但却承载了约90%以上的人口和80%以上的经济产出。以新疆地区为例,则更是以4.27%的土地养育着全新疆95%以上的人口。② 干旱地区土壤的形成类型与分布严重地受制于局部区域内气候条件、植被发育程度和地貌与水文条件的影响。一般地说,土壤类型具有山地垂直地带性和平原区水平地带性的分异规律,即随海拔高度变化,山地土壤类型由低到高呈现灰钙土、黑钙土(粟钙土)、灰褐土、高山草甸土、寒漠土的分布带谱;平原区随气候条件与植物类型的差异,从山麓到河流尾闾区形成与之相适应的灰钙土(粟钙土)、灰漠土、灰棕漠土、棕漠土的分布规律;其中受人工灌耕及水盐条件等因素的影响,非地带性分布由草甸土、沼泽土、盐土、风沙土及灌耕土等类型组成,其中盐土与风沙土多分布于流域下游地区。③

从以上干旱区土壤类型和有机质含量及盐化程度看,汉晋时期西域佛教兴盛区的土壤主要是灰漠土、灰棕漠土、棕漠土和灌耕土等类型。其中灰漠土、灰棕漠土和棕漠土的发育厚度很小,一般小于50厘米,地表常见砾漠植被覆盖度极低,有机质

---

① 于占洋、侯哲:《微量元素与优生优育》,人民军医出版社,1999年。

② 王根绪、程国栋:《西北干旱地区土壤资源特征与可持续发展》,《地球科学进展》,1999年第5期。

③ 王根绪、程国栋:《西北干旱地区土壤资源特征与可持续发展》,《地球科学进展》,1999年第5期。

含量小于0.5%;灰棕漠土有效土层较薄,各地差异较大,变幅达27—118厘米,植被覆盖度一般小于5%,有机质及氮含量较低;灰棕漠土分布上靠近山前成土母质多为黄土状物质,有效土层较厚,一般大于60厘米,植被覆盖度在20%—10%,有机质及氮含量较高,属于比较肥沃的土壤。灌耕土又称灌淤土,是灌淤旱耕人为土的简称,在新疆地区分布甚广而且开发的时间也很早。根据文献记载的情况看,许多地区的引水灌溉历史就有两千多年。由于干旱地区长期的人为灌溉,水中的泥沙逐渐淤积,同时进行的人为施肥、耕种熟化等农业措施必然会在原来的自然土壤之上形成明显的人为灌溉淤积土层,当人为灌淤土层的厚度超过50厘米,这种土壤就是灌淤土。它是我国土壤分类系统中人为土纲、旱耕人为土亚纲中非常重要的土类,在新疆主要分布在塔里木盆地和准噶尔盆地的四周地区。①

但上述灰漠土、灰棕漠土、棕漠土和灌淤土都属于石灰性土壤,再加上新疆塔里木盆地环境闭塞,属暖温带大陆荒漠气候,气候极端干旱,年降水稀少,仅20—40毫米,蒸发量3000毫米,地表水主要来自塔里木河周围的高山融雪水;光照资源丰富,年日照时数为3000小时;年平均温度高于10℃,最低气温-20℃,最高气温39℃,无霜期平均180—270天。自然灾害多风沙、干旱、干热风、霜冻、低温、冰雹等,尤以风沙危害最重。同时,由于补给水量减少,地下水位下降造成自然植物日趋减少,生态环境日益恶化。在沙尘暴天气的影响下,裸露的地表部分形成流动沙丘。所以,新疆地区土壤微量元素有效锌含量极低。

以20世纪八九十年代国家土壤微量元素的两次普查情况看,新疆土壤pH值较,高达到7.5—8.5,有的pH值高达9—10;土壤有机质含量较低,平均含量11克/千克:其中南疆平均含量为8.9克/千克,北疆平均含量为13.5克/千克,从而造成土壤有效锌含量也低。根据新疆农业科学院李文先等对新疆81个县市耕地1853份土样的分析结果看,新疆土壤全锌量平均值为84.8毫克/千克,低于全国100毫克/千克的平均值;有效锌含量平均值为0.996毫克/千克,按土壤极缺锌0.5毫克/千克的临界值水平看,新疆土壤有效锌极缺的土样占39.68%,微缺锌(0.5—1.0毫克/千克)的土样占41.05%,适量(1—2毫克/千克)的土样占15.00%,丰富(大于2毫克/千克)的土样占4.26%,极缺和微缺锌的土样总计高达80.73%;土壤有效锌含量的分布规律有由西向东和由北向南逐渐降低的趋势,即伊犁、塔城等地区>博尔塔拉州>昌吉州>东疆各地;阿勒泰地区>昌吉州>巴音郭楞州>和田地区。据第二次土壤普查资料显示,新疆自治区1182个样本分析结果,土壤有效锌含量为0.18—6.16毫克/千克,平均含量为0.7毫克/千克。其中新疆建设兵团垦区1497个样本分析结果显示,土壤有效锌含量为0.18—8.21毫克/千克,平均含量为0.38毫克/千克,极缺锌的土壤为81%,微缺锌土壤为14%,两者总计高达95%。全兵团垦区除农三师外,其他各师(局)土壤极缺和微缺锌概率总计都在95%以上。由此可

① 史成华、龚子同:《我国灌淤土的形成和分类》,《土壤学报》,1995年第4期。

见新疆土壤普遍缺锌。①

据研究:土壤中的锌以不同形态存在,根据组成结构大致可分为矿物态锌、吸附态锌、水溶性锌和有机螯合性锌。土壤中能为作物吸收和利用的锌称有效锌,它只占全锌量的极少部分。有效锌一般指水溶性锌以及部分有机螯合态和部分吸附态锌。土壤中锌的有效性受环境等多种因素的共同影响。② 土壤中的微量元素有效锌不仅与成土母质密切相关,而且还与土壤有机质含量、土壤 pH 值、气候和水热条件密切相关。具体而言,首先,有机质含量影响有效锌含量。资料表明土壤有效锌60%—80%来自有机物的分解;同时土壤中 60%的可溶性锌被有机质络合和吸附,所以土壤有效锌随土壤有机质含量增高而增多。其次,气候和水热条件影响有效锌含量。低温影响有机质分解和矿化,有机质含量下降引起土壤缺锌;多雨可造成土壤有效锌淋失;淹水条件下土壤处于还原状态增加了锌的固定;旱地在适当水量和热度的配合下可促进有机质和矿物质分解,从而提高土壤有效锌含量。③ 再次,土壤酸碱度高低水平会影响有效锌发挥效用。实验表明植物缺锌症状多在 pH 值大于6.5的土壤中出现④,其影响机理为降低 pH 值会减弱土壤对锌的吸附能力,使吸附态锌的解吸量增加从而增加有效锌的含量。在农业生产中,作物缺锌多发生在 pH 大于 6.5 的中性土和石灰性土壤中,尤其是 pH 值较高的石灰性土壤,因含有较多的碳酸钙、锌易生成不溶解的沉淀化合物,同时碳酸钙有强烈的吸附和固定作用,从而会大大降低了锌的有效性。⑤

结合以上的情况看,汉晋时期西域佛教兴盛区的气候条件与土壤类型与现代社会具有相当的一致性。由于汉晋时期西域佛教兴盛区土壤为灰漠土、灌淤土等都是石灰性土壤,土壤黏度低,水肥容易流失;加之气候极度干燥和蒸发强烈,以及地表径流以高山雪融水为主的特点,故造成了当地土壤低植被率、土壤低有机质含量和较高的土壤酸碱度,所以汉晋时期西域佛教兴盛区土壤微量元素有效锌含量应与20世纪八九十年代所测定的土壤微量元素有效锌含量水平相似,都属于土壤微量元素有效锌含量缺乏占到土壤总量80%以上土壤类型。

关于汉晋时期西域佛教兴盛区土壤及空气中生命元素碘的含量水平,可依据现代医学调查的结果。大量的统计资料表明:碘缺乏病是世界上分布最广泛、危害人

---

① 朱和明:《新疆土壤的锌及缺锌的矫正》,《新疆农垦科技》,1994 年第 6 期。

② 孙桂芳:《土壤—植物系统中锌的研究进展》,《华南热带农业大学学报》,2002 年第 8 卷第 2 期。

③ 郭兆元:《陕西土壤》,科学出版社,1992 年。

④ 刘铮等:《土壤的微量元素—微量元素土壤化学》,载《中国科学院微量元素学术交流会汇刊》,科技出版社,1980 年。

⑤ 孙桂芳:《土壤—植物系统中锌的研究进展》,《华南热带农业大学学报》,2002 年第 8 卷第 2 期。

数最多的一种地方病，曾在世界各国都有不同程度的流行。我国缺碘的地区分布在除今上海市以外的全国 29 个省、区、市、县的广大区域内，而且碘缺乏病主要流行区为东北的大小兴安岭、长白山山脉，华北的燕山山脉、太行山、吕梁山、五台山、大青山一带，西北的秦岭、六盘山、祁连山和天山南北，西南的云贵高原、大小凉山、喜马拉雅山山脉，中南的伏牛山、大别山、武当山、大巴山、桐柏山、沂蒙山区，华南的十万大山等地带。已查清的病区有 1762 个县，据 1988 年报告资料，现在全国地甲病人 3500 多万，地克病人 25 万多。此外，还有为数更多尚待查清的亚临床克汀病人。① 关于历史上的碘缺乏病问题国内学者亦有研究者。② 现代医学大量的实验和调查结果证明：碘是通过甲状腺素而发挥作用的。人体甲状腺素的生物作用包括促进蛋白质合成，调节能量转换加速生长发育，维持中枢神经系统结构，保持正常的生理机能和新陈代谢等重要功能。幼儿缺碘会引起甲状腺功能低下，生长发育将显著受阻，特别是骨骼和神经方面更为明显，因而会形成呆小病。又因病人的组织蛋白合成会发生障碍，故体形矮小，性器官发育不良。成人缺碘会引起地方性甲状腺肿和地方性克汀病。甲状腺肿大患者颈部粗大压迫周围器官时，会产生呼吸和吞噬困难；克汀病是在地方性甲状腺肿病区居民后代中出现的一种以智力低下、甲状腺功能低下和生长发育迟缓为特征的先天性疾病，其患病率可高达 10%—100%。该病临床表现为智力低下、聋哑、生长发育迟缓、身材矮小、神经运动障碍及甲状腺功能低下等症状。医学发现，人体缺碘可以通过经常食用含碘丰富的海产品如海带、紫菜等补充。③ 另外，碘的吸收还可以从土壤及饮水中获取。一般来说，土壤的成土母质决定砂质土和沼泽土含碘最少；从人类饮水的角度看，一般地面水含碘量较地下水低约为 2—20 微克/升，深层地下水含碘量可高达几百微克/升。从人体对碘的需要量看，人体碘的来源中 80%—90%来自食物，10%—20%来自饮水，5%左右来自空气。植物中的碘主要是无机碘，以碘化物或碘酸盐形式存在。动物体的碘量取决于饲料中的碘量，淡水鱼的含碘量远低于海鱼。动物体的碘主要以有机络合物形式存在。医学调查表明：现代缺碘地区大都生产落后、经济不发达、食品单调主要以谷物维持生命，所以碘的摄入量极低。④ 而按照 1988 年由卫生部葛继乾收集和由中国地图出版社周德芳、张桂兰编绘的全国碘缺乏病分布图所显示的内容看，新疆塔里木

---

① 安笑生、符绍莲主编：《环境优生学》，北京医科大学中国协和医科大学联合出版社，1995 年。

② 龚胜生：《2000 年来中国地甲病的地理分布变迁》，《地理学报》，1999 年第 54 卷第 4 期。

③ 邢光熹、朱建国：《土壤微量元素和稀土元素化学》，科学出版社，2003 年。

④ 安笑生、符绍莲主编：《环境优生学》，北京医科大学中国协和医科大学联合出版社，1995 年。

盆地即汉晋时期西域佛教兴盛区是我国最严重的碘缺乏病的分布区①;1993 年全国进行的碘盐预防,碘缺乏病效果监测的结果为:8—10 岁儿童中缺碘性甲状腺肿的发病率在四川等 13 个省区为中病区,而新疆高达 43%以上,属重病区。孕妇及婴幼儿缺碘状况尤其严重。此外,严重的碘缺乏还会造成胎儿的早产、死胎、畸形等。据调查,青海省的碘缺乏病区妇女流产、死胎发生率在碘缺乏轻度和重度病区分别为 19‰和 43.2‰,畸胎的发生率分别为 2.4‰和 8.6‰,这些均与缺碘的程度明显相关。碘缺乏还会对妇女的生殖功能造成危害,常表现为女性月经初潮年龄滞后、无月经,严重者无生育能力。据调查,青海省的碘缺乏病区女性月经初潮年龄平均为 14.83—15.58 岁,明显要晚于非碘缺乏病区。②

综上所述,汉晋时期西域佛教主要兴盛区域的土壤微量元素水平因所处经纬度的不同、气温与降水的不同、成土母质和植被类型的不同、海拔高低和离海远近的不同、河湖密度和地下水深浅的不同、人口密度和生产方式的不同等众多因素而具有强烈的地域性差异。由于西域佛教主要兴盛区域大多集中在欧亚大陆离海较远的中心地带,地理环境十分闭塞、生态环境相对脆弱、气温高和降水条件远低于相同纬度的沿海地区,以及河湖密度低等因素,以致汉晋时期上述区域的土壤微量元素有效锌、碘值水平都处于极度缺乏状态。

二、西域地区土壤微量元素锌、碘与西域人口性比例及疾病问题

如上所述,虽然地理环境下土壤微量元素与人体微量元素分属两个不同的概念范畴,但由于土壤与人类之间的密切关系决定了土壤微量元素水平,必定要影响到生长、生活于此的人类本身和其周围赖以生存的动植物体内的微量元素水平。同时,根据已有研究,我们已大致了解了汉晋时期西域佛教主要兴盛区域大都处在高纬度、远离大海的内陆非季风区,在气温高、干旱、少雨、多风、高蒸发量的气候条件下和植被稀少、成土母质多为风积物、河湖密度低、盐碱度高的土壤环境下,西域绝大多数地区的土壤微量元素有效锌水平、碘水平都处在缺乏或极缺的临界值下,加之这些区域的土壤中大都微量元素有效铜含量丰富,而有效铜丰富会拮抗有效锌的吸收,所以,必然会影响到动植物和人类自身体内微量元素有效锌的水平。而从当代所发现的先秦及汉晋时期大量墓葬中人骨材料反映的情况看,汉晋时期西域佛教主要兴盛区域内,各少数民族应存在人体微量元素有效锌严重缺乏的问题,而正是由于这一问题的存在使得该区域内各少数民族育龄妇女大量死亡,以致在育龄人口中造成严重的女少男多的性比例失调和大量的疾病问题,从而最终影响到这一地区

---

① 安笑生、符绍莲主编:《环境优生学》,北京医科大学中国协和医科大学联合出版社,1995 年。

② 李健群、闫玉芹:《碘缺乏病研究的进展》,《中国地方病学杂志》,1994 年第 3 期。

佛教传播的特点。为了说明汉晋时期该区域内各少数民族所出现的因大量育龄妇女死亡所造成的男多女少的性比例失调问题,以下拟从先秦及汉晋时期西域地区各少数民族墓葬中人骨所反映的性比例失调和疾病问题、人口性比例失调及疾病问题对西域佛教传播的作用与影响等两方面来具体阐述之。

(一)先秦及汉晋时期西域地区的墓葬中的人骨资料,即反映出当地人口存在着男多女少的性比例失调问题。

新疆地区的考古文化是历史悠久、博大精深的中华民族文化的一个重要组成部分。由于新疆独特的地理位置与自然环境,使得众多的文化遗址、古墓葬、古城堡、石窟寺和岩画等文物资源得以保存下来。单以1990—1996年公布的墓葬发掘报告的情况看,就有哈密寒气沟墓地、鄯善苏贝希墓、阿拉沟竖穴木棺墓、和静县察吾呼沟一号至五号墓地、轮台群巴克墓、楼兰古墓、且末县扎洪鲁克墓、吉木萨尔大龙口古墓等几十处古墓葬群。然而,十分遗憾的是许多古墓或毁于盗墓者之手,或墓群很大但挖掘不多,或埋葬太浅、骨殖损毁,更多的是许多古墓群出土人骨没有进行人类学分析,以至可供我们分析与研究的人骨资料并不太多。但即使是这样,还是可以很轻易地看出人骨材料所反映的人口性比例失调问题。

1.从地域的重合性特征看,和静县位于天山南麓的中部地区,与焉耆同处在焉耆盆地之中。从地理位置看,都属于汉晋时期西域佛教兴盛区的范围中。1983—1988年新疆文物考古所先后对和静县哈尔莫墩乡察吾呼沟一号至五号墓地进行了发掘。其中一号墓葬群有古墓700座,考古人员共发掘230座古墓①,其人骨统计资料如下:

表一:和静县察吾呼沟一号墓葬人骨统计(西周至春秋)

年龄	男	女	性别不详	儿童	合计
未成年(0—14岁)				70	70
青年(15—30岁)	7	3			10
壮年(31—45岁)	2	2			4
老年(46—66岁)	2	1			3
成年	5	4	5		14
总计	16	10	5	70	101

从对察吾呼沟一号墓葬群进行的碳14测试的结果看,反映的墓葬时代在距今2500年左右,约略相当于中原地区的西周至春秋时期。② 从墓葬群人骨所反映的情

① 新疆文物考古研究所、新疆维吾尔自治区博物馆:《新疆文物考古新收获·和静县察吾呼沟一号墓地》,新疆美术摄影出版社,1997年。

② 新疆文物考古研究所、新疆维吾尔自治区博物馆:《新疆文物考古新收获·和静县察吾呼沟一号墓地》,新疆美术摄影出版社,1997年。

况看,婴幼儿死亡率极高,占人骨总数的71%;男女成年人骨数31例,其中可确明性别的男性11例、女性6例,两者性比例100(男):54.5(女),明显女少男多;同时从人骨死亡的年龄看,有明确性别的男性11例中死于青壮年期者占77%,有明确性别的女性6例之中,死于青壮年期者占80%,可见在察吾呼沟墓葬群可鉴别的101例人骨资料不仅反映出当时存在十分惊人的婴幼儿死亡率和成年男女中女少男多的现象,同时从成年男女死亡的年龄看,死于育龄期的女性高达80%,而男性只有77%,亦说明在成年男女中存在着十分严重的男多女少的性比例失调问题。

2.和静县哈尔莫墩乡察吾呼沟五号墓地。1983—1988年新疆文物考古所先后对和静县哈尔莫墩乡察吾呼沟五号墓地进行了发掘。其中五号墓葬群人骨统计资料反映如下:

表二:和静县察吾呼沟五号墓葬人骨统计

年龄	男	女	性别不详	儿童	合计
未成年(0—14岁)				4	4
青年(15—30岁)	6	4			10
壮年(31—45岁)	4	4			8
老年(46—66岁)	3	1			4
成年	1	2	4		7
总计	14	11	4	4	33

从对察吾呼沟五号墓葬群进行的碳14测试的结果看,反映的墓葬时代在距今2500年左右,约略相当于中原地区的西周至春秋时期。① 从墓葬群人骨所反映的情况看,可鉴别的人骨资料33例,其中儿童4例,成年男性14例,成年女性11例,性别不详的成年人4例。从各年龄段的死亡率看,婴幼儿死亡率为12%,成年男性死亡率为42%,成年女性死亡率占33.3%,然而可明确鉴别的成年男女的性比例为100(男):78.6(女),明显女少男多;而且以成年男女死于青壮年的比例看,男性死于青壮年期者占77%,女性死于青壮年期者占89%。可见察吾呼沟五号墓葬群中所反映的男多女少的性比例失调问题,主要是由成年育龄妇女的高死亡率造成的。

3.和静县哈尔莫墩乡察吾呼沟三号墓地。1983—1988年新疆文物考古所先后对和静县哈尔莫墩乡察吾呼沟三号墓地进行了发掘。其中的墓葬群人骨统计资料反映如下②:

---

① 新疆文物考古研究所、新疆维吾尔自治区博物馆:《新疆文物考古新收获·和静县察吾呼沟五号墓地》,新疆美术摄影出版社,1997年。

② 新疆文物考古研究所、新疆维吾尔自治区博物馆:《新疆文物考古新收获·和静县察吾呼沟三号墓地》,新疆美术摄影出版社,1997年。

表三:和静县察吾呼沟三号墓葬人骨统计(东汉至魏晋)

年龄	男	女	性别不详	儿童	合计
未成年(0—14 岁)				3	3
青年(15—30 岁)		4			4
壮年(31—45)					
老年(46—66 岁)	5	1			6
成年	5	4			9
总计	10	9		3	22

从对察吾呼沟三号墓葬群进行的碳 14 测试的结果看,反映的墓葬时代在距今 1800—2000 年左右,约略相当于中原地区的东汉至魏晋时期。① 从墓葬群人骨所反映的情况看,可鉴别的人骨资料 22 例,其中儿童 3 例,成年男性 10 例,成年女性 9 例。以各年龄段的死亡率看,婴幼儿死亡率为 13.6%,成年男性死亡率为 45.5%,成年女性死亡率为 41%;虽然可明确鉴别的成年男女的性比例为 100(男):100(女),显示男女均衡,但是以成年男女死于青壮年比例来看,男性为 0,成年女性却为 75%,可见从察吾呼沟三号墓葬群仍然反映出当时成年育龄妇女高死亡率现象,仍是十分严重的问题。

4.伊犁河谷察布察尔锡伯自治县索墩布拉克墓葬群。该墓群南倚天山山脉西段的乌孙山,山南是昭苏盆地,以西数十千米处是中国与哈萨克斯坦共和国边界。察布察尔锡伯自治县有各类土墩、石堆和石圈墓 3000 余座,其中位于索墩布拉克村周围的墓葬约 120 座。考古工作者在 1990 年 8—9 月对 33 座墓葬进行了发掘与整理,墓葬类型有竖穴偏室墓、竖穴土坑墓、双室墓等三类。② 其中墓葬中的人骨统计资料如下:

表四:伊犁河谷察布察尔锡伯自治县索墩布拉克墓葬人骨统计

年龄	男	女	儿童	性别不详	合计
未成年(0—14 岁)	2		1	3	6
青年(15—30 岁)	9	9			18
壮年(31—45 岁)	5	3			8
老年					
成年(年龄不详)	3	1			4
总计	19	13	1	3	36

① 新疆文物考古研究所、新疆维吾尔自治区博物馆:《新疆文物考古新收获·和静县察吾呼沟三号墓地》,新疆美术摄影出版社,1997 年。

② 新疆文物考古研究所、新疆维吾尔自治区博物馆:《新疆文物考古新收获·察布察尔锡伯县索墩布拉克墓葬》,新疆美术摄影出版社,1997 年。

从对伊犁河谷察布察尔锡伯自治县索墩布拉克墓葬群进行的碳 14 测试的结果看,反映的墓葬时代在距今 2500—2000 年左右,约略相当于中原地区的战国至西汉时期。① 从墓葬群人骨所反映的情况看,可鉴别的人骨资料 36 例,其中儿童 3 例,成年男性 19 例,成年女性 13 例,性别不详的成年人 3 例。以各年龄段的死亡率看,婴幼儿死亡率为 8.3%,成年男性死亡率为 52.8%,成年女性死亡率占 36%,然而可明确鉴别的成年男女的性比例为 100(男):75(女),明显男多女少;而且以成年男女死于青壮年比例,男性为 73.6%,女性却为 92%,可见伊犁河谷察布察尔锡伯自治县索墩布拉克墓葬群仍然反映出当时成年育龄妇女高死亡率现象,仍是十分严重的问题。

5. 1961 年至 1962 年和 1976 年由新疆维吾尔自治区博物馆考古队的同志在靠近中苏边界的昭苏夏台、波马等地的土墩墓发掘的成果。“根据墓葬群中出土的陶制、铁制品和墓葬形制、墓葬分布的地理位置和碳 14 年代测定的结果,表明这些土墩墓与公元前后居住在伊犁河流域的乌孙人有关。”②其中墓葬中人骨统计的资料如下:

表五:伊犁河流域昭苏土墩墓人骨统计(公元前后几个世纪的乌孙人)

年龄	男	女	儿童	性别不详	合计
未成年(0—14 岁)			1		1
青年(15—30 岁)	6	5			11
壮年(31—45 岁)	3	1			4
老年(45 岁以上)	2				2
成年(年龄不详)					
总计	11	6	1		18

从墓葬群人骨所反映的情况看,可鉴别的人骨资料 18 例,其中儿童 1 例,成年男性 11 例,成年女性 6 例。以各年龄段的死亡率看,婴幼儿死亡率为 5.6%,成年男性死亡率为 61%,成年女性死亡率占 33.3%;然而可明确鉴别的成年男女的性比例为 100(男):54.5(女),明显男多女少;而且以成年男女死于青壮年期比例,男性为 78%,女性却为 100%,可见昭苏夏台、波马等地的墓葬群仍然反映出当时成年育龄妇女高死亡率十分严重的问题;而且从昭苏墓葬群反映出公元前后乌孙人成年育龄妇女死亡率极高是造成男多女少性比例失调问题的根本原因。

除上述几个墓葬群人骨材料比较全面外,还有哈密焉不拉克墓葬群人骨材料比

---

① 新疆文物考古研究所、新疆维吾尔自治区博物馆:《新疆文物考古新收获·察布察尔锡伯县索墩布拉克墓葬》,新疆美术摄影出版社,1997 年。

② 韩康信:《丝绸之路古代居民种族人类学研究·昭苏土墩墓古人类学材料的研究》,新疆人民出版社,1993 年。

较全面，但其人骨材料中有多例反映是死于砍杀；又如尼雅遗址发掘中的人骨材料和楼兰平台墓地的人骨材料以及罗布淖尔东汉墓人骨材料、帕米尔高原古墓有土葬与火墓及殉葬墓人骨材料相混，同样难以反映原貌，考虑到回避人为因素问题，故此本文未采用。另外，且末县扎洪鲁克古墓1989年清理简报显示①，在M2发现一死于难产孕妇和一具赤裸的婴儿干尸，亦可作为育龄妇女死于难产的例证。

总之，从以上各墓葬群人骨材料所反映的问题看，多有婴幼儿高死亡率和成年男女中男多女少的问题。而且这种男多女少的人口性比例失调问题是由育龄妇女15—35岁的大量死亡造成的。同时从文献的记载看，先有《汉书·西域传》记载“贵女子，女子所言，丈夫乃决正”的大宛国，又有着如《梁书》卷54《诸夷传》“滑国者车师之别种也。……元魏之居桑乾也，滑犹为小国，属芮芮。后稍强大，征其旁国波斯、盘盘、罽宾、焉耆、龟兹、疏勒、姑墨、于阗、句盘等国，开地千余里。土地温暖，多山川树木有五谷。国人以麨及羊肉为粮……少女子，兄弟共妻”的现象，正好亦从文献的角度说明了西域地区存在着女少男多性比例失调问题。至于《梁书》中所记载的此“滑国”，即是南北朝及隋元时期的“嚈哒”国。关于嚈哒国的情况，《魏书·嚈哒传》亦记载：“嚈哒国，大月氏之种类也，亦曰高车之别种，其原出于塞北。自金山而南，在于阗之西，都马许水南二百余里，去长安一万一百里。其王都拔底延城，盖王舍城也。其城方十里余，多寺塔，皆饰以金。风俗与突厥略同。其俗：兄弟共一妻，夫无兄弟者其妻戴一角帽；若有兄弟者，依其多少之数，更加角焉。衣服类加以缨络，头皆剪发。其语与蠕蠕、高车及诸胡不同。”另外，《周书·嚈哒传》亦有内容大致相同的记载。而如前所述，由于西域地区土壤微量元素有效锌、碘极度缺乏，必然造成育龄妇女流产、难产、死胎、胎儿畸形等高比率。所以，在某种程度上讲，恶劣的地理环境和土壤微量元素有效锌、碘等生命元素的缺乏是造成当时育龄妇女的大量死亡现象和正常人群大量疾病发生的重要原因。

（二）关于汉晋时期西域地区正常人群大量疾病现象的发生，可以参见现当代新疆地区尤其是南疆塔里木盆地周围地区数十年来的疾病调查报告，大致可推测为以下几种情况。

1.妊高症多发。妊高症是产科的常见病，根据流行病学的调查显示，妊高症已成为仅次于产后出血导致孕产妇死亡的第二重要原因。新疆克州人民医院在1993年元月至1997年12月共收住院的维族、柯族、汉族产妇共6170例，其中柯族370例，维族4820例，汉族产妇980例。从统计资料看，在克州地区柯族、维族妊高病发病率高于汉族，其中柯族占首位为3.24%，维族次之为1.91%，汉族仅占0.61%。② 这

① 新疆文物考古研究所、新疆维吾尔自治区博物馆：《新疆文物考古新收获·且末县扎洪鲁克古墓1989年清理简报》，新疆美术摄影出版社，1997年。

② 玛力亚·亚森、茹先古丽·热衣丁：《新疆克州四年住院各族孕妇妊高症分析》，《江西医学院学报》，2004年第1期。

个结果与整个西北地区对孕产妇死亡主因的顺位排序发现造成孕产妇首位原因是产后出血、其次是妊高症的结果一致。①

2.地甲病多发。从新疆地甲病分布特征看,地甲病的流行与地质地理有密切的关系。凡位于第三纪红层附近或由第三纪红黏土形成的土壤地带均为非病区或轻病区;而位于白云岩或结晶岩形成的土壤地带则为重病区,有黏液性水肿克汀病的流行;土壤中有红色黏土夹层的地带为中病区。由第三纪红黏土形成的土壤平均含碘量134.4微克/千克,白云石或结晶岩形成的土壤含碘量为32.0微克/千克,后者明显缺碘。调查的结果显示,新疆碘缺乏病的重病区主要集中在南疆,而南疆又主要集中在和田地区和喀什地区的个别县。② 甲功低下的妇女甲状腺肿大会造成死胎、流产、死产、新生儿甲低、矮小、智力低下、聋哑、痉挛性瘫痪和畸形、失明等一系列问题。医学调查显示,碘严重缺乏区妇女的流产、死胎发生率为43.2‰,畸胎的发生率高达8.6‰。③

3.恶性肿瘤多发。1963年5月至1993年5月解放军第12医院病理科共收治新疆南疆喀什地区肿瘤病人19153例,其中恶性肿瘤2308例,男性占52.82%,女性占47.18%,男女之比为1.12:1;恶性肿瘤患者年龄男性平均46.5岁,女性44岁;男性以胃癌为第一位,女性以宫颈癌为第一位。④ 以医学调查的结果显示,新疆喀什维汉两族检出率分别是12.8%、3.6%;维族男女4:1,汉族3.4:1;发病年龄维族55岁,汉族58岁;发病高峰维族以51—60岁居多,汉族以61—70岁居多。维族胃癌以农民居多,占90.3%,汉族仅41.3%。结论反映,维族好发胃癌,发病高峰年龄较汉族提前。⑤ 另外,宫颈癌也是新疆喀什妇科最常见的恶性肿瘤,死亡率占喀什肿瘤的第三位,特别是维族宫颈癌死亡率居全国之首。通过对442例调查统计,结果显示:维族该病最小患病者为19岁,年龄最大的75岁,平均为42.75岁。较当地汉族提前7.5岁。⑥

4.麻风病等皮肤疾病多发。流行病学调查资料表明,南疆地区是新疆地区麻风

① 郑全庆、金辉等:《西北地区孕产妇死亡的危险因子及死因分析》,《中国初级卫生保健》,1994年第8卷第7期。

② 王建平、王新平等:《新疆碘缺乏病流行现状与病情预测》,《地方病通报》,1995年第2期。

③ 吐尔逊江、周燕:《碘对母子健康影响的研究进展》,《中国妇幼保健》,2004年第19卷。

④ 谭德银、戴鑫琦等:《新疆喀什地区2308例恶性肿瘤病理统计分析》,《肿瘤防治研究》,1995年第22卷第1期。

⑤ 李泽纯、王桂平、陈刚:《新疆喀什地区维吾尔族和汉族胃癌443例流行病学分析》,《肿瘤研究与临床》,2006年第18卷第2期。

⑥ 谭德银、余良宽:《新疆喀什地区维吾尔族子宫颈癌的临床病理学研究》,《实用肿瘤学杂志》,1994年第4期。

病、头癣、包虫病、内脏利什曼病和艾滋病最主要流行区。新疆麻风病以其主要分布区看，塔里木盆地周围和昆仑山边缘地区，是病人最多地区。通过回顾 1952—2004 年麻风病的防治资料，新疆累计发现麻风病人 3973 例，其中男性 2762 例，女性 1211 例；民族构成是：维族 3547 例，汉族 367 例，其他民族 58 例；地区构成是：和田地区 2455 例，喀什地区 784 例，阿克苏 217 例，巴州 129 例，其他地区 388 例。结论是：现代麻风病在局部地区仍呈低流行状态。[①] 关于这一点，文献记载中亦有异证。如（梁）释僧佑《高僧传・鸠摩罗什传》记载：其母龟兹人婚前“体有赤黶法生智子诸国娉之，并不肯行”[②]；许慎《说文解字》释“黶”为“中黑也”，《康熙字典》引《正韻》释之“黑痕”；而以此看鸠摩罗什母亲身体上的“赤黶”当为红里泛黑的痣，是否为肿瘤或麻风病征等，今天虽已无法考证，但无可辨析的是当属一种疾病体征，颇类于现代皮肤病中的“花斑癣”。现代医学介绍“花斑癣”的症状为：初起皮肤出现豌豆到蚕豆大小的斑点，色淡红或赤紫或棕黄或淡褐，尤多见于缺水地区不常洗澡者。[③] 但以 20 世纪七八十年代以前新疆头癣的发病率为 17%，以及南疆疏附三角洲地区还是内脏利什曼病、包虫病和现代还是新疆艾滋病最严重的疫区的情况看[④]，汉晋时期西域地区的疾病状况是不容乐观的。由此我甚至以为西域地区之所以长期盛行以独善其身、苦练苦修为特征的小乘教，或与极度干燥的环境下，信众为防止麻风病及皮肤病等恶性流行性疾病有着密切的关系。同时，据沙漠工作者的研究，历史上塔里木盆地东部及南部地区发生土壤沙漠化的时间主要在公元 3—5 世纪、公元 7—9 世纪和公元 15 世纪以后[⑤]；而从西域佛教的发展史的情况看，前两个时期基本上是小乘教非常繁盛的时期，由此或不难看出恶劣的地理环境与人类信仰之间也存在密切的联系。

总之，从以上先秦至汉晋时期众多墓葬人骨材料所反映的婴幼儿高死亡率和成年男女中育龄妇女高死亡率问题，与现代医学调查和研究的南疆地区多恶性肿瘤、麻风病、艾滋病的情况，以及南疆碘缺乏病、锌缺乏病与麻风病、艾滋病等流行区具有高度的一致性的情况看，必然与南疆地理闭塞、气候温暖而干燥、多风多沙和土壤微量元素有效锌、碘等生命元素的极度缺乏密切相关。而且从更新世晚期以来南疆

---

① 居来提・克里木、黄万江、杨永光等：《新疆麻风病的流行及防治研究》，《地方病通报》，2006 年第 21 卷第 1 期。

② （梁）释僧佑：《高僧传》，中华书局，1995 年。

③ 马馨：《妙方金典》，黑龙江人民出版社，2006 年。此书释“花斑癣”的症状为：初起皮肤出现豌豆到蚕豆大小的斑点，色淡红或赤紫或棕黄或淡褐，尤多见于缺水地区不常洗澡者。

④ 李贵生、周明贵等：《新疆喀什地区近 10 年头癣病原菌的构成变化》，《中国皮肿病学杂志》，1994 年第 8 卷第 4 期。

⑤ 朱震达：《塔克拉玛干沙漠化过程及其发展趋势》，《中国沙漠》，1987 年第 7 期。

地区的气候、地理和所居民族没有大的变化,所以今天医学所调查的疾病状况除艾滋病的流行之外,大致可与汉晋时期西域地区的情况相吻合。而这种疾病状况的流行必然影响到汉晋时期当地少数民族佛教信仰的特点。

三、汉晋时期西域的疾病状况与佛教传播特点及其对汉地佛教的影响

众所周知,佛教是世界三大宗教之一,虽然它产生于印度,但其却对自汉晋以来的中国人的思想与生活产生了深刻而广泛的影响。关于佛教传入古代中国的时间,自清代以来至近现代有多种说法,然而要谈佛教传入中原的时间实应探讨佛教翻译之源流。季羡林先生《鸠摩罗什时代及其前后龟兹和焉耆两地的佛教信仰》一文虽在论文提要中未明言佛教传入西域的时间,但他是以"鸠摩罗什前"来确定龟兹佛教已进入前期鼎盛期的,那么即暗示佛教当远在鸠摩罗什前就早已传入西域①;而且,他还注意到龟兹佛教传播中"最初译为汉文的一些佛教术语是通过吐火罗文的媒介这个事实虽然是铁证如山,可是时间和过程至今仍然是隐而不彰。我们只能推测在佛教传入中国的初期,龟兹和焉耆曾起过中介作用(另外还有一条由大夏、大月氏直达中国的道路),吐火罗文曾被使用来翻译佛经,否则就无法解释那些汉文初期佛教术语是怎样产生出来的"。他认为:"龟兹白氏王朝从公元1世纪一直统治到8世纪末,长达700多年之久。这个王朝是崇信三宝的。佛教进入龟兹很可能是从宫廷开始的。最晚在公元1世纪中佛教已经在龟兹(可能也有焉耆)开始发挥作用了。"②季羡林先生以佛教翻译的中介文字入手来探讨佛教传入中原时间的办法无疑是正确的,同时季羡林先生还注意到西域在鸠摩罗什前的兴盛期即有着相当重要的"比丘尼问题",并以为:"龟兹焉耆地区……比丘尼占相当重要的地位,人数也十分可观。其中原因,我现在还没有满意的解释。是否与民族性以及民族风习有关?我不敢说。"由季羡林先生所认为的"最初译为汉文的一些佛教术语是通过吐火罗文的媒介"观点所联想到的:我认为无论是西域小乘佛教的长久兴盛问题还是比丘尼较多问题,实际上都与西域地理环境所提供的条件、男多女少人口性比例失调问题和疾病状况有着密切的关联。而且佛教对西域的这种适应不仅仅影响了西域当地佛教传播的特点,也通过以西域当地文字为中介的向汉地传播的佛教经典的内容与翻译,并最终影响到了汉晋初期中原佛教的传播特点。这些影响大致表现在以下几个方面。

首先,从考古发掘的西域地区出土文献所反映的情况看,汉晋时期西域地区的佛教传播已出现俗化的迹象。

---

① 季羡林:《鸠摩罗什时代及其前后龟兹和焉耆两地的佛教信仰》,《孔子研究》,2005年第6期。

② 季羡林:《鸠摩罗什时代及其前后龟兹和焉耆两地的佛教信仰》,《孔子研究》,2005年第6期。

要谈论汉晋时期西域地区的佛教传播已出现俗化迹象的问题,就需先涉及西域的语言问题。关于西域地区诸国的语言问题,历代史家多有关注,如(梁)释僧佑《出三藏记集》卷13《竺法护传》记载:"晋武帝之世,寺庙图像,虽崇京邑;而方等深经,蕴在西域。(竺法)护乃慨然发愤,志弘大道。遂随师至西域,游历诸国。外国异言,三十六种书亦如之,护皆遍学,贯综诂训,音义字体,无不备晓。遂大赍胡本,还归中夏。自敦煌至长安沿途传译写为晋文……凡一百四十九部。"①又玄奘《大唐西域记》卷1亦有"屈支国(即龟兹、库车)……文字取则印度,粗有改变"的记载。同书卷12记载:"瞿萨旦那国(按:即古于阗国)……文字宪章,聿遵印度,微改体势,粗有沿革,语异诸国。"现代著名佛学家吕征先生的《佛典泛论》亦认为:佛教传入西域后,一方面既有梵本存在,又有着各种文字,诸如龟兹、于阗、窣利、回鹘、突厥等五种胡本。② 而与古印度梵文关系密切的佉卢文是其中之一。现存于大英博物馆并为《新疆出土佉卢文残卷译文集》一书所收录的从尼雅遗址出土的第511号佉卢文书就是一个很好的例子,该文书即是鄯善国与浴佛活动有关的祈祷词。从该出土文献的内容看,实际上说明佛教在西域传播的过程中已经就满足当地信众的生活化的愿望和企求,而对佛教的祷文做了适当的通俗化改动。从这一角度看,夏雷鸣先生《从"浴佛"看印度佛教在鄯善国的嬗变》一文中的观点无疑是正确的。③ 据前述,西域地区存在着干旱、少雨、炎热和性比例失调、麻风病、恶性肿瘤、头癣等一系列问题。所以佛教在传播中通过修改斋祷文的办法无疑可以事半功倍,达到宣讲佛教、吸引民众信仰的目的。第511号佉卢文书称:

> 无论何人为 Ganottama 佛浴身,便会变得目洁眼明,手足肌肤洁白细嫩容貌美观。无论何人为 Ganottama 佛浴身,便不会长脓肿,生疙瘩、结节症、(?)或疥癣。彼体洁白芬芳。无论何人为 Ganottama 佛浴身,便会变得目大眼明,手足肌肤色呈金黄,容貌焕发,并解脱(?)。在浴佛中,奉供系最好最美之献礼。在有关浴佛之各种工作中,奉供系实际行动之范例。荣誉属于乐于为人类行善之诸 Jlnas,诸如来及至高无上之真理之启示。荣誉属于那些独居苦修之诸佛及觅地独自修禅寂止、乐于独居山洞之诸辟支佛,彼等献身于彼等自己之行愿,乐于自制,乐于行善。那些在 Jina 降临之时刻为彼所喜爱之诸弟子亦应受人尊敬,其中来自憍陈如家族者为最早之弟子,来自须跋陀家族者好最后之弟子。当 Ganas 之最高国王、长老及中小和尚尚未到达之时,让那些作奉供之人享受其应得之酬报;当彼等到达时,让彼等永生得到教化。让那些云集于佛会,在 Jamdaka

---

① (梁)释僧佑:《出三藏记集·竺法护传》,中华书局,1995年。

② 王文颜:《佛典汉译之研究·翻译史略》,(台北)天华出版事业股份有限公司,1984年。

③ 夏雷鸣:《从"浴佛"看印度佛教在鄯善国的嬗变》,《西域研究》,2000年第2期。

浴佛中沐浴，尊敬和热爱彼等教师之和尚忠于现有之职责，心地纯洁，解脱恶念。在此次浴佛中，让那些供物以消除污秽，供油以敷抹佛身以及为佛干洗之人，皆能解脱恶念和罪孽。余献身于伽兰，献身于如来之佛法及其最好之善行；由于污秽之消除，让彼等心地宁静让彼等受到人类法律上之保护。一切从地狱底下超生于人间天堂之人，由于进入如来佛国之界土而解脱生死轮回。愿世间时刻祈祷丰食衣足；愿奉献之主帝释天增多雨水；愿五谷丰登王道昌盛。愿彼在诸神之佛法下永生。①

如前所述，西域地区是土壤微量元素有效锌、碘严重缺乏区，不仅是多种恶性肿瘤和妇女妊高征的高发区，而且还是麻风病、头癣、包虫病、内脏利什曼病和碘缺乏病等最主要流行区。大量医学实验和调查结果显示：碘严重缺乏区，妇女的流产、死胎发生率为43.2‰，畸胎的发生率高达8.6‰。② 甲功低下的妇女甲状腺肿大会造成死胎、流产、死产、新生儿甲低、矮小、智力低下、聋哑、痉挛性瘫痪和畸形、失明等一系列问题。同时，土壤缺锌会造成食物链和人体缺锌，以致痴呆、肿瘤、低智力、皮肤病等疾病的流行。如加上前文所引，1901年斯坦因在尼雅河下游以北处发现文书中有晋武帝泰始五年(269)的年号文书中常记“对当地官吏士卒减少口粮的命令。有当地不能自给的困难”，最后文书的日期是建兴十八年(330)，说明该城堡应在建兴十八年之后即被废弃。又位于罗布泊西北畔的古楼兰城所出土的佉卢文书反映：约在4世纪时出现了严重的用水紧张、口粮减少、种子不能入地、耕地面积缩小、粮价飞涨等一系列问题③和《汉书·西域传》所记鄯善所处“地沙卤少田”的恶劣环境看，第511号佉卢文书所反映“浴佛”祷文足以满足当地信众对生老病死和企求风调雨顺等各种心理需求，而同时从佉卢文书所书亦可看出佛教在对西域民众传播过程中所出现的俗化迹象。

其次，西域汉晋时期佛教俗化的迹象已经通过以西域各地语言为媒介的胡本佛经影响到了汉晋时期佛教在中原传播过程中的祭祀活动。

以正史记载的情况看，东汉初年光武帝刘秀之子楚王刘英，应是正史所记载的最早信仰佛教教义、“学为浮屠斋戒”的华夏第一人。据《后汉书·光武十王传·楚王英传》记载：“楚王英以建武十五年封为楚公，十七年进爵为王，二十八年就国……英少时好游侠，交通宾客，晚节更喜黄老，学为浮屠，斋戒祭祀。……八年，诏令天下死罪皆入缣赎。……诏报曰：‘楚王诵黄老之微言，尚浮屠之仁祠，絜斋三月与神为

① 夏雷鸣：《从“浴佛”看印度佛教在鄯善国的嬗变》，《西域研究》，2000年第2期。

② 吐尔逊江、周燕：《碘对母子健康影响的研究进展》，《中国妇幼保健》，2004年第19期。

③ 李江风、桑修诚、季元中、陈荣芬：《新疆气候·全新世时期气候》，农业出版社，1991年。

誓,何嫌何疑,当有悔吝?其还赎以助伊蒲塞桑门之盛馔。'因以班示诸国中傅。英后遂大交通方士,作金龟玉鹤,刻文字以为符瑞。"而据《后汉书》的记载,楚王刘英之所以"喜黄老""学为浮屠斋戒",在于明帝时期(58—75)曾"遣使天竺问佛道法"。《后汉书·西域传·天竺传》记载:"世传明帝梦见金人,长大,顶有光明,以问群臣。或曰:'西方有神,名曰佛,其形长丈六尺而黄金色。'帝于是遣使天竺问佛道法,遂于中国图画形像焉。楚王英始信其术,中国因此颇有奉其道者。"以至于到东汉桓帝时期(147—167),因为"桓帝好神,数祀浮图、老子,百姓稍有奉者,后遂转盛。"关于东汉桓帝"好神,数祀浮图、老子"之史实,可参照《后汉书·襄楷传》,其文曰:"又闻宫中立黄老、浮屠之祠。此道清虚,贵尚无为,好生恶杀,省欲去奢。今陛下嗜欲不去,杀罚过理,既乖其道,岂获其祚哉。或言老子入夷狄为浮屠。浮屠不三宿桑下,不欲久生恩爱,精之至也。天神遗以好女,浮屠曰:'此但革囊盛血。'遂不眄之。其守一如此,乃能成道。今陛下淫女艳妇,极天下之丽,甘肥饮美,单天下之味,奈何欲如黄老乎?"

从《后汉书·楚王英传》《后汉书·西域传·天竺传》和《后汉书·襄楷传》记载的相关史实看,至少有两层含义是十分清楚的:一是无论东汉初年的楚王英还是东汉后期的桓帝刘志,都以"浮图"(佛教)和黄老之术作为养生修道的神仙方术;二是从东汉明帝时期(58—75)到公元166年襄楷上书汉桓帝时期,汉传佛教一直没有获得独立的祭祀地位,而是作为道教的附庸存在着。因此,佛教在这一时期之所以为皇帝及达官贵人所接受,就在于"浮图斋戒"能够和黄老之术一样给信仰者带来养生、求仙等功利方面的期望,以至于到东汉末年袁宏奉汉献帝之命修撰《汉纪》之时也以为佛教与黄老之术一样属于方术一类。其言称:"浮屠佛也,西域天竺国有佛道焉。佛者,汉言觉也,将以觉悟群生也。其教以修善慈心为主,不杀生,专务清静。其精者为沙门。沙门,汉言息也,盖息意去欲而归于无为。又以为人死精神不灭,随复受形生时。善恶皆有报应,故贵行善修道,以炼精神,以至无生,而得为佛也。佛长丈六尺,黄金色,项中佩日月光,变化无方,无所不入,而大济群生。"在袁宏的眼里,佛教不仅"以修善慈心为主,不杀生,专务清静",而且修佛之人可以"变化无方,无所不入"。同为东汉末年人的牟融,其《牟子理惑论》第二十章中也说:佛可"飞行虚空,身有日光",佛能"分身散体。或存或亡。能小能大。能圆能方""蹈火不烧,履刃不伤""欲行则飞,坐则扬光"等,如果再加上(梁)释僧佑《出三藏记集》所记载,东汉桓帝时"安息国沙门"安世高"博学多识,综贯神模,七正盈缩,风气吉凶,山崩地动,针脉诸术,观色知病,鸟兽鸣啼,无音不照"。又(梁)慧皎《高僧传》亦记载安世高通晓"外国典籍,及七曜五行医方异术"。汉末三国时期康僧会"明解三藏,博览六经,天文图谶,多所综涉"。昙柯迦罗"善学四韦陀。风云星宿图。谶运变。莫不该综"。以及其后外来佛僧求那拔陀罗具有"天文书算、医方咒术,靡不该博"等诸多通神本领。那佛教俨然就同修炼成神、医治百病、白日飞升的神仙方士道术一样神奇了。这就无怪乎汉晋时期的封建皇帝和达官贵人会对之深信不疑了!

再次,西域汉晋时期佛教俗化的迹象,已经通过以西域各地语言为媒介的胡本佛经,影响到了汉晋时期佛教在中原传播过程中的佛经翻译活动。

从楚王英到之后汉桓帝宫中"黄老浮屠"并祠,及其后佛教经典的翻译与传播情况看,汉晋时期的佛教翻译有两个十分显著的特点:一是佛教在传入之初,许多专有名称、仪式和传播内容是仿效道教的,以至统治者误认其为神仙方术之一。① 关于这一点史家多有讨论,此不赘述。二是印度佛教当中注重养生的经典,在汉晋时期的佛经翻译中得到重视,往往同部经中相关内容一再被翻译与摘抄。这种做法不仅成功地获得了最高统治者的关注,而且也为佛教的进一步传播奠定了基础。

众所周知,中国历来都有医道同源之说。其根本的原因就在于植根于中华民族这块土地上所产生和发展起来的黄老之术。它不仅有着丰富的古代社会哲学思想,而且其内容也多涉及中医中药学、生命科学和原始化学等自然科学的许多方面。黄老之术的精髓所在,就是它的养生术以长生不老、羽化登仙为最高境界,讲究的是今生今世的修炼。从先秦到两汉时期,这种养生思想随着道教教义思想的发展而逐渐走向系统化,提出了"重人贵生""天人合一""我命在我""形神相依"和"众术合修"等一系列命题,从而为道教养生术的发展奠定了较为完整的理论基础。② 从大量考古发现的先秦、秦汉时期的出土文献所反映的情况看,无论是湖北江陵望山 1 号楚墓中与求福去疾有关的卜筮③、安徽阜阳双古堆 1 号汉墓中与医药和行气相关的功法④、湖北江陵张家山汉墓中与导引术等有关的《脉书》和《引书》⑤、湖南张家界古人堤遗址中的医病方⑥,还是涵盖服食、行气、导引、按摩、房中术、胎教、禁咒、针灸、病方和疗病方等诸多内容的长沙马王堆 3 号汉墓的竹简和帛书⑦,也都可以证实在先秦、秦汉时期确实存在着大量而精深的属于道家养生学说与实践的宝贵资料。而由以上范晔《后汉书》、袁宏《汉纪》等典籍所记载的史实看,从东汉初年开始到汉晋时期,佛教和黄老之术一直是封建皇帝及达官贵人共同信仰与斋戒的对象,可见其也必有与黄老之术相媲美之养生与医疗思想存在。如:小乘佛教讲求独善其身,其教理主要是从戒、定、慧三方面来阐述,戒、定、慧三者是循序渐进的修炼过程,三学

① 萧登福:《道家道教与中土佛教初期经义发展》,上海古籍出版社,2003 年。

② 陈耀庭、李子微、刘仲宇:《道家养生术》,复旦大学出版社,1992 年。

③ 湖北省文化局文物队:《湖北江陵三座楚墓出土大批重要文物》,《文物》,1966 年第 5 期。

④ 安徽阜阳汉墓竹简整理小组:《阜阳汉简〈万物〉释文》,《文物》,1988 年第 4 期。

⑤ 张家山汉墓竹简整理小组:《张家山汉墓竹简(247 号墓)》,文物出版社,2001 年。

⑥ 湖南省文物考古所:《湖南张家界古人堤简释文与简注》,《中国历史文物》,2003 年第 2 期。

⑦ 马王堆帛书整理小组:《马王堆汉墓帛书(四)》,文物出版社,1985 年。

当中的戒、定两学属于道德修养范畴，而慧学所涉及的是对宇宙和人生的认识。佛教的目的在于拔苦得乐寻求解脱。小乘认为要实现理想非出家过禁欲生活不可，如戒学是指信徒应遵守的戒规用以防非止恶，其中沐浴之法、说戒犍度、自恣犍度、药犍度、止持戒等种种规定，都可以很好地调节信徒的身心状态。如五戒当中的“不邪淫”是禁止夫妇之外的淫欲，有助于家庭伦理及家庭的和睦。① 作为封建国家的最高统治者——皇帝，拥有三宫六院众多妃嫔，正如前引《后汉书·襄楷传》称汉桓帝后宫“淫女艳妇极天下之丽”一样，封建皇帝和达官贵人如能不邪淫则有利于保持良好的身体。小乘定学讲求人心如何专注于一境而不散乱。东汉安息国沙门安世高翻译的《安般守意经》称：“安为清般，为净守，为无意名，为是清净无为也”，“安般守意，旨在藉由数息、相随、止、观、还、净等六妙门来求得禅定”，其目的在于调和信徒的呼吸和训练心意的专注，这与“道教借由导引吐纳、清净无为等法术”来修炼成仙有着共通之处。② 其养生作用是让信徒忘却喜、乐、哀、怨，进而获得寂静美妙的心理感受和更高尚的身心状况，其养生作用是显而易见的。另外，汉传密教中的杂密早在汉末三国时期即已传入中国，留下了许多经典咒禁。③ 如关于尸梨蜜多罗，最值得注意的是他长于咒术。（梁）释僧佑《出三藏记集》卷 13《尸梨蜜传》记载：“尸梨蜜，西域人也……西晋永嘉中始到……俄而颉遇害，蜜往省其孤，对坐作胡呗三契，梵响凌云。次诵咒数千言，声音高畅，颜容不变。既而挥涕收泪，神气自若。其哀乐废兴皆此类也。”其《传》又称：“蜜善持咒，术所向皆验。初江东未有咒法，蜜传出《孔雀王》诸神咒，又授弟子觅历高声梵呗，传响于今。”他翻译的《佛说灌顶拔除过罪生死得度经》（又名《药师琉璃光经》《灌顶经》）信仰的主尊是药师佛，又名药师如来、大医工佛等。该经咒的最大特点，在于密切关注现实人生所遇到的诸如生老病死、衣食住行等基本问题；同时称尊崇此佛可以满足信徒渴望长生、财富、权势、来世和宗嗣方面的需求，从而具有极强的吸引力。④ 如密教中的延命法在属于息灾、增益、敬爱、调伏、钩召、延命六法之一，是极为重要的二套佛教修法。⑤ 修佛之法希望众生具有无诸病苦、增益寿命的身心，使贪、瞋、痴三毒逐渐减少微薄，除去一切罪业，最终圆满成佛。⑥

咒语作为起初用来招神驱鬼的源自远古时期的巫术，是当时人以为可与鬼神相通的语言。而佛教将咒禁作为一种医疗手段，广泛地应用于佛教医学中，亦正是佛教俗化的证明之一。佛教《医方明》认为：“病起因缘有六：一四大不顺故病，二饮食

---

① 萧登福：《道家道教与中土佛教初期经义发展》，上海古籍出版社，2003 年。
② 萧登福：《道家道教与中土佛教初期经义发展》，上海古籍出版社，2003 年。
③ 严耀中：《汉传密教》，学林出版社，1999 年。
④ 李小荣：《敦煌密教文献论稿·〈药师经〉及其弘传》，人民文学出版社，2003 年。
⑤ 全佛编缉部：《长寿命本尊·序言》，中国社会科学出版社，2003 年。
⑥ 全佛编缉部：《长寿命本尊·总论》，中国社会科学出版社，2003 年。

不节故病，三坐禅不调故病，四鬼神得便，五魔所为，六业起故。”患者在病中，肉体和精神都备受折磨，而咒禁疗法则能起到心理上的暗示作用，可以排遣患者在精神和心理上的焦虑与恐慌，心理从而达到增强战胜疾病的信心的目的。由于从先秦、秦汉以来中国古代社会盛行阴阳五行、“天人感应”之说和谶纬天定之风，所以佛教中以心理暗示为手段的咒禁疗法便得以被汉晋时期的信众顺理成章地接受下来。同时，由于尸梨蜜来自汉晋时期的佛教再传的圣地——西域，其《孔雀王经》《佛说灌顶拔除过罪生死得度经》及咒术也应是流行于西域佛经和法术，而这些佛经和法术在西域的流行和逐渐被介绍到汉地，亦可从侧面证实西域佛教俗化的迹象和对汉地佛教的影响。

而从对《大藏经》佛教经典中有关养生与医疗思想方面内容的统计情况看，有大量的佛经涉及佛教中所蕴含着大量的有关医药方面的内容。如：佛经中专论医理或涉及医理的经书有400多部，在《大藏秘要》第1—5卷中有着大量涉及内、外、妇、儿、五官等疗病的方法，如《药师经》《佛说婆罗门避死经》《佛说温室洗浴众僧经》《安般守意经》《佛说佛医经》《佛说胞胎经》《佛说佛治身经》《佛说活意经》《佛咒时气病经》《佛悦咒齿经》《佛说咒目经》《治禅病秘要经》《佛说疗痔病经》《千手千眼观世音菩萨治病合药经》等①。在《大藏经》涉及养生方面的400多部经文中有《药师经》《佛说婆罗门避死经》《佛说温室洗浴众僧经》《安般守意经》《佛说佛医经》《胞胎经》《佛说佛治身经》《佛说医喻经》《耆婆脉经》等早在魏晋时期即已传入中国。其中的《药师经》《佛咒时气病经》《佛悦咒齿经》《佛说咒目经》《佛说止女人患血至困陀罗尼》《治百病诸毒陀罗尼》《观音菩萨说除一切眼痛陀罗尼》等经是属于密宗的经典。据（梁）释僧佑《出三藏记集》记载：在东汉桓帝时期“安息国沙门安世高”所翻译的34部凡40卷佛经中，即有《安般守意经》《人本欲生经》《转法轮经》等涉及佛教的养生思想。曹魏时期有密宗已传入迹象，如《微密持经》《佛从上行三十偈》等即由“天竺沙门康僧会”译出。而《耆婆脉经》《耆婆五脏论》《胞胎经》《四妇喻经》《鹿母经》等在西晋武帝时期即由“沙门竺法护到西域得胡本还自太始中至怀帝永二年以前所译出”。至于《禅要秘密治病经》等则于“宋元孝建二年于竹园寺译出”。然释僧佑又言：《禅要秘密治病经》由“伪河西王从弟沮渠安阳侯京都译出”，以沮渠安阳侯乃高昌人士而言，此经必来自西域高昌且应是在西域地区流行已久的胡本经书。此外，（梁）释僧佑《出三藏记集》还大量记载了汉晋时期“虽缺译人悉是全典”的佛经之名，其中就有《福经》《无病第一利经》《人民疾疫受三归经》《九伤经》《毒草喻经》《咒毒》《咒龋齿》《咒牙痛》《咒眼痛》《药经》《造浴室法经》《婆罗门避死经》等涉及养生治病思想的佛经之名。对于这些经文，僧佑以为：“将是汉魏时来岁久录亡，抑亦秦凉宣梵成文届止，或晋宋近出忽而未详。译人之缺殆由斯欤。”可见，许多以西域语言为媒介的胡本佛经中，即蕴含着丰富的有关医药方面的养生

① 邓来送：《佛教与中医心理学》，《五台山研究》，2002年第4期。

治病思想，而且很快通过来自西域地区的僧侣之手迅速传入汉地，同时从另一角度看，汉晋时期的佛教经典翻译与传播，不仅与僧人对来自印度佛经的好恶取舍有着密切的关联，有着所谓"有译乃传，无译则隐"[①]的倾向，而且从对释僧佑《出三藏记集》卷1—2中针对萧梁时期存世佛经的统计看，汉晋时期以来所翻译的佛经不仅多是节录的抄本，而且1卷本的佛经占汉晋时期至萧梁时期存世本佛经70%左右。如《般若波罗密多心经》在中国历史上曾出现至少九个译本，见于传世文献的最早本子是晋末姚秦鸠摩罗什所译，大般若经有六百卷而《般若波罗密多心经》不过260个字。[②] 此外，还有北魏菩提流支、陈朝真谛、隋朝笈多、唐朝玄奘等，古来持诵此经者极多，历代有关持诵此经的灵异效验、消灾除厄、祛病延寿更是屡见于书。[③] 而正因为如此，汉晋时期这种一鳞半爪式的佛法根本无法满足华夏僧众追求至真佛法的要求，所以为了达到求真问实、修炼真正佛法的目的，汉地佛僧从公元3世纪起西行取经者达到络绎不绝的程度。如曹魏时期甘露五年到于阗取经的朱士行（得梵书正本凡九十章）、西晋武帝时期到西域取经的法护和东晋时期到印度取经的法显等都是很好的例证。朱士行首开西行求法之举，而法护则是第一位有去有回的西行汉僧，其年代早于鸠摩罗什百余年，从而开启了中外僧侣共同翻译佛法的端倪。[④]

综上所述，汉晋时期西域佛教兴盛地区地理环境恶劣造成土壤微量元素有效锌、碘等生命元素的缺乏，进而造成了西域佛教兴盛区比较严重的男多女少的人口性比例失调问题和许多恶性疾病的肆虐流行，在这种恶劣的生存环境形势下，佛教传播者为了更好地传播佛教思想有意识使佛教义理走向俗化。而同时在此过程中，也正是佛教逐步向中原传播的过程，故此反映在汉晋时期中原佛教义理的翻译过程中，许多经典佛经中有关医疗、养生方面的内容被一次又一次翻译，不仅吸引了作为封建国家最高统治者——皇帝和封建达官贵人的注意，逐步吸引了广大百姓的眼光，而且也引发了魏晋以后汉地僧侣屡次西天取经的活动，从而为最终开启佛教在中土迅速传播的大门奠定了基础。

（本文最早于2007年7月西北大学中国思想史研究所举办的"张岂之先生八十华诞暨中国思想通史刊发纪念会"上宣读，会后本文以节录形式收在国内著名史学家张岂之先生八十华诞纪念文集《人文学人·张岂之教授纪事》文集中。后经过修改，正式刊发在《史林》2008年第6期，并被《中国社会科学文摘》2009年第4期论点摘要）

---

① （梁）释僧佑：《出三藏记集·竺法护传》，中华书局，1995年。

② 华严座主应慈法师讲何子培记录：《般若波罗密多心经浅说》，上海佛学书局，1933年。

③ 全佛编缉部：《长寿命本尊》，中国社会科学出版社，2003年。

④ 王文颜：《佛典汉译之研究·翻译史略》，天华出版事业股份有限公司，1984年。

20 世纪以来国内环境史研究述评

地理环境，又称自然环境，是指存在于人类社会周围的自然界的总和，它包括作为生产资料和劳动对象的各个自然要素，如地质、地貌、气候、水文、土壤和动植物等要素，是人类赖以生存、生产和生活的必备的外界条件。20 世纪六七十年代以来，受到战后所兴起的现代环保运动的影响和推动，环境史的研究在美国率先成为一门新学科。它的出现和在中国的迅速传播，为我们研究和阐释中国历史提供了一种新的史学理念和视角，从而给历史学界带来了一片亮丽的色彩。

一、环境史的概念及其发展的简单历程

环境史是以生态学为理论基础，以历史上人与自然之间的互动关系以及以自然为中介的社会关系为研究对象，是具有鲜明批判色彩和反思人类自然改造史的一门新学科。① 但就其研究的内容看，有人认为：环境史的研究，应早在 19 世纪中期到 20 世纪中期便以“历史地理学”的形式发展了起来。直到 20 世纪 70 年代初，“环境史”实际还是地理学家和考古学家在论述自然环境史中第四纪变迁和史前变迁时所惯用的术语。所以，有学者认为，就目前的情况看，环境史的研究大体上包含有四个层面的内容：其一是探讨自然生态系统的历史，致力于重构过去的自然环境，以理解历史上的自然界本身，所

① 高国荣：《什么是环境史》，《郑州大学学报》，2005 年第 1 期。

以,在这一层面上的环境史又被称为生态史;其二是探讨历史上的社会经济领域和环境之间的相互作用;其三是研究历史上的某一社会和国家的环境政治和政策;其四是研究历史上的曾经出现过的人类的环境意识。[①] 但从根本上讲,环境史的理论及思想根源实际是由西方思想史上的环境决定论发展而来的。环境决定论认为:环境因素决定了人类的一切社会特征和文化特征[②];而希波克拉底(Hipocrates)的体液理论(humourtheory)应是最早的环境决定论。他的体液理论认为人体有四种体液:黄胆汁、黑胆汁、痰和血液,分别代表火、土、水和血。四种体液在身体中相对比例的不同,会造成每个人在体格和人格上的差异;而体液的相对比例又取决于当时的气候条件。因此,在希波克拉底的体液理论中隐含的环境决定论思想是:气候决定了体液的相对比例,进而决定人的体格和人格[③]。如果说希波克拉底的环境决定论思想还停留在个体的体格和人格层面上的话,那么,柏拉图和亚里士多德的环境决定论思想则已涉及社会和文化层面上。他们认为,气候通过决定个人的人格与智力,并进而决定了这个社会的政府形式和宗教类型。亚里士多德则认为:温和的气候产生希腊的民主政府,炎热的气候产生专制政府;而寒冷的气候则无法产生任何真正的政府形式。到18世纪的孟德斯鸠,他又将柏拉图和亚里士多德的思想运用于宗教的研究上,从而得出如下结论:炎热的气候产生消极的宗教,而寒冷的气候产生压抑个人自由与活力的宗教[④]。19世纪德国哲学家黑格尔,则从其历史哲学的高度,阐发了地理条件在人类历史发展过程中的巨大作用,明确提出了“历史的地理基础”理论[⑤]。到20世纪中期,仍然有人继续研究气候与宗教的关系,例如地理学家亨廷顿通过研究也得出与孟德斯鸠相似的观点:由于温和的气候有助于智力思考,所以最高级的宗教形式只能在气候温和的环境下产生[⑥]。总的来说,20世纪晚期在西方史学界所兴起的环境史,应属于历史学科而非其他学科的范畴,它的出发点和归结点是人类事务;环境史不同于以往历史研究和历史编纂模式的根本之处,在于它是从人与地理环境的互动角度来看待人类事务的。就此而言,尽管西方环境史学家大都不承认甚至公开否认他们的研究与马克思主义的关系,但实质上,环境史学在一定程度上却体现了马克思主义关于地理条件与人类社会关系的辩证思想[⑦]。而从某种意义上讲,环境史中对人与自然互动关系的研究,早在中国历史地理学的相关

---

① 梅雪芹:《环境史学与环境问题》,北京人民出版社,2004年。

② Milton Kay1997Ecologies: *anthropology culture and thee nvironmentin International Social Science Journal Vol.*49No.4p.477.

③ 李霞:《生态人类学的产生和发展》,《国外社会科学》,2000年第6期。

④ 孟德斯鸠著,张燕深译:《论法的精神》,北京商务印书馆,1961年。

⑤ 黑格尔著,王造时译:《历史哲学》,生活·读者·新知三联书店,1956年。

⑥ HuntingtonE.1945Main Springs of Civilization John Wiley &Sons New York.

⑦ 梅雪芹:《环境史学与环境问题》,北京人民出版社,2004年。

研究中即以开始。即以研究人与自然互动关系的历史地理学，就是早期环境史的研究，或是环境史研究的基础。

二、近三十年来国内环境史研究述略

撇开环境史的概念与发展历程，单就20世纪以来，中国史学界环境史的研究风气迅速开展起来后的概况看，有几个方面的成果是令人耳目一新的，大致在以下几个方面。

（一）与环境史具有相同研究领域的是历史地理学的蓬勃发展

如前所述，环境史是以历史上人与自然之间的互动关系以及以自然为中介的社会关系为研究对象的一门新学科，但是，它所研究的“人与自然之间的互动关系”的内容也是历史地理的主要研究对象。所以，要谈中国环境史的研究，就必须先了解和关注历史地理学已获得的成果。谭其骧先生作为公认的和中国历史地理学科的主要开创者和奠基人之一，他编的《中国历史地图集》《中国历史大辞典·历史地理》等，以及论文集《长水集》（上下册）和《长水集续编》等都是相关的经典之作。谭先生50年代所从事的历代水系变迁等水环境问题的研究，对黄河、运河、海河以及云梦、鄱阳的研究成果均超越前人。尤其是谭先生主编的《中国历史地图集》是以历史文献资料为主要依据，吸取了考古学、地理学、民族学等相关学科当时的最新成果，如古城、居民点、寺庙、仓库、墓葬、长城、运河、道路、堤坝、烽燧等遗址的发掘和整理，找到了一大批可靠的地理坐标，有的证实了文献记载的正确性，有的纠正了正史记载的错误，有的改变了后人的误解。这些无疑为后人从事历史学研究奠定了良好的基础。此外，历史地理学在西北环境的变迁、中国历史上农牧交错带的演变和历史地理学理论的创建等重大问题上，继谭其骧先生之后的史念海、侯仁之等先生也做出了卓越的贡献。如史念海先生《河山集》《黄土高原历史地理研究》①《黄土高原森林与草原的变迁》②《中国历史人口地理和历史经济地理》③等都是海内外公认的属于环境史方面的著作。侯仁之先生《历史地理学的理论与实践》④《历史文化名城保护与建设》⑤、《侯仁之文集》⑥都应属于环境史的研究范畴经典之作。而20世纪七八十年代以来，历史人文地理学的集大成之作就是由复旦大学邹逸麟先生主编的《中国人文地理丛书·中国历史人文地理》的面世⑦。按照《大英百科全书》2002

---

① 史念海：《黄土高原历史地理研究》，黄河水利出版社，2001年。

② 史念海：《黄土高原森林与草原的变迁》，陕西人民出版社，1985年。

③ 史念海：《中国历史人口地理和历史经济地理》，台湾学生书局，1991年。

④ 侯仁之：《历史地理学的理论与实践》，上海人民出版社，1979年。

⑤ 侯仁之：《历史文化名城保护与建设》，北京文物出版社，1987年。

⑥ 侯仁之：《侯仁之文集》，北京大学出版社，1998年。

⑦ 邹逸麟：《中国历史人文地理》，北京科学出版社，2001年。

年版的分类法看，它是将地理学分为自然地理学、人文地理学和区域地理学三支，其中人文地理学包括了人口、经济、文化和社会、城市、政治、医药和历史地理学等学科分支。《中国历史人文地理》全书分为十章，具体涉及疆域形成、历代行政区划、历代都城、历代人口、古代农业开发与地域特征、历代工矿业、城市的地理分布和交通路线的变迁、古代商业和历史文化景观形成的地理与历史背景等九大专题，对中国历史上除医药地理学之外的其他人文地理学中的人口、经济、文化、政治等做了一个全景式的概括与研究，从而为后人进行进一步研究奠定了基础。另外，邹逸麟先生《椿庐史地论稿》一书，收录他几十年潜心研究黄河、运河、淮河、长三角、古气候变化、农牧过渡带等涉及人地关系的论文，也都是经典之作①；他的《黄淮海平原历史地理》一书，把历史自然地理与历史人文地理有机地糅合在一起，自 20 世纪 90 年代出版以来，一直是环境史研究当中不可多得的精品之作②。张修桂先生的《中国历史地貌与古地图研究》一书，以长江中下游河湖演变、上海地区地貌演变、黄淮海平原河湖演变和古地图研究为四篇十二章，着力研究了上述地区的人地关系，也是经典之作③。石泉先生《古代荆楚地理新探》④，该书以先秦至六朝荆楚地区的沿革地理、诸文明古国的地理环境为研究对象，提出了一系列不同于目前流行说法的新解释，从而为后人对荆楚地区地理环境变迁的研究创造了条件。陈桥驿先生《绍兴历史地理》⑤，对于后人了解先秦越人的发展史和江东地理环境的变迁史提供了借鉴；尤其是陈桥驿先生对郦道元《水经注》⑥所做的系统研究，对后人了解和研究中国古代水环境的变迁提供了很好的读本。童书业先生《童书业历史地理论集》⑦，该书涉及中国疆域地理、民族地理和大量的历史地理学类别的考证文章，也是必读的经典之作。另外，周振鹤教授《西汉政区地理》⑧《中国历史文化区域研究》⑨《方言与中国文化》⑩等，都是必读的经典之作；葛剑雄教授主编的《中国人口史》⑪《中国移民史》⑫

① 邹逸麟：《椿庐史地论稿》，天津古籍出版社，2005 年。

② 邹逸麟：《黄淮海平原历史地理》，安徽教育出版社，1993 年。

③ 张修桂：《中国历史地貌与古地图研究》，社会科学文献出版社，2006 年。

④ 石泉：《古代荆楚地理新探》，武汉大学出版社，1988 年。

⑤ 车越乔、陈桥驿：《绍兴历史地理》，上海书店出版社，2001 年。

⑥ 陈桥驿：《水经注研究二集》，山西人民出版社，1987 年；郦道元原注、陈桥驿注释：《水经注》，浙江古籍出版社，2000 年。

⑦ 童书业著、童教英编：《童书业历史地理论集》，中华书局，2004 年。

⑧ 周振鹤：《西汉政区地理》，北京人民出版社，1987 年。

⑨ 周振鹤：《中国历史文化区域研究》，复旦大学出版社，1997 年。

⑩ 周振鹤、游汝杰：《方言与中国文化》，上海人民出版社，1986 年。

⑪ 葛剑雄：《中国人口史》，复旦大学出版社，2002 年。

⑫ 葛剑雄：《中国移民史》，福建人民出版社，1997 年。

和韩昇教授的《日本古代的大陆移民研究》①等，在历史人口地理方面做出了贡献；朱士光教授《黄土高原森林与草原的变迁》《黄土高原地区环境变化及其治理》②史培军教授《地理环境演变研究的理论与实践——鄂尔多斯地区晚第四纪以来地理环境演变研究》③，侯甬坚教授《历史地理学探索》④，蓝勇教授《古代交通生态与实地考察》⑤，华林甫教授《中国地名学史考论》⑥等都在各自的领域内做出了贡献。最后，还有郭声波的《论四川历史农业地理的若干特点与规律》⑦《历史时期四川大牲畜养殖的地理差异》⑧，吴宏岐的《隋唐时期气候冷暖特征与气候波动》⑨《论先秦人地关系的和谐观》⑩《中国历史时期气候变化与人类社会发展的关系》⑪，唐晓峰《人文地理学理论的多元性》⑫《先秦时期晋陕北部的戎狄与古代北方的三元人文地理结构》⑬，韩茂莉《2000年来我国人类活动与环境适应以及科学启示》⑭《历史时期草原民族游牧方式初探》⑮《历史时期黄土高原人类活动与环境关系研究的总体回顾》⑯《辽代西拉木伦河流域聚落分布与环境选择》⑰，龚胜生《2000年来中国瘴病分

---

① 韩昇：《日本古代的大陆移民研究》，文津出版社，1995年。

② 朱士光：《黄土高原地区环境变化及其治理》，黄河水利出版社，1999年。

③ 史培军：《地理环境演变研究的理论与实践——鄂尔多斯地区晚第四纪以来地理环境演变研究》，北京科学出版社，1991年。

④ 侯甬坚：《历史地理学探索》，中国社会科学出版社，2003年。

⑤ 蓝勇：《古代交通生态与实地考察》，四川人民出版社，1999年。

⑥ 华林甫：《中国地名学史考论》，社会科学文献出版社，2002年。

⑦ 郭声波：《论四川历史农业地理的若干特点与规律》，《四川大学学报》，1994年第1期。

⑧ 郭声波：《历史时期四川大牲畜养殖的地理差异》，《中国农史》，2003年第3期。

⑨ 吴宏岐：《隋唐时期气候冷暖特征与气候波动》，《第四纪研究》，1998年第1期。

⑩ 吴宏岐：《论先秦人地关系的和谐观》，《天水师范学院学报》，2002年第3期。

⑪ 吴宏岐：《中国历史时期气候变化与人类社会发展的关系》，《天水师专学报》，1999年第4期。

⑫ 唐晓峰：《人文地理学理论的多元性》，《人文地理》，2001年第2期。

⑬ 唐晓峰：《先秦时期晋陕北部的戎狄与古代北方的三元人文地理结构》，《地理研究》，2003年第5期。

⑭ 韩茂莉：《2000年来我国人类活动与环境适应以及科学启示》，《地理学报》，2000年第3期。

⑮ 韩茂莉：《历史时期草原民族游牧方式初探》，《中国经济史研究》，2003年第4期。

⑯ 韩茂莉：《历史时期黄土高原人类活动与环境关系研究的总体回顾》，《中国史研究动态》，2000年第10期。

⑰ 韩茂莉：《辽代西拉木伦河流域聚落分布与环境选择》，《地理学报》，2004年第4期。

布变迁的初步研究》①《中国先秦两汉时期的医学地理学思想》②《中国宋代以前矿泉的地理分布及其开发利用》③《2000年来中国地甲病的地理分布变迁》④《中国古代长寿点区的地理分布及其环境背景的初步研究》⑤《先秦两汉时期疟疾地理研究》⑥《中国疫灾的时空分布变迁规律》⑦,张丕远《历史气候变化对中国社会发展的影响——兼论人地关系》⑧,胡阿祥《魏晋南北朝时期的生态环境》⑨,鲁西奇《人地关系理论与历史地理研究》⑩,王振忠《社会史研究与历史社会地理》⑪《历史社会地理研究刍议》⑫,王子今《中国生态史学的进步及其意义》⑬等也都是历史地理学界关注环境史方面研究的力作。

(二)国外环境史研究成果得到大量的介绍和研究

关于国外学者环境史的研究成果较早被介绍到中国的有由朱银城翻译的苏联学者T.H.Aeekcee Ba的《地理环境与人的生物学》,由王子今翻译的日本学者梅棹忠夫《文明的生态史观》,由侯文蕙翻译的论著有《征服的挽歌——美国环境意识的变迁》《自然的经济体系——生态思想史》《尘暴——1930年代美国南部大平原》。此外,还有吕瑞兰、李长生译的《寂静的春天》;王毅、张学广译的《绿色的世界史——环境与伟大文明的衰落》,何鉴译的《环境论——人类最终的选择》,刘翠溶等翻译的《积渐所至——中国环境史论文集》,等等。这些成果不仅介绍了欧美、日俄关于环境史研究的动态,而且也使学术界了解了国外学者的有关学术思想和方法,从而

---

① 龚胜生:《2000年来中国瘴病分布变迁的初步研究》,《地理学报》,1993年第4期。

② 龚胜生:《中国先秦两汉时期的医学地理学思想》,《中国历史地理论丛》,1995年第3期。

③ 龚胜生:《中国宋代以前矿泉的地理分布及其开发利用》,《自然科学史研究》,1996年第4期。

④ 龚胜生:《2000年来中国地甲病的地理分布变迁》,《地理学报》,1999年第4期。

⑤ 龚胜生:《中国古代长寿点区的地理分布及其环境背景的初步研究》,《中国历史地理论丛》,1997年第3期。

⑥ 龚胜生:《先秦两汉时期疟疾地理研究》,《华中师范大学学报》,1996年第4期。

⑦ 龚胜生:《中国疫灾的时空分布变迁规律》,《地理学报》,2003年第6期。

⑧ 张丕远:《历史气候变化对中国社会发展的影响——兼论人地关系》,《地理学报》,1996年第4期。

⑨ 胡阿祥:《魏晋南北朝时期的生态环境》,《南京晓庄学院学报》,2001年第3期。

⑩ 鲁西奇:《人地关系理论与历史地理研究》,《史学理论研究》,2001年第2期。

⑪ 王振忠:《社会史研究与历史社会地理》,《复旦学报》,1997年第1期。

⑫ 王振忠:《历史社会地理研究刍议》,《中国历史地理论丛》,2005年第4期。

⑬ 王子今:《中国生态史学的进步及其意义》,《历史研究》,2003年第1期。

推动了国内环境史的研究。

至于对国外环境史学者的成果和作者进行相关研究的，主要是北京大学的包茂宏和北师大的梅雪芹教授。包茂宏教授近几年连续撰文对国外环境史的发展投注了极大的热情，他的《环境史：历史、理论与方法》《解释中国历史的新思维——环境史》《森林史研究：以菲律宾森林滥伐史研究为重点》《英国的环境史研究》《唐纳德·沃斯特和美国的环境史研究》《马丁·麦乐西与美国城市环境史研究》《非洲史研究的新视野——环境史》《德国的环境变迁与环境史研究》等文，详细介绍了西方环境史研究的主要流派和主要成果。梅雪芹教授的新著《环境史学与环境问题》一书分为“环境史”“英国环境问题”和“世界环境问题”三编，详细介绍了马克思主义环境史学论、阿·德芒戎的人文地理学思想与环境史学以及19世纪英国的环境问题等一系列研究成果。此外，梅雪芹的《环境史学的历史批判思想》，郭辉、顾平翻译的《环境历史和生态危机的起源》，龚胜生摘译M.J.Ingram.G.Farmer，T.M.L.WigLey原著《历史气候对人类的影响》，高国荣的《20世纪90年代以前美国环境史研究的特点》等文章介绍国外环境史的研究成果，对推动中国环境史学者对世界的了解提供了帮助。

（三）国内学者环境史的研究取得了飞跃的发展

近二十年，是中国历史学界中环境史的研究进入突飞猛进的发展阶段，史学界已形成相对固定的专门研究环境史的学术群体，并不断有新的力量加入进来。他们有的关注历史气候的复原，有的着力于环境与考古的关系，有的注重农业生产环境的问题，有的关注疾病人口问题，都取得了令人瞩目的成果。

1.关注历史气候复原与古代社会关系的有王开发等《根据孢粉分析论沪杭地区一万多年来的气候变化》①，满志敏《用历史文献物候资料研究气候冷暖变化的几个问题》②，王子今《关于秦汉时期淮河冬季封冻问题》③《秦汉时期的气候的历史学考察》④，倪根金《试论气候变迁对我国古代北方农业经济的影响》⑤，秦冬梅《试论魏

---

① 王开发等：《根据孢粉分析论沪杭地区一万多年来的气候变化》，《历史地理》（创刊号），上海人民出版社，1981年。

② 满志敏：《用历史文献物候资料研究气候冷暖变化的几个问题》，《历史地理》（第12辑），上海人民出版社，1995年。

③ 王子今：《关于秦汉时期淮河冬季封冻问题》，《中国历史地理论丛》，1995年第4期。

④ 王子今：《秦汉时期的气候的历史学考察》，《历史研究》，1995年第2期。

⑤ 倪根金：《试论气候变迁对我国古代北方农业经济的影响》，《农业考古》，1988年第1期。

晋南北朝时期气候异常与农业生产》①,陈业新《两汉时期气候状况的历史学再考察》②,许倬云《汉末至南北朝气候与民族移动的初步考察》③等。

2.致力于环境与考古关系的有周昆叔《中国北方河谷平原区三万年来植被史梗概》④,李秀萍《北京地区全新世以来自然环境和人类活动的关系》⑤,李文漪等《河北东部全新世温暖期植被与环境》⑥,孔昭宸《中国某些地区全新世高温期植被和气候的初步研究》⑦,吴忱《华北平原四万年来自然环境演变》⑧,中国社会科学院考古研究所《大甸子——夏家店下层文化遗址与墓地发掘报告》⑨,李逸友、魏坚《内蒙古文物考古文集》⑩等许多考古文集涉及环境与考古的问题。

3.注重农业生产环境的问题有朱士光《汉唐长安城兴衰对黄土高原地区社会经济环境的影响》⑪,王建革《小农与环境——以生态系统的观点透视传统农业生产的历史过程》⑫《人口、生态与我国刀耕火种区的演变》⑬《人口压力与中国原始农业的发展》⑭《人口、制度与乡村生态环境的变迁》⑮《史前华北火耕农业的变迁》⑯《定居

---

① 秦冬梅:《试论魏晋南北朝时期气候异常与农业生产》,《中国农史》,2003 年第 1 期。

② 陈业新:《两汉时期气候状况的历史学再考察》,《历史研究》,2002 年第 4 期。

③ 许倬云:《汉末至南北朝气候与民族移动的初步考察》,见《许倬云自选集》,上海教育出版社,2002 年。

④ 周昆叔:《中国北方河谷平原区三万年来植被史梗概》,见《第一次全国 C^{14}(碳十四)学术会议文集》,科学出版社,1984 年。

⑤ 李秀萍:《北京地区全新世以来自然环境和人类活动的关系》,见《第四纪冰川与第四纪地质论文集》,地质出版社,1988 年。

⑥ 李文漪等:《河北东部全新世温暖期植被与环境》,《植物学报》,1985 年第 6 期。

⑦ 孔昭宸:《中国某些地区全新世高温期植被和气候的初步研究》,《海洋地质与第四纪地质》,1990 年第 1 期。

⑧ 吴忱:《华北平原四万年来自然环境演变》,中国科学技术出版社,1992 年。

⑨ 中国社会科学院考古研究所:《大甸子——夏家店下层文化遗址与墓地发掘报告》,科学出版社,1998 年。

⑩ 李逸友、魏坚:《内蒙古文物考古文集》,中国大百科全书出版社,1994 年。

⑪ 朱士光:《汉唐长安城兴衰对黄土高原地区社会经济环境的影响》,《陕西师范大学学报》,1998 年第 1 期。

⑫ 王建革:《小农与环境——以生态系统的观点透视传统农业生产的历史过程》,《中国农史》,1995 年第 3 期。

⑬ 王建革:《人口、生态与我国刀耕火种区的演变》,《农业考古》,1997 年第 1 期。

⑭ 王建革:《人口压力与中国原始农业的发展》,《农业考古》,1997 年第 3 期。

⑮ 王建革:《人口、制度与乡村生态环境的变迁》,《复旦学报》,1998 年第 4 期。

⑯ 王建革:《史前华北火耕农业的变迁》,《农业考古》,1998 年第 1 期。

与近代蒙古族农业的变迁》[1];陈业新《近五百年来淮河中游地区蝗灾初探》[2]《秦汉时期北方生态与民俗文化》[3]《秦汉政府行为与生态》[4];王思明《从历史传统看中美生态农业的实践》[5];王广智《晋陕蒙接壤区生态环境变迁初探》[6];王飞等人《历史时期黄土高原生态环境建设分析》[7];王星光《中国全新世大暖期与黄河中下游地区的农业文明》[8];倪根金《毁林与汉代居延垦区的衰落》[9]《试论中国历史上对森林保护环境作用的认识》[10],等等。

4.关注疾病史的有杜正胜《医疗、社会与文化——另类医疗史的思考》[11],龚胜生《2000年来中国瘴病分布变迁的初步研究》[12]《中国先秦两汉时期的医学地理学思想》[13]《中国宋代以前矿泉的地理分布及其开发利用》[14]《2000年来中国地甲病的地理分布变迁》[15]《中国古代长寿点区的地理分布及其环境背景的初步研究》[16]《先秦

---

① 王建革:《定居与近代蒙古族农业的变迁》,《中国历史地理论丛》,2000年第2期。

② 陈业新:《近五百年来淮河中游地区蝗灾初探》,《中国历史地理论丛》,2005年第2期。

③ 陈业新:《秦汉时期北方生态与民俗文化》,《社会科学辑刊》,2001年第1期。

④ 陈业新:《秦汉政府行为与生态》,《淮南师范学院学报》,2004年第4期。

⑤ 王思明:《从历史传统看中美生态农业的实践》,《生态经济》,1996年第2期。

⑥ 王广智:《晋陕蒙接壤区生态环境变迁初探》,《中国农史》,1995年第4期。

⑦ 王飞等人:《历史时期黄土高原生态环境建设分析》,《水土保持研究》,2001年第2期。

⑧ 王星光:《中国全新世大暖期与黄河中下游地区的农业文明》,《史学月刊》,2005年第4期。

⑨ 倪根金:《毁林与汉代居延垦区的衰落》,《灾害学》,1994年第1期。

⑩ 倪根金:《试论中国历史上对森林保护环境作用的认识》,《农业考古》,1995年第3期。

⑪ 杜正胜:《医疗、社会与文化——另类医疗史的思考》,《新史学》,1997年第4期。

⑫ 龚胜生:《2000年来中国瘴病分布变迁的初步研究》,《地理学报》,1993年第4期。

⑬ 龚胜生:《中国先秦两汉时期的医学地理学思想》,《中国历史地理论丛》,1995年第3期。

⑭ 龚胜生:《中国宋代以前矿泉的地理分布及其开发利用》,《自然科学史研究》,1996年第4期。

⑮ 龚胜生:《2000年来中国地甲病的地理分布变迁》,《地理学报》,1999年第4期。

⑯ 龚胜生:《中国古代长寿点区的地理分布及其环境背景的初步研究》,《中国历史地理论丛》,1997年第3期。

两汉时期疟疾地理研究》①《中国疫灾的时空分布变迁规律》②，高大伦《居延汉简中所见疾病和疾病文书考述》③，余新忠《清代江南疫病救疗事业探析——论清代国家与社会对瘟疫的反应》④《嘉道之际江南大疫的前前后后——基于近世社会变迁的考察》⑤《清代江南瘟疫对人口之影响初探》⑥《自然灾难史：思考与启示》⑦《中国疾病、医疗史探索的过去、现实与可能》⑧《关注生命——海峡两岸兴起疾病医疗社会史研究》⑨；曹树基《鼠疫流行与华北社会的变迁（1580—1644 年）》⑩《1894 年鼠疫大流行中的广州、香港和上海》⑪，王子今《居延汉简所见“或卒行道物故”现象》⑫，王振忠《徽州文书所见种痘及相关习俗》⑬，汪小烜《吴简所见“肿足”解》⑭，高凯《从吴简蠡测孙吴初期临湘侯国的疾病人口问题》⑮，李玉尚《咸同年间的鼠疫流行与云南人口的死亡》⑯《近代中国的鼠疫应对机制——以云南、广东和福建为例》⑰《地理

---

① 龚胜生：《先秦两汉时期疟疾地理研究》，《华中师范大学学报》，1996 年第 4 期。

② 龚胜生：《中国疫灾的时空分布变迁规律》，《地理学报》，2003 年第 6 期。

③ 高大伦：《居延汉简中所见疾病和疾病文书考述》，《简牍学报》，1993 年第 15 期。

④ 余新忠：《清代江南疫病救疗事业探析——论清代国家与社会对瘟疫的反应》，《历史研究》，2001 年第 6 期。

⑤ 余新忠：《嘉道之际江南大疫的前前后后——基于近世社会变迁的考察》，《清史研究》，2001 年第 2 期。

⑥ 余新忠：《清代江南瘟疫对人口之影响初探》，《中国人口科学》，2001 年第 2 期。

⑦ 余新忠：《自然灾难史：思考与启示》，《史学理论研究》，2003 年第 4 期。

⑧ 余新忠：《中国疾病、医疗史探索的过去、现实与可能》，《历史研究》，2003 年第 4 期。

⑨ 余新忠：《关注生命——海峡两岸兴起疾病医疗社会史研究》，《中国社会经济史研究》，2001 年第 3 期。

⑩ 曹树基：《鼠疫流行与华北社会的变迁（1580—1644 年）》，《历史研究》，1997 年第 1 期。

⑪ 曹树基：《1894 年鼠疫大流行中的广州、香港和上海》，《上海交通大学学报》，2005 年第 4 期。

⑫ 王子今：《居延汉简所见“或卒行道物故”现象》，《史学月刊》，2004 年第 5 期。

⑬ 王振忠：《徽州文书所见种痘及相关习俗》，《民俗研究》，2000 年第 1 期。

⑭ 汪小烜：《吴简所见“肿足”解》，《历史研究》，2001 年第 4 期。

⑮ 高凯：《从吴简蠡测孙吴初期临湘侯国的疾病人口问题》，《史学月刊》，2005 年第 12 期。

⑯ 李玉尚：《咸同年间的鼠疫流行与云南人口的死亡》，《清史研究》，2001 年第 2 期。

⑰ 李玉尚：《近代中国的鼠疫应对机制——以云南、广东和福建为例》，《历史研究》，2002 年第 1 期。

环境与近代江南地区的传染病》①《民国时期西北地区人口的疾病与死亡——以新疆、甘肃和陕西为例》②等论文,都是近年关于疾病地理或疾病史方面的力作。

至于其他有关环境史的论文,可参考汪志国《20 世纪 80 年代以来生态环境史研究综述》③,这里就不一一赘述了。

(本文原刊发《历史教学》2006 年第 11 期。杂志发表时杂志编辑为节约篇幅,将原有注释全部删去,十分遗憾;今结集,恢复注释,特此说明)

① 李玉尚:《地理环境与近代江南地区的传染病》,《社会科学研究》,2005 年第 6 期。

② 李玉尚:《民国时期西北地区人口的疾病与死亡——以新疆、甘肃和陕西为例》,《中国人口科学》,2002 年第 1 期。

③ 汪志国:《20 世纪 80 年代以来生态环境史研究综述》,《古今农业》,2005 年第 3 期。

中国生态社会史学刍议

近些年来,学术界已就研究人类社会本身的规律必须要确立人与自然的密切关系这一点达成了共识。随着现代科技的发展,越来越多的事实揭示出地理环境与人类之间的关系并非仅仅限于地理环境能为人类提供自身繁衍和物质资料生产的场所那么简单,而是有着更多的、内在的联系。因此,生态史学逐渐成为史学界关注的一个热点。笔者近些年来也在从事人地关系的研究,在此就开展中国生态社会史学的研究谈点浅薄的见解。

首先,开展这项研究,既是符合新时代对历史学研究新要求的一种反映,同时也符合将中国生态史的研究与中国社会史的研究紧密联系的新的学科要求。事实上,从20世纪中国社会史学和中国生态史学突飞猛进的发展看,生态史与社会史研究之间的交融性已越来越明显。那么,什么是生态史呢?生态史,又称环境史,是受到二次大战后所兴起的现代环保运动的影响与推动,在20世纪六七十年代的美国率先形成的一门新学科;从环境史的概念看,它是以生态学为理论基础,以历史上人地关系以及以自然为媒介的社会关系为研究对象的、具有鲜明批判色彩与反思自然改造史的一门新学科,它的出现和迅速传播,为世界各国学者研究和阐释人类社会历史提供了一种新的史学理念和视角;就环境史的研究内容看,它早在19世纪中期到20世纪中期便以“历史地理学”的形式发展了起来。而就目前环境史的研究方向来看,大体包括四个方面的内容:其一是探讨自然生态系统的历史,致力于重构过去的自然环境,以正确理解历史上的自然界本身。所以,环境史又被称为生态史。其二是探讨历史上的社会经济与环境之间的关系。其三是研究历史上的某一社会与国家政治及政策的关系;其四是研究历史上曾经出现过的环境意识。所以,在很大程度上讲,生态史的理论及其思想根源,实际是由西方思想史上诞生于希腊文明中的原始的环境决定论发展而来的。同样,现当代获得迅猛发展的中国社会史学,也一样受到过来自西方社会史学新理论的影响。20世纪初,由于受到西方历史学新理论的影响,1901年梁启超在《中国史叙论》中首先提出要开创社会史研究的呼唤,从此作为中国历史学重要分支之一的社会史,自20世纪20年代以后逐步兴起,并经历了自20世纪20年代至50年代的初步发展时期,50年代至80年代以社会形态与社会性质为主的社会发展史研究时期,80年代以后以历史文化地理、社会等级结构、血缘社会与社区、区域社会史、人口与社会保障、生活方式与生活习俗等为重心的各个方面获得蓬勃发展的三个大的时期。所以,无论是从生态史和社会史产生、发展的历程看,还是从生态史应与社会史紧密联系的学术要求看,中国生态社会史学科的建设,都有着重要的学术价值。

其次,生态史与中国社会史学术发展的历程和未来科技成果的高度发展的态势,也为中国生态社会史学学科的提出与建设奠定了良好的基础。回顾几十年来中国社会史学与生态史学的发展历程,尽管两个学科都突飞猛进,但我们也不难发现这两大学科门类中的许多研究,实际上还存在着不足。关于这一点,正如常建华认为的中国社会史学的研究仍然没有强化"问题意识",即没有达到将理论关怀与实证研究相结合,进而形成一种"新史学"的目的;同时,社会史与地理学、人类学、考古学、宗教学、社会学、民俗学等人文社会科学的对话仍需加强;随着区域社会史的发展,研究疾病、灾害的环境史也应该成为学界重视的问题。区域社会史研究中的疾病史和灾害史实际上也可以归属于生态史学的研究范畴。同样,近年来生态史的研究如火如荼,但相关的研究仍存在相当多的误区,本应进行多学科交叉研究的,却往往受到传统历史学研究方法和思路的禁锢。因此,将社会史与生态史研究结合起来,尽快加强对人类周围的地质、地貌、气候、水文、土壤和动植物等要素的研究,是有助于加强人类对其赖以生存、生产和生活必备的外界条件产生新认识所必需的。

最后,就中国生态社会史学的研究方法看,必须密切关注地理环境的重要地位,关注人类与地理环境之间的密切关系,揭示历史上人地关系的规律以促进当代和谐社会的发展和建设。地理环境,又称自然环境,是指存在于人类社会周围的自然界的总和,它包括作为生产资料和劳动对象的各个自然要素,如地质、地貌、水文和动植物等要素,是人类赖以生存、生产和生活的必备的外界条件。在地理环境中,人类只是这一有机整体中的一个小小的组成部分,人类的生产与生活必须符合自然规律。我们认为:人类与地理环境的关系应是"人地关系"中最基本的组成部分。地理环境对人类的影响和作用,首先应是土壤环境、水环境和气候环境通过人类的饮食、起居而对人体的生理产生影响,其次才是疾病、健康等生理影响扩大到对人的心理、精神和社会风俗等社会学层面上的影响。这些影响累加起来进而会影响到人类社会的前进与发展。所以,中国生态社会史学的研究应当尽可能将土壤学、矿物学、化学、医学、农学、历史学、考古学、历史地理学和气候学等多学科知识结合起来,才能得出更加令人耳目一新的观点。

(原刊发于《光明日报·理论周刊·历史》2008 年 4 月 13 日)

后记

学习与喜欢历史学的原因很偶然,如果没有1973年随母亲及哥哥、姐姐从湖南益阳千里迢迢到河南郑州来与家父的团聚,也不太可能有今天。而从七岁开始,家父桌上的《历史研究》等成了我的课外读物,书中的“四·一二反革命事变”“马日事变”等,也成了我与母亲聊天的谈资。偶然一日,家父因找不到《历史研究》而暴怒,在“《历史研究》你也能看懂?!”的大骂声中,我暗下决心:将来在历史研究上一定要超过父亲!于是,不仅父亲书架上《农战史论丛》《经济史论丛》成了我屡看不厌的读物,而且,还跑到郑州大学图书馆去找地理方面的书籍看。想想当年的稚气、梦想和直接促使我学习历史的原因,转眼至今已过去了整整41年!家父对我的教育很严格,小学四年级即开始为家父誊写稿子。在家父眼里,我总是调皮、捣蛋、不听话的孩子,很少能在他嘴里听到赞扬的话。虽然自初中开始,家父就是知名教授,但作为名教授的儿子,从我上大学直到大三之前,仍然没有自己的皮鞋和零花钱。为了积攒零用钱,从1985年开始,我即开始为《历史文摘》《郑州晚报》《历史大观园》《学术百家》等报刊撰写“豆腐块”文章,稿费从两块、三块到三十几块,终于到大三,我穿上了自己攒钱买的皮鞋!同时,为了争取上刊率,大学期间发表的9篇文章中有《关于实行超生人口税的建议》和《马名·名马·人名》两篇被《光明日报·文摘报》论点摘要。也有一些文章如《从300年来太阳黑子的活动看世界著名思想家的诞生》等,令我至今仍感叹当年幼稚中所包含的一些奇思妙想。

本文集收录的文章大多是1992年我硕士研究生毕业之后20余

年来学习秦汉魏晋南北朝史的习作。因为内容主要涉及这一时期的政治史、经济史、社会史、人口史和历史疾病及社会地理等方面,故以为定名《汉魏史探微》会合适些。

至于近十年来主要所做的秦汉魏晋南北朝人口性比例专题研究,因为是国家社科"十五"规划项目,并已结项,将在中国社会科学出版社出版,故不宜放在此处;另外,自2002—2008年,我个人致力于汉魏时期"女户"问题的研究,约完成了10万字,因属于2011年教育部社科基金项目"汉魏'女户'制度专题研究"的部分内容,故不便放在此文集中。自2009年以来,我又致力于麻风病与汉唐佛教社会关系的研究,已撰写单篇的论文6篇,15万字左右,是属于2013年国家社科基金项目"麻风病与汉唐佛教社会专题研究"研究内容,故也没有放在此文集中。

由于先前发表的文章,体例不一,故在结集中做了相应的技术处理;虽然许多文章今天看起来显得幼稚,但却真实反映了我的学术历程。除个别文字微调外,基本保持了原貌。

在整理文稿的过程中,我的研究生李梁、周斌、蒋成光、唐启胜、西振岩等帮助打印和校对了部分文稿,故特此致谢。

2013年8月6日母亲辞世,2014年1月8日家父又离我远去。半年多来,我内心苦痛,不可名状,所有工作,几至停顿。今临《汉魏史探微》行将刊发,仅以此幼稚之作,以慰父母在天之灵吧。

2013年1月25日初稿

2014年5月20日修改